日米関係史

五百旗頭真 編

有斐閣ブックス

はじめに

　過去150余年の日米関係は，今後100年の日米関係を基礎づけるであろう。
　20世紀のうちに「世界で最も重要な2国間関係」とすら語られるようになった日米関係は，21世紀にどのような航路をたどるであろうか。それが両国のみならず，アジア・太平洋地域と世界全体の境遇を大きく左右することは疑いない。立派な業績もあったが，挫折と破局もあった過去150余年の再検討と省察を通して，日米関係がどのような構造と動態を宿し，それが両国と世界にとってどんな意味を持ってきたか，その機会と危険がどのあたりに存在するかを，的確に認識しておきたい。それは，冷戦を終えて21世紀の航海についた今日，とりわけ重要な課題ではないだろうか。
　日米関係については，これまでさまざまな局面について多くの個別研究がなされてきた。しかし，日米関係の歴史的全体像を解明した研究は意外に乏しい。通史的な研究もいくつか存在するが，不十分と言わざるをえない。そして，それは無理からぬところである。日本外交またはアメリカ外交のどちらか一方でも，150余年を十全に論ずることのできる歴史家は稀有である。日米双方を一人でこなせる歴史家は存在しない。それゆえ日米関係史は，共同執筆に傾かざるをえない。有力で個性的な学者を集めれば，関心やスタイルを異にする，ムラの多い論文集の如き「通史」に陥りがちである。
　本書は，その困難を越えようという向こう見ずな意欲を抱いた二人の知友が，後述するように，別個に私に提案してきたことによって始まった研究プロジェクトの所産である。本書の18人の執筆者は，学界を代表して最前線の研究を行っている，力ある研究者を中心に，間もなくそうなるであろう，やや若い研究者層を組み合わせて，チームを編成している。最も重要な課題は，濃密な共同研究を重ねることによって，共同執筆に起こりがちな弊害を克服することであった。ある時期について，日米それぞれを得意とする学者が自らの好みのままに書くことをもって済ませてはならない。共同研究を数年にわたって続け，合宿を繰り返し行って，日米双方を論じた各時期のペーパーを突き合わせ，嚙

み合わせ，討論して，そこから新たな日米関係論的な知見を得るとともに，新草稿を生み出していく。そうしたプロセスを格別に重視するプロジェクトから生まれたのが本書である。

　このような丹念な執筆過程が可能になったのは，本プロジェクトが，編者を代表者とする文部科学省・日本学術振興会の科学研究費の共同研究「日米関係の総合的研究」（2004-07年）を母体としており，1年を経た共同研究の中から湧き上がったものだからである。このプロジェクトのため，科研メンバーを大幅に増強して新たに本書執筆陣を構成した。

　ところが，神戸大学退官を8カ月早めて，編者は防衛大学校長に移ることになった。横須賀にあって科研の代表者を続けるつもりでいたが，文科省からそれは不可であると告げられた。仕方なく代表者を交代して一分担者に転じてプロジェクトを続けようとしたら，それも不可，防大教授には科研参加資格がないという驚くべき返答であった。「文科省の管轄を離れたら，第一線研究者の資格がなくなるというのか」。自他ともに温厚と認める編者が珍しく本気で怒った。この急場を救ってくれたのが米日財団であった。詫摩武雄東京事務所長は，本出版プロジェクトの重要性を認め，ジョージ・パッカード教授がリードする財団本部につないで，1年半にわたる研究活動の継続を可能にし，本書完成を支えた。

　戦前組，戦後組に分かれての合宿，そして統合合宿を行って各章の草稿づくりに入るころ，執筆者たちは次のように方針を申し合わせた。

①内容のしっかりした，信頼性の高い，戦前・戦後に連なる150余年の日米関係通史を出版する。

　　執筆者の得意分野だけをなぞる類の日米関係史を克服し，日米関係の展開を過不足なく規定する。

②各時期について，国際的な時代環境の変化の中に両国外交を位置づけるよう留意する（世界史の中の日米，東アジアの中の日米）。また各時期について，無難な通説の紹介をもってよしとするのではなく，事実と解釈の双方にわたり，斬新にして最良の史論であることを期する。

③日米関係には，両国政府間の外交関係のほか，民間の経済関係や文化関係がある。それぞれに重要であるが，3分野を節ごとに歴訪していくような百科辞典的羅列を避け，主軸を外交関係に置く。経済や文化面で進展が

ある場合は，本文でそれを指摘し，とりわけ重要な流れ，もしくは興味深い事象については，大小のコラムを設けて光を当てる。表やグラフも活用する。
④各時期について，日本とアメリカとを別々の人が書く場合が多いが，その場合にも，共同研究，草稿の相互検討を通して十分に嚙み合わせ，最終的には編者の下で，あたかも一人の手になる書き下ろしの域に近づける。
⑤文体は明快な事実経緯の記述を基調としつつ，文脈，意味づけ，解釈を伸びやかに広げ，高い水準と一定のトーンを維持するよう努める。本文の執筆者が多くなりすぎないよう留意しつつ，かなり大きなコラムを設け，執筆者以外の研究者の参加を求める。
⑥できるだけアメリカはじめ，外国の日米関係研究者の参加もしくはコメントを求める。日本またはアメリカでワークショップを開き，アメリカ外交史家と意見交換することが望ましい。
⑦読者対象は，政治学・国際関係を専攻する学生（大学3-4年生），および大学院生のテキスト，ならびに研究者，日米関係の実務者，関心ある社会人の必携書となることを期す。

　どれだけ達成できたかは読者の判断を待つほかはないが，プロジェクトの参加者にとって充実した機会であったことだけは確言できよう。日本外交とアメリカ外交の双方をこなす研究者は稀であるが，日本史を専門にしていても，戦前を研究する者は戦後が薄く，現在を研究する者は歴史に弱いという一般的傾向がある。互いに他分野の優れた研究を系統立って学ぶ最高の場であったと思う。

　上記のような互いの草稿を嚙み合わせる執筆者間の調整作業とともに，編者ができるだけ各章の導入部とまとめ部分に「介入」して，歴史の総体的な流れの中での各章の位置を鮮明にするよう努めた。また，戦前・戦後の連続と不連続の重要問題を意識しつつ，「真珠湾」を終えたところで，いかにして，なぜ破局にいたったかを中心に，戦前期のまとめの項を設けた。そして戦後期の終わりに，戦前・戦後を比較しつつ，現在進行形の戦後日米関係の総括的なまとめを試みた。挫折と破局を反面教師として，日米関係はよく困難を越えてきたと思う。

　戦前の第三段階が破局であったのに対し，戦後のそれは成熟の可能性を見つ

つあると本書は評価する。しかし，戦前のつまづきであった中国要因が，今大きく膨れ上がって立ちはだかり，しかも戦後期のような日米関係への緊張感が新世代からは消失している。成熟の域に達したと自負していると，油断と傲り(おご)の中で転落は一瞬のうちに起こりうる。日米関係の変わらぬ重大さを，日々刻々に再確認して共同の課題に立ち向かう心の準備が求められよう。本書がその一助となれば，望外の幸せである。

　最後に，本書の生い立ちを略記し，多くの方々への謝辞に代えたい。
　本格的な日米関係史の研究と出版を提案したのは，神戸大学の簑原俊洋助教授（現在は教授）であった。日系アメリカ人であり，1924年排日移民法について卓抜した博士論文を神戸大学で書いた氏は，日米関係を総体的に解明することに情熱を持つ。この提案を真摯に受け止めながらも，私は不可能ではないかといぶかった。私の教え子には，日本やアメリカの外交史を研究する者が少なくないが，日米の戦前・戦後150余年をカバーする陣容にはほど遠い。
　「今しかできませんよ」と逆のことを言って励まされたのが，有斐閣の青海泰司氏であった。私が編者となり，氏が編集の労をとった『戦後日本外交史』は高い評価を集めていた。その延長拡大としての日米関係史を，今ならつくることができるとおっしゃる。『戦後日本外交史』は故高坂正堯教授の薫陶(くんとう)を受けた外交史家が共同執筆したものであったが，その方々の協力は得られるだろう。が，それでもまだ，とりわけアメリカ外交の側が足りない。
　本書の出版が可能となったのは，久保文明，佐々木卓也，添谷芳秀，田中明彦の在東京の第一線の教授たちが参加を快諾された結果である。とりわけ，久保・佐々木両教授は，研究会合宿において，われわれのアメリカ外交史の教師の如き存在であった。他方，高坂門下ながら東京に居を移した田所昌幸教授が，関西勢の後輩たちを励ましたり叱咤したりする長者の役割を果たされた。
　研究会合宿について言えば，有馬や加賀の温泉で湧き上がり，出版プロジェクトに組み替えてからは，伊豆，岐阜，軽井沢，横須賀観音崎，東京で開催した。前述のような作業を執筆者が行ったが，ゲスト・スピーカーとして有賀貞，酒井哲哉，山口昇の諸先生から講義をいただいた。「私は八十六歳ですよ」と，私のお出まし要請をお断りになった斎藤眞先生が，先ごろ逝去された。謹んでご冥福をお祈りしたい。なお，軽井沢倶楽部での香しい研究会合宿が可能にな

ったのは，富士ゼロックスの小林陽太郎氏のご配慮によるものである。

　戦前・戦後の各章草稿が一応出揃う時期に，それらを通読する労をとられ，貴重なコメントをされたのが有賀・山本吉宣両教授であった。本書出版を期して，日米関係についての公開シンポジウムとセミナーを，国際交流基金日米センター・沼田貞昭所長のご配慮により共催で行うことになった。ワシントン大学のケネス・パイル名誉教授が基調講演をされ，有賀，山本，渡邉昭夫，阿川尚之，石井修，五十嵐武士の諸先生がパネリストをお引き受けくださった。また，本書のコラムを執筆してくださった方々にも，お礼を申し上げたい。

　以上の諸活動すべてについて事務局の仕事を見事に斉々と担い続けたのが，楠綾子を中心に，藤岡由佳，神足恭子らの若手研究者たちである。

　2008年3月5日

五百旗頭 真

●執筆者紹介 (執筆順)●

五百旗頭 真(いおきべ まこと)　編者。第8章,まとめ1・2担当
現職　兵庫県立大学理事長,ひょうご震災記念21世紀研究機構理事長,神戸大学名誉教授(日本政治外交史専攻),法学博士
著作に,『米国の日本占領政策——戦後日本の設計図』上・下,中央公論社,1985年(サントリー学芸賞受賞)
『占領期——首相たちの新日本』読売新聞社,1997年(吉野作造賞受賞)など。

簑原 俊洋(みのはら としひろ)　第1~4章担当
現職　神戸大学大学院法学研究科教授(日米関係・政治外交史専攻),博士(政治学)
著作に,『排日移民法と日米関係——「埴原書簡」の真相とその「重大なる結果」』岩波書店,2002年(アメリカ学会清水博賞受賞)
『アメリカの排日運動と日米関係——「排日移民法」はなぜ成立したか』朝日新聞出版,2016年 など(日本研究奨励賞受賞)。

五百旗頭 薫(いおきべ かおる)　第1章担当
現職　東京大学大学院法学政治学研究科教授(日本政治外交史専攻),博士(法学)
著作に,『大隈重信と政党政治——複数政党制の起源 明治十四年－大正三年』東京大学出版会,2003年
『条約改正史——法権回復への展望とナショナリズム』有斐閣,2010年 など。

寺本 康俊(てらもと やすとし)　第2章担当
現職　広島経済大学教養教育部教授(日本外交史・国際関係論専攻),博士(法学)
著作に,『日露戦争以後の日本外交——パワー・ポリティクスの中の満韓問題』信山社,1999年
「林董の外交政策に関する研究——合理性とその限界」日露戦争研究会編『日露戦争研究の新視点』成文社,2005年 など。

高原 秀介（たかはら　しゅうすけ）　　第 3 章担当
　現職　京都産業大学国際関係学部教授（アメリカ外交史専攻），博士（政治学）
　著作に，『ウィルソン外交と日本――理想と現実の間 1913-1921』創文社，2006 年（アメリカ学会清水博賞受賞）
　　　　「ウッドロー・ウィルソン政権の対ロシア政策――北ロシア出兵・シベリア出兵をめぐる理想と現実」『国際政治』第 198 号，2020 年 1 月　など．

村井 良太（むらい　りょうた）　　第 3 章担当
　現職　駒澤大学法学部教授（日本政治外交史専攻），博士（政治学）
　著作に，『政党内閣制の成立 一九一八～二七年』有斐閣，2005 年（サントリー学芸賞受賞）
　　　　『佐藤栄作――戦後日本の政治指導者』中公新書，2019 年（日本防衛学会猪木正道賞特別賞受賞）　など．

服部 龍二（はっとり　りゅうじ）　　第 4・5 章担当
　現職　中央大学総合政策学部教授（東アジア国際政治史専攻），博士（政治学）
　著作に，『東アジア国際環境の変動と日本外交 1918-1931』有斐閣，2001 年（吉田茂賞受賞）
　　　　『日中国交正常化――田中角栄，大平正芳，官僚たちの挑戦』中公新書，2011 年（大佛次郎論壇賞，アジア・太平洋賞特別賞受賞）　など．

久保 文明（くぼ　ふみあき）　　第 5 章担当
　現職　防衛大学校長，東京大学名誉教授（アメリカ政治外交史専攻），博士（法学）
　著作に，『ニューディールとアメリカの民主政』東京大学出版会，1988 年
　　　　『現代アメリカ政治と公共利益』東京大学出版会，1997 年　など．

服部 　聡（はっとり　さとし）　　第 5 章担当
　現職　大阪大学外国語学部非常勤講師（日本政治外交史専攻），博士（政治学）
　著作に，『松岡外交――日米開戦をめぐる国内要因と国際関係』千倉書房，2012 年
　　　　「松岡外交と南進政策――四国協商構想の視点から」『神戸法学雑誌』第 48 巻第 4 号，1999 年 3 月　など．

柴山　　太（しばやま　ふとし）　　第 6 章担当
　現職　関西学院大学総合政策学部教授（アメリカ外交史・軍事史専攻），Ph. D. (歴史学）
　著作に，『日本再軍備への道 1945～1954 年』ミネルヴァ書房，2010 年（吉田茂賞受賞）
　　　　「冷戦初期におけるアメリカの世界戦略と日本」川田稔・伊藤之雄編『20 世紀日米関係と東アジア』風媒社，2002 年　など．

執筆者紹介

楠　綾子（くすのき　あやこ）　第6章担当
　現職　国際日本文化研究センター教授（日本政治外交史専攻），博士（政治学）
　著作に，『吉田茂と安全保障政策の形成——日米の構想とその相互作用 1943～1952年』
　　　　ミネルヴァ書房，2009年（国際安全保障学会最優秀出版奨励賞〈佐伯喜一賞〉受賞）
　　　　『占領から独立へ 1945～1952』（現代日本政治史①）吉川弘文館，2013年　など。

佐々木卓也（ささき　たくや）　第7・8章担当
　現職　立教大学法学部教授（アメリカ外交史専攻），博士（法学）
　著作に，『封じ込めの形成と変容——ケナン，アチソン，ニッツェとトルーマン政権の冷戦戦略』三嶺書房，1993年
　　　　『冷戦——アメリカの民主主義的生活様式を守る戦い』有斐閣 Insight，2011年　など。

中西　寛（なかにし　ひろし）　第7章担当
　現職　京都大学大学院法学研究科教授（国際政治学専攻）
　著作に，『国際政治とは何か——地球社会における人間と秩序』中公新書，2003年（読売・吉野作造賞受賞）
　　　　『国際政治学』共著，有斐閣 NLAS，2013年　など。

添谷芳秀（そえや　よしひで）　第9章担当
　現職　慶應義塾大学名誉教授（国際政治学，東アジア国際関係専攻），Ph. D.（政治学）
　著作に，『日本の外交——「戦後」を読みとく』ちくま学芸文庫，2017年
　　　　『入門講義 戦後日本外交史』慶應義塾大学出版会，2019年　など。

エルドリッヂ，ロバート・D.（Robert D. Eldridge）　第9章担当
　現職　エルドリッヂ研究所代表，博士（政治学）
　著作に，『沖縄問題の起源——戦後日米関係における沖縄 1945-1952』名古屋大学出版会，2003年（サントリー学芸賞，アジア・太平洋賞受賞）
　　　　『尖閣問題の起源——沖縄返還とアメリカの中立政策』（吉田真吾・中島琢磨訳）名古屋大学出版会，2015年（国基研日本研究賞奨励賞，大平正芳記念賞受賞）　など。

田中 明彦（たなか あきひこ）　第10章担当
現職　国際協力機構理事長，政策研究大学院大学客員教授（国際政治学専攻），Ph. D.（政治学）
著作に，『新しい「中世」——21世紀の世界システム』日本経済新聞社，1996年（サントリー学芸賞受賞）
『ワード・ポリティクス——グローバリゼーションの中の日本外交』筑摩書房，2000年（読売・吉野作造賞受賞）など。

田所 昌幸（たどころ まさゆき）　第10章担当
現職　国際大学特任教授，慶應義塾大学名誉教授（国際政治学専攻），博士（法学）
著作に，『国連財政——予算から見た国連の実像』有斐閣，1996年
『「アメリカ」を超えたドル——金融グローバリゼーションと通貨外交』中公叢書，2001年（サントリー学芸賞受賞）など。

村田 晃嗣（むらた こうじ）　第11章担当
現職　同志社大学法学部教授（国際関係論，特にアメリカ外交・安全保障政策研究専攻），博士（政治学）
著作に，『大統領の挫折——カーター政権の在韓米軍撤退政策』有斐閣，1998年（アメリカ学会清水博賞，サントリー学芸賞受賞）
『アメリカ外交——苦悩と希望』講談社現代新書，2005年 など。

執筆者紹介

◆*Column* 執筆者紹介（執筆順）

五百旗頭薫　　*Column*①担当

木村 昌人（きむら　まさと）　　*Column*②担当
　関西大学客員教授，元・公益財団法人 渋沢栄一記念財団主幹（研究），法学博士，博士（文化交渉学）

酒井 哲哉（さかい　てつや）　　*Column*③担当
　東京大学大学院総合文化研究科教授（日本政治史専攻）

森川 正則（もりかわ　まさのり）　　*Column*④担当
　奈良大学文学部准教授（日本政治外交史・近現代史専攻），博士（法学）

藤岡 由佳（ふじおか　ゆか）　　*Column*⑤担当
　関西学院大学・神戸女学院大学非常勤講師（国際政治学，日本政治外交史専攻）

君塚 直隆（きみづか　なおたか）　　*Column*⑥担当
　関東学院大学国際文化学部教授（イギリス政治外交史専攻），博士（史学）

滝口 剛（たきぐち　つよし）　　*Column*⑦担当
　大阪大学大学院法学研究科教授（日本政治史・日本外交史専攻）

有賀 貞（あるが　ただし）　　*Column*⑧担当
　元一橋大学名誉教授，元聖学院大学総合研究所名誉教授（アメリカ外交史専攻）

簑原 俊洋　　*Column*⑨担当

服部 聡　　*Column*⑩担当

柴山 太　　*Column*⑪担当

井上 正也（いのうえ　まさや）　　*Column*⑫担当
　慶應義塾大学法学部教授（日本政治外交史専攻），博士（政治学）

坂元 一哉（さかもと　かずや）　　*Column*⑬担当
　大阪大学名誉教授（国際政治学・外交史専攻），博士（法学）

船橋 洋一（ふなばし　よういち）　　*Column*⑭担当
　一般財団法人 アジア・パシフィック・イニシアティブ理事長，元・朝日新聞社主筆，法学博士

大庭 三枝（おおば　みえ）　　*Column*⑮担当
　神奈川大学法学部教授（国際政治学・アジア太平洋国際関係専攻）

アンドリュー・ビートン（Andrew Beaton）　　*Column*⑯担当
　金沢大学人間社会学域国際学類准教授（日本政治外交史専攻），博士（政治学）

村上 友章（むらかみ　ともあき）　　*Column*⑰担当
　流通科学大学経済学部准教授（日本政治外交史専攻），博士（政治学）

マイケル・グリーン（Michael J. Green）　*Column⑱* 担当
　米戦略国際問題研究所（CSIS）副所長，ジョージタウン大学教授（安全保障政策専攻），
　Ph. D.（国際政治学）

村田　晃嗣　　*Column⑱* 日本語訳担当

目　次

　　はじめに　i

第1章　日米の遭遇と世界史への登場　19世紀後半　1
　　　　　　　　　　　　　　　　　　簑原俊洋，五百旗頭薫

1 アメリカの西進と日本への関心 …………………………………3
　　日本列島に迫る異国船(3)　　ペリー提督と日米和親条約(5)
　　初代駐日公使ハリスと日米修好通商条約(9)

2 日本の開国と条約改正 …………………………………………12
　　初期友好①——条約定着への苦心(12)　　明治維新——現地裁量
　　の明暗(13)　　初期友好②——条約改正の試み(18)　　条約改
　　正——初期友好の限界(19)　　日清戦争——初期友好の成熟(22)

第2章　日露戦争と日米台頭の時代　1895-1908年　29
　　　　　　　　　　　　　　　　　　寺本康俊，簑原俊洋

1 19世紀末の極東・太平洋情勢と日露戦争 ………………………30
　　太平洋国家へと進むアメリカ(30)　　三国干渉の衝撃(32)　　極
　　東の憲兵(34)　　日露戦争——極東政治地図の形成(35)

2 アメリカの東アジア政策の形成と日本 …………………………40

3 日露戦争後の日本外交 …………………………………………43
　　南満州鉄道の経営(43)　　三つの外交路線(44)　　小村外交と林
　　外交(45)　　最初の日米危機への対処——学童隔離事件とホワイ
　　ト・フリート(46)

第3章　第一次世界大戦と日米関係の再調整　1909-19年　53
　　　　　　　　　　　　　　　簑原俊洋，高原秀介，村井良太

1 共和党タフト政権から民主党ウィルソン政権へ …………………55
　　タフト＝ノックス路線と東アジア——満州をめぐる経済的ライバ
　　ル関係の形成(55)　　ドル外交と変容する日米関係(58)　　第一
　　次排日土地法と珍田・ブライアン会談(59)

2 日本の参戦とアメリカ——対華二十一カ条要求とウィルソン政権 …61
辛亥革命と日本(61) 参戦外交(63) 対華二十一カ条要求とウィルソン政権(64)

3 アメリカの参戦と日本——石井・ランシング協定とシベリア出兵 …68
アメリカの参戦と「十四カ条」(68) 石井・ランシング協定による暫定的合意(70) シベリア出兵をめぐる日米の相互不信(72)

4 パリ講和会議 …74
パリ講和会議に臨む日本(74) 日米の応酬(75)

第4章 ワシントン体制 1920年代　　83

服部龍二，簑原俊洋

1 新4国借款団からワシントン会議へ …86
新4国借款団(86) 共和党政権の誕生とワシントン会議(88)

2 移民問題をめぐる日米関係 …95
第二次排日土地法と幣原・モーリス会談(95) 排日移民法の成立——その「重大なる結果」(97)

3 中国をめぐる日米関係 …98
北京関税特別会議(98) 南京事件と済南事件——南京国民政府の成立へ(102)

4 中ソ紛争とロンドン海軍軍縮会議 …103
中国情勢をめぐる摩擦——1929年の中ソ紛争(103) ロンドン海軍軍縮会議(105)

第5章 日本の戦争とアメリカの不承認 1930年代　　111

久保文明，服部龍二，服部聡

1 満州事変 …113
満州事変前の中国情勢(113) 満州事変(113) リットン調査団と日本の連盟脱退(115)

2 アメリカの内政・外交の展開 …117
共和主義思想と軽武装の伝統，および軍縮(117) 大恐慌とニューディール(118) 中立主義の呪縛(119) 隔離演説前後(121)

3 日中戦争から日米開戦まで …122

貿易戦争と「東亜新秩序」(122)　ヨーロッパ情勢と南進政策 (124)　松岡外交の展開(126)　アメリカにとってのドイツと日本(130)　日米妥協の失敗と太平洋戦争の勃発(133)

まとめ1　戦前期の日米関係　破局への道　　　　　　　　五百旗頭真　141
日米間の葛藤(141)　満州事変(143)　破局不可避の段階に(146)

第6章　日米戦争と日本占領　1941-52年　149

柴山太, 楠綾子

1　「真珠湾」の衝撃とアメリカの対応——FDR構想と対日戦略　150
太平洋戦争開始直後のアメリカの苦境(150)　ローズヴェルトの戦後構想と大連合の成立(151)　ミッドウェー海戦以降とテヘラン・カイロ両会談(152)

2　国務省の対日占領政策と日本の戦後構想　155
国務省主導の対日占領政策形成(155)　日本の「戦後構想」(156)

3　第二次世界大戦末期——ヤルタからポツダムまで　157
ローズヴェルトの戦後構想の後退,ヨーロッパと極東の勢力圏問題(157)　トルーマン新政権と日本降伏への道(159)　「聖断」にいたる日本の政治過程——無条件降伏回避の模索(161)

4　初期占領政策　163
対日勝利から冷戦へ——占領改革の時代(163)　占領統治体制の確立——天皇と日本政府を通しての間接統治(164)　初期占領政策——非軍事化・民主化改革(165)　占領下の日米関係(168)

5　冷戦と講和　169
アメリカの冷戦戦略とさまざまな対日講和方針(169)　中ソ抜きの対日講和条約の推進と日本再軍備への道(171)　日本政府の講和と安全保障の構想(172)　サンフランシスコ講和条約,日米安全保障条約の成立(173)

第7章　パクス・アメリカーナの中の戦後日本　1950年代　181

佐々木卓也, 中西寛

1　講和後の日米関係　183

アメリカのグローバルな戦略と日本(183)　　独立回復後の日本
への期待と不安(184)　　吉田政権の指導力低下(186)

2　冷戦の変容と日本の外交地平拡大の試み……………………189
新たな対日政策の策定(189)　　鳩山政権の外交的イニシアティブ(192)　　日本の対共産圏外交とアメリカ(194)　　対日関係漂流の認識(197)

3　日米「新時代」の形成と安保条約の改定………………………198
岸への期待(198)　　アメリカ基軸路線の選択(199)　　安保条約改定交渉(201)　　波瀾の安保改定(202)　　岸の退陣と新しい対日政策文書(204)

第8章　日米協調の果実　1960年代　　　　　　　　　　　209
五百旗頭真，佐々木卓也

新時代の機運と現実(209)　　ケネディ政権の冷戦戦略と日本(211)

1　日米「パートナーシップ」の形成………………………………213
ケネディ＝ジョンソン政権の基本的な対日政策(213)　　ケネディ・池田首脳会談(215)　　ドルと経済・防衛関係(216)　　日中接近への牽制と中国脅威論(218)

2　池田から佐藤へ……………………………………………………220
共に日米関係重視(220)　　日本の核保有問題(222)

3　ヴェトナム戦争下の沖縄返還……………………………………224
アメリカのヴェトナム軍事介入と対日関係(224)　　沖縄返還交渉(225)　　1960年代末の日米(229)

第9章　危機の中の日米関係　1970年代　　　　　　　　　　233
添谷芳秀，ロバート・D.エルドリッヂ

1　アメリカ外交の再編と二つの「ニクソン・ショック」…………236
ニクソン政権の戦略とニクソン・ドクトリン(236)　　米中和解と日本(237)　　繊維問題と新経済政策(238)

2　危機の日本外交……………………………………………………239
繊維紛争(239)　　米中和解と日本のアジア外交(240)　　石油危機と日米関係(244)

3　日米関係の修復──危機から協力へ……………………………245
フォード政権の外交戦略と日本(245)　　フォード大統領訪日と天皇訪米(247)　　「防衛計画の大綱」とガイドライン(248)

4 カーター政権と日米関係 ………………………………250
カーター政権の世界戦略と日本(250)　カーター政権の核不拡散政策と日本(252)　福田・大平政権と日米関係(253)

第10章 新自由主義の時代 1980年代　261

田中明彦，田所昌幸

1 新冷戦と日米同盟の強化──ロン＝ヤス時代 ………………262
日本の防衛力増強への期待(262)　ロン＝ヤス関係の下での役割分担促進(266)　防衛費対GNP比1％枠の撤廃(268)

2 日米経済摩擦の時代 ……………………………………270
同盟関係強化の一方での日米経済摩擦(270)　プラザ合意と日本の存在感(276)

3 相互認識の相克──日本異質論と，「NO」と言いたい日本 …278
日本異質論の噴出(278)　数値目標を振りかざすアメリカと『「NO」と言える日本』(279)　報道摩擦と世論(282)

第11章 冷戦後，9.11以後の日本とアメリカ 1990-2007年　289

村田晃嗣

1 湾岸戦争とソ連の崩壊 …………………………………290
湾岸戦争(290)　日本の対応(292)　ソ連邦崩壊とG.ブッシュ外交の混迷(293)　宮澤内閣の業績(294)

2 「同盟漂流」から「安保再定義」へ ………………………297
クリントン外交の始動(297)　日米貿易摩擦(298)　第一次北朝鮮核危機(299)　「同盟漂流」の危惧(300)　「安保再定義」へ(302)

3 「ジャパン・パッシング」? ……………………………304
ガイドライン改定(304)　「ジャパン・パッシング」?(305)　クリントン外交の末路(308)

4 9.11の衝撃と小泉＝G.W.ブッシュ時代の日米関係………310
G.W.ブッシュ政権と小泉内閣の登場(310)　9.11テロ事件の衝撃(311)　イラク戦争(312)　小泉内閣の対応(313)　さらなる課題(315)　日米「黄金時代」の黄昏(317)

まとめ2　戦後期の日米関係　対抗と摩擦を超えて ── 五百旗頭真　323
太平洋をめぐる2極体制の崩壊(323)　戦後の和解と協力(324)

アメリカの冷戦戦略と独立後の日本(325)　60年安保の危機と日米関係の緊密化(328)　沖縄返還——戦後日米関係の転機(329)　1970年代のアジア・太平洋(330)　1980年代——安全保障協力と経済摩擦(332)　冷戦終結後の日米関係(333)　G. W. ブッシュと小泉の時代——9.11以後の同盟強化(336)　21世紀の日米関係(337)

さらに読み進む人のために　339
関係年表　353
事項索引　383
人名索引　394

■ *Column*

① 外交機関の整備と日米関係【五百旗頭薫】　14
② 戦前期日米関係を支えた民間人【木村昌人】　38
③ アジア主義の中のアメリカ【酒井哲哉】　66
④ 第一次世界大戦の日米戦時経済協力をめぐる対抗ゲーム【森川正則】　70
⑤ 日本の広報外交【藤岡由佳】　90
⑥ 王室外交と皇室外交【君塚直隆】　92
⑦ 太平洋問題調査会と日米関係【滝口　剛】　100
⑧ ミュンヘンとパールハーバー【有賀　貞】　128
⑨ 日米情報戦——開戦前の暗号解読の実態【簑原俊洋】　134
⑩ 太平洋戦争によって示された日米技術格差【服部　聡】　154
⑪ 民間の戦後構想【柴山　太】　156
⑫ 吉田書簡という神話【井上正也】　174
⑬ 戦後日米関係と密約【坂元一哉】　226
⑭ 菊クラブ, ポパイ・クラブの次は……【船橋洋一】　242
⑮ 大来・大平と環太平洋連帯構想【大庭三枝】　254
⑯ アメリカの対日通商政策【アンドリュー・ビートン】　273
⑰ カンボジア和平【村上友章】　295
⑱ 二つのアーミテージ報告の比較【マイケル・グリーン／村田晃嗣訳】　306

■ 図・表

- 図1　日清戦争関係略図　23
- 図2　シベリア鉄道と東清鉄道　33
- 図3　日露戦争関係略図　36
- 図4　太平洋戦争関係略図　153
- 図5　アメリカの対日・対中貿易赤字　274
- 図6　日本はアメリカの信頼できる友邦であるとする回答率　283
- 図7　日本人の対米観（1978年以降）　284

- 表1　日米和親条約の主な内容　9
- 表2　日米修好通商条約の主な内容　11
- 表3　日米関係における三つのレベル（1920年代を中心とする）　86
- 表4　ポツダム宣言（1945年7月26日）　160

※　本書の基礎となる研究を進める段階で、独立行政法人 日本学術振興会による平成16年度科学研究費補助金（基盤研究B）、および財団法人 米日財団による研究助成を頂戴した。また本書の刊行に際しては、財団法人 渋沢栄一記念財団から出版助成を頂戴した。ここに記し、心から感謝申し上げる。

※　引用文献は各章末の引用・参考文献欄に一括して掲げ、本文中には著者名または編者名と刊行年のみを、（　）に入れて記した。
《例》
（五百旗頭, 1985）
五百旗頭真, 1985年『米国の対日占領政策――戦後日本の設計図』（叢書国際環境）上・下, 中央公論社.

本書のコピー，スキャン，デジタル化等の無断複製は著作権法上での例外を除き禁じられています。本書を代行業者等の第三者に依頼してスキャンやデジタル化することは，たとえ個人や家庭内での利用でも著作権法違反です。

↑マシュー・カルブレイス・ペリー（左）とタウンゼンド・ハリス（写真提供：時事通信社）

第1章
日米の遭遇と世界史への登場　19世紀後半

　19世紀後半のアメリカと日本は，ともに若い国であった。アメリカは18世紀後半に独立をとげたばかりであり，以来17世紀前半の植民開始から数えても200年余の歴史しか経ていない。それに比べれば，日本は7世紀にはすでに古代統一国家を形成し，以来1200年の歴史を持つ国であった。

　けれども，近代国家としての経験について言えば，立場は逆転する。アメリカは，1607年のイギリス人によるジェームズタウンでの植民開始以来，自由な新世界の建設を想う社会であった。聖書の「丘の上の町」，つまり地上に「神の国」をつくる使命を帯びた例外国家と自己規定して出発した。それを世俗的に表現すれば，「理念の共和国」であり，自由と機会の民主主義国なので

ある。アメリカは，近代の民主主義の歴史しか持たない特異な社会であり，民主主義の歴史について言えば，西ヨーロッパ諸国に劣らない年歴を経ているのである。

それに対して日本は，17世紀前半以来の鎖国によって，朝鮮通信使を別にすれば，清とオランダ以外との貿易・来航を禁じ，とりわけ日本人の海外渡航を厳しく禁じた。近代の国際関係から自らを隔離してきたのである。1850年代にペリーとハリスによって国を世界に開いた日本にとって，新興国アメリカが近代化にとりかかった日本の手本となるのである。先の者が後になり，後の者が先になった。古い国・日本は，近代の歴史では若い国であった。

日本に開国を求めることをジャクソン米大統領が検討し始めた1830年代，たまたまフランスからトクヴィルがアメリカに旅行し，名著『アメリカにおける民主主義（*Democracy in America*）』（1835・40年）を著した。トクヴィルはその中で，ヨーロッパの両側の辺境にあって注目を集めることなく成長を続けている二つの大国，ロシアとアメリカがいつの日か，世界の運命を二分する存在となろうと予言した。それは，110年後の第二次世界大戦後の世界に見事に現実となるが，日本にとっては110年を待つまでもなく，幕末の当時において迫り来る異国船の2大勢力であった。

日本の鎖国をこじ開けたアメリカが特異な意識と行動様式をとる例外国家であったことは，注目されてよい。実際，ペリーは日本が開国に同意しなければ，艦隊をもって江戸湾を北上し江戸城下まで侵攻しかねない断固たる決意を示す点で，類例のない来航者であった。逆にハリスは，アメリカが英仏などヨーロッパ帝国主義国とは対照的に，対等で友好的な通商を日本に求める国であると自己表現して，日本と条約を結ぶことに成功した。対照的ながら，二人とも例外主義者であった。

当時のアメリカ政府の意図はペリーの強硬な姿勢とは異なって平和的な開港であり，とりわけ1861年からの南北戦争によって対外関与の国内基盤は低下したので，19世紀後半のアメリカと日本との関係は，概していえば「初期友好関係」と呼ぶに相応しい，遠く淡い友好の時代であった。権力的関係は限られており，民間交流におけるクラーク博士（札幌農学校教頭）に象徴される先生と生徒に似た関係が基調をなしていた。

1　アメリカの西進と日本への関心

日本列島に迫る異国船

　日本の開国に対して最初に強い関心を示した国は，北方の隣国ロシアであった。ロシア人がラッコの毛皮などを求めてシベリアを東進し，カムチャッカ半島を南下し始めたのが 17 世紀末であり，18 世紀半ばにはアイヌの生活圏であった千島列島や樺太（サハリン）から蝦夷地に出没するようになった。徳川幕府はこれに対し，蝦夷地の探検・調査を重ねつつ経営の強化を模索した。こうした中，1793（寛政 5）年に使節ラクスマンが箱館（函館）に来航したのをはじめ，ロシアは頻繁に日本に通商を求めてきた。

　他方で，アメリカでは捕鯨業が盛んとなり，1820（文政 3）年ごろから日本近海を活動圏とするにいたった。徳川幕府は，押し寄せて来る異国船については 1825 年に「無二念打払令（異国船打払令）」を発して撃退を命じたのであった。

　アメリカは，東洋の神秘的な国日本に無関心ではなかった。早くも第七代大統領のジャクソンは，鎖国を続ける日本に開国を促すため，1836（天保 7）年に元海軍将校のロバーツを特使として派遣する。ロバーツは途中のマカオで客死し，試みは失敗に終わったが，ジャクソンはこれに懲りず，翌年には貿易商のキングを使節として派遣した。この時，友好の証に日本人漂流民 7 名を引き渡す準備もなされたが，商船モリソン号が浦賀沖に投錨すると，幕府は「無二念打払令」に沿って砲撃を加えた。それはまだ合衆国の領土が太平洋岸に達していない 19 世紀前半のことであったが，初めての日米間の公式な遭遇は，幕府による一方的な武力行使で終わったのである。ジャクソンの 2 度にわたる試みの後，アメリカはしばらくアメリカ大陸内の発展に没頭し，「明白なる天命（Manifest Destiny）」を標榜しつつ，大西洋岸から太平洋岸へ向かって西への領土拡張に全力を注ぐことになる。

　第十代タイラー大統領による積極的な西進政策の下，アメリカはメキシコから独立したテキサス共和国を 1845 年に州として連邦政府に併合した。翌年にはポーク大統領の下，イギリスからオレゴン地方を分割併合し，さらにその 2 年後にはアメリカ＝メキシコ戦争（1846-48 年）に勝利し，現在のカリフォルニ

ア，ネヴァダ，アリゾナ，ユタ，ニューメキシコ，そしてコロラドの各州にまたがる広大な領土を獲得した。1848年にカリフォルニアで金が見つかり，翌年のゴールド・ラッシュで多くの人々が東部・中西部から移住してきたことによって，太平洋岸はアメリカ人の生活圏となった。

　こうしてモリソン号事件からわずか10年余の間に，アメリカは太平洋国家としての姿を現したのである。そして，海を挟んだ向こうに日本があり，その国と貿易関係を構築したいと望むのは自然な成り行きであった。とりわけ，当時のアメリカ産業の発展に不可欠な油をもたらす捕鯨業のさらなる発展のためには，日本が開国して石炭，食料，そして飲料水を提供し，かつ船を修理できる港を用意して船員の救難と救助を行うことが切に望まれた。

　18世紀半ばから，異国船の接近と開国要求が突き付けられる中で，幕府は打払令を発したが，その裏づけとなるはずの海防の備えは一向に進まなかった。日本の隣では1840年にアヘン戦争が勃発し，イギリスは48隻の軍艦から成る艦隊と4000人の兵力をもって中国清朝の軍を一方的に撃破した。清は香港(ホンコン)の割譲，上海(シャンハイ)など5港の開港，巨額の賠償金を強いられただけでなく，領事裁判権を認め関税自主権を放棄する不平等条約まで受諾させられた。日本が長く大国と仰いできた中国ですら，西洋列強に対してはかくのごとくであった。

　長崎経由でこの衝撃的な事態をほぼ同時的に知った幕府は，清の二の舞を招きかねない打払令を廃し，1842年に「薪水給与(しんすいきゅうよ)令(れい)」を発した。異国船に必要な場合，水と食料を提供し，列強との衝突を回避する道を開けておこうとしたのである。鎖国日本は，意外に西洋列強の進出に敏感であった。アメリカが再び日本との接触を試みたのは，この直後のことである。

　過去の失敗を教訓に，アメリカは次の使節として，ビッドル太平洋艦隊（正しくは「戦隊〈squadron〉」であるが，ここでは，一般的で，かつよりなじみのある「艦隊〈fleet〉」で統一することにする。なお，アメリカ海軍に艦隊が初めておかれたのはセオドア・ローズヴェルト大統領の時である）司令官という現役の軍人を選んだ。彼は，アメリカと清との間での最初の条約を無事締結し終えると，その勢いで軍艦コロンブス号とビンセンズ号の2隻をともなって1845（弘化2）年6月に日本へ向かい，翌年7月に浦賀沖に投錨した。しかし，幕府は頑なに長崎への回航(かいこう)を命じるだけで，交渉を拒否した。その折，アメリカ＝メキシコ戦争が勃発したためビッドルは退去した。だが，実情を知らない幕府は，外国の使節に

対し断固たる姿勢を貫いたことによって引き下がらせた，という認識を持つことになった。

　1849（嘉永2）年4月には，グリン中佐麾下の軍艦プレブル号が長崎に現れ，2年前に遭難してから抑留され続けていたラゴダ号のアメリカ人捕鯨船員の解放・引き渡しに成功した。帰国後，英雄となったグリンは，日本と速やかに通商関係を結ぶ必要がある旨を第十三代フィルモア大統領に建議し，場合によっては武力の示威も辞すべきではないと進言した。国務長官のウェブスターがとりわけ日本の開国に熱心であったため，彼はグリンの助言をもとに計画を練り，東インド艦隊（East Asia Squadron）のオリック司令官に日本の開国を命じた。オリックは，軍艦3隻を引き連れて1851年6月に出航し，喜望峰回りで日本へ向かったが，その途中，政府の承認なく他国の外交官を座乗させたことが発覚し，オリック自身の体調の悪化もあって，大統領は彼が香港に到着した時点で罷免した。こうして，1851年の米艦隊の日本回航もまた挫折したのであった。

ペリー提督と日米和親条約

　オリックの次に推挙されたのが，ペリー准将であった。アフリカ沿岸での奴隷貿易の取り締まりや，アメリカ＝メキシコ戦争で輝かしい軍歴をあげていたペリーは，この任務が自分の身分に相応しくないと不満であった。そこで大統領は，渋るペリーを説得するために本人の要望を聞き入れ，東インド艦隊の戦力を常時の倍にあたる6隻に増強することを承認した。そしてペリーは，1852年3月にこの東インド艦隊の司令官となった。

　米海軍屈指の名家の出身であったペリーは，何事に対しても強い責任感を持っており，このたびの任務についても，引き受けた以上，成功させるための周到な準備を怠らなかった。彼はオランダのライデン大学から日本に関する書物を大量に取り寄せたり，自ら港に赴いて日本近海に詳しい捕鯨船の船長から事情を聞いたりと，情報収集に余念がなかった。ペリーは，アメリカをはじめ，諸外国の失敗した使節の事例を一つずつ丹念に調べ，幕府との交渉ではつねに強い態度で臨み，必要あれば武力の示威も辞すべきではないという結論に達した。

　また，ペリーは自らの課題を明確にした。過去のグリンとオリックは，日本

との通商関係が最優先であると考えたのに対し，ペリーは，日本の開国が先決であると判断した。開国をまず達成し，その後に通商関係を構築するという，二段構えの戦略を採用したのである。ペリーが考えた「開国」とは，第一に，日本近海において遭難したアメリカ船員の生命・財産の保護，第二に，アメリカ船舶に対する食料と燃料の供給，およびその修理のための開港，そして第三に，貯炭所の設置を意味していた。それは，当時のアメリカ経済において重要な部分を占めていた捕鯨業の促進・発展を意図したものであった。

　他方，ペリーは，開国を実現するには日本に何かを提供する必要があることも認識していた。アメリカにおける当時の最先端の工業品，たとえば実際に動く機関車の模型，電気器具，そして眼鏡などの品を全米各地から集めたのである。こうした大がかりな計画には膨大な経費が必要であり，それを可能としたのは，ウェブスター国務長官の絶大な信任と支援であった。彼は遠征の準備にいっさい口をはさまずペリーに一任し，訓令もペリー本人に起草させるほどであった。

　こうして8カ月に及ぶ入念な準備を経て，1852年11月24日，排水量3220トンの蒸気外輪船のミシシッピ号（大砲10門）に座乗したペリーは，軍港のノーフォーク（ヴァージニア州）を出航した。進路を東にとり，インド洋経由で補給のためにいくつかの港に寄りながら，翌1853年4月7日に香港に投錨した。同地には，すでに帆船のプリマス号，サラトガ号，そして補給船のサプライ号が到着していた。だが，困ったことに，旗艦となるはずであった蒸気外輪船のサスケハナ号（大砲15門）がまだ到着していなかった。3824トンの同船は最新鋭・最強の軍艦であったため，ペリーはこの船なくして日本の開国はありえないと考えていた。

　実は，清国駐在アメリカ公使マーシャルの命令によって，サスケハナ号はペリーが到着する直前に上海へ緊急派遣されていたのである。マーシャルは，清の国内的擾乱に乗じて利権を獲得する方がアメリカの国益となる，という中国重視論に立っていた。「日本か中国か」というアメリカの東アジア政策におけるジレンマは，すでにこの時点から存在していたわけである。この時アメリカ政府が下した選択は「日本」であり，ペリーの任務はそのまま無事に遂行されることになった。

　ペリー艦隊は1853年5月26日に那覇に到着し，首里城において琉球国王

に謁見した後，小笠原諸島（ボーニン諸島）へと向かった。6月14日に父島に投錨したペリーが周辺の測量計測を行った結果，同島には貯炭所の設置と汽船の停泊基地として使用できる良好な天然港があることが判明した。そのため，万国公法に従って，小笠原がアメリカの領土となるための宣言がなされた（驚くべきことに，島民はアメリカ人の漂流民のみであった）。そして6月23日に那覇に引き返したペリーは，琉球王国の監督権を掌握――ペリーの認識では，琉球人を薩摩藩の圧制から解放するよき試みであった――した後，7月2日に江戸湾へと向かった。

4隻からなる艦隊は，7月8日の夕刻，浦賀沖に投錨し，ペリーは開国を求める大統領親書の受理を幕府に要求した。だが幕府は，親書は長崎で受理するのが慣例であるとして，同港への回航を命じた。ペリーはこれを峻拒し，状況いかんではさらに江戸湾の奥へと進み，最終的には陸戦隊をともなって自ら将軍に親書を手渡すと威嚇した。実際のところ，ペリーはそうした威力行使は大統領から禁じられていた。それは，外圧をはぐらかす幕府の対応を知るペリーのブラフ（はったり）でしかなかった。

しかし，江戸湾を突き進んで測量を開始するなど，これまでの外国使節とは明らかに態度が違ったため幕府は動揺し，ペリーの要求を容れて，7月14日に久里浜において親書を受理することになった。儀式そのものはわずか30分で終了したが，幕府を驚愕させたのは，親書の返事をもらうためペリーが翌年の春に再来すると通告したことであった。当初は2回にわたる訪問は予定されていなかったが，幕府の対応が極端に遅いことから，ペリーは開国をめぐる攻防は長期戦となると判断し，飲料水と食料が底をつく前に一度江戸を離れたのである。幕府から必要物資を提供する申し出はあったが，それに応じれば交渉における立場を不利にするとペリーは考え，幕府に熟慮の猶予を与えるためと称して，退去と再来を通告したのである。これもまた，ペリー一流の交渉術であった。

ペリーが那覇を経て8月7日に香港に到着したころ，すでに政権はフィルモアからピアスへと移行していた。アメリカでは，政権交代とともに政策が大きく変わることがしばしばある。ピアス新大統領とマーシー国務長官にはペリーに対する信任はなく，任務の成功になんら期待を寄せていなかった。そして，ペリーが手荒い方法をもって幕府と交渉したという情報にふれると，ピアス大

統領は戦争を引き起こしかねない提督の好戦的な態度を憂慮した。そのため大統領は、ダビン海軍長官に命じて「貴君の使命は、平和的に交渉を行うことである」と警鐘を鳴らす書簡をペリーに送り、自衛の目的以外では武力を使用してはならないと念を押して、「宣戦布告の権限は連邦議会のみに属するということを忘れるな」とまで伝えさせた。そして、ペリーが条約の締結を翌年春にまで延期したことに不満を表明して、「経費がかさむ」とその判断を難じ、前大統領によってすでに承認されていた帆船ヴァーモント号の派遣も、「現存の兵力で十分」という理由から却下した。とどめは、小笠原諸島の領有をめぐって、ペリーが与えられた権限を逸脱したという理由からその承認を拒否したことである。アメリカが領有権を放棄したのを受けて、小笠原は後1875（明治8）年に、明治政府によって正式に日本の領土とする手続きがとられ、翌年に領有が確定した。

　フィルモア前政権から絶大な信任を享受していたペリーにとって、香港で待っていたピアス新政権からの厳しい方針転換の知らせは打撃であった。しかし、ペリーは自分の考えが正しいという信念を曲げず、驚くべきことに大統領の新方針をあえて無視して、引き続き幕府に対し強硬な態度で臨むことにした。彼からすれば、日本の開国はアメリカの国益と合致するのみならず、それはイギリス、フランス、ロシアの列強各国が達成する前に行わなければならなかったのである。そうした矢先、ロシア政府の使節としてプチャーチン提督が日本に向かっているという報に接した。ペリーは予定を繰り上げて急遽香港を離れ、1854（嘉永7）年2月に再び江戸湾へ向かった。この時ペリーが率いた艦隊は、サスケハナ号とミシシッピ号のほかに、新しく旗艦となった最新鋭の蒸気外輪船のポーハタン号（3765トン、大砲16門）が合流するなど7隻を数え、新大統領の意図とは逆に、戦力を大幅に拡充していた。

　東インド艦隊が2月13日に再び姿を現すと、幕府は浦賀沖に投錨するよう命じるが、ペリーはそれにかまうことなく艦隊を神奈川（横浜）沖まで進め、翌日には江戸城下を臨む江戸小柴沖で初めて停止したのである。幕府に対するメッセージは明白であった。その後、交渉を行う場所をめぐって押し問答が繰り広げられた。幕府は鎌倉または浦賀を提案し、他方のペリーは江戸に近い品川または川崎を要求した。結局、妥協として、最終的に神奈川で合意にいたった。

表1 日米和親条約の主な内容

①下田・箱館2港の開港と両港での薪水と食料の供給，および遊歩区域の設定
②外交官による下田駐在の許可（日米間で解釈の相違あり）
③漂流民の救助
④アメリカ船による必需品の購入許可
⑤最恵国約款の承認

　交渉は，3月8日から約3週間にわたって行われた。幕府側は，西洋諸国の開国圧力を拒絶し切る実力が自らにないことを自覚していた。さらに，ペリーが人命にかかわる問題として要求した漂流民の保護については，交渉を担当した林大学頭復斎（はやしだいがくのかみふくさい）を筆頭に，幕府内でも人道的な観点から同調する声が強かった。林は，通商についてはさほど切迫した問題ではないとして後回しにすることを提案し，ペリーの同意を得た。幕府の冷静な対応は，ペリーが考えていた優先順位と上手くかみ合ったのである。その結果，全12カ条からなる日米和親条約（別名，神奈川条約。表1参照）は3月31日に締結され，公的な日米関係の幕開けとなった。

　こうして日本の開国をリードしたのは，外交史上の帝国主義時代の当時にあって最も強力で，かつ強硬なイギリスではなく，アメリカであった。その事実は，イギリスと正面衝突した清朝中国とは異なる境遇を日本に与えた。当時の日本においては，アメリカと提携してイギリスと対抗する，あるいはロシアを撃退するといった議論が流通していた。これらの議論はそれ自体として現実性を持たなかったが，日本が多元的な国際関係を意識しつつ，最悪の事態を回避する方途として，アメリカとの交渉を通じて開国を受け入れたことは注目されよう。アメリカが西洋国際関係における周辺国にして自立的なアクター（行為主体）であったことが，日本の西洋国際関係の受容を容易にしたのである。

初代駐日公使ハリスと日米修好通商条約

　ペリーによって「開国」という第一の目的が達成されると，アメリカは次に「通商」の開始に向けて動き出した。この任務は，当時，無名に近かったハリスに与えられた。ハリスが大統領に執拗に働きかけたこと，かねてから国務長官と顔見知りだったことなどが功を奏した結果であったが，彼のほかにこの任務に関心を抱く者が少なかったこともまた事実である。ハリスは，日米和親条

約中の領事駐在の規定（第11条）を根拠に，アメリカの初代駐日総領事（後に公使）として，オランダ語通訳兼書記官のヒュースケンをともない，たった二人で日本に渡ったのである。ペリーの砲艦外交と好対照を成すハリスの姿は，アメリカの日本に対する帝国主義的な意図の不在を示すものでもあった。

　1856（安政3）年8月，下田郊外の玉泉寺で初めて星条旗が日本に翻り，その日，ハリスは日記に，「疑いもなく新時代が始まる。はたして日本に真の幸福をもたらすことができるだろうか」と，強い使命感と高揚感を書き記した。ハリスは，以前からアヘン戦争に示されたイギリスの清に対する政策に強い嫌悪感を覚えており，帝国主義の牙から日本を守ることを自らの使命と意識していた。このような人物が西洋列強が競う近代国際社会の案内役となったことは，日本にとって幸運であったと言えよう。

　ハリスの最初の任務は，通商条約の締結を求める大統領からの親書を将軍徳川家定（とくがわいえさだ）に手交することであった。しかし，将軍と外交代表との会見は，将軍の「御武威」を損なうという反対が幕府内に強く，通商問題に劣らない激しい論争となった。ハリスを乗せてきたスクリュー船のサンハシント号が下田を去った後は，アメリカの軍艦は1隻たりとも来航せず，ハリスは本国政府からの訓令はおろか，連絡をとる手段も絶たれた。このころのハリスの日記には，孤立無援状態となり，幕府との交渉の手がかりさえつかめない状況への焦燥感が記されている。下田奉行の井上清直（いのうえきよなお）は，ハリスの江戸出府・通商条約を先延ばしにする代わりに，日米和親条約の改定のための交渉を行うことを認め，ハリスも不満ながらこれに応じた。その結果，1857年6月にようやく下田協約の締結にいたったのである。

　この協約で重要なのは，次の2点である。まず，第一に，ドルと日本の貨幣の通貨レートが定められた（1ドル＝4800文）。これは，日本を世界貿易システムに組み込むための標準が設定されたことを意味する。そして第二に，アメリカ人の犯罪人の処分について，アメリカ国内法によってアメリカ領事が行うという領事裁判権（治外法権）が合意された。

　他方，江戸出府による幕府との交渉は依然として平行線をたどっていたが，7月になって軍艦ポーツマス号が突然下田に入港したことが転機となり，10月1日にハリスの江戸登城は急遽承認された。幕府にとって，ハリスがポーツマス号に座乗して直接江戸に向かえば，国内的な紛争が巻き起こるおそれがあっ

表2 日米修好通商条約の主な内容

①新たに神奈川,兵庫など4港の開港（居住権・借地権）
②江戸・大坂の開市（商用のための滞在・借家権）
③領事裁判権の付与
④関税に関する協議の継続
⑤内外貨幣の同種・同量交換（開港における外国貨幣の通用,貨幣・金銀の輸出容認）
⑥片務的最恵国約款の承認

たからである。ハリスは12月7日に将軍徳川家定に謁見し，日米修好通商条約の締結に向けての幕府との交渉が本格的に始動することになった。

ハリスは，隣国清で進行していたアロー戦争（第二次アヘン戦争とも言う。1856-60年）におけるイギリス・フランス軍の強大さと西洋列強の強欲さを指摘し，平和的にして友好的なアメリカと条約を結ぶことが日本の利益であると熱く説いた。幕府側は，アメリカもアメリカ＝メキシコ戦争において領土を獲得したことや，一部のアメリカ商人がアヘン貿易に従事していることも承知していたが，大局的にはハリスの提案を受け入れるべきであると判断していた。条約交渉は計14回に及び，その間，幕府内は大いに揺れたが，最終的にハリスが提示した基本条件に沿った合意が成立し，日米修好通商条約の締結にいたった。

後年，不平等の象徴とされたこの条約も，当時の幕府にとっては許容可能なものであったことを指摘する必要があろう。日本も清朝中国も，治外法権は外国人にかかわる紛争の処理を外国側に負わせる観点から支持していた。同じく日清両国にとって，最恵国待遇は外国同士を競合・牽制させるための方便であり，片務的（外国に対して一方的に認める）である方が好都合であった。他方の関税率は，ハリスの厚意もあって高く設定されていた（原則20％）ため，内地での外国人の商業は中国と異なり拒絶することに成功した。ハリスとの交渉に応じるという幕府の冷静な判断は，当時の文脈においては実りがあったと言えよう（表2参照）。

調印式は，1858年7月29日に江戸湾に投錨したポーハタン号の船上で行われた。この条約をめぐって朝廷の勅許が難航し，幕末の激動が続くが，対外的には日本はようやく国際社会に自らを開き，近代化への第一歩を踏み出すことになったのである。その直後，幕府は同様の条約をオランダ，イギリス，フ

ランス，そしてロシアとも締結したため，アメリカを含めてこれらの条約は，「安政五カ国条約」と呼ばれることになった。

2　日本の開国と条約改正

初期友好①——条約定着への苦心

　さて，ハリスの尽力によってアメリカは日本と特別な関係を築くことに成功し，日本側もアメリカとの特別な関係を活用した。ハリス時代の末期，幕府は外交的苦境をアメリカに救われることが多かった。

　日米修好通商条約が朝廷の反対にもかかわらず調印されると，日本国内で攘夷運動が広がった。条約が定めた兵庫（神戸）・新潟の開港と，江戸・大坂の開市は，攘夷運動によって実施が難しくなった。幕府はハリスの仲立ちによってイギリス，フランスと交渉し，1862（文久2）年半ばに2開港・2開市の延期への合意を取り付けた（石井，1966）。

　また，延期問題に劣らず幕府を窮地に陥れたのが，1861（万延元）年1月のヒュースケン暗殺事件である。ヒュースケンはハリスを支えたのみならず，西洋諸国と日本との交渉を仲立ちして活躍しており，幕末に数ある外国人襲撃事件の中でも列国が受けた衝撃は大きく，各国の公使または総領事は抗議と避難を兼ねて横浜に引き揚げたほどであった。部下の犠牲にもかかわらず，幕府の苦境に同情的であり江戸にとどまり続けるハリスは，ヨーロッパ諸国とは別格なアメリカの対日友好姿勢の象徴であった。

　南北戦争（1861-65年）によって日本におけるアメリカのプレゼンス（存在感）は低下したが，そのことは，世界の荒波への無害で安心できる窓口という，日本におけるアメリカのイメージを損なうものではなかった。ハリスの後任としてリンカーン大統領から任命され，1862（文久2）年に着任したプリュイン弁理公使も，幕府に同情的であろうとした。

　しかし，日本の国内情勢の悪化がこれを困難にした（本橋，1986）。

　1863年5月，江戸のアメリカ公使館が焼失し，代わって設けられた仮公使館に対しても襲撃の噂があったため，プリュインは一時的に横浜に避難した。10月，朝廷の圧力を受けた幕府が横浜港の閉鎖を列国に要望すると，プリュインはヨーロッパ諸国と連携しながらこれを強硬に拒絶した。日米の特別な関

係は，日本に対して足並みをそろえて抗議する列強，という図式に埋没することになった。

さらに6月以降，攘夷運動の中心であった長州藩が下関海峡においてアメリカ船ペンブローク号を含む外国船を砲撃すると，翌1864（元治元）年9月，イギリス，フランス，アメリカ，オランダの四国艦隊が海峡の長州側砲台を攻略した。同じ4カ国の公使ないし総領事が1865（慶応元）年11月，艦隊とともに兵庫沖に来航し，朝廷・幕府に圧力をかけた結果，修好通商条約への勅許がついに実現した。同時に，関税の見直しも約束され，翌1866年6月に関税率の原則5％への引き下げやその他の貿易環境の整備が合意された（いわゆる「改税約書」）。これにより不平等条約の骨格が完成したと言えよう。以上の経緯において，砲艦外交におけるイギリスのイニシアティブは明白であったが，アメリカもこれに追随したのである。

とはいえ，プリュインも主観的には，列国と日本（幕府）への協調を両立させようと努力しており，日米関係が日本とヨーロッパ諸国との関係よりも緊張するということはなかった。極東に十分な海軍力を保持できない状況で，西洋諸国のうちイギリスに次いで多数居留していた自国民を守ることが，アメリカ公使の主たる使命であり，日本への強硬姿勢には限界があった。

明治維新——現地裁量の明暗

日本の政治体制の変革によって，日米関係は最初の谷間を迎えることになった。薩長を中心とする討幕派の動きは急となり，1868年1月に朝廷は王政復古を宣言した。続いて，新政府軍と幕府軍との間で内戦が勃発した（戊辰戦争。1868-69年）。アメリカの外交代表は居留民の生命・財産を守ろうとした結果，自らの所在地がどちらの勢力圏下にあるかによって個別的な対応をとった。すなわち，横浜公使館の留守を預かっていたポートマン代理公使兼通訳官は，幕府に好意的に応接した。ペリー来航時のメンバーでもあったポートマンは，ハリスの時代にヒュースケンの後任として着任したオランダ出身の日本通であり，幕府に対して一定の発言力があった。この時期，彼は東京－横浜間の鉄道敷設を幕府から請け負うことに成功する。

これに対して，プリュインの後任である元ニューヨーク州下院議員のヴァン・ヴァルケンバーグ弁理公使は当時，兵庫開港に立ち会うために関西にいた。

Column① 外交機関の整備と日米関係

　激動と混乱の幕末維新期が日本外交にとって最も難しい局面であったことは，言うまでもない。その最中での新政府の外交機関整備は，容易ではありえないであろう。しかし，国際環境への強い危機感の中で，幕末以来の人材・知識の蓄積を活用し，さらにアメリカ人を中心とするお雇い外国人の協力を得て，外務省の制度的整備は比較的早く進んだ。

　問題はむしろ，アメリカ側にあったのかもしれない。アメリカ国務省は大統領の政務遂行のための機関として1789年に設立されたため，国内業務を多く抱えていた。1849年の内務省（Department of the Interior）の創設によって，ようやく外交担当部局としての立場を確立したが，なお1860年代にいたるまで，外交に関係しないさまざまな業務を整理しなければならなかった。それにもかかわらずスタッフの数が少なかった。1850年代は30名足らず，1880年にようやく80名となり，100名を超えるのは20世紀最初の10年のことである。当然，対日政策に投入できる力は限られていた。たとえば1870年に行われた大規模な機構再編によれば，日本と清に関する外交は，ヨーロッパの11カ国を管轄する第一外交部（The First Diplomatic Bureau）の一角で扱われた。第二外交部がエジプト，ハワイ，リベリア，トルコとラテンアメリカ諸国，そしてギリシャ，イタリア，ロシアを所轄していたことを考えると，日本は比較的対等な外交の対象として認知されていたのかもしれない。しかし，第一外交部のスタッフは，長を入れて3名であり，同じ国々の領事業務を扱う第一領

彼は同年2月の神戸事件（備前〈岡山〉藩の部隊が神戸居留地で発砲し，新政府は責任者の切腹という処分によって事態を収拾した）を皮切りに，新政府を評価する姿勢を鮮明にしていく。アメリカが幕府に売却した装甲艦ストーンウォール号が日本に到着した際，幕府海軍が神戸など新政府支配下の開港を封鎖することを恐れた公使は，列国と協議したうえで，局外中立を理由として幕府への引き渡しを拒否した。ストーンウォール号は南北戦争が勃発した直後，南軍が北軍による禁輸をかいくぐってフランスから購入したものであったが，日本に売却されてからも数奇な運命をたどることになる。

　ヴァン・ヴァルケンバーグ公使が江戸に戻った後，アメリカの対日姿勢はかえって混乱を深めることになった。江戸は5月に新政府軍に無血開城されたが，関東以東における幕府復活への期待の根強さや，新政府軍の統治能力の低さに公使は印象づけられ，旧幕府側が実力を発揮して巻き返す可能性があると信じた。そこで公使は，中立政策に固執し，新政府との関係は円滑を欠いた。たとえば彼は，ストーンウォール号を新政府に引き渡すことに長く抵抗した。国務

事部（The First Consular Bureau）を加えても7名でしかなかった（Plischke, 1999）。

　アメリカ国務省は，ハリス以来の友好的な日米関係を維持することと，在日居留民の生命・財産を守ることを対日政策の2大目標としていたが，両者の調整を国務省が系統だって行っていたとは思えない。日本との通信が不便であったこともあり，国務長官にできることは，駐日公使の方針を追認するか，ヨーロッパ各国の駐日公使との協調と条約の精神を損なわないように注意をうながす程度であった。

　したがって，駐日公使の動向が重要であった。国務省は大統領への帰属性が強い機関であったため，1883年のペンドルトン法に見られるような資格任用制（メリット・システム）導入の波をあまり被らなかった。本省のスタッフは共和党政権が続いたこともあって継続性・専門性を高めることができたが，駐日公使の人事は猟官制（スポイルズ・システム）の色彩が強く，北部諸州軍の功労者を抜擢するということが多かった。その結果，外交官としての経験が必ずしも十分ではない公使の判断や性格が，対日政策を大きく左右することになった。

　以上のようなさまざまな不確定要因が一応整理されるのは，1870年代後半から日本との条約改正交渉に積極的に応じ，この交渉が日米関係の中核を担うようになって以降のことである。

【五百旗頭薫】

省は同艦の抑留について，買い手（日本政府）の権利を侵害しているとして批判的であったが，公使の裁量を尊重した（石井，1966）。ようやく新政府に引き渡され，東と改名した同艦が榎本武揚率いる旧幕府海軍に致命傷を与えた。また，榎本軍が売却したアメリカ船ペイポー号が青森港で新政府側に抑留され，合衆国旗が降ろされるという事件があったが（1869年5月），ヴァン・ヴァルケンバーグは軍事制裁を示唆する異例に強硬な期限付抗議を発した（開国百年記念文化事業会編，1956）。

　新政府への疑念は，つねに強硬路線をもたらしたわけではない。1868年6月，新政府が浦上（長崎県）のキリシタン4000人以上を諸藩に配流すると，ヴァン・ヴァルケンバーグは事態をきわめて深刻に受け止めた。新政府には攘夷論を抑える力はないと考えていたためである。同じ理由から，新政府への外交圧力によってキリシタン弾圧を止めさせる可能性についても悲観的であり，消極的にすらなったのである。

　公使が江戸不在の時期の負の遺産もあった。ポートマンが幕府との間で結ん

だ鉄道契約について，新政府は認めない方針を打ち出した。ポートマンは契約の履行を求め，それはやがて日米間の外交問題に発展した。この政治変動の時期，日米間の係争は，前後の友好的な時代とは不釣り合いなほど頻発した。

イギリスが薩長，フランスが幕府を支援して日本の内政に関与したのに対し，アメリカはどちらかにつくことなく独自の観点に立って是々非々的な対応を行ったと言えよう。そのことが，急激な状況変化の中で政治的な対応を困難にすることにもなった。明確な政治的意志を持って日米間の特別な友好関係を回復しようとしたのが，1869（明治2）年に着任したデ・ロング公使である。初代のハリスから，ニューヨーク州出身者が連続して公使として日本に赴任していたが，デ・ロングはわずか5年前に州に昇格したばかりのネヴァダ州の出身であった。彼は，日本政府に協力・助言を与えることで自らの影響力を強めようとした。

たとえばデ・ロングは，居留民に対する公使の立法権を拡張するよう国務省に働きかけた。当時，条約国の居留民は治外法権によって日本の法律・規則の適用を免れる，というのが列国外交官の修好通商条約に対する一般的な理解であった。デ・ロングは，日本の法律・規則のうちで自らが適当と判断したものについては，直ちに類似した規範を立法してアメリカ居留民に適用し，条約にともなう日本側の苦痛を軽減しようとしたのである。

もっとも，日本側の要求はさらに大きかった。王政復古の際，新政府は攘夷派の不満をかわす意図もあって，条約改正を政策課題として掲げていた。そして1871年11月，西洋文明を摂取するとともに，条約改正に対する列国の意向を探る目的をもって，岩倉使節団を米欧に派遣した。デ・ロングが案内役を務めた使節団は，アメリカ各地で熱烈な歓迎を受けた。アメリカ政府も，寛大な姿勢によってヨーロッパ諸国と差異化をはかるというアジア外交を基調として続けていた。かつて長州藩が起こした下関事件の賠償金を還付することをアメリカのみが積極的に検討しており（1883年4月に実現），条約改正交渉にも積極的な姿勢を示した。このような状況に励まされた使節団は，アメリカとの間で一挙に条約改正を実現することをもくろみ，1872年3月に公式の交渉をフィッシュ国務長官に提起した。

しかし，使節団の改正案を見たデ・ロング公使は，自分が事前に与えたアドバイスに従っていないとして，詳細な批判を国務長官に示した。公使は，日本

の発展段階では日本の法律・規則にアメリカ居留民を従わせることはできないと主張した（下村，1962）。彼は治外法権をめぐる問題を日本政府と共有することで関係を深めようとしたのであって，治外法権そのものを見直すことは考えていなかったのである。実は国務省は，日本政府の規則が居留民に適用されることを認める条約解釈を1871年には示しており（下村，1948），それよりもデ・ロングは保守的であった。

　日米交渉が長引く中で，日米のみで条約改正交渉を進めることに対するヨーロッパ諸国の反感も生まれた。こうして7月，日米交渉は打ち切られた。

　その後もデ・ロング公使は，日米関係を密接にしようと努めた。1871年12月，台湾に漂着した琉球島民66人のうち，54人が先住民に殺されるという事件が起きていた。デ・ロングは，かつての厦門総領事であり台湾事情に詳しいフランス出身のル・ジャンドルを日本政府に紹介した。副島種臣外務卿は彼を気に入り，外務省二等出仕で雇った。デ・ロングの意図は，ル・ジャンドルの知識によって，台湾に出兵せずとも先住民との交渉によって事件再発を防ぐことが可能であると副島に理解させ，日本と清の両方からアメリカへの感謝を得るところにあった（石井，1982）。しかし，ル・ジャンドルは，台湾防備の脆弱性を指摘して出兵を進言した。日本政府は1874年5月に台湾に出兵し，清との軍事的緊張を招いた。

　1871年の廃藩置県の後，日本は草創期の統一国家として，国権拡張への強い衝動をかかえていた。この時期の日本に対し熱心に助言するアメリカ人として，長年国務省の国際法の専門官を務め，フィッシュ国務長官の信任も厚かったニューヨーク州出身のスミスのようなお雇いアメリカ人や，デ・ロング公使をあげることができる。彼らは，日本政府に親身な助言を与えることで，新興国の衝動を西洋国際法の枠組みの中で表現することを教えたと言えよう。

　しかし同時に，デ・ロング公使の強い政治性と日本の政策決定への深い関与は，正規の国家間の外交様式から逸脱する危険をはらんでいた。台湾出兵に際して彼の後任ビンガムは，清に対する中立義務から，アメリカの国民（ル・ジャンドルなどのこと）と船（ル・ジャンドルが斡旋した）を出兵に用いることを拒否することになり，日本政府を困惑させた。また，デ・ロングの日本政府への関与は，本国国務省によって越権であると警戒され，規制を受けた。

　以上のように，アメリカの対日政策は駐日公使個人の性格・意見に大きく左

右され，試行錯誤を重ねる趣があった。当時，駐日公使の報告がワシントンに届くまで1，2カ月かかったことを考慮すれば，次々と起こる事件や紛争に対して，国務省が現地公使の裁量を尊重せざるをえなかったことは理解されよう。

しかしながら，アメリカ本国と日本との相互イメージそのものは，変わることなく良好であった。開国が定着するとともに，日本国内では，アメリカが日本を適切に導いてくれた，という感謝に満ちたアメリカ観が複数の論者によって表明されることになった。アメリカにおいても，健気(けなげ)に西洋文明の摂取に努める日本に対する好感度は高かった。岩倉使節団に対するアメリカ国民の歓迎ぶりは，その一例である。文化的・経済的交流も活性化し，多くのアメリカ人教師，社会事業家，宣教師が日本の近代化を支援することになる。

初期友好②——条約改正の試み

デ・ロングの後任ビンガム公使は，オハイオ州選出の元下院議員で，リンカーン大統領暗殺事件の裁判では判事の一人として活躍した，という経歴の持ち主であった。1873年の着任以来，日本滞在が最終的に12年間にも及んだ。ビンガムは，アメリカ本国の対日友好感情を東京で友好関係に翻訳しようと，アメリカ居留民の既得権益を本格的に見直した最初の駐日公使であった。彼は，日本の法律・規則は公使の立法行為を待たずに自動的に居留民に適用されると主張した（ただし，違反した場合の罰則はアメリカ法，裁判はアメリカ領事による）。日米修好通商条約第6条に「日本人に対し法を犯せる亜米利加(アメリカ)人は亜米利加コンシュル裁断所にて吟味の上亜米利加の法度を以て罰すべし」とあるのについて，アメリカ法にもとづいてという要件は「罰」にのみかかっており，「吟味」にはかかっていないと論じたのである。

ビンガムの方針は直ちにアメリカ全体の方針になったわけではない。各開港のアメリカ領事はしばしばヨーロッパ諸国の領事に同調して日本政府による規則制定に抵抗し，ビンガムを苛立(いらだ)たせた。

とはいえ，日本政府に規則制定権を認めることは，先に述べたように国務省の方針でもあり，この点で国務省のビンガムに対する支持は揺らがなかった。

しかも，自国民の安否に直結する攘夷・内戦や戦争の危機とは異なり，条約の運用・改正をめぐる政策形成は，当時の通信技術の下でも，在日公使・領事，国務省の間で調整する時間的余裕があった。こうして，アメリカ世論の親日感

情はアメリカ外交の親日政策として確立されていく。

さて、条約改正の困難と西洋文明の優位をかみしめて帰国した岩倉使節団は、大久保利通を中心に内治改革の優先を主張し、西郷隆盛に代表される征韓論と衝突した。1873年、「明治6年政変」によって西郷らは下野した。その中には、外務卿の副島も含まれていた。後任として、国際法と財政について豊富な知識を持つ寺島宗則が外務卿に就任した。日本に行政規制の制定権や関税自主権を認めるべきであるとするビンガムの主張は、大久保や大隈重信大蔵卿が進める行政主導の工業化政策に適合的であった。寺島は、大蔵省の要請とビンガム公使の助言を受けて、税権回復（関税自主権の回復）交渉に着手した。

ワシントンの吉田清成駐米公使の下で日米交渉が進展する。1878年7月、吉田・エヴァーツ協定が成立した。この協定は、開港の増設や輸出税の廃止と引き換えに、日本の関税自主権を承認したものである。それは、アメリカの対日貿易が輸出よりも生糸・茶の輸入に重きをおいており、日本の輸入関税の引き上げに対する抵抗感が弱かったためである（石井, 1977）。また、この協定は開港における貿易規則の制定権を日本政府に認めたが、それは日本の規則を尊重しようというビンガム公使・アメリカ国務省の考え方があったためであろう。しかし、この協定が条約改正史における日米友好の頂点であり、かつ限界であった。

協定には、他の条約締結国が同様の協定に同意した時にのみ発効する、という条件がついていた。イギリスは日米交渉の先行に反発し、寺島の税権回復要求を拒絶した。ドイツ、フランスもイギリスに追随した。その結果、吉田・エヴァーツ協定は発効せず、寺島の交渉は行き詰まった。日米間に初期友好が再確立された結果、日米とヨーロッパ諸国との調整が難しくなったのである。

この経緯は、日本政府内におけるアメリカへの幻滅をもたらした。アメリカは親切にはふるまっても、リスクを冒して日本を支援する準備はないのではないか。これはアメリカの意図というよりは能力に対する認識であり、それだけに長期的に変わらない与件として日本側の政策判断を規定することになった。

条約改正——初期友好の限界

1879年9月に寺島と交代した井上馨外務卿は、アメリカよりも国際政治の中心であるヨーロッパ諸国を直接説得する道を選んだ。主たる交渉相手はイギ

リスであり，イギリスを説得する際に頼みとしたのは，ヨーロッパにおいてイギリスに迫る国力を持とうとしていたビスマルクのドイツであった。1882年1月から7月にかけて東京で開催した条約改正のための国際会議（条約改正予備会議）は，日米関係というゆりかごからの決別と，ヨーロッパ諸国を主体とする国際関係への再参入を象徴していたといえよう。その第9回会議（4月5日）において井上は，将来的な展望としてではあるが，領事裁判権の撤廃（法権回復）と引き換えに日本の内地を開放する意思があると宣言した。国内制度としても，ハリスが設定した居留地というゆりかごからの離脱を覚悟したのである。

　1885年12月に内閣制度が創設され，井上は初代の外務大臣となった。井上は1886年5月から再び条約改正会議を開催し，イギリス，ドイツが事前に井上と打ち合わせて提出した案を原案として採用し，討議・修正の末，翌年4月に各国委員間の合意にいたった。法権回復と引き換えに日本が内地を開放し，外国人判事・検事の採用と西洋的な法典編纂を約束するという内容であった。この間，アメリカは日本の法権回復を支持していたが，条約改正交渉を主導するのが日米関係ではなく，日英独関係になったことは否めなかった。条約改正会議の前年に着任した元テキサス州知事のハッバード公使は，特にドイツの影響力の増大に強い反発を抱き，たとえば外国人法律家の選任においてアメリカの割り当てが小さいと強硬に抗議する場面もあった。ハッバードは南北戦争において南部連邦軍側で戦った敗者であったが，民主党が24年ぶりに大統領選挙で勝利を収めたことにより，駐日公使に就任することになった（民主党の大統領による駐日公使の任命は，ハリス以来二人目であった）。とはいえ，日英独を中心とした法権回復を複雑な思いで支持する，という状況を変えることはできなかった。

　ハッバードの本領は，煩瑣な会議外交よりも，福沢諭吉などとの親密な関係を活かした親米世論の涵養にあったのかもしれない。ハッバードは南北戦争の敗者の立場から政権に参入した。その正当性を示すためにも，赴任前に北軍の英雄グラント元大統領から日本について教えを請うなど，超党派的な親日政策を演出しようとした（Hubbard, 1899）。こうしたハッバードの出自が，日本における官民に通底した親米論を育む志向を強めたといえよう。

　1887年3月，アメリカの軍艦オマハ号が長崎県池島に向けて射撃訓練を行い，不発弾を見物していた県民11人が暴発により死傷するという事件があっ

た。国際法と日本の規則が禁ずる沿岸3海里 (5556 m) 以内での無断の射撃であり、かつアメリカ海軍の処分も迅速ではなかった (寺崎, 1980)。しかし、日本の外務省のみならず世論も比較的平静であり、アメリカの新聞の中からも迅速な処分を求める声があがった。このことは、日米友好のいわば基礎体力を証しするものであった (結局、艦長は海軍軍法会議で無罪となり、アメリカ政府は救助金を支払った)。そして、井上の会議外交の挫折により、日米関係が再浮上する機会がめぐってきた。

井上の改正草案は外国人判事・検事の採用と法典編纂の約束への政府内の反対により挫折し、1888年2月に大隈重信が外務大臣に就任した。大隈は井上と異なり各国別交渉を展開した。ハッバード公使は井上時代の後退を取り戻すべく大隈案の作成段階から深く協力し、真っ先に新条約に調印した。

しかし、これはかつての特権的な日米関係の復活を意味しなかった。岩倉具視や寺島の時のようにヨーロッパ諸国との交渉から突出することを恐れた大隈は、日米条約の調印を引き延ばしてアメリカ側を苛立たせた。批准の段階になると、今度はアメリカ側が条約内容の変更を希望した。すでにアメリカ国内で日本からの移民の増大が問題視されており、石油輸入税率の引き上げへの抵抗と相まって、上院での批准承認の障害となった。しかも、共和党が政権に復帰したことが、対日政策を動揺させた。クリーヴランド大統領率いる民主党に代わって共和党のハリソン大統領が政権を握り、保護主義的な立場から日本に対しても経済的利害をより強く主張するようになっていたのである。1889年3月の就任早々にハリソン大統領が新しい駐日公使に任命したスウィフト (元カリフォルニア州議会下院議員) も、ビンガムやハッバードのように協力的ではなかった。大隈案も内容は井上案と大差なかったため、やがて大隈案への日本国内の反発が強まり、条約改正は再び失敗した。

大隈以後の歴代外相は、イギリスとの交渉を優先する路線に回帰していった。条約改正交渉がついに実ったのは陸奥宗光外務大臣の時代、1894年7月に青木周蔵駐英公使が調印した日英通商航海条約によってであった。長らく日本の条約改正交渉を先導してきたアメリカにとっては、不本意な結末であったといえよう。

折から、日清間に朝鮮をめぐる緊張が高まっていた。アメリカ国務省は日本の方が挑発的であるとして、建野郷三公使に厳重な警告を与えたうえで、戦争

の回避を日清両国に要請した。イギリス，ロシアもそれぞれ調停を試みており，日清両国と友好関係を保っているアメリカに対して協力を求めるところがあった。しかし，アメリカはヨーロッパと共同行動をとることは望まず，したがって開戦外交に対して実質的な影響力を持つことはなかった。1894年7月25日，日本は清との武力衝突にいたり（豊島沖海戦），8月1日に宣戦布告した。

アメリカとの条約改正交渉が本格化したのは，その後であった。ただ，両国民の自由な移動を認めるという修好関係の根幹にあたる規定が，先にふれたように日本人労働者の移住を制限したいというアメリカ国内の要求と抵触したため，交渉は若干難航した。この点については，日清戦争において有利な国際的立場を占めたい陸奥外相がアメリカの要求を受け入れ，1894年11月22日，グレシャム国務長官と栗野慎一郎駐米公使との間で，新条約が調印された。

批准に際してもアクシデントがあった。新条約は，輸入船舶の国籍を問わない一律の関税徴収を規定していたが，自国船舶保護政策の観点からこれを非難する声がアメリカ上院であがったのである。その結果，新条約をいつでも1年前の通告で廃棄できるように修正を加えたうえで，承認された。

条約改正史の全体を通じて，アメリカが日本に協力的であったことは否めない。しかし，東アジア諸国に対するアメリカ政府の寛大・温和なスタンスは，ヨーロッパ諸国を従わせることはできず，時にアメリカの国内を従わせることも難しい場合があった。

当時，日本は国づくりと主権の対等性の回復，アメリカはアメリカ大陸の経営に主眼を置いており，太平洋はなお広かった。初発においてアメリカが日本の開国を勝ち取っただけに，その後の両国は適正な距離感を見出すのに苦労した。日本はアメリカへの幻想と幻滅の間を往復し，アメリカの対日政策も時期と担当者によって一貫性に欠ける面があった。

日清戦争——初期友好の成熟

しかし，上に述べた挫折体験があるからこそ，日清戦争における日本のアメリカに対する交渉は，従来よりも成熟していた。

当初，欧米においては日清戦争では清が有利であるという予想が優勢であった。しかし，日本軍は1894年夏の緒戦で海陸ともに勝利を得た後，9月には朝鮮半島をほぼ制圧するとともに，黄海海戦で制海権を掌握した。10月には

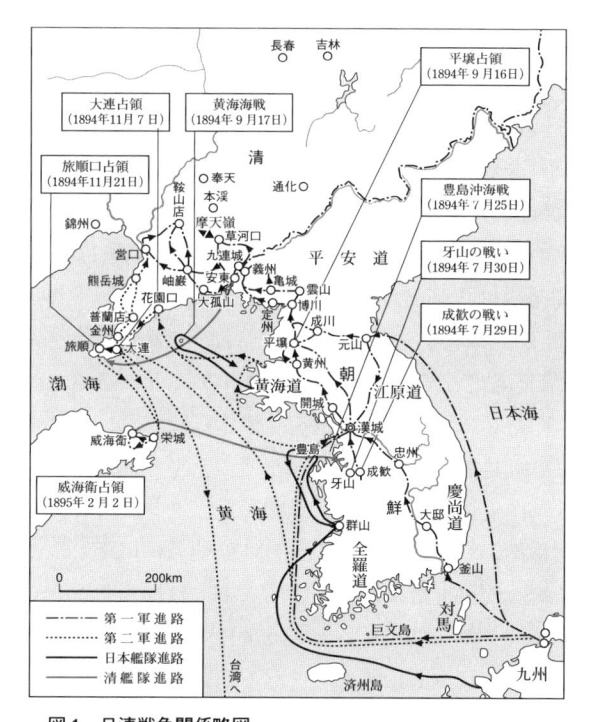

図1 日清戦争関係略図
[出典] 御厨貴『明治国家の完成 1890～1905』中央公論新社, 2001年, 299頁。

清領内に侵攻する。同月、清朝の不安定化を恐れるイギリスは講和を日清両国に求めた。イギリスとは別に、アメリカも11月に講和の仲介を申し出た。陸奥外相は、アメリカの関与の下に講和談判に入ることが列国の干渉を防ぐうえで最も有効であると判断し、公式の仲介は謝絶しつつもアメリカを通じて清朝が講和を申し出るのを受け入れることにした。以後、アメリカの公使・領事を経由して、日清両国の非公式の折衝が始まった（Dorwart, 1975）。清朝政府にはイギリス、フランス、ドイツ、ロシア、アメリカの5カ国による調停を求める動きもあり、紆余曲折があったが、デンビー駐清アメリカ公使の辛抱強い説得の結果、清朝政府は李鴻章に正規の全権委任状を付与して日本に派遣することになった（田保橋, 1951）。

この間、日本はアメリカに対し、ヨーロッパ諸国の介入を牽制するようたびたび要請した。また、ヨーロッパ諸国の意向を探り出して日本に知らせるよう

要望した。アメリカはヨーロッパ諸国間の国際関係から距離をとる立場を理由として、これらの要請に応じることはなかった。しかし、同じヨーロッパへの不信感から来る観測として、ロシアが満州（中国東北部）への進出を企図しており、日本が中国本土を割譲させた場合にはロシアが干渉に踏み切る可能性が高いという貴重な警告を、たびたび日本側に与えた。

このアメリカの助言は有効に活用されず、1895年4月17日に下関において調印された講和条約は、朝鮮の独立承認、賠償金2億両（当時の邦貨で約3億1000万円）、通商上の欧米並みの特権付与、台湾・澎湖諸島の割譲に加えて、遼東半島の割譲を規定していた。23日、ロシア、ドイツ、フランス3国の駐日公使が、日本に対して遼東半島の返還を要求した。三国干渉である。

三国干渉に対して日本は、難しいと知りつつイギリス、イタリアそしてアメリカの支援でこれに対抗する可能性を模索した。グレシャム国務長官は、ロシアに干渉の撤回を勧告してほしいという日本の要請には応じなかったが、清朝に対して講和条約への早期批准を勧告することには同意した。この清朝への勧告は、それ自体が一つの干渉になるという理由でイギリスが行わなかったものであった。ヨーロッパ諸国間のパワー・ゲームには直接参加しないが、戦争の早期終結のために清に働きかけるという立場から、アメリカは日本への協力姿勢を示したのである。

三国干渉によって、清は対日講和条約の批准を躊躇していた。李の友人・助言者であり、親日家としても知られる前国務長官フォスター（後の国務長官ジョン・フォスター・ダレスの祖父）は、北京に赴いて清朝政府に批准を強く勧め、5月2日に清朝は、三国干渉の結果を事後的に反映させることを条件に批准に踏み切った。これによって、講和条約の主要部分は救済された。5月5日、日本は遼東半島の返還を受諾し、8日に日清間で講和条約の批准書が交換された。

戦争中、デンビーやフォスターは清朝に同情的、アメリカ世論は日本寄り、という傾向があり、グレシャムは中立政策を維持するのに苦心した（Dorwart, 1975）。ただ、東アジア諸国への友好というアメリカの政策基調は、日清戦争の下では、日清それぞれへの好意と中立政策との間で振幅を免れないものであった。巨視的には、この政策基調の範囲内の振幅であったと考えられる。

日清戦争における日本の対ヨーロッパ外交は失敗であったが、対米外交は好

成績を収めたと言えよう。アメリカの外交的スタンス，すなわちヨーロッパ列強間で行われているパワー・ゲームからは一線を画す立場を，日本は多とした。しかし，一線を画しているからこそ，アメリカ政府が行使できる影響力や担う用意のあるリスクは限定的であることを日本の外務省は理解しており，その範囲内で得られるだけのものを得たのである。

日清戦争やそれ以後の日本の大陸進出は，アメリカの警戒するところであった。また，紆余曲折をはらみながら，1898年の米西戦争を画期としてアメリカも太平洋（ハワイ，フィリピン）へ進出していく。日米間の実質的力関係が交錯することになり，その意味で太平洋は狭くなった。しかし，日米両政府の互いに対する認識と対応は，日清戦争前よりもむしろ成熟しており，日米関係は協調的に推移したと言えよう。

条約改正交渉を通じて日本政府は，アメリカとの友好には大きな限界があることを学習しており，これが，立場の相違から来る狼狽と反発を抑制した。それに加えて，日本国民には幕末以来の親米感情があり，明治に入ってからも吉田・エヴァーツ協定の成立，下関事件賠償金の還付，日清戦争期の好意的な対処などによって，この親米感情が積み立てられた。こうした遺産に支えられて，日米関係は日清戦争以降の緊張に対処しえたと言えよう。その意味での重層性を含んだ「初期友好」を前提にすることではじめて，日露戦争における対米外交の成功は理解しうるはずである。

◇　　　◇　　　◇

この章は，発展する二つの活力ある国家の遭遇と，関係設定の試行錯誤を扱うものである。

19世紀前半のアメリカは，北米大陸を横断する巨大な版図（はんと）を手にするとともに，捕鯨を中心に太平洋への関心を強めた。ペリーによる日本開国は，そうした文脈において行われた歴史的事件であった。

理念の共和国として育ったアメリカにとって，ヨーロッパの旧世界への対抗意識は根深いものがある。アメリカの対日外交にもそれは影を落としており，鎖国から開放される日本が，ヨーロッパ帝国主義によるパワー・ポリティクス（権力政治）の餌食（えじき）とならず，アメリカの好意的指導の下で健全に成長することを希望した。

アメリカがヨーロッパ列強以上に日本への影響力を得るための方途として力

の威迫を用いたのは，ほぼペリー提督のみであった。ヨーロッパ列強との共同行動によって対日圧力に列した例も，1864（元治元）年の長州に対する四国艦隊の攻撃に加わったケースなど，わずかであった。

　アメリカの対日外交は，ハリス総領事によって打ち出された型，すなわちヨーロッパ列強とは異なる好意と公平さ，道義性を示して日本を引き寄せる方途を基調とするにいたった。そのことは，民間におけるクラーク博士の活動に象徴される活発な協力関係とあいまって，日本国民に，温かく公平なアメリカという親愛感情を抱かせた。日本政府は，「万人の万人に対する闘争」が繰り広げられる帝国主義の世界にあって，アメリカの好意を多とし，新興国の存立と不平等条約の改正にアメリカの力を活用する外交を展開した。世界の列強間に相違を見出し，そこに自国の存立と国益の空間を求めるのは，外交の基本技法であり，近代日本外交も概してそれに忠実であった。

　黒船の衝撃によって開国を迫られ，西洋列強から不平等条約を課せられ，三国干渉の苦汁をなめねばならなかった日本人が，自国の外交について否定的な見方に傾くのは自然かもしれない。けれども，本書は日米外交の相互関係と国際比較において，日本外交を再評価する記述を多く含んでいる。アメリカが日本に示す好意的姿勢について，その限界をも認識しつつ成熟した対応を示すにいたったと，本書は跡づけている。健気に近代化努力にいそしむ日本へのアメリカの好意的方針は，二つの要因によって制約される。一方でヨーロッパの列強を抑える力をアメリカが未だ持たなかった点に起因し，他方でアメリカ国内の保護主義的対日要求をアメリカ政府が抑え切れないことにも起因する限界である。日本外交は，アメリカとの特別な関係を奇貨として用いつつも，それに溺れることなく国際外交を展開する地平を世紀転換期には見出しつつあった，と言えよう。

　このように19世紀後半の日米関係は，両国がそれぞれに南北戦争と明治維新という国内的試練を克服しつつ大きく成長する時期に当たっていた。そこではまだ広かった太平洋の距離の下で，緩やかで淡い初期友好関係が基調でありながら，その言葉によって尽くせないさまざまな外交路線と試行錯誤が示され，その中で20世紀に向かって成長していく二つの大きな国の歴史が綴られていると言えよう。

● 引用・参考文献 ●

石井孝，1966 年『明治維新の国際的環境』吉川弘文館。
石井孝，1972 年『日本開国史』吉川弘文館。
石井孝，1977 年『明治初期の国際関係』吉川弘文館。
石井孝，1982 年『明治初期の日本と東アジア』有隣堂。
井上勝生，2002 年『開国と幕末変革』講談社。
開国百年記念文化事業会編（神川彦松編纂），1956 年『日米文化交渉史 第一巻——総説・外交編』洋々社。
外務省調査部編纂，1992 年『日米外交史〔複製〕』（日本外交史料集 2）クレス出版。
加藤祐三，1994 年『黒船前後の世界』筑摩書房。
北崎進，1909 年『日米交渉五十年史』大日本文明協会。
高坂正堯，1996 年『不思議の日米関係史』PHP 研究所。
下村冨士男，1948 年『明治維新の外交』大八洲出版。
下村冨士男，1962 年『明治初年条約改正史の研究』吉川弘文館。
高木八尺／東京大学アメリカ研究センター編，1971 年『高木八尺著作集 第 3 巻——アメリカ外交』東京大学出版会。
田保橋潔，1951 年『日清戦役外交史の研究』刀江書院。
田保橋潔，1976 年『増訂 近代日本外国関係史』（明治百年史叢書第 246 巻）原書房。
寺崎修，1980 年「明治二十年・池島事件の一考察」『（慶應義塾大学）法学研究』第 53 巻第 6 号，第 7 号。
秦郁彦，1972 年『太平洋国際関係史——日米および日露危機の系譜，1900-1935』福村出版。
細谷千博・本間長世編，1991 年『日米関係史——摩擦と協調の 140 年〔新版〕』有斐閣選書。
三谷博，2003 年『ペリー来航』（日本歴史叢書〔新装版〕）吉川弘文館。
毛利敏彦，2002 年『明治維新政治外交史研究』吉川弘文館。
本橋正，1986 年『日米関係史研究』学習院大学。
Auslin, Michael R., 2004, *Negotiating with Imperialism: The Unequal Treaties and the Culture of Japanese Diplomacy*, Harvard University Press.
Bemis, Samuel Flagg, 1965, *A Diplomatic History of the United States*, 5th ed., Holt, Rinehart and Winston.
Borton, Hugh, 1970, *Japan's Modern Century: From Perry to 1970*, 2nd ed., Ronald Press.
Dennett, Tyler, 1933, *John Hay: From Poetry to Politics*, Dodd, Mead.
Dennett, Tyler, 1963, *Americans in Eastern Asia: A Critical Study of United States' Policy in the Far East in the Nineteenth Century*, Barnes & Noble.
Dorwart, Jeffery M., 1975, *The Pigtail War: American Involvement in the Sino-Japanese War of 1894-1895*, University of Massachusetts Press.
Griswold, A. Whitney, 1966, *The Far Eastern Policy of the United States* [reprint], Yale University Press.

Hammersmith, Jack L., 1998, *Spoilsmen in a "Flowery Fairyland": The Development of the U.S. Legation in Japan, 1859-1906*, Kent State University Press.

Harris, Townsend [introduction and notes by Mario E. Cosenza; with a preface by Douglas MacArthur II], 1959, *The Complete Journal of Townsend Harris: First American Consul and Minister to Japan*, revised ed. C. E. Tuttle.

Henning, Joseph M., 2000, *Outposts of Civilization: Race, Religion, and the Formative Years of American-Japanese Relations*, New York University Press（空井護訳，2005年『アメリカ文化の日本経験——人種・宗教・文明と形成期米日関係』みすず書房）.

Hubbard, Richard B., 1899, *The United States in the Far East, or, Modern Japan and the Orient*, B. F. Johnson Publishing Co.

LaFeber, Walter, 1993, *The American Search for Opportunity, 1865-1913*, Cambridge University Press.

Morison, Samuel Eliot, 1967, *"Old Bruin": Commodore Matthew C. Perry, 1794-1858*, Little, Brown.

Neu, Charles E., 1975, *The Troubled Encounter: The United States and Japan*, Wiley and Sons.

Neumann, William L., 1963, *America Encounters Japan: From Perry to MacArthur*, Johns Hopkins Press（本間長世・有賀貞・有賀夏紀・杉森長子訳，1986年『アメリカと日本——ペリーからマッカーサーまで』研究社出版）.

Perkins, Bradford, 1993, *The Creation of a Republican Empire, 1776-1865*, Cambridge University Press.

Perry, Matthew C., 1954, [compiled at his request and under his supervision, by Francis L. Hawks; abridged and edited by Sidney Wallach reprint] *Narrative of the Expedition of an American Squadron to the China Seas and Japan, performed in the years 1852, 1853, and 1854: Under the Command of Commodore M.C. Perry, United States Navy*, MacDonald.

Plischke, Elmer, 1999, *U.S. Department of State: A Reference History*, Greenwood Press.

Sears, Louis Martin, 1938, *A History of American Foreign Relations*, 3rd ed., Thomas Y. Crowell.

Treat, Payson Jackson, 1921, *Japan and the United States, 1853-1921*, Houghton Mifflin.

Treat, Payson Jackson 1963, *Diplomatic Relations between the United States and Japan* [reprint], Peter Smith.

Williams, Samuel Wells ed., 1973, *A Journal of the Perry Expedition to Japan, 1853-1854* [reprint], Scholarly Resources.

↑ポーツマス講和会議　テーブルを囲んで交渉する，小村寿太郎全権（手前中央）らとロシア側ウイッテ全権ら（1905年8月。写真提供：毎日フォトバンク＝PANA）

第2章
日露戦争と日米台頭の時代　1895-1908年

　19世紀と20世紀の世紀転換期は，国際政治史上，重大な転換点となった。19世紀終わりの35年間に南北戦争後の再建と国内の充実を重ねていたアメリカは，1898年の米西戦争によって一挙に世界政治の舞台に躍り出た。他方の日本も，清国との戦争に続き，1905（明治38）年に強国ロシアに勝利したことによって，アジアにおける唯一の帝国にして列強の一員となる大きな弾みを得た。19世紀には脇役にとどまっていた二つの役者が，20世紀世界においてはヨーロッパの列強と共に中心的役割を演じることになるのである。

　そして，この世紀転換期において，日本はもとよりアメリカも東アジアに重要な利益を持つにいたったことは，両国関係の新局面の到来を不可避にした。

すなわち，二国間直接の関係に加えて，アジアをめぐる利害が複雑に交錯し合い，協調と対抗の双方が深まる日米関係とならざるをえなかった。幸い，こうした困難な時代にアメリカ外交の舵を担ったのは，アジアで進歩し台頭する日本への理解を示し，洗練されたリアリズムの外交手腕に恵まれたセオドア・ローズヴェルト大統領であった。彼は，日米がお互いの立場と利益さえ尊重すれば，両国関係の調整は可能であると考え，日米間で勢力範囲を相互承認するとともに，冷静な移民問題への対応によって日露戦争後の日米摩擦の火を消し止めることに成功した。

この間，三国干渉（1895年）後の東アジア情勢は，日本にとって朝鮮半島と満州をめぐるロシアとの地政学的対抗関係という新たな難問を突き付けられたことを意味した。これに，日本はどう対処するか，そしてローズヴェルト大統領のアメリカがこれにどう関与するか，それが本章の主要関心である。

いま一つの本章の重要なテーマは，日露戦争に勝利した日本が新たなアジアの新帝国としてどのような新外交路線を設定するか，それに太平洋を挟む新帝国アメリカはどのような対応関係を打ち出すか，である。

1　19世紀末の極東・太平洋情勢と日露戦争

太平洋国家へと進むアメリカ

「1893年のパニック」と称される経済恐慌に，アメリカは見舞われた。鉄道会社を中心に大企業が次々と倒産したが，中央銀行なき政府は有効な金融政策を実施できず，被害は拡大した。こうした深刻な国内状況に直面していたアメリカ社会は，東アジアの地政学に変動をもたらした日清戦争にもさして関心を払わなかった。アメリカ政府は，1894（明治27）年11月に治外法権を撤廃する日米通商航海条約に応じた（発効は，1899年7月）が，この時期における日本への関心は限定的なものであり，それが再び高まるのは，経済がようやく回復した1898年のことである。

この年，アメリカの東アジア政策を決定づける重大な歴史的事件が二つ起こる。その最初が米西戦争である。衰退の一途をたどる西半球の老いた盟主スペインは，新興国アメリカとの戦争に大敗し，その代償としてキューバ，プエルトリコ，フィリピン，そしてグアムを失った。この戦争によってアメリカは太

平洋国家への跳躍を果たすが，とりわけアメリカ外交に大きな影響を及ぼしたのがフィリピンの領有であった。「旧世界対新世界」という対抗軸において自らを意識する理念を持つアメリカは，反帝国・反植民地主義精神を一つの国家的アイデンティティーとして保持してきた。そのため，フィリピンの扱いをめぐってアメリカは大いに迷うことになり，国内政治と世論を巻き込んだ大論争へと発展した。これに終止符を打ったのがマッキンレー大統領であり，彼の下した決断はアメリカによるフィリピンの領有であった。

次いでの事件は，ハワイ併合である。アメリカはすでに1887年に真珠湾をハワイ王国から租借していたが，1893年に在住アメリカ人がクーデタを起こして女王から権力を奪い，合衆国への編入を企図して翌年に共和国を強引に樹立させた。当時の大統領であったクリーヴランドは，孤立主義政策の推進者であったことに加えて，道徳的な見地からも，こうした強引なふるまいを許容しようとはしなかった。しかし，政権が代わり，米西戦争の勝利で活気づいた一部のジンゴイスティック（好戦的愛国主義者的）な世論に押されて，マッキンレーはついにハワイの併合に踏み切ったのである。なお，その動機の一つとして，日本がハワイの領有を密かに企んでいるという噂があり，それを巧みに利用した政治家たちの画策もあった。

アメリカが従来の反植民地政策を転換したことには，複合的な要因があった。当時，歴史家ターナーの「フロンティア終焉」仮説が大反響を呼んだため，市場の確保が新たな命題となった。加えて，海軍戦略家マハンによる海洋支配が国家の発展につながるという説も，より偉大なアメリカを夢見るローズヴェルトやロッジ上院議員など共和党有力者を刺激した。新たに布教できる場所を確保したい，というアメリカ人宣教師による圧力もあった。しかし，それらに劣らず重要な契機となったのは，東アジアにおけるドイツの膨張政策であった。中国のみならず西太平洋でも勢力を拡大するドイツの存在は，当時のアメリカに脅威と受け止められた。とりわけ，サモアの支配権をめぐる問題は，米独間で外交上の懸案となった。ドイツの帝国主義政策はイギリスをも刺激し，そのためイギリスはフィリピンの領有をアメリカに強く促した。こうした国際情勢に鑑み，アメリカはドイツを牽制する意味もあって，アジアへの進出を決断したのである。

最初はためらいをともなう進出であったが，いったんアジアへの関心・関与

の歯車が動き出すと、もはやそれを制止することは困難であった。列強がわれ先にと、ゼロサム的な世界観の下、「アジアの病人」と揶揄された中国における利権の争奪戦に参入していた。フィリピンを領有したがゆえに、アメリカはそれまでと違って、中国を取り巻く状況には無関心ではいられなくなった。フィリピンという植民地の存在が、アメリカの東アジア政策に決定的な影響を及ぼすようになったのである。

　とはいえ、西半球域外での反帝国・反植民地主義精神からの逸脱を原則として認めなかったアメリカは、ハワイとフィリピン以外に勢力圏を拡大しようとはしなかった。その代わりに、アメリカの国益を担保しつつ、建国の理念との間に一定の整合性を持たせるために編み出されたのが、その後半世紀にわたってアメリカの東アジア政策の基底をなす中国における門戸開放政策（Open Door Policy）であった。これは、アメリカだけが中国の市場から閉め出されないように、1899年9月にヘイ国務長官が機会均等主義の原則を、日本を含む列強に対して一方的に宣言したものである。これにより、中国において領土と利権を持たないアメリカも、貿易の機会を確保しようとしたのであった。

　より厄介なのが、第一次門戸開放宣言を補完する意図で発せられた、ヘイによる翌年7月の第二次門戸開放宣言である。第二次宣言では、中国の領土的・行政的保全の原則が謳われた。アメリカは列強による中国のさらなる分割に憂慮したのである。しかし、当時のアメリカにはこの原則を強制するだけの軍事力はなく、単に理念を言明したにすぎなかった。いかに実効性を欠いていたとしても、とりあえず原則的立場を表明しておくのがアメリカ外交の一つの特徴である。

　こうして20世紀の前夜、ハワイとフィリピンを領有したことによって、アメリカはアジア・太平洋地域に利権を持つ海洋国家へと大きく変容した。そして、1901年9月に暗殺されたマッキンレーを継いだローズヴェルト大統領の下、アメリカは国際関係に積極的に関与する政策を推進することになる。

三国干渉の衝撃

　ロシアは19世紀後半、バルカン、クリミア両半島を中心とした地中海方面への南下政策が挫折した後、1880年代にアフガニスタンに進出してイギリスとの対立を引き起こし、その後、世紀末には極東に目を向けることになった。

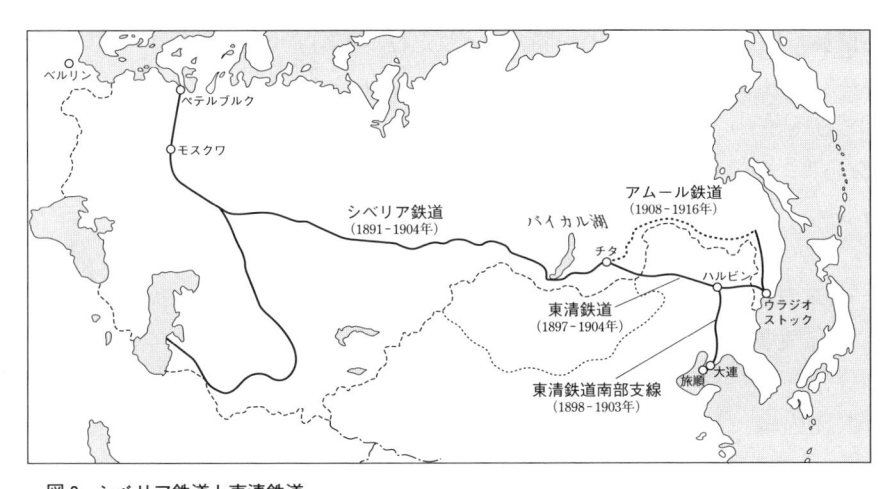

図2 シベリア鉄道と東清鉄道
［出典］北岡伸一『日本政治史——外交と権力』放送大学教育振興会，1989年，78頁。

　他方，日本は，後に小村寿太郎が大陸から突き出た「利刃」の如し（『日本外交文書』）と形容した朝鮮半島を中心に，大陸政策を推し進めた。日清戦争の結果，日本は朝鮮を清との宗属関係から分断したが，その後は朝鮮内の親露派の台頭により，今度は朝鮮半島をめぐってロシアと争うことになったのである。

　日清戦争は，陸奥宗光外相が「外交にありては被動者たるの地位を取り，軍事にありては常に機先を制せん」（陸奥，1983）と表現した外交軍事戦略をもって，日本の勝利のうちに終えた。しかし，日清講和条約の調印直後に起こったロシア，ドイツ，フランスによる三国干渉は，日本にとってきわめて衝撃的なできごとであった。外務次官として直接折衝にあたった林　董は，それ以後，国際的孤立を回避するための「合従」策を模索し，イギリスとの同盟が最も有効であると判断した。また，日本政府はロシアを念頭においた「臥薪嘗胆」をスローガンとして，陸海軍ともに大規模な軍備拡張路線を敷き，国力の増強を急いだ。

　ロシアは，1896（明治29）年，日本を対象とする露清同盟密約を締結して東清鉄道の敷設権を得た。さらに1898年には，ロシアは日本に還付させた遼東半島（旅順・大連）を租借し，東清鉄道南部支線の敷設権をも獲得した。こうして日露両国の関係が急速に尖鋭化した。

　他方，米西戦争によってアメリカが領有することになったフィリピンの独立

運動に対し，日本の一部の民間の志士や退役軍人がアギナルド将軍の率いる独立革命派に武器・弾薬を提供し支援しようとした布引丸事件が，1899年に起こった。それは，青木周蔵外相の努力によってかろうじて日米間の外交問題化を免れたが，フィリピンが将来の日米関係の焦点になりうることを暗示していた。

極東の憲兵

　日清戦争後，列強は清朝末期の中国で勢力範囲を次々と設定していった。これに対し，二つの大きなできごとが起こった。一つは，「扶清滅洋」を掲げ列国公使館まで包囲した義和団事件（北清事変，1900年6月）である。当時，南アフリカ戦争（ボーア戦争）に忙殺されていたイギリスの強い要請によって，日本は軍隊を派遣し，その鎮圧にあたった。地理的に近接していた日本軍の規律ある果敢な活動は高く評価され，この事件以後，日本の「極東の憲兵」的な役割がにわかに注目されることになった。もう一つは，列強による清分割が進展する中で，ヘイ国務長官が清の現状維持，通商上の機会均等を唱えた第一次門戸開放宣言（1899年。32頁参照）である。青木外相はこれに対し，各国の勢力範囲内で諸外国の通商航海に平等な待遇を与える目的のものであり，諸外国がすべて賛成するという留保条件の下で賛成した。

　この時期の日本は，ヘイによる門戸開放主義に同調し，自らもその旗を掲げることによってアメリカ，イギリス両国の外交的支持を引き寄せようとした。他方，ロシアは義和団事件以後も満州占領を続け，満州撤兵条約（1902年4月）を結びながら，第二期以後の撤兵を履行しなかった。さらにロシアは，韓国に対し竜岩浦の土地租借契約を要求した。ロシアは強引な膨張策をとって，満州と朝鮮半島の情勢を一気に緊迫させた。このロシアの南下政策に対して深刻な危機感を抱いた日本は，領土保全，門戸開放，商工業上の機会均等を主張し，イギリス，アメリカを中心とする国際的共感を集めた。とはいえ，実際上は単独でロシアの満州占領に関して交渉を行わざるをえなかった。

　また，清の領土保全，門戸開放を内容とする英独協商（揚子江協定，1900年10月）が締結された。それはヘイの門戸開放宣言の流れに沿うものであった。

　アメリカは，義和団事件について清に対する巨額の賠償金請求を軽減する名目で，三沙澳（福建省）の租借を日本側に打診してきた。しかし加藤高明外相

が，それは日清間の福建省不割譲に関する交換公文（1898年4月）や，アメリカ自身が清の領土保全を唱えた門戸開放宣言の趣旨に反することなどを指摘して，反対した。アメリカは以後，二度と中国への領土的関心を口にすることはなかった。

以上のように，ロシアの強引な極東での膨張に対して日英両国が危機感を抱き，「門戸開放」を掲げることでアメリカの共感をも引き付けるという流れの到達点が，1902年1月の日英同盟協約の締結であった。そしてこの日英同盟の存在が，日露戦争とそこでの日本の勝利を可能にしたのであった。

日露戦争――極東政治地図の形成

日本では，日露戦争前，満韓問題と日英同盟をめぐって二つの路線が交錯した。桂太郎首相と小村寿太郎外相は，1901年6月の内閣発足当初から日英同盟を志向した。日本外交にとって，ロシアによる満州占領問題よりも，韓国がどの国の影響下にあるかが「死活問題」であり，それをめぐるロシアの強硬な態度から，政府は日露戦争を不可避と判断した。特に小村外相は，入閣当初から日英同盟締結，日露戦争不可避の認識を固めていた。また陸軍の長老山県有朋も，ロシアの南下政策に対抗して，戦争を未然に防ぐためイギリスと提携することを主張していた。

他方，元老伊藤博文は日露協商路線を志向した。しかし，それは満韓問題の解決のためには当事者ロシアとの交渉が最も重要であると考えたからであり，日英同盟を否定したのではなかった。伊藤は，日英同盟と日露協商のうち日本の国益に有利な方を選択しようとしたが，対露戦争については，日本の軍備，財政の不足を来し，自らが育ててきた明治日本の存立を賭すことになるのではないかと憂慮した。

しかしながら，日露両国には最後まで満韓問題についての交渉条件の懸隔が存在し，また両国とも相互信頼の欠如を埋めることができなかった（千葉，1996）。

結局，日本とロシアは満州だけでなく韓国についても対立を回避できず，小村の外交指導の下で1904年2月に開戦にいたった。重要なことは，日本外交の成果として日英同盟を結び，アメリカの好意を取り付けて，外交的勝利の上で開戦にいたったことである。そのような用意が十分でなかった日清戦争の際

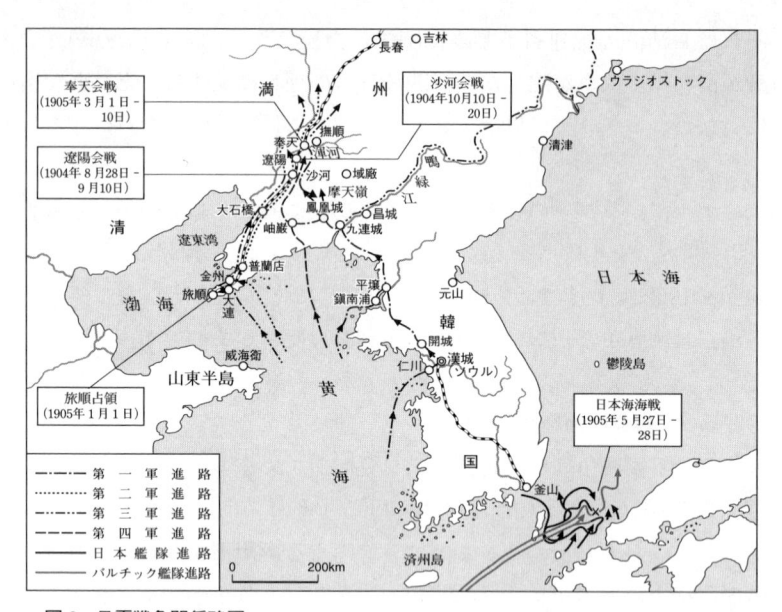

図3 日露戦争関係略図
［出典］御厨貴『明治国家の完成 1890〜1905』中央公論新社，2001年，399頁。

には，講和条約に対して三国干渉を招いた（第1章2参照）。その教訓に学んだ日露戦争においては，英米両国の日本への好意的「干渉」が可能な外交枠組みを用意したのである。

　日本は，外交的支援を得るため，ローズヴェルト大統領と同じハーヴァード大学出身の金子堅太郎をアメリカに派遣した。金子は，ローズヴェルト大統領の日本に対する外交的支持を獲得することに大きな役割を果たし，アメリカ世論への働きかけも行った。日銀副総裁高橋是清も政府特派財務委員として派遣され，戦争中，英米を中心に8億円の外債募集に成功した。

　日露両国の背後にはそれぞれ支援国が存在した。ロシアには，背後から極東の戦争に駆り立てたドイツ，露仏同盟を締結していたフランスがあった。他方，急速に西洋的近代化をはかり，満州の門戸開放と領土保全を唱える日本を支援する，イギリス，アメリカ両国があった。その意味で日露戦争は，イギリス，アメリカ，ドイツ，フランスという列強が間接的に関与した国際的な帝国主義戦争の趣を呈した。

　戦争は日本の勝利のうちに進んだが，長期にわたる消耗戦は日本に不利であ

った。日本政府首脳は，将校や兵士などの消耗，財政の払底などによって，早期講和を進めざるをえなかった。たとえば山県は，1905年3月の奉天会戦の後，「政戦両略の一致」を唱え，戦争遂行は国家の政策に並行させることが肝要であると，桂や小村に説いた。

周到な外交努力もあり，日本が軍事的に攻勢の限界を迎えたところで，ローズヴェルト大統領によるポーツマス講和の斡旋を得た。伊藤や山県らの元老は，ポーツマスに向かう小村に，「何でもよいから戦争を止めるようにしてもらいたい。償金は撤回可能。樺太も要らぬ。ただ満鉄と旅順を取ればそれでよい」(「外務省記録」)と，南満州鉄道と遼東半島の獲得のみを条件に戦争の早期終結を最優先とすることを伝えた。

ところで，日露戦争では世論が新たな外交アクターとして登場し，大きな影響を与えた。対露同士会，帝大七博士らの開戦論があった一方，『平民新聞』などの非戦論があり，また日露戦争の戦果に対して過大な期待を抱いていた日本の世論は，講和に反対して日比谷焼き打ち事件(1905年9月5日)を起こした。帝都に戒厳令が敷かれ，多くの新聞や雑誌が煽動的であるとして発行停止処分となった。しかしながら，そのような中でも，たとえば元農商務大臣谷干城は「戦争の継続は，償金，領土が目的となり，国際的支持が得られない」(谷，1976)と述べ，当時の日本の国力を顧みない感情的な世論を苦々しく思い，一刻も早い講和を唱えていた。

日露講和会議(1905年8-9月)に際しては，日本はローズヴェルトの親日反露的態度に期待を寄せた。しかしローズヴェルトの立場は，妥当なバランスをもっての早期講和であり，日露双方に講和の妥結を迫った。日本に対しては，すでに韓国と南満州を獲得し，ロシアのバルチック艦隊を撃破した(1905年5月，日本海海戦)以上，戦争の継続は無意味であることと，平和に対する世界の文明国の代表としての道徳的責務を説いた。

領土の割譲に関しては，ローズヴェルトは「樺太がロシアの領土となっているのはわずか30年にすぎない」ことを根拠に，ロシア皇帝ニコライ2世の説得に尽力した。その結果，しぶしぶながらもロシア皇帝は南樺太の割譲に応じることにし，その情報は早速マイヤー駐露アメリカ大使からハーディング駐露イギリス大使にもたらされた。最終的にこの重大事実は，イギリス外務省を経てマクドナルド駐日イギリス公使に伝えられ，やがて石井菊次郎通商局長の知

Column② 戦前期日米関係を支えた民間人

　戦前にアメリカに深く関与し，日本社会にアメリカを紹介した民間人の多くは，青少年時代をアメリカで生活し，現地の教育を受けていた。幕末から明治初年に通詞（通訳）として日米交渉の場で活躍したジョン万次郎（中浜万次郎），日米の架け橋たらんとした国際人・新渡戸稲造，アメリカの二面性に悩んだ教育者・内村鑑三，イェール大学教授として日露戦争後に『日本の禍機』を出版し，朝鮮・満州への野心を剥き出しにした日本に警鐘を鳴らしたアメリカ在住の朝河貫一，津田塾を創立し女子教育に一生をささげた津田梅子，など枚挙に暇がない。

　しかし，だれよりも日米関係という舞台装置を作り上げることに心血を注いだのは，「近代日本資本主義の父」と称された民間経済指導者・渋沢栄一（1840-1931年）であったろう。渋沢は，黒船来航（第1章1参照）以来，アメリカが日本の近代化に深い影響を及ぼしたことを理解しながらも，アメリカとの関係の微妙な難しさを感じ取っていた。「アメリカは正義と人道に則った若くて将来性豊かな国であるが，ややもするとアメリカ国民は極端に走る傾向がある」という言葉は，そうした認識を反映するものであろう。渋沢は『論語』を，徳と豊かさが共存する近代社会を実現するための指針として熟読したが，彼の解釈に従えば，儒教の教えはダイナミックで，多種多様な人々を組織化し起業する時に適用できる，基本的な理念と考えられた。4回の訪米を通じて渋沢は，アメリカ社会にも儒教のガヴァナンスに共通する要素を見出した。

　初めての訪米は1902（明治35）年であった。アメリカのエネルギッシュな経済力と社会組織に圧倒された渋沢は，アメリカ社会を統合する精神的基盤とは何かに強い関心を示した。この訪米は渋沢のパリ時代に形成された世界観を変え，アメリカこそ20世紀日本の運命を握るのではないかと考えるようになった。帰国後の後半生30年間，渋沢はアメリカと日本の重要な仲介者の一人になった。若き日のヨーロッパでの生活体験や訪米によって，渋沢は世界における日米両国の複雑な立場を感じ取り，両国の可能性と危険性に思いいたるようになった。

　日露戦争（本章1参照）後，ニューヨークでは日本人会の三元老と呼ばれた高峰譲吉，新井領一郎，村井保固が日本倶楽部を設立し，ポーツマス，ボストンでは日本協会が誕生して在米日本人組織が形成された。アドレナリンの結晶化で名高い高峰は，実業家としても成功を収め，1904年のセントルイス万国博覧会で建てられた日本館本館をニューヨーク郊外に移築して「松楓殿」と名づけ，そこにニューヨーク政財界要人を招待して，民間大使館の役割を果たした。

　渋沢は，在米日本人の活動に注目し，陰に陽に彼らを支え，日米の実業家ネットワークを構築する時にもそれを活用した。1909年，渡米実業団団長として渋沢は，日本の主要な実業家やその家族と数名の技術者から成る50名を超える民間人を率いて，3カ月かけてアメリカ全土を見学させた。一行はビジネス関連施設の訪問に加え，タフト大統領や発明王エディソンといった著名人にも会見し，さらにはハーヴァード大

学，プリンストン大学など主要な大学，教会，フィラデルフィアのジラード・カレッジといった福祉施設も見学した。つまり渋沢は，日本人にアメリカ社会を総合的に理解させようとしたわけである。東京大学法学部へのヘボン講座（アメリカ政治外交研究）の設置に協力したのも，その一端であった。

渋沢の目は，次に「4億の市場」と呼ばれた中国市場での日米経済協力に向かった。彼は，良好な日米中3国関係こそが太平洋地域の平和と繁栄の維持に不可欠であることを確信し，民間外交を通じてその課題に取り組んだ。1915（大正4）年の渋沢3度目の訪米では，パナマ運河開通にともなう，本格的な太平洋時代の幕開けを祝うパナマ太平洋万国博覧会に参加した。第一次世界大戦（第3章参照）によって多くのヨーロッパ諸国が参加を取り消したため，日本の参加は，博覧会を国際的なものにするという観点からも重要な意味を持っていた。渋沢はまた，日米の懸案事項である移民問題にも胸を痛めた。

渋沢最後の1921年のアメリカ訪問の主目的は，ワシントン会議（第4章1参照）にオブザーバーとして出席し，第一次世界大戦後の世界の新しい潮流の中で日米両国の将来について考えることであった。渋沢は英米仏日4カ国間の海軍軍縮を側面から支援すると同時に，日米の知的リーダーを集め，太平洋における平和の構築という観点から日米中3国関係の改善を模索させた。日米関係委員会，太平洋問題調査会（*Column⑦*参照）などは，その最たる事例であった。非政府外交のシンボル的存在となった渋沢は，知的・人的交流を通じて日米両国の相互理解を大いに促進し，日米2国間にゆるぎない人的ネットワークを構築し，中国や他のアジア地域の発展を，国際連盟の下で協力し合いながら支援することを期待していた。

しかし，渋沢ら民間人の営みは1930年代に挫折する。渋沢自身の死（1931年）と，井上準之助，団琢磨，高橋是清など知米派・親米派が相次いで暗殺されたことによって強力な対米人脈を失い，良好な日米中関係は構築されず，日中戦争さらには日米戦争に突入し（第5章3参照），破局を迎えることになるのである。

しかし，断絶の時期をバネに戦後，民間交流の精神は力強く蘇った。1947（昭和22）年，日本の経済界は独立よりも早く国際商業会議所（ICC）のメンバーに復帰し，国際経済社会の一員に加わって講和への先鞭をつけた。占領が終わって国際社会に復帰した日本は，日米関係を基軸としながら，米ソ冷戦最中の1950-70年代に高度経済成長をとげ，大方の予想をはるかに超える経済大国となった。この間，日米関係が平穏無事であったわけではないが，広い視野からの知的交流の場として下田会議，日米財界人会議などが開催され，民間の立場から日米関係の基盤を支えた。渋沢ら戦前財界人が築いた日米民間外交の伝統は，戦後の日米関係へと引き継がれたのである。かぐわしい遺産といえよう。

【木村昌人】

るところとなった。英米によるこうした協力があって，日本の南樺太獲得は実現したのである。

ローズヴェルトは，韓国に関しては日本の支配に同意していたが，満州については国際管理がロシアを駆逐する良策であると考えた。これに対し小村は，改革と善政を条件にした清への満州の還付を提案し，国際管理案を退けた。

ところで，日本側の主たる戦争目的であった韓国支配について，日本は米英両国と相互的な合意を形成した。アメリカとは1905年7月の桂・タフト覚書において，アメリカが日本の韓国支配を，日本はアメリカのフィリピン支配を，相互に承認した。これは，その後の一連の「アジア協定」（第二回日英同盟，日仏協約，日露協約）の端緒ともなった。イギリスとは1905年8月に日英同盟を改定して，イギリスが日本の韓国支配を認めた。ただ，その交渉過程で，日本が韓国における商工業上の機会均等主義を遵守するかどうかという問題や，日英両国が極東で優勢な海軍を維持することに関してその対象をヨーロッパ国家に限定するかどうかをめぐって，イギリスがアメリカと争わない態度を示し，日米関係の悪化に対しては，日本は日英同盟に事実上，期待できないことが判明した。

ともあれ，日本は日露戦争の戦果として得た韓国の排他的支配，南満州での権益（旅順・大連の租借，南満州鉄道の経営）についての国際的承認を，外交的に確かなものとしたのである。

2 アメリカの東アジア政策の形成と日本

以上のように，日米両国とも世紀転換期に地政学上の大きな変革をとげた。大方の予想に反して新興国日本は，奉天会戦と日本海海戦を通じて日露戦争の勝者となったが，アメリカはこの戦争で，二つの局面において重要な役割を担った。

第一の局面は，戦争が勃発する以前の段階である。戦争は莫大な資金を必要とするが，同盟国のイギリスでさえ日本が勝利する見込みは低いと考え，ロンドンの金融市場は対日融資に対して冷ややかであった。資金調達がままならない日本は，次にニューヨークの金融市場を頼った。ロンドン市場と比べてはるかに小さいうえ，こうした大規模な融資の実績がない発展途上のニューヨーク

市場ではあったが，銀行家シフ（クーン・ロブ商会）の尽力もあり，日本は対露戦争に必要な資金を何とか集めることができた。ユダヤ人のシフが日本に協力した背景には，ロシア国内における大規模なユダヤ人の迫害・弾圧（ポグロム）に憤慨したという事実もあった。アメリカによる経済的支援なくしては日露戦争自体が不可能であったことを考えると，動機が何であれ，その行為は日本にとってありがたいものであった。そして，日本が戦争に勝利したことによって，ウォール街の銀行家たちはハイリスク・ハイリターンの勝負に勝ち，莫大な富を手に入れたのである。他方，ロシアを支援していたフランスは，その融資のほとんどが焦げ付いたことは言うまでもない。

　第二の局面は，戦争を終結させるためのポーツマス講和会議時である。奉天会戦に続く日本海海戦後，もはや戦争を続行する余力がない日本にとって，ローズヴェルトによる講和斡旋の申し出は，国家的危機から脱出する絶好の機会であった。もちろん日本に対する心情的な思い入れよりは，東アジアの勢力均衡を考えたうえでのローズヴェルトの行動であったが，戦場で大勝利を収めた日本がそれに相応（ふさわ）しい利権を与えられるべきであると彼が考えたのも，また事実である。そして，ローズヴェルトのたび重なる説得をようやく受け入れたロシア皇帝は，しぶしぶながらも日本との講和を受け入れ，賠償金はないものの，最終的に南樺太の割譲に同意したのである。

　より重要なのは，ロシアが日本の朝鮮半島における排他的地位と南満州における優先的地位を黙認したことによって，日露両国が初めて相互の勢力圏を認め合ったことである。これは日本にとって，戦争のコストを十二分に補う収穫であった。過大な戦果を夢見た日本人のうちには講和条件への不満もあったが，実際には余力の乏しい日本にとって恵まれた戦争終結であり，それを手にしえたのは，ローズヴェルトによる助力があったからである。なお，翌1906年にローズヴェルトは，ポーツマス講和会議での功績を評価され，アメリカ人として初めてノーベル賞を受賞している。

　しかし，日露戦争は日本の一方的な勝利であると信じていた日本の世論は，賠償金のない講和を理解できなかった。期待を裏切られた民衆は，日本政府に対する鬱憤（うっぷん）を日比谷焼き打ち事件という形で晴らしたのである。講和を斡旋したアメリカにも抗議の矛先は向けられ，公使館などが暴徒の標的となった。この暴動のようすを伝える東京からの報道は，多くのアメリカ人を困惑させた。

ローズヴェルトは，恩を仇で返すような日本人の行為には憤慨しながらも，それが国家レベルにおいて日米関係に傷を残すとは考えなかった。

　日露戦争での日本の勝利は，当時の国際関係の再編成を意味した。ロシアの膨張を阻止した東アジアにおける新興勢力として，日本が列強の仲間入りを果たした。それまでのアジア大陸は，ヨーロッパ列強を中心とした覇権争いの舞台であった。イギリス，フランス，ドイツ，ロシアは，自らの勢力圏の獲得と拡張をめざして東アジアを舞台に競った。その一翼を成すロシアが日本に敗北したことは，従来の枠組みに大きな変革をもたらした。

　日本の台頭によって，日米関係も従来の単純な師弟関係から，戦略的な要素を含むより複合的・重層的な関係へと発展した。オレンジ計画（War Plan Orange）という対日戦争計画が陸海統合本部によってこの時期に立案されたのは，日本が成長した証でもあった。しかし，皮肉にもオレンジ計画が示したのは，海洋国家のアメリカといえども，当時の海軍力ではアジアの領土を防衛することは不可能であるという事実であった。「アメリカのアキレス腱」（1907年，ローズヴェルト演説）と目されていたフィリピンを防衛するには，日本と連携することが最も合理的かつ現実的であるという事実が，あらためて浮き彫りになった。すなわち，ペリーの来航以降，アメリカの庇護の下ですくすくと育ち，日清・日露両戦争での勝利によってその頭角を現した日本は，中国とは異なって，域内における安定要因であり，かつ信頼できる国家とみなされるようになった。それゆえローズヴェルト大統領は，中国における門戸開放とアメリカの勢力圏さえ尊重すれば，日本が自前の勢力圏を築くことは容認できたのである。

　モンロー主義（Monroe Doctrine, 1823年表明）の名の下にヨーロッパ諸国の干渉に反対し，アメリカのみがカリブ海地域の小国に干渉する権利をもつと主張する1904年のローズヴェルト系論（Roosevelt Corollary）によって，中南米は完全にアメリカの勢力圏に組み込まれた。同様に，東アジアの新興勢力である日本が，隣接する地域に同様の勢力圏を確保したいと考えるのは，ローズヴェルトのようなリアリスト（現実主義者）には容易に理解できることであった。そのため，日米両政府は1905年7月に，日本の韓国に対する優越的な支配権とアメリカのフィリピン統治とを相互に承認し合う桂・タフト覚書に合意した。このように，ローズヴェルトと彼の右腕となったルート国務長官の下で日米関係はさらに強化され，両国とも双方の勢力圏を尊重しつつ，自らの権益の維

持・拡大を得たのである。

他方，日本の台頭はアメリカ人一般に日本の存在をより意識させることになり，こうした対日イメージの変化によって，政府の意志とはかけ離れたところから摩擦が生じることになる。

3　日露戦争後の日本外交

南満州鉄道の経営

小村寿太郎は，1904（明治37）年7月の日露講和条件に関する意見書の中で，日露戦争の目的を「韓国ノ存立（独立）」と「満州ノ保全（門戸開放）」としていた。また山県有朋は，すでに最初の帝国議会で日本の外交方針について，日本本土を「主権線」，朝鮮半島を「利益線」と位置づけていた。しかし，戦勝は目標を変えた。小村は日露戦争後，韓国を「主権範囲」，満州を「利益範囲」として，満州での日本の利権拡張を考えたのである（『日本外交文書』）。

こうして日本政府は，日露戦争前は英米両国の外交的・財政的支持を獲得するために，ヘイの宣言に沿う形で満州の門戸開放を唱えていた。だが，日露戦争の勝利が満州の排他的支配へと日本を動かし始めた。

日露戦争の莫大な戦費に加えて，外債の償還，ポーツマス条約で日本に譲渡されることになった東清鉄道南部支線（南満州鉄道）の改築費などの出費を要する日本にとって，南満州鉄道とその付属炭鉱などの経営が財政的に困難視されていた。そうした状況下で1905年8月末，世界一周鉄道計画を抱く鉄道王ハリマンが，駐日公使グリスカムの勧めもあって来日した。10月，元老井上馨や財界の渋沢栄一らが積極的に支持し，日米シンジケートで南満州鉄道を共同経営する桂・ハリマン覚書が合意された。

しかし，講和会議から帰国した小村外相が，これは事実上のアメリカ支配を意味するとして強硬に反対し，ロシア旧権益の譲渡には講和条約第6条によって清の同意が必要であること，および日本国民の感情を理由に退けた。小村は，ポーツマス講和で獲得したもののうち最も発展性のありうるのが南満州鉄道であり，たとえ日本の資本が乏しくともこれを自前で運営し，将来の発展を期さねばならないと考えていた。また，ハリマンと密接な関係にあるクーン・ロブ商会と対抗関係にあった，モルガン系銀行からの融資による資金調達の見込み

もあった（松村，1987）。ともあれ，小村によってアメリカ資本の満州進出の試みはいったん阻止されたのであった。

　ここで全体的に見ておかねばならないのは，事前の想定を上回る対露戦勝を得た日本が，戦後，何を国家目標とし，どのような外交路線をたどるかである。

三つの外交路線

　日露戦争後の日本は，二つの基本的な目標を追求したと言えよう。第一に，日露戦争の戦果をしっかりと手中に収め，「帝国」の勢力圏を確立することであった。第二は，新しい日本の地位に対する国際的承認と支持を取り付けることである。

　具体的には，日露戦争直後から日本の対外政策には，次の三つの路線が現れ，互いに対立したり，役割分担を行って補完的関係を成したりする。

　①陸軍による南満州支配の強化路線。
　②小村外交に代表される戦果確保と帝国の確立を求める路線。
　③林董外相に代表される現状維持外交の路線。

　戦後処理をめぐってまず深刻な問題となったのが，①の南満州問題であった。満州を主舞台としてロシア軍と戦った日本陸軍は，ポーツマス講和後も南満州に居座り，軍政を解こうとしなかった。この地を確固たる日本の国防上・軍事上の拠点とするため，実質的に日本が自由使用しうる支配地域としようとした。しかし，これは満州の「門戸開放」という国際的要請に反する行為であった。英米両国が日露戦争に際して日本を助けたのは，一つには日本がロシアによる満州独占を打破することを期待したからであった。日本がロシアに代わっていっそう厳しい満州の排他的支配を設定していると，英米両国から抗議がなされたのは当然である。

　西園寺公望首相は陸軍に軍政撤廃を求めたが，陸軍は応じなかった。そこで1906年5月22日，元老伊藤博文は「満州問題に関する協議会」を開かせ，陸軍指導者を厳しく叱責した。満州は「れっきとした清国領土」であるのに，陸軍は「根本的に思い違い」をしていると断じ，軍政撤廃をついに受け入れさせた。

　ここには二つのことが示されている。明治の統治機構は，政府による軍部のコントロールが困難な二元的制度であること，そしてその制度的欠陥を克服す

る努力を元老伊藤が行い，戦勝した日本が国際的に道を踏み外さないための国内的対処を済ませたことである。

小村外交と林外交

小村外相は，先に述べたように桂・ハリマン覚書を破棄させ，南満州鉄道を日本が自己資金で運営し（1906年11月，南満州鉄道株式会社〈満鉄〉設立），大陸への経済的発展の大動脈とする道を開いた。さらに，小村外相は1905年11月，清に渡ってポーツマスの諸条件を清に受諾させる北京条約（「満州に関する日清条約」1905年12月）を結び，戦勝の成果を確かなものとした。第二次桂太郎内閣において再び外相に就任した小村は，困難な満鉄並行線問題である新民屯・法庫門鉄道案件に対処することを含む「満州五案件に関する日清条約」（1909年9月）を締結して，戦勝の成果の接続的確保を成し遂げた。日本帝国の確立に，小村ほど命をすり減らして献身した外交指導者はいないであろう。

桂と西園寺の政権交代が繰り返される中で，桂内閣が小村を外相として用いることが多かったのに対し，西園寺内閣は林董を外相に起用した。西洋思想に親しんで，条理を尽くした合理的な思考を好み，互譲の精神を尊重する林は，かつて日英同盟の締結にあたったが，日露戦争後は穏健な現状維持政策を展開することによって日本への国際的な信頼感を培い，結局のところ戦勝の果実を確かなものにしようとする。

とりわけ，1907年に日仏協約，日露協約を相次いで結んだことは重要であった。それは，二つのことを意味した。一つは，日露再戦の可能性を断つとともに，日英同盟を日露協約をもって補い，日本外交がこの二つを両輪として進むことを示した。もう一つは，日本が当時のヨーロッパにおける現状維持勢力に連なったことを意味した。この時期，ドイツの躍進と積極外交はめざましく，力による現状打破の姿勢を強めていた。これに脅威を感じる露仏両国の協商にイギリスが加わって，ドイツを包囲する三国協商が形成されていた。日本はこの協商派，すなわち現状維持勢力に与したのである。そのことは，日本に対する警戒心を解いて，多事なヨーロッパ諸国が，アジア国際秩序の維持については安定勢力である日本に依存するよう仕向けるものであった。こうして，日露戦争という力による現状変更の後，日本は現状維持の擁護者をふるまうことによって戦果を既成事実とするのである。

日本帝国の樹立に向けて厳しく突進する小村外交と、穏健な和解路線をとる林外交は、対照的に見えて、実は力点の置きどころの相違にすぎず、かつ相互補完的である。たとえば、アメリカとの戦後関係の修復に尽力した点で、両外交に区別はない。後で述べる1908年の日米紳士協定や高平・ルート協定は、両外交にまたがる努力である。逆に、日本帝国樹立と表裏をなす韓国併合のプロセスについても、①対露戦勝、②ロシア、イギリス、アメリカなどからの国際的承認、③韓国の抵抗を抑えての、韓国保護条約（1905年）、新日韓協約（1907年）、韓国併合（1910年）と制度化、の3局面が存するが、これらは両外交にまたがる事業であった。穏健に列強との国際的了解を求める外交も、戦勝の成果と帝国の樹立を否定するものではなく、それを容易にするものであった。ただ、ポーツマス条約など国際的了解を得たものを中国に受諾させる荒仕事が林は得意でなく、これについては小村の迫力ある外交のみが決着しえた。

最初の日米危機への対処——学童隔離事件とホワイト・フリート

日露戦争後における日米関係での最初の摩擦は、アメリカ西海岸を中心とする一地方における人種主義が端緒となった。1906年10月にサンフランシスコ市学務局は、日本人学童を中国人学童が通っていた東洋人学校に隔離することを決定した。その表向きの理由は、4月にサンフランシスコを襲った大震災の被害によって教室が足りなくなったということであったが、日本人学童はわずか93人しかいないうえ、彼らが通っていた公立学校は被災しておらず、それが口実にしかすぎないことは明白であった。

この問題の背景には、いくつかの要因があった。まず第一に、カリフォルニア州における日本人移民の増加である。1882年に中国人移民がアメリカから排斥されてからは、日本人移民が中国人移民に取って代わる新たな労働力として、まとまった数でアメリカに渡るようになった。1898年にハワイがアメリカに併合されると、同島からの日本人移民も激増し、その多くが当時西海岸の玄関であったサンフランシスコに集中するようになった。

第二に、地元政治をめぐる状況である。1900年以降、組合労働党が市の政治を牛耳るようになり、同党が労働者を支持基盤としたために、低賃金で働く非組合労働者の日本人移民は必然的に標的となった。第三に、地元新聞による排日運動の煽動である。日比谷焼き打ち事件などによってアメリカにおける日

本のイメージが低下すると，カリフォルニア州の各紙はこれに便乗して排日を訴える記事を連載した。事実，こうした記事は広く読まれ，当時，新聞が唯一のメディア媒体であったため，世論を形成するうえでその影響は大きかった。とりわけ新聞王ハーストが所有する新聞は，日本人移民に対する攻撃を繰り広げて排日運動を煽動した。

　そして最後の要因は，日露戦争の勝利によって日本が初めて脅威としてみなされるようになったことである。日本のめざましい国際的地位の向上は，ドイツとロシアに代わって日本が東アジアでアメリカの利権を脅かすのではないかという疑念を，少なからぬアメリカ人に抱かせた。加えて，当時盛んであった黄禍論（yellow peril）とも重なり合い，白人の国家ではない強国という日本をより不気味な存在とした。こうした日本のイメージの反射として，カリフォルニア州において存在感を増しつつある日本人移民もまた，次第に脅威としてみなされるようになったのである。

　こうした複合的・多重的要因を背景として州民意識が変化し，学童隔離事件は起きた。しかし，「一等国」の国民であると自負する日本人は，「二等国」の扱いには満足することはできず，問題解決を在外公館に要請したのである。国力を背景とするこのような対応は，中国人移民にはとうてい考えられなかったが，これはかえって日本人移民は同化しない危険分子であるという固定観念を強化することにもなった。

　日本政府としても，すでに学童が隔離されている中国人移民と同等に扱われるのは耐え難い屈辱であった。日清・日露両戦争の勝利によって，日本は従来とは次元の異なる国際的地位を占めているという自負が強まっており，林外相は直ちに駐米公使に抗議した。こうしてローズヴェルトは，サンフランシスコでの事件を初めて知ったのである。もちろん，日本は冷静に対応することしか選択肢として考えておらず，国益と関係ない問題でアメリカと対立する意図は皆無であった。他方，列強の仲間入りを果たした日本にとって，面目と威信を保つことが肝要であり，アメリカから一等国としての扱いを受けることを切望した。第1章で見たように，不平等条約が国際社会における近代日本の最初の原体験としてあったため，日本は平等に扱われることにはとりわけ敏感であり，それに配慮しない扱いは許容できなかった。

　ローズヴェルトの外交は「棍棒外交」とも称され，パワーを重視するリアリ

ズム（現実主義）外交の代名詞となっているが，その「リアリズム」ゆえに，わずか93人の学童を隔離するか否かという些細な問題で日米関係を毀損させるのは，大統領にとっては愚行でしかなかった。こうした折，「日米開戦近し」という戦争脅威論（war scare）にカリフォルニア州は沸き，これによって最初の日米危機が起きた。もちろん，これは根拠を欠くデマでしかなく，この事態が戦争にまで発展すると日本が考えたことはなかった。

　大統領は問題解決に乗り出した。そして，「カリフォルニアの馬鹿どもたち」に灸を据えるため，閣僚をサンフランシスコに派遣した。ローズヴェルトは，暴動によって日本人移民に被害が出るようなことがあれば連邦軍の投入も辞さないという構えを示したが，同時に現実主義者の彼は，鞭だけでなく飴も用意することを怠らなかった。カリフォルニア州に対する譲歩として移民法を改正し，日本人移民のハワイからアメリカ本土への転航を禁止する措置をとったのである。市学務局もこの妥協案に満足して，日本人学童の隔離決議を撤回した。こうして，外交問題にまで発展した学童隔離事件は解決に向かい，両国の世論を騒然とさせた問題は，日米関係に致命傷を負わせることなく無事に収拾された。このように州の権利に大きく干渉したローズヴェルトの行動には，何よりも日米関係を重視する大局的な観点がその根底にあった。

　他方，移民問題を将来における日米間の禍根とさせないためにも，ローズヴェルトは同問題に関する協議を日本と開始した。その結果，計11通の往復書簡から成る日米紳士協定が1908年，両政府間で合意された。これにより，20歳以下の子女を除く，いっさいの労働者の入国が禁止されることになった。こうした「自主規制」によって日本は，1882年の中国人移民排斥法（通称，排華移民法）のような，国家の威信を傷つけるような一方的な措置を免れたのである。そして，この日米紳士協定が実施されてからしばらくの間，カリフォルニア州の排日運動は沈静化する。

　移民問題の解決とともに日米関係にとって追い風となったのは，戦艦16隻からなる米海軍主力艦隊の日本訪問であった。1908年3月13日にローズヴェルトは，同艦隊による世界一周の練習周航計画を発表し，極東を航海する際，ハワイ，ニュージーランド，オーストラリア，そして，フィリピンに寄港することを明らかにした。前例のない大規模な艦隊周航の目的の一つには，移民問題をめぐって日米開戦を訴えていた両国におけるジンゴイスティックな世論を

沈静化させるという狙いがあった。つまりローズヴェルトは、母国の主戦論者には、アメリカは日本に一方的に譲歩しておらず、毅然とした態度をとっていることを示し、また日本の主戦論者に対しては、世界第2位と第5位の海軍力との間には依然として力の差があり、戦争となれば日本はとうていアメリカにかなう相手ではないということを思い知らせ、両国に潜在していた日米開戦論を払拭したいと考えたのであった。

　日米関係の堅持に努めたい日本政府も、練習航海の内容を知ると、艦隊の日本寄港を歓迎する旨を直ちに国務省に申し入れた。アメリカはこの要請に快く応じ、日米両国の新聞はこの決定を「国際親善の向上と日米間の信頼醸成につながる」ものだと報じて、一時は両国を騒然とさせた戦争脅威論の危機も峠を越した。そして、当時のアメリカ海軍の軍艦色であった灰色を真っ白に塗り替えたホワイト・フリートが10月に横浜に寄港すると、日本国民は熱烈に歓迎した。この時のもてなしが、訪問した国の中で最高だったこともあって、ホワイト・フリートの寄港は日米親善の気運をさらに高揚させた。

　この心理的契機をとらえて日米両政府間で11月に高平・ルート協定が締結され、太平洋地域の現状維持、中国の領土保全、機会均等に関する歴史的な合意が成立した。同協定と日米紳士協定がローズヴェルト＝ルート路線の東アジア政策の礎を成すが、これは一方で、アメリカが満州と朝鮮半島を中心とした日本の勢力圏を黙示的に是認したことを意味し、他方、移民問題に関しては、日本が譲歩する形で協力を得るというものであった。こうしてローズヴェルト政権下での日米関係における懸案事項は、双方を納得させる形で収拾され、日米関係に立ち込めていた暗雲も取り払われたのである（簑原、2006）。

◇　　◇　　◇

　19世紀後半の東アジアは、世界政治の主たる舞台ではなく、輝きを増した西洋文明諸国から見れば、「貧困」「停滞」「専制」といったイメージのつきまとう「アジア」でしかなかった。歴史的にこの地域の不動の中心である中国では清王朝が衰退期を迎えており、イギリス、フランスなど西欧列強が東アジアに進出し、清帝国とその周辺を切り取り始めた。シベリアからはロシアが極東の暖かな地を求めて南下し、東方の島国・日本も近代中央集権国家を急ごしらえして拡張を開始した。東アジアは文明世界の主体であるよりも、列強が襲う場でしかないように見えた。混沌の中で、20世紀東アジアの国際的地図をど

う描くか，日露戦争にいたる世紀転換期の変動はその第一章であった。

　日露戦争における日本の勝利は，20世紀国際政治のアクターとなる資格を日本に与えた。それは，日本が黒船来航以来，半世紀にわたり西洋に学んで近代化をとげたことの証となった。それはまた，西洋列強しか国際政治のアクターたりえなかった19世紀の歴史に対し，非西洋社会もまた近代化さえとげればアクターたりうることを告げた。「西洋の世界史」が「世界の世界史」に移行する転機を画する事件であった。

　本書のテーマから言えば，それは日本とアメリカが太平洋を挟んで若々しく力ある二つの国として向き合う，20世紀の歴史の開始を告げるものであった。その重要な瞬間に，アメリカのローズヴェルト政権は重大な役割を果たした。日露戦争の講和会議の斡旋である。当時，大統領は友人のニューハンプシャー州知事に，都会の喧噪に毒されることなくじっくり話し合える会議場の推薦を求めた。知事は2カ所の候補地を答えた。海辺のポーツマスと山の中のブレトンウッズである。前者が日露戦争後の講和会議に使われ，後者が第二次世界大戦末期に戦後の自由貿易体制をつくる会議に用いられる（第6章1参照）ことになる。日露戦争後の帝国としての日本，第二次世界大戦後の通商国家としての日本の，それぞれの出発点となった点で興味深い。日本の近代史の決定的瞬間に，アメリカは不思議に刻印を残す。

　敗戦の悲哀は自明であるが，勝利のはずみの恐ろしさに人は留意しない。対露戦勝のはずみは，一つには日比谷焼き打ち事件に示される民衆と世論の過熱に示された。もう一つは，陸軍が満州軍政を継続しようとしたことに示された。元老伊藤の個人的努力によってそれは抑制された。もしそれがなければ，アメリカは日本への信頼を撤回するほかなく，日米関係は暗転したであろう。その意味で，日露戦争後の日本の政治的リーダーシップは健在であった。

　興味深い歴史のイフの一つは，もし小村外相が桂・ハリマン覚書を破棄せず，満鉄を日米共同出資で運営していれば，というものであろう。それは小村が危惧したように，アメリカによる満州の実質支配に帰結したか，あるいは満州とアジア大陸をめぐる日米協力の枠組みをもたらし，後の太平洋戦争も起こらずにすんだか。それにだれも答えることはできない。この選択は正邪の問題ではなく，国家の生き方の問題である。事実は，林よりも小村の外交路線に主軸を置き，冷徹に対外影響力と利益を確保する，帝国としての道を歩むことになっ

た。それは，とめどない軍事的膨張に没頭する1930年代的軍事帝国とは異質な，堅固で周到な国益外交であった。

その新興日本を受け止めたローズヴェルト大統領こそ，この時期の日米関係におけるキーパーソンであった。その卓抜したリアリズムの感覚は，日本が戦勝によって獲得する立場や勢力圏を基本的に承認し，そのうえで健全な日米関係を築く路線を打ち出した。日本が戦勝のはずみで陥るかもしれない逸脱を斥けつつ，アメリカ国内のいわれない反日感情を，日米紳士協定やホワイト・フリートの日本訪問，高平・ルート協定によって鮮やかに収めた。政治外交の世界における芸術と言ってよいであろう。

日本が対露戦勝をとげて台頭した結果，日米はライバル関係をも内蔵することになった。緩やかで淡い初期友好の時代を後にして，協調と対抗の二重ゲームが不可避となる局面に入った。しかし，日米両政府の冷静な大局観に立ったリーダーシップによって，最初の危機は見事に収拾され，日露戦争後1908年までの日米の友好と協力の関係が際立つ，ローズヴェルトと小村の時代であった。

●引用・参考文献●

朝河貫一／由良君美校訂・解説，1987年『日本の禍機〔復刻版〕』講談社。
外務省編纂『日本外交文書』36-1，日露V，38-1，41-1。
外務省調査部第1課「金子堅太郎伯爵述——日露講和ニ関シ米国ニ於ケル余ノ活動ニ就テ」外務省記録N 2.1.0.4-1。
鹿島守之助，1958年『日本外交政策の史的考察』鹿島研究所。
鹿島守之助，1970年『日本外交史 第8巻——第2回日英同盟とその時代』鹿島研究所出版会。
黒木勇吉，1968年『小村寿太郎』講談社。
信夫清三郎・中山治一編，1972年『日露戦争史の研究〔改訂再版〕』河出書房新社。
谷千城／島内登志衛編纂，1976年『谷干城遺稿』第4巻，東京大学出版会（1912年，靖献社刊の復刻版）。
千葉功，1996年「日露交渉——日露開戦原因の再検討」近代日本研究会編『年報・近代日本研究18——比較の中の近代日本思想』山川出版社。
角田順，1967年『満州問題と国防方針』原書房。
寺本康俊，1999年『日露戦争以後の日本外交——パワー・ポリティクスの中の満韓問題』信山社。
升味準之輔，1966・67年『日本政党史論』第2・3巻，東京大学出版会。

松岡洋右, 1931 年『動く満蒙』先進社。
松村正義, 1987 年『日露戦争と金子堅太郎――広報外交の研究〔増補改訂版〕』新有堂。
簑原俊洋, 2006 年『カリフォルニア州の排日運動と日米関係――移民問題をめぐる日米摩擦, 1906〜1921 年』神戸法学双書。
陸奥宗光／中塚明校注, 1983 年『新訂 蹇蹇録――日清戦争外交秘録』岩波文庫。
Bailey, Thomas A., 1964, *Theodore Roosevelt and the Japanese American Crises: An Account of the International Complications arising from the Race Problem on the Pacific Coast* [reprint], Peter Smith.
Beale, Howard K., 1956, *Theodore Roosevelt and the Rise of America to World Power*, Johns Hopkins University Press.
Dennett, Tyler, 1959, *Roosevelt and the Russo-Japanese War: A Critical Study of American Policy in Eastern Asia in 1902-5, based primarily upon the private papers of Theodore Roosevelt* [reprint], Peter Smith.
Esthus, Raymond A., 1966, *Theodore Roosevelt and Japan*, University of Washington Press.
Iriye, Akira, 1972, *Pacific Estrangement: Japanese and American Expansion, 1897-1911*, Harvard University Press.
LaFeber, Walter, 1993, *The American Search for Opportunity, 1865-1913*, Cambridge University Press.
Leopold, Richard W.; edited by Oscar Handlin, 1954, *Elihu Root and the Conservative Tradition*, Little, Brown.
Morison, Elting E. ed., 1951, 1954, *The Letters of Theodore Roosevelt*, vol. 3, 4, 7, Harvard University Press.
Neu, Charles E., 1967, *An Uncertain Friendship: Theodore Roosevelt and Japan, 1906-1909*, Harvard University Press.
Okamoto, Shumpei, 1970, *The Japanese Oligarchy and the Russo-Japanese War*, Columbia University Press.
Pringle, Henry F., 1956, *Theodore Roosevelt: A Biography*, New York: Harcourt.
Thomson, James C., Jr., Peter Wl Stanley, and John Curtis Perry, 1985 [reprint], *Sentimental Imperialists: The American Experience in East Asia*, Harper & Row.
Trani, Eugene, P., 1969, *The Treaty of Portsmorth*, University of Kentucky Press.

⬆ヴェルサイユ宮殿「鏡の間」での講和条約調印式　真ん中で立っているのはクレマンソー仏首相，その左がウィルソン米大統領（1919年6月28日，パリ。写真提供：AP Images）

第3章
第一次世界大戦と日米関係の再調整 1909-19年

　たった10年，20年の間に，日米両国とも大きく変わった。アメリカは19世紀末の米西戦争を通じて，日本は20世紀初頭の日露戦争を通じて，それぞれに自らの地域と太平洋をめぐる問題について最も重要な二つの国となった。当然ながら，日米関係も19世紀中のような遠く淡い友好関係ですむものではなくなった。両国の巨大化した体が触れ合う度合いが高くなったが，接触の増大は友好と摩擦の双方の機会を大きくするであろう。若々しい活力に富む異質な二つの国は，協調と対抗が入り交じり，パートナーでありながらライバルでもある日露戦争以後の関係をこなしていけるだろうか。

　両国がいかに利害を調整していくか，これが外交史において普通に問われる

ところである。しかしわれわれはその前に、日米両国の外交をめぐるゲームのルールは同じであろうか、と問うておかねばなるまい。日本外交の場合、伝統的なパワー・ポリティクスの外交に比較的忠実であった。三国干渉の苦汁を二度となめぬよう、重要な列強との協調に留意しつつも、帝国としての膨張・発展をアジア大陸を中心に求め続けた。それに対してアメリカの場合は、外交原理が一様単純ではない。マハンの「海上権力論」に示される権力意志は強固に存在するが、他方においてアメリカは建国以来「理念の共和国」であり、東アジア政策についても意味合いの異なる再度の「門戸開放」宣言を世紀末に発した。中国における通商上の機会を要求しただけでなく、中国の一体性を列国は侵してはならないという道義的ドクトリンを声明した。太平洋を挟む二つの大きな国に成長した20世紀の日米両国は、どのような原理において切り結ぶであろうか。

　前章に見たように、日露戦争期のセオドア・ローズヴェルト大統領は日米間の関係再定義に指導力を発揮した。それは、力の現実をふまえつつ国益の調整を試みる、勢力均衡（バランス・オブ・パワー）の外交手法である。桂太郎や小村寿太郎ら日本の指導層の外交観と近似しており、この時期の日米両国は、相互の重大な権益を尊重し合って協力関係を確認することができた。加えてローズヴェルト政権は、アメリカ国内の排日運動や日米戦争論（war scare）といった感情的対立要因を抑制する手腕をも発揮した。

　1910年代にも、日米両国は対抗要因を協調の枠内に収めて進むことができるだろうか。それを困難にする事態が三つの側面から生じたことを、本章は明らかにするであろう。

　第一に、国際環境の途方もない大激変である。1911（明治44）年の清における辛亥革命、1914（大正3）年に始まった第一次世界大戦、1917年のロシア革命は、日米両国にとって一つだけでも容易ならぬ衝撃であったろう。折り重なっての挑戦に対する日本とアメリカ双方の対応と日米共同歩調は、困難の度を深めるであろう。

　第二に、以上の激動は日本の対外政策をどう動かしたか。日本の指導層には、「力の真空」がアジアに生じたと受け止める者が少なくなかった。ヨーロッパ列強は自国の生存が問われる事態となって、アジアから撤退した。加えて、革命とそれに続く混乱により、当の中国とロシア内部の権力主体が不分明となっ

た。いわば二重の真空状態を，日本のアジア大陸への発展を積極化する機会ととらえる見方があり，それが日本政府を動かす瞬間があった。それは，先に述べたアメリカの東アジアに対する原則や利害にとって好ましいものではなかった。東アジアの動乱は，日米両国の立場を乖離させる要因となるかもしれなかった。

第三に，この事態に対し，ローズヴェルトのような成熟したリアリズムをもって対処するリーダーシップは，アメリカにもはやなかった。タフト（1909-1913年），ウィルソン（1913-1921年）の両政権は，より理念的・原理主義的な自らの観点に立つ新たな政策アプローチをとり，そのことは日米の共同行動を容易にするよりは困難とするであろう。

1 共和党タフト政権から民主党ウィルソン政権へ

タフト＝ノックス路線と東アジア──満州をめぐる経済的ライバル関係の形成

セオドア・ローズヴェルトの最大の政治的ミスは，1904年の大統領選挙で当選を果たすと，初代ワシントン大統領を意識して早々と次の選挙には出馬しないと宣言したことであった。これによって共和党を統率する彼の影響力は損なわれ，必然的に後継者問題も浮上した。ローズヴェルトは自ら犯した失敗に気づきながらも，自分の息のかかった後継者を推挙すれば，退陣後も十分に影響力を行使できると考えた。

共和党の大統領候補は，早い段階でルート国務長官とタフト陸軍長官に絞られた。前者なら，国務長官としての実績からローズヴェルトと外交理念を共有しており，現行の東アジア政策に基本的な変更がないことは容易に想像がついた。しかし，ルートの老齢に留意したローズヴェルトは，まだ50歳に満たないタフトを後継者として推し，自らの政策の継承を託した。ローズヴェルトは後に，この決定を悔やむことになる。ともあれ，1908年11月の大統領選挙で共和党は圧勝し，翌年3月に体重160 kgのタフトは，アメリカ史上最も巨漢な大統領として就任することになった。だが，ローズヴェルトとの差異は体型だけにはとどまらなかった。実は，内政・外交の双方において，タフトはローズヴェルトとは異なるビジョンを持っていたのである。

まず，内政については，保守派に属していたにもかかわらず，タフトは市場

を不公平に独占する企業の解体には周囲も驚くほど積極的であった。しかしその反面，革新派のローズヴェルトとは異なり，大企業経営者が共和党の最大の支持基盤であるという見解の下，労働者よりも大企業を擁護する政策を促進する傾向が顕著であった。1908年の大統領選挙で容易に勝利できたのは，大企業からの莫大な資金提供があったからである。それゆえ，企業の意思がかつてないほどアメリカの外交政策に反映されることになった。

　次いで東アジアへの外交政策に関しては，タフトはノックス国務長官とともに企業の利益が最優先されるべきであると考えたため，中国と満州への投資が円滑に行える環境を整備することが焦眉の課題となった。これが，いわゆるドル外交（Dollar Diplomacy）の原点である。ドル外交という名称自体は，タフトの退陣がすでに決まっていた1912年12月に議会に送った最後の一般教書の中で，大統領が自己の政策を振り返りつつ，「私の政策は，理想主義的人道的な通念に合致したものであり，それは弾丸をドルに取り替えるものであった」と述べたことによって，後からドル外交と呼ばれるようになった。

　なお，このドル外交とは，「力」と「勢力均衡」の概念を何よりも重視したリアリストのローズヴェルトの外交政策とは異なり，タフト自身も述べるように，それはより穏健かつ人道的な理想主義に依拠する外交であったとされる。こうしたことから，ドル外交はウィルソン主義の先駆けであったという解釈もありうる。確かにそのレトリックには，「中国の将来を念頭に置き，同国の行政的・領土的保全に努める」など，理念的な内容が多く見られる。しかし，実際にタフトが残した文書には，中国の状況に心からの同情を示す記述は見当たらない。彼にとっての「人道主義」や「理想主義」は，どちらかと言えばアメリカの通商上の利益を正当化するための修辞であったように思われる。

　ドル外交に象徴される外交政策の転換は，ローズヴェルト前大統領が日本と合意した勢力圏の修正を意味した。しかし，南満州の支配権をめぐって日露戦争で多大な犠牲を払った日本は，こうしたアメリカによる一方的な変更を座視することはできなかった。満州の経済的利権を重視したタフト＝ノックス路線が，日米関係に摩擦を引き起こしたのは当然であった。

　日本による独占的な満州支配（主に南満州）によってパイを奪われることを憂慮したタフトは，同地域での日本との鉄道利権の共有を試みた。これは，日本政府の強い反発，および計画の主役であった鉄道王ハリマンの突然の死去が

重なって挫折した。次いでノックスが思い立ったのが，南満州鉄道の中立化案であった。こちらは，日本，イギリス，ロシアが共同戦線を敷いて抵抗したことによって，実現にいたることはなかった。ウォール街を代表して満州への投資機会をうかがっていたノックスは，フランス，ドイツ，イギリスの3国借款団への参入をはかり，その結果，アメリカを加えた4国借款団が成立することになった。しかし，この1911年の合意も，その直後に起きた中国の擾乱によって実施にはいたらず，アメリカ資本の流入は実現しなかった。

　ドル外交を支えたもう一つのグループは，外交を専門とする官僚集団であった。ルート前国務長官が始めた国務省改革を引き継いだノックスは，国際関係が多様かつ複雑になったことに鑑み，国務省を単に事務的な作業を処理する機関から，対外政策の決定過程の中枢に携わるプロ組織として改組した。併せて，従来のネポティズム（身内びいき）中心の人事を廃し，能力主義の人事システムを導入した。なお，国務省に極東部が設置されたのはルート国務長官時代の1908年のことであったが，ノックス国務長官の下では，新たに中南米部，西欧部，近東部が設けられ，さらにタフト政権がとりわけ力を入れた貿易と投資を統括する組織として，通商部が大幅に拡充された。

　国務省の中で東アジア政策の立案を任されるのは，先に述べた極東部である。ここに集結した人材は，やがて反日親中派の系譜を形成することになる。初代極東部長のフィリップスをはじめ，次のハンティントン＝ウィルソン，そしてタフト政権下で第三代部長となったストレートらは，長い歴史と文明を持つ中国を日本よりも優れているとみなし，加えて，広い大陸を国土とする中国との関係を重視する方がより多くの経済的利益がもたらされると考えた。そこでタフト政権が発足すると，ストレート極東部長はハンティントン＝ウィルソン国務次官と連携しながら，アメリカの東アジア政策を，日本偏重のローズヴェルト＝ルート路線から中国に重心を置く政策へと転換することを企図した。彼らから見て，中国を犠牲にして満州における日本の勢力圏を容認した高平・ルート協定は，ローズヴェルト前政権の代表的な愚行であり，彼らはそれを覆すことが国益になると判断した。

　ところで，中国に対する心情的な思い入れから親中的な政策を推進する国務省内の系譜は，その後ウィリアムズ，ラインシュ，ホーンベックへと続き，アメリカの東アジア政策に対して次第に大きな影響を及ぼすようになる。

このように，ドル外交の設計者は極東部を中心とする国務省内の外交官僚であり，アメリカの東アジア政策は，理念的なベールで覆いつつも，中国において経済的利益を追求する方向へ大きく変容したのである。もっとも，当時はまだのどかな時代であり，ノックス国務長官の日課はもっぱらゴルフをすることであって，国務省には滅多に足を運ばなかったという。であれば，外交官僚の影響力が増すのは必然的であったと言えよう。政治家出身のノックスの真価が発揮されたのは党内政治の問題に対応する時だけであり，前任者のルートと比較すると，彼は外交センスのみならず責任感も十分ではなかった。

ドル外交と変容する日米関係

世界を「文明圏」と「非文明圏」に大別し，前者による後者の支配は自明の理であるという考えの下，日本による満州の支配を黙認したのがローズヴェルト＝ルート路線であった。それとは対照的に，日本一国による独占的な満州支配を容認できないのがタフト＝ノックス路線であった。満州へのアメリカの経済的関心とそれにともなう投資は，日本の勢力圏を脅かすものであり，それゆえドル外交は日米関係の懸案事項となった。とはいえ，タフト政権下でも，満州における冒険を除いては，その底流において日米間の「協調の枠組み」は堅持されていた。この事実は，日本にとって初めての平等条約となる1911（明治44）年2月の日米新通商航海条約の締結からもうかがえる。

加えて，この間，日本経済が成長したこともあってアメリカの対日貿易は急増し，日米経済関係はむしろ強化された。合衆国憲法の発布後，最初のアメリカの硬貨に刻印されたモットーが「商売に専念せよ（Mind your business）」であったことが示すように，通商の精神はアメリカの建国からその遺伝子に組み込まれている。その意味で，通商の機会を最優先としたドル外交は，アメリカ的な精神の発現であったと言えよう。問題は，ドル外交の対象であった。タフトは国務省の親中派とともに，「無限の中国市場」という幻想にとらわれ，対日貿易・投資額が中国の3倍以上であるという事実を看過したのである。列強の支持が得られない満州権益には固執せず，むしろ日本との経済関係の強化に専念した方がより多くの利益をアメリカにもたらしたであろう。結局，ドル外交は1911年の辛亥革命によって破綻し，タフトは自らの外交感覚の欠如を最終的に認めざるをえなくなった。

こうした事実と国内政治をめぐる軋轢から、前大統領のローズヴェルトはタフトを見かぎり、新たに革新党（Progressive Party, 別名ブル・ムース党〈Bull Moose Party〉）を結党した。共和党が革新派・保守派に分裂したことにも助けられ、1912年の大統領選挙では、民主党が実に16年ぶりに政権に返り咲いた（タフトは大敗をきたし3位）。それによってアメリカの東アジア政策は、当時まだ政治の世界では無名に等しかったウッドロー・ウィルソンに委ねられることになる。

第一次排日土地法と珍田・ブライアン会談

1908年の日米紳士協定によって日本からの移民は毎年500人に制限されていたが、先に移住していた日本人移民の自然増加によってその数は着実に増えていた。さらに、日本人移民は同一地域に集中して暮らす傾向があり、他の白人系移民とは異なって、外見からして容易に社会に同化できないため、その数は実際よりも何倍にも多く感じられたのである。こうして白人の間に異文化の流入に対する不安感が拡大したことにより、地元の政治家にとって1910年のカリフォルニア州選挙は、日本人移民問題を取り上げるまたとない機会となった。しかし州の共和党議員は、排日運動に同調しない連邦政府に配慮し、この問題の政治化を避けた。他方、自粛する必要がない民主党議員たちは、「ジャップ（日本人に対する蔑称）」に甘いという共和党のイメージを醸し出すべく、州が直面する最大の政治問題として日本人移民問題を積極的に打ち出した。実際、この年の民主党の選挙スローガンは、「カリフォルニアを白く保とう！」であり、その効果もあって、民主党はカリフォルニアの州議会で大躍進することになった。

1906年のサンフランシスコ学童隔離事件（第2章3参照）以来、日本政府は一等国としての自尊心を傷つける排日運動には警戒しており、カリフォルニアの動向にはつねに目を光らせていた。そのため、日本人移民による土地所有に一定制限を設ける排日土地法案が1911年の州議会開会と同時に提出されると、早速、国務省にその通過の阻止を要請したのである。アメリカ政府にとって厄介であったのが、排日土地法案が提出されたタイミングであった。折しも、アメリカは失効目前となっていた1894年日米通商航海条約の改定・更新交渉（最終的に、関税自主権の回復を認める1911年日米新通商航海条約として、同年4月に

批准）に臨んでおり，このような時期に日米関係がこじれるのは賢明ではなかった。タフトはカリフォルニアの排日運動に対する同情は薄く，国益を脅かしかねない同州の軽率な行動に苛立ちさえ覚えていた。

こうした理由から，連邦政府の対応は迅速であった。タフトは，同じ共和党のカリフォルニア州知事であったハイラム・ジョンソンに打電し，民主党議員が提唱している土地法案を葬る協力を要請した。もちろん，これがジョンソンと懇意の仲であったローズヴェルトであったなら，電報一つで知事の強力な援護を得たであろう。実際，1909年には，そうした要請をローズヴェルトから受けたジョンソンは排日土地法案を廃案へ導いたのである。ただし，ローズヴェルトとジョンソンが同じ共和党革新派（Progressive Republican）に属していたのに対し，タフトは保守系であり，両派間の関係は微妙であった。しかし，それを認識していたタフトは，知事に飴を用意することを怠らなかった。

パナマ運河の開通記念として，1915年に万国博覧会を開催することがすでに決まっていたが，その候補地として最後に残ったのがセントルイスとサンフランシスコの両市であった。そこでタフトは，排日土地法案を葬る協力の見返りとして，サンフランシスコを開催地とすることをジョンソンに内約したのである。こうした取引の結果，排日土地法は日米関係上の懸案事項として浮上する前に処理された。このように，リアリズムが支配する共和党政権下では，排日運動が日米関係を傷つけることは許されなかった。

日米協調関係に大きな変化が生じたのは，国際主義的理想主義を唱える民主党のウィルソン政権が誕生してからである。対外的には斬新な「新外交」を前面に打ち出したウィルソン大統領であったが，移民問題では対日配慮が十分とは言えず，外交よりも内政を重視・優先した。当時，共和党の牙城であったカリフォルニア州で，民主党議員は長らく苦渋の時代を強いられてきたが，ついに民主党の連邦政府が誕生したのである。そしてウィルソンは，選挙戦中，州権の尊重と並んで，日本人移民問題に対して厳しい姿勢で臨むことを政治綱領の一つとした。このため州の民主党議員は，1913年の州議会開会と同時に自信を持って排日土地法案を議会に提出し，念願の法律がようやく通過すると考えた。

ここにいたって，日本政府は国務省に注意を喚起した。共和党のジョンソン知事はおろか，前大統領のタフトからも何ら事情を説明されていなかったウィ

ルソン大統領は，驚くばかりであった。選挙戦では排日を訴えたものの，ウィルソンはこの問題で日米関係を悪化させたくなかった。ただ，共和党とは異なるという立場を明白にするため，州権の尊重を公約として掲げていたウィルソンは，カリフォルニア州議会の排日立法に介入する大義を失っていた。他方，ウィルソンに反感を抱いていたジョンソン知事は，排日土地法を政争の具として利用することも厭わず，「ウィルソンの偽善者ぶりを国民にさらけ出す絶好の機会」と側近に漏らすほどであった。

このように連邦政府と州政府の間に協力関係が存在しない状況で，ウィルソンになす術はなかった。そのため，日本人移民の農地所有を3年に限定したいわゆる第一次排日土地法（正式名称は，1913年外国人土地法）は，州議会によって5月に可決された。後にウィルソンはこの事件について，「任期中に直面した最も危険かつ困難な問題であった」と回想するが，その言葉のとおり，同法の成立によって日米関係に暗雲が立ち込めることになった。

とはいえ，日米間の外交レベルでの調整は引き続き試みられた。第一次排日土地法が可決された2カ月後の7月に，将来における排日立法を牽制するための新条約締結の合意を模索する外交交渉が，秘密裏に珍田捨巳駐米大使とブライアン国務長官の間で行われた。この珍田・ブライアン会談は順調な滑り出しを見せたが，1914（大正3）年4月16日に第二次大隈重信内閣が誕生し，外相となった加藤高明によって交渉は突然打ち切られた。その理由は，交渉そのものが第一次排日土地法を前提としており，日本の威信と国際的地位を重視する加藤にとってそれは受け入れ難いことだったからである。

同年7月に第一次世界大戦が勃発したことによって，日米間の移民問題解決は見送られた。このように第一次排日土地法は，内政が優先されたために成立し，外交が犠牲にされたのである。これは，アメリカ外交においてたびたび繰り返される「負の伝統」であり，次章2に見るように，それは最終的に排日移民法の成立へとつながるのである（簑原，2006）。

2 日本の参戦とアメリカ——対華二十一カ条要求とウィルソン政権

辛亥革命と日本

日本は，1905（明治38）年の桂・タフト覚書，第2回日英同盟協約に続いて，

1907年には日仏協約，日露協約をそれぞれ締結した（第2章1参照）。そして1910年，これらによって列国の承認を取り付けたという了解の下に，ついに韓国を併合した。また，日英同盟に加えて日露協約が戦後の新しい日本外交の基軸となった。このような外交成果は，国内にある軍事発展路線を抑制しつつ，帝国の発展を優先する積極的な外交路線と，列国との協調を優先する慎重な外交路線とが補完し合った結果であった。そしてその国内的基盤として，「桂園時代」と呼ばれる過渡的な政治運営の方式が存続した。すなわち，老いゆく元老がいまだ指導力を残す中で，陸軍・官僚・貴族院勢力を基盤とする桂太郎と，政友会すなわち衆議院を基盤とする西園寺公望との間での政権交代制という，もう一つの補完関係が成立していたのである。

ところが，安定は外交，内政の二つながらに脅かされた。外交では1911年10月，清国において武昌に始まる辛亥革命が起き，その後も不安定な状態が続いた。中国問題は，日本にとって重大な関心事項であった。しかも，他の国々を相手とする外交とは異なり，政府・外務省にとどまらず，陸軍，大陸浪人などさまざまなアクターがそれぞれ固有の関心と目標を追って関与するところに，中国問題の特徴があった。外務省と陸軍の間で，しばしば「二重外交」が問題となった。

第二次西園寺公望内閣（1911-12年）は，満州の現状維持，清国中部への勢力扶植，関係列国との協調を基本方針として確認し，立憲君主制の樹立をめざしつつ日英協調下での不介入政策を模索した。1912年1月には孫文が南京で臨時大総統に就任し，アジアで初めての共和国，中華民国の誕生を宣言したが統一の力はなく，3月，北洋軍閥の袁世凱を後任の臨時大総統とした。しかし，対する日本政府の統合的な方策は容易でなく，元老山県有朋と陸軍は満州方面への師団派遣を期待したが，西園寺首相は海軍の山本権兵衛とも協力しながら，事態を見守りつつの自制的対応に終始した。また，陸軍内の第一次満蒙独立運動は政府の知るところとなり，中止された。政府は列国協調を通じた権益の維持をめざした。イギリス，アメリカ，フランス，ドイツの4国借款団に，ロシアとともに，南満州における権利を留保して加わり，さらに辛亥革命を受けて独立した外蒙古との関係で第三次日露協約を結んだ。このような政府の国際協調に重きを置いた自制的態度は，国内で強い批判を呼んだ（波多野，1995；臼井，1972）。

もう一つの波乱要因は、国内の政治構造の変化であった。1900年代に桂と西園寺との間で政権が安定的に推移したのとは異なって、1910年代には6人の首相が誕生した。背景に、社会の大衆化にともなう世論の圧力増大と政党の伸張があった。「今日陸軍を拡張する時は、米国を始め列強より、日本が復た野心を起したりとの嫌疑を受け、外交上甚(はなは)だ不利益なり」と、新興帝国の自重を説いていた西園寺首相の政権は、大正改元後の1912（大正元）年12月、陸軍の朝鮮への2個師団増設要求を拒否して倒れた（伊藤編、1981）。この政変は世論を甚だ刺激した。次いで陸軍出身の桂が外交刷新を唱えて政権に返り咲いたが、「閥族打破」「憲政擁護」を叫ぶ第一次護憲運動によって2カ月で退陣した。桂も新党結成に乗り出し、後に加藤高明を総裁とする立憲同志会に結実する。政局は、海軍出身の山本権兵衛が政友会の支持を得て組閣することで収拾され、軍部大臣現役武官制を廃止するなど改革を進めた。
　他方、1913年、中国では第二革命が起こったが、革命未だ成らず、孫文は日本に亡命した。同年、政府は袁世凱の中華民国政府を承認した。ところが、海軍の汚職事件であるシーメンス事件が突発し、山本内閣は1914年3月に倒れた。そして立憲同志会を与党とする第二次大隈重信内閣が、元老の支持と民衆的な期待を受けて成立した（櫻井, 1997; 小林, 1996）。

参戦外交

　1913年3月に成立した民主党ウィルソン政権は、対中政策についてヨーロッパ列強や日本とは異なったアプローチをとった。政権発足後まもなく、イギリス、アメリカ、フランス、ドイツ、ロシア、日本の銀行団によって構成された6国借款団から脱退し、自らを中国の主権を害する収奪的手法と一線を画そうとした。同年5月には、アメリカは列国に先駆けて中華民国政府を承認した。ウィルソンは、国内での革新主義的な改革の風潮を背景に、辛亥革命によって「姉妹共和国」となった中国を支えることがアメリカの使命であるととらえていた。ウィルソンは、日本が東アジアにおける西欧近代化の先導者として、アメリカと同様に中国を支援するよう期待した。
　そこに翌1914年7月、元老井上馨が「大正新時代の天佑(てんゆう)」と呼んだヨーロッパでの大戦が勃発した。第一次世界大戦は勃発当初こそ日本の不況を深刻化させたものの、その後は未曾(みぞう)有の大戦景気を招来し、多数の「成金」を出現さ

せた。従来，日本政府は財政の桎梏に呻吟してきたが，突如その圧力は緩和されることになった。

　日本はヨーロッパ開戦に際し，戦域がヨーロッパに限定されることを希望し，その限りにおいて厳正中立を守ることを表明していた。しかし，イギリスからドイツ仮装巡洋艦の捜索・撃破を要請されると，第二次大隈内閣の加藤高明外相は速やかに参戦を決めた。加藤は日英同盟を重視しており，協商側の終局の勝利を疑わなかったのである。

　与党総裁でもあった加藤は，かねてから元老や軍部の外交への介入を嫌い，政府・外務省による外交一元化に強い意欲を持っていた。そこで，従来慣行化していた元老への外交文書の回覧を取り止め，元老会議の席で外電を訳しながら説明した。このことは，そもそもドイツとの開戦に消極的であった山県はじめ，元老から強い反発を受けた。また，参戦依頼を取り消すなどイギリスの対応が動揺したことは，日本が参戦についてむしろ積極的であるという印象を与えた（Dickinson, 1999; 櫻井, 2001）。

　1914年8月15日，日本政府はドイツに対して，膠州湾租借地を中国に還付する目的で日本政府に交付することを求める最後通牒を発し，23日に宣戦を布告した。参戦理由には，日英同盟の情誼と，ドイツの根拠地を東アジアから一掃することで国際政治上の地位を高めることがあげられた。

　この時，国内には根強い慎重論があった。山県は，大戦の帰趨はもとより大戦後の東アジア情勢をも憂慮した。彼は第一次世界大戦を「人種競争」と理解し，将来において白人種と有色人種が対立することを懸念した。このため，一方では中国との提携を，他方ではロシアやアメリカとの良好な関係によって日本を孤立させないことを重視し，ドイツとの開戦も日英関係からやむをえずという姿勢をとることを期待していた。野党政友会の原敬も，中立を宣言したアメリカとの良好な関係を重視する立場から，参戦に消極的であった。アメリカは日本経済にとって死活的に重要であり，またアメリカと対峙する際に日英同盟が意味を持たないこともすでに明らかであったからである（三谷，1995b）。

対華二十一カ条要求とウィルソン政権

　こうして先に述べたウィルソンの期待とは異なり，日本は対中政策においてヨーロッパ列強と同様の道を歩んだ。しかも日本は，日英同盟を開戦の契機と

しながら，列強がヨーロッパ戦局への対応に忙殺される間に，1914年10月には赤道以北のドイツ領南洋諸島を支配下に収め，同年11月には山東半島のドイツ租借地を攻略した。ウィルソンにとってこの時点では，日英共同作戦を展開した中国大陸での日本の動向よりも，むしろフィリピン防衛に支障を与えかねない日本の南洋諸島占領の方が懸念材料であった。

戦闘が一段落すると，日本政府は早速，戦後処理への布石を打った。1914年12月，政府はイギリスに，赤道以北旧ドイツ領南洋諸島の永久保持の希望を伝えた。また中国政府には翌1915年1月，日中間での諸懸案を解決するために日置益駐華公使を通じて5号21項目にわたる要求を伝え，交渉に入った（山東省をめぐる第一号，南満州・東部内蒙古をめぐる第二号，漢冶萍公司に関する第三号，沿岸の港湾・島嶼の不割譲・不貸与をめぐる第四号，別に希望とされる諸項目を列挙した第五号）。いわゆる対華二十一カ条要求である。この問題をきっかけに，中国問題をめぐる日米対立は一挙に表面化することになる。

対華二十一カ条要求は，大きく三つの内容からなっていた。第一に，旅順・大連・南満州鉄道など間近に迫る南満州権益の期限延長といった，既存の大陸権益を維持するための要求，第二に，山東権益など新たに手にした権益を明確化するための要求，そして第三に，日本人顧問の傭聘や警察の日華合同制など，日中間での摩擦にかかわる雑多な希望群であった。最も重要な租借期限延長問題については，加藤外相はすでにイギリスのグレイ外相から基本的な了解を得ており，交渉に適した機会を待っていたのであった。

しかし，交渉の過程で注目を集めたのは第五号であった。日本が秘密交渉を望んだのに対して，袁世凱政権は日本からの要求を列国に通知し，警鐘を鳴らした。加藤外相が譲歩し難い要求から区別される，雑多な日本国内の希望を並べた第五号を通知していなかったことは，列国の猜疑を深めた。また第五号の中には，アメリカの調停によって，福建省沿岸にいかなる国の軍事施設建設も許さないという趣旨の交換公文に結実したものもあったが，おおむね暗礁に乗り上げた。第五号を希望と説明しながら強硬な交渉を続ける加藤の外交姿勢は，中国での排日運動や日貨排斥運動を引き起こした。

ウィルソン政権の対応は，当初，日中の特殊関係を容認するブライアン国務長官の対日宥和策によって推移していた。ブライアンは，当初欧米諸国に対して秘密にされていた第五号の内容について説明を受け，それがあくまで「希望

Column③ アジア主義の中のアメリカ

　ここに1冊の本がある。1901（明治34）年刊の『帝国主義論』。前年に刊行されたラインシュの著書（Paul Reinsch, *World Politics: At the End of the Nineteenth Century*）の抄訳である。ラインシュは革新主義の強い中西部出身の政治学者で、アメリカにおける国際政治学の草分け的存在。第一次世界大戦中、日本が対華二十一カ条要求を中国に提示した時の駐華公使でもある。この著作でラインシュは、19世紀の領土拡張型の帝国主義と、20世紀の商業拡張型の帝国主義を区別しながら、世紀転換期の中国をめぐる列国の動向を、後者の新しい「国民的帝国主義」がその姿を現した場所として着目していた。それはまさに商業拡張型の帝国主義であるがゆえに、富源の開発による国際協力をもたらすものであり、中国分割ではなく中国保全の機能を果たすものと、ラインシュは唱えたのである。

　この主張は、同時代の日本で多くの支持者を見出した。原著刊行のすぐ翌年に、早稲田系の政治学者であった高田早苗（たかだ さなえ）が上述の翻訳を発表したのはそのことを物語っている。それは、アメリカとともに中国進出の後発者であった日本が、たまさか20世紀初頭においてアメリカの門戸開放政策に好意的な対応を見せた例とも言えるかもしれない。だがこのエピソードには、それ以上の含意がある。高田早苗に限らず大隈重

条項」にすぎず、これを中国に強要しないと日本が説明したことに満足していた。そのうえブライアンは、1915年3月13日の第一次ブライアン・ノートにおいて、南満州・東部内蒙古に対する日本の「特殊関係」の存在を進んで容認したのである。実際、日本はこの懸案についての早期合意を、日中交渉における最優先課題と位置づけていた。ところがウィルソン大統領は、第五号の内容を問題視し、同ノートには日本の対中政策に対する警告としての意義を見出していた。そうしたアメリカ政府内部に見られた政策路線の対立について、日本側は正確に把握できなかった。

　ブライアンの対応をアメリカの好意的態度と受け止めた日本政府は、中国側が交渉に応じ、南満州・東部内蒙古に対する日本の優越権の確認を求めた第二号を受諾するよう、いっそう圧力を強めた。その具体的手段として、増兵措置のみならず、中国の主権を侵害しかねない第五号についても、中国側に受諾を強く迫ったのである。

　だが、中国側の抵抗は予想以上に強く、結局閣議は停滞した交渉を打開するため、ついに最後通牒を発することを決めて元老会議に諮（はか）った。元老会議では、加藤外相に対する批判が噴出した。山県は、中国での権益を維持するためにも

信に連なる早稲田系の人物には，国内的な改革志向とアジア主義的心性を兼ね備えた人物が多かった。彼らは在野の政客，つまり現代国際関係論風に言えば「非国家的主体」として，中国外交の前線で活躍したのである。アジア主義と聞くと，今日では国家主義と同じ意味のように響く。しかしながら，戦前期日本において著名なアジア主義者を輩出した東亜同文書院の前身が日清貿易研究所であったことに象徴されるように，彼らの多くは，「ロマン主義的な商社マン」とも呼ぶべき存在であった。戦前期の中国外交は，外交官を中心とした正規のチャネルのほかに，こうしたアジア主義的な大陸浪人が跋扈(ばっこ)する場所でもあったのである。

アジア主義は，一般には対米協調と対立するものとしてとらえられやすい。だが，アジア主義の一翼を担ったのは，いわば「早熟なトランスナショナリズム」を掲げた民間人であり，彼らの視座は，意外にアメリカ産の商業拡張型の帝国主義論と重なる側面があったことにも注意すべきだろう。ある時は自由主義的な，またある時は帝国主義的な，トランスナショナリズムの持つさまざまな相貌は，「アジア主義の中のアメリカ」という未知の主題にわれわれを誘うのである。　　　　　【酒井哲哉】

中国政府からの信頼を得なければならないと考えており，第五号の未決案件について削除を求めた。1915年5月7日，政府は第五号を除外し，最後通牒を発した。中国政府は期限の9日に受諾し，この日を「国恥記念日」とした。

このような日本による対中威圧外交はウィルソン大統領の逆鱗(げきりん)にふれ，アメリカ政府による対日抗議通牒をもたらすにいたった。駐華公使ラインシュは，日本の増兵措置が第五号の受諾を中国に迫るための方策であると本国に打電した。同じく親中派のウィリアムズ極東部長もこれに同調し，在中宣教師からは中国の庇護者(ひごしゃ)としてのアメリカの責務を訴える書簡が大統領に寄せられた。こうして5月11日，第二次ブライアン・ノートがウィルソン主導の下に発せられ，アメリカ政府は中国の主権を侵害する日本の政策を断じて容認しないことを表明したのである。1915年に日本が発した対華二十一ヵ条要求は，中国の主権を擁護することをアメリカの使命ととらえたウィルソンの反発を惹起(じゃっき)し，中国問題をめぐる日米摩擦は頂点に達した。対華二十一ヵ条問題をめぐる日米対立は，ウィルソンが対日不信をいだく原点ともなり，その後のウィルソン政権の対日政策を規定する重大な要因となったのである。

ウィルソン政権による対華二十一ヵ条要求への対応は，中国における行政

的・領土的保全の確保を謳った第二次門戸開放宣言（第2章1参照）の立場に立ったものであり、アメリカの東アジア政策の原則をめぐって日米が初めてあからさまに対立したケースであったと言える。

　もっともアメリカは、当時メキシコとの紛争や、ヨーロッパでの対独潜水艦戦への対応に忙殺されていたため、中国問題の優先順位は低く、積極的に介入する余力はなかった。しかも2年前の1913年には、先に述べた第一次排日土地法の成立をきっかけに日米関係が悪化した苦い経緯もあって、これ以上いたずらに日米対立を深めることは望ましくなかった。ウィルソン大統領は、中国大陸や太平洋での日本の野心に対する警戒心を心にとどめつつも、東アジア・太平洋問題への過剰関与を控える方針をとったのである。

　他方、加藤外相は、新たに通告された第二次ブライアン・ノートの真意を測りかね、珍田大使を通して確認を求めている。日本国内では、対華二十一カ条要求の内容について必ずしも批判的ではなかった。良識あるオピニオン・リーダーであった吉野作造ですら、将来的な中国の強国化を歓迎する議論を行う一方、事実としてヨーロッパ列強の排他的勢力範囲が存在し、「門戸開放とか、機会均等とかの原則は、畢竟空文に過ぎない」という現状認識に立って、第五号の削除すら当時「遺憾」と述べていた（吉野，1996）。その一方で、日中関係を大きく損ない、列強の不信を招いた交渉の進め方は、元老や野党から強く批判された。日本外交にとって対華二十一カ条要求問題の最大の帰結は、中国ナショナリズムの矛先を、イギリスをはじめとするヨーロッパ列強から日本へと向けさせたことであった。1915年8月、加藤は、閣内の選挙違反事件を機に外相を辞任し、政党指導者としても長らく不遇の時代を過ごすことになった（奈良岡，2006）。

3　アメリカの参戦と日本——石井・ランシング協定とシベリア出兵

アメリカの参戦と「十四カ条」

　ウィルソン大統領は、第一次世界大戦勃発後も中立を維持しつつ、1917年1月に「勝利なき平和」演説を行い、引き続き和平に努力を傾けていた。ヨーロッパにおける戦局が膠着状態にある中、アメリカは交戦諸国双方に対し、「勝利なき平和」によってのみ、恒久的な和解が実現可能であることを訴えたので

ある。戦勝国の利己心や復讐心に左右されることなく，正義の原則にもとづいて講和を締結し，国際問題を力によってではなく討議によって合理的に解決するための国際機関を創設することが，「勝利なき平和」演説の骨子であった。公正な国際平和の実現と紛争解決のための国際機関の創設を希求したこの演説によって，ウィルソンは新しい道徳的指導者として世界の注目を集めることになった。

　だが，アメリカは兵器類の輸出や融資の拡大を通じて協商側との関係を徐々に深めた。この状況を危機ととらえたドイツは，2月に無制限潜水艦作戦を開始して対抗した。加えて，メキシコに対米同盟を呼びかけたツィンメルマン独外相の電報をイギリス情報部が傍受し，ドイツの策謀が露見したことで，アメリカ世論の反独感情は一気に高まった。折しも，ロシアでは同年3月の革命（ロシア2月革命）によって帝政が崩壊し，民主的ロシア誕生への期待がアメリカ国民の間に膨らんでいた。今や，ドイツやオーストリア＝ハンガリー帝国を中心とした同盟国側は，アメリカにとって自由と民主主義を危うくする対象とみなされた。1917年4月，ウィルソンは「世界を民主主義にとって安全にするために」参戦すると宣言し，議会の同意を求めたのである。ただしアメリカは，連合国側の一員でありながら，あくまで一線を画した「協力国（Associated Power）」として参戦するにいたった。

　1917年11月，ロシアでは社会民主主義を標榜したケレンスキー内閣が崩壊し，社会主義革命を標榜するボルシェヴィキ政権が誕生した（ロシア10月革命）。指導者のレーニンは「平和の布告」を発し，無併合・無賠償，民族自決，秘密外交の廃止を宣言した。ウィルソンは，帝政や軍国主義を奉ずる同盟国側の脅威だけでなく，連合国側の戦意を喪失させかねないボルシェヴィキ政権のイデオロギー的脅威にも直面することになったのである。ウィルソンは，1917年9月に腹心のハウス大佐を責任者とする「調査」機関（The Inquiry）を設立し，大戦後の世界秩序のあり方について検討を命じていた。のちにアメリカ随一のコラムニスト・政治評論家となるウォルター・リップマンが，事務局長として講和条件の基礎となる試案をまとめ，それらはハウスを通じて大統領に示された。

　この試案をもとに1918年1月8日，ウィルソンは議会で演説し，十四カ条から成るアメリカの戦後構想を表明したのである。秘密外交の廃止，海洋の自

Column④ **第一次世界大戦の日米戦時経済協力をめぐる対抗ゲーム**

　太平洋で死闘を繰り広げた第二次世界大戦時の日米両国であるが，第一次世界大戦においては同じ陣営にあった。日本は1914（大正3）年8月，日英同盟を土台に速やかに対独戦争に参戦し，中立を捨て切れずにいたアメリカも1917年4月，ついに参戦した。日米両国は「連合国の一員」の立場を共にすることになった。だが，両国の関係は緊密な戦時の友からはほど遠く，協調と対抗のゲームがいく層にもわたって続いた。たとえば「対華二十一ヵ条要求」（本章2参照）をめぐっては苦々しさを覆うことはできなかったし，日米共同行動で始まったシベリア出兵（本章3参照）も気まずい案件に帰結した。それに対し，ここに取り上げる戦時の船と鉄をめぐる交易は，対抗関係を露呈して始まりながら，協調に帰結するケースとなった。

　1917年2月に始まったドイツの無制限潜水艦作戦は，連合国の商船に多大な損害を与えた。軍需物資輸送に難を来し，船舶を急造する必要に迫られたアメリカは，7月に軍需目的以外の造船用鉄材などの輸出を禁じる大統領令を出し，契約済分も含めた対日輸出禁止を実施した。これは日本にとって手痛いものであった。日本では大戦景気で輸出が伸び，造船・海運業は活況を呈したが，実は造船用鉄材の多くを英米からの輸入に頼っていたからである。すでに禁輸を行っていたイギリスに続いてアメリカも同様の措置をとったことで，日本国内では禁輸緩和を求める声が高まった。

由，経済障壁の除去，軍備縮小，植民地問題の公正な解決，国際連盟の設立などから成るウィルソンの平和原則は，対独戦遂行のための協商側の結束を促すとともに，平和を希求する世界の人々の希望の的となった。ウィルソンのアメリカは，旧来の国際秩序にいわば「外交革命」をもたらした。ヨーロッパの古典外交の世界では半ば常識とされてきた「勢力均衡」体系を否定し，「集団安全保障」という全く新しい概念を国際政治の場に持ち込んだのである。

　こうしてウィルソンは，戦後世界のあり方をめぐり，後の講和会議において国際的指導者として現れる機会を得ることになる。

石井・ランシング協定による暫定的合意

　大戦が予想外に長期化して勝敗の見通しが立たない中で，日本では連合国との戦時協力が問題となり始めた。1915（大正4）年10月，日本は石井菊次郎新外相の下，連合国側の単独不講和宣言に加わり，また16年7月，元老の希望であった第四次日露協約の締結を実現した。特にイギリスはますます日本の海軍力に依存するようになっており，1917年には，戦後の講和会議で日本の領

3 アメリカの参戦と日本

　8月に訪米した石井菊次郎特派大使とランシング国務長官との会談では，中国問題などに加えて鉄材禁輸問題も取り上げられた。アメリカ側は，戦時特需を利して通商拡大に走る日本への警戒感も抱きつつ，禁輸緩和の条件として大西洋への船舶供給を求めた。日本側は，アメリカの船舶供給要求が過大であるとして難色を示した。日本からの船舶供給量とアメリカからの鉄材供給量をめぐって双方の利害調整は難航し，11月に寺内内閣が交渉打ち切りを表明する事態となってしまう。

　しかし，1918年の春の訪れとともに事態は打開の方向へ進む。その立役者となったのは，最も切実な利害関係を持つ民間経済界自身であった。禁輸実施直後，日本では造船・海運業界を中心に米鉄輸出解禁期成同盟会が結成された。この会に集う実業家たちは，政府間交渉とは別にアメリカ政財界に独自に働きかけ，政府間の交渉打ち切り後も粘り強く活動を続けた。4月から5月にかけて2度にわたって結ばれた日米船鉄交換契約は，その成果であった。船と鉄の交換という戦時経済協力は，政府主導ではなく民間主導で決着されたのである。

　以上のできごとは，第一次世界大戦で「連合国の一員」同士となった日米関係の単色でない姿を映し出しているだけでなく，政府間だけに収まらない関係の広がりと深まりを指し示していると言えよう。

【森川正則】

土要求を連合国側が支持することを条件に，日本は船舶護衛のための艦隊を地中海に派遣した（平間，1998）。戦後への準備は周到であったと言えよう。

　他方，加藤辞職後の大隈内閣では尾崎行雄ら対外硬派の影響力が強まり，中国政策は再び変化した。大隈内閣は，優越なる勢力を中国に確立し，日本の実力を示すことで日中親善の基礎とする方針を立てた。そのうえで，帝政実施を希望する袁世凱に対して延期を勧告し，さらに袁を排除する方針をとった。それには陸軍，海軍も深く関与していた。中国では第三革命が起こり，満蒙独立運動も再び開始された。その最中，袁世凱は急死した。日本外交は加藤外相退場後，さらに統合力を失っていたのである。

　このような大隈内閣の中国政策を批判して1916年10月に成立したのが，陸軍出身の寺内正毅内閣であった。寺内は中国問題について内政不干渉を方針としながらも，段祺瑞政権を積極的に援助し，日中の経済提携を進めた。その中心的な政策が，急拡大した日本経済を背景に勝田主計蔵相と元実業家で寺内首相と親しい西原亀三を通じて行われた西原借款であった。

　ロシア革命が起こり，さらにアメリカが連合国側に立って参戦することを決

めたのは、そのような折であった。アメリカが第一次世界大戦に参戦すると、日米両国はともに連合国側の一員としてドイツに対峙することになった。対華二十一カ条要求以来、日本の膨張的行動は日米関係を悪化させてきた。しかし、日本にとって原料や資源の調達など経済的に大きく依存するアメリカの了解を得ておくことは、戦争遂行の上でも戦後処理の面でも重要であった。政府は石井菊次郎を特派大使としてアメリカに派遣し、中国での特殊権益に承認を得ることをめざした。

　他方、ウィルソン大統領は、東アジアにおいて勢力拡大を続ける日本への警戒心を緩めることはなかった。両国は、いわば大戦下の「乗り気のしない協力関係」ともいうべき特殊な環境下にあったと言えよう。このような制約の中でウィルソン政権は、中国問題の一時的な棚上げと太平洋の安全保障への日本の協力を取り付ける観点から、1917年11月に石井・ランシング協定を締結した。交渉の主役を演じたランシング国務長官は、中国問題への深入りを避けるべきとした国務省中堅官僚の進言を退けて、この問題の解決を試みた。だが、交渉は難航し、大統領の方針から逸脱せずに日本側に譲歩を示しうる妥協案を議定書に盛り込むことでようやく妥結した。アメリカが中国における日本の特殊利益を認める一方、日本は中国における門戸開放主義を承認したのである。

　ランシングの巧妙な外交手腕は、日本による中国の主権侵害を容認しないとしたウィルソンの主張を可能なかぎり後退させることなく、太平洋の警備問題や戦時物資供給問題を通じて日米協調の機運を高め、対独戦を円滑に遂行することに貢献したと言えよう。だが、特殊利益の解釈をめぐって、アメリカ側が「地理的近接性」に理由を限定したのに対し、日本側は「政治的優越性」を含むととらえるなど、日米双方の主張には開きが見られ、問題を残した。石井・ランシング協定が締結されると、元老山県有朋は大いに喜んだ。ただウィルソン大統領は、同協定をあくまでも東アジア・太平洋問題に関する戦時中の暫定的取り決めとみなしていた。大統領は、中国の行政的・領土的保全に対するアメリカの使命について、その基本的立場を変えたわけではなかったのである。

シベリア出兵をめぐる日米の相互不信

　石井・ランシング協定によって日米関係は好転するかに見えたが、ロシア革命後の混乱をめぐり1918年8月に実施されたシベリア出兵において、両国間

の摩擦は再燃した。

　日本政府にとって，ロシア革命への対処も一面では日米問題であった。明治維新以来，ロシアは北方の脅威であり，日露戦争後は相互の特殊権益を承認し合う戦略的パートナーであった。そのロシアが革命で崩壊し，ドイツとの単独講和に向かうと，イギリス，フランスの両国から出兵の要請が届いた。日本政府内には出兵の可否をめぐって鋭い意見の対立があり，その舞台となったのが1917年6月に設置された臨時外交調査委員会であった。

　すでに吉野作造が「憲政の本義を説いて其有終の美を済すの途を論ず」（『中央公論』1916年1月号）という論考を発表し，「民本主義」が時代の象徴的な思想となる中で，議会に基礎をもたない寺内内閣は世論の強い批判を受けていた。寺内は戦時下の「挙国一致」内閣として自らを正当化し，外交については，元老以後の国策統合と超党派外交をめざして同委員会を設置したのであった。憲政会の加藤は外交一元化に反するとの考えから加わらなかったが，政党からは原敬，犬養毅が，枢密顧問官からは牧野伸顕，平田東助，伊東巳代治らが参加し，外務省は外交における主導権を失うことになった（雨宮，1997；千葉，2005）。

　アメリカが出兵に反対する中で，本野一郎外相や陸軍がその反対を押し切ってでも出兵すべきであると考えたのに対して，原や牧野は日米提携を重視し，単独出兵に反対した。結局，寺内首相や山県も後者に同調することで出兵は拒否され，本野外相は辞任した。ところが，大戦後の祖国独立を希求したチェコスロヴァキア軍団が，ヨーロッパ戦線への再配置のために東回りで移動を開始したところ，旧ドイツ・オーストリア捕虜との武力衝突に発展し，「チェコ軍の危機」が叫ばれた。そこで今度はアメリカが，チェコ軍救援の名目で限定的な共同出兵を提議してきた。これを受けて1918年8月，ついにシベリア出兵が宣言された。経済的に依存するアメリカとの提携を理由に一度は出兵に反対した原であったが，そのアメリカから共同出兵要請が届く中で出兵を拒否することは難しかった。また，アメリカへの応答文をめぐってもせめぎ合いがあり，提議を応諾する一方で自主性の余地を残す結果となった（細谷，2005）。

　他方，ウィルソン大統領は，メキシコ革命への干渉に失敗した経験から，軍事力による外部からの革命阻止は逆効果であるとして，共同出兵には当初消極的であった。しかし，チェコ軍の救援を理由に，ウィルソン政権はシベリア出

兵を決断する。対日関係に即して考察した場合，ウィルソン政権のシベリア出兵には対日封じ込めの考慮が働いていたことは否定できなかった。アメリカのシベリア出兵の目的は，「対独戦の遂行」「民主的ロシアの側面支援」「対日牽制策」の3点から成り立っていた。

共同出兵開始後，日本は参謀本部主導の下，1万人ないし1万2000人を限度とした当初の日米合意を無視して，最大時には7万3000人まで兵力を増強し，北満州・シベリアの独占的支配をもくろむ印象を内外に与えた。1918年9月に新たに成立した原敬内閣は，アメリカによるたび重なる抗議を受けて大幅な減兵措置をとり，いっそう明確な対米協調路線を打ち出す。だが，第一次世界大戦が同年11月に終結し，ロシアでの白軍の敗北と赤軍の勝利が確定する中で，チェコ軍救出という当初の目的は達成されていく。こうして，1920年1月，アメリカは共同出兵の相手国である日本になんら事前通知を行うことなく，シベリア撤兵を突如決定した。原内閣が打ち出そうとした対米基軸路線を，ウィルソン政権は受け止めようとはしなかった。このウィルソン政権の単独撤兵によって，日本のシベリア出兵政策はさらに混乱した。原は撤兵を模索したが，極東ロシアのニコラエフスクにおいて，パルチザンによって日本軍守備隊・居留民が多数殺害されるという尼港事件が起こるにいたり，結局，漂流するが如くに1922年10月まで駐兵を続けたのであった（高原，2006）。

4　パリ講和会議

パリ講和会議に臨む日本

1918（大正7）年11月，ドイツに対する休戦条約が結ばれ，第一次世界大戦は幕を下ろした。1919年1月に始まるパリ講和会議の全権に原首相は，西園寺公望，牧野伸顕らを選んだ。すでに参戦の翌年1915年9月には，外務省を中心に陸海軍両省，法制局から成る日独戦役講和準備委員会が発足しており，幣原喜重郎外務次官を中心に，講和に関する事項の法理上および事実上の調査研究が行われていた。

会議の準則となることが予想されるウィルソンの14カ条にどう対応すべきか，が議論された。全権に選ばれた牧野は，臨時外交調査委員会の席上，「帝国の国際的信義の回復増進」をはかることが重要であり，そのためには中国で

の治外法権の撤廃など「帝国の政策に新生面」を開く必要があると訴えたが、会の総意とはならず、全体として消極的なものとなった。すなわち政府は、対英協調によって旧ドイツ権益の継承をめざす一方、直接利害のかかわらない問題については口出しをせず、国際連盟などウィルソン大統領の提案については「大勢ノ帰向」を注視し、他の連合諸国と歩調を合わせることを方針としたのである（服部, 2001; 外務省百年史編纂委員会, 1969）。

これを受けて日本は、5大国の一員として会議に参加しながら、日本の利益に直接かかわらない問題には終始消極的な姿勢をとり、会議の中心は5大国会議から日本を除外した4大国会議に移っていった。日本全権がもっぱら実現に努めたのは、以下の3点であった。

日本の第一の要求は、旧ドイツ山東省権益の継承であった。日本は、対華二十一カ条要求の結果、1915年に中国との間で結んだ山東省に関する条約などに従い、膠州湾租借地の自由処分権を講和会議で得た後にこれを中国に返還するとして、鉄道と鉱山から成る山東の旧ドイツ利権の譲渡と青島(チンタオ)居留地の設定を要求した。次に要求の第二は、赤道以北旧ドイツ領南洋諸島の併合であった。これら第一、第二の要求は、戦時中にイギリス、フランス、ロシア、さらにはイタリアの4国からあらかじめ支持を得ていたものであった。そして第三の要求が、国際連盟規約の「信教の自由」に関する規程に人種平等条項を盛り込むことであった。日本政府は、新たに設立される国際連盟で人種的偏見による不利益を被ることがないかどうかを危惧しており、短期的には移民問題の解決に向けて、長期的には人種戦争を避けるために同条項を必要としていた。

日米の応酬

他方、ウィルソン政権は東アジア・太平洋問題の抜本的解決に取り組むべく、パリ講和会議に臨んだ。アメリカの現職大統領が初めて海外を訪れたケースは、T. ローズヴェルトによるパナマ訪問であった。しかし、現職大統領が大西洋を渡り、本国を留守にし、ヨーロッパ列強を含む国際会議に臨んだのは、アメリカ史上初の試みであった。ウィルソン大統領の訪欧は、ヨーロッパに対する孤立主義の伝統に長年忠実であったアメリカ外交にとって、まさに画期的なできごとにほかならなかった。

来るべきパリ講和会議に備えて、「調査」機関、国務省、軍部といった三つ

の組織が，東アジア・太平洋問題の検討をすでに開始していた。その中でウィルソンが最も信頼を寄せたのが，「調査」機関による諸提言であった。だが，正規の外交機関とは別に大統領が設立した「調査」機関の位置づけが明確さを欠き，調査研究が厚味を欠いて政策的実用性が十分でなかったことに加え，大統領自身の意向が斬新な理念のレベルにとどまり，具体的政策方針について不明であった。アメリカはパリ講和会議に向けて，総合的な戦略方針を確立することができなかった。

　まず，日本が強い関心を示す山東問題では，ウィルソンは膠州湾租借地と山東省における旧ドイツ利権の直接返還を求めた中国の主張を当初支持したものの，中国の対独宣戦布告後に日中間で結ばれた1918年9月の山東鉄道に関する交換公文を無効にすることは不可能であることを認め，中国側にも譲歩を促した。中国に対するウィルソンの全面的支持が徐々に揺らぐ中，日本側は要求が容れられなければ講和会議を離脱することを明言し，ウィルソンに決断を迫った。こうしてウィルソンは，国際連盟の設立を優先する立場から，熟慮の末に日本の要求を受諾したのである。ただしウィルソンは，日本の要求に関する条文の内容と規程については最後まで安易に妥協せず，中国の「主権」を侵害しない範囲内で，ドイツが所有していた経済的権利と青島居留地のみを日本に認めることでようやく了解したのであった。しかし，広東問題の処理に憤激した中国全権は，講和条約の調印式に欠席した。中国の要求への支持と国際連盟の設立という二つの理想主義の間で，選択を迫られ苦悩したウィルソンの姿が見て取れよう。

　他方，旧ドイツ領南洋諸島問題について，ウィルソンは戦勝国による南洋諸島の併合が旧秩序への回帰に陥ることを危惧した。そのため彼は併合主義を排し，国際連盟がいったん植民地を領有し，その施政を委任統治として小国に担わせる方式を提案したのである。だが，この問題に直接的利害がからむオーストラリアやニュージーランドは併合論を展開し，ウィルソンの提案に強く反発した。局面を打開したのは，植民地を文化的程度や地域性に応じてA, B, Cの3等級に分けて委任統治を行うという，南アフリカ代表スマッツによる妥協案であった。結果的には，むき出しの併合論でも民族自決主義でもなく，当該諸島は国際連盟の付託にもとづく委任統治の下に置かれることになった。南洋諸島にはC式が適用され，事実上軍政を敷いていた日本への併合に近いものと

なった。このためヤップ島の委任統治など、日米関係に火種を残した。ウィルソンは大義を掲げて植民地主義を後退させたものの、名目と形式はともかく、その実質的な廃止には歴史の風雪を経なければならないことになった。

　また、人種差別撤廃問題においても、ウィルソンは、日本が提案した人種平等の原則という普遍的理念と、国際連盟の設立という二つの理想主義の間で選択を迫られ、思い悩んだ。当初ウィルソンは、日本の人種平等案に好意的姿勢を示していた。そもそも彼は、自ら作成した国際連盟規約の草案に「人種的及び民族の平等な処遇」に関する条項を盛り込ませることを希望していたのである。

　だが、国際連盟規約案の作成過程において、オーストラリアの反対に配慮したイギリスがこの条項の削除を求めた。規約案の早期成立を優先したウィルソンは、イギリスの要求に応じざるをえなかった。そして、一時帰国後にはウィルソン自身も人種平等案に消極的態度を示し始めた。人種差別撤廃に関する要求には、移民問題をからめた国内的反発が起こっていた。人種差別撤廃論は、黒人やアジア系に対する差別の問題を抱えたアメリカにとってみればすぐれて国内問題であり、ウィルソン政権自体の存立すら揺さぶりかねなかった。国際連盟の設立という最重要課題に全神経を集中させ始めていたウィルソンは、日本の提案が持つ普遍性よりも、むしろそれが持つ自国と西洋諸国にとっての負の側面に注目したのである。つまり、人種平等案をめぐるウィルソンの対応は、直接的には国際連盟へのイギリスの支持が必要であることへの配慮によって、間接的には国内政治的考慮によって方向づけられたのであった。

　このように日本政府は、オーストラリアからの強い反対を受けただけでなく、イギリス、アメリカ両国の賛同を得ることもできず、最終的には日本の主張を議事録に掲載するにとどめた。日本全権団の中には条約不調印を賭して要求の実現に努めるべきだという議論もあったが、西園寺と牧野はこの問題の解決を将来に託すことにした（高原、2006）。

　ヴェルサイユ講和条約は1919年6月に調印されたものの、以上のようにウィルソン政権は、山東問題、旧ドイツ領南洋諸島問題、人種差別撤廃問題のいずれについても、国際連盟の設立を優先させる観点から解決策を模索したのである。

　他方、西園寺は、会議の成果におおむね満足しており、残された課題は国際

連盟発足後に解決していくべきであると考えていた。日本は国際連盟に原加盟国かつ常任理事国として参加し，新渡戸稲造が事務次長に就任する。しかし，会議に随行していた外務省中堅層には日本外交に対する反省が共有されており，外務省革新運動につながっていく。すなわち，5大国の一員となったといいながら，国際会議に対する準備，組織，人材の面で全く不十分であったという反省から，人事，機構の改善が唱えられた。事務量の拡大とともに1919年には条約局が新設され，1920年には政務局が亜細亜局（アジア）と欧米局とに分かれて，1921年には情報部が設置された。

　パリ講和会議への随行者には，吉田茂（よしだしげる），重光葵（しげみつまもる），松岡洋右（まつおかようすけ），有田八郎（ありたはちろう）ら，その後を担う外交官がいた。また，「英米本位の平和主義を排す」という論考でウィルソン主義を「持てる国」の現状維持的な平和主義であると批判し，1930年代の政治指導者として現れた近衛文麿（このえふみまろ）などがいた。原，西園寺，牧野というリーダーは，同時代の日本では最も自由主義的な布陣であった。しかし，会議での日本のふるまいは，自由主義的な「旧大国」としてのものであり，イギリスとの協調が可能であった一方で，「新外交」を掲げるウィルソンのアメリカとの間では不協和音が目立った。さらに，「新外交」に活路を見出そうとする中国との関係は，その後の持続的な問題となる。

◇　　◇　　◇

　1910年代の東アジアは，辛亥革命に始まって，ヨーロッパ戦乱の波及，ロシア革命の勃発と，相次ぐ変動に覆われた。このような国際環境の激動は東アジアからのヨーロッパ列強の後退をもたらし，日米両国のこの地における存在感はいやが上にも増していった。日米間の貿易は拡大し，両国の関係はますます深まった。しかし，日本の東アジアにおける台頭は，アメリカ国内に日本を危険視する見方を生み出し，排日移民運動を昂進させた。それは，列強との対等性を渇望する日本人に深い傷を残すことになる。外交的には，日本がフィリピンとハワイに領土的野心を持たず，アメリカが朝鮮半島を中心とする日本の勢力範囲に介入する意志を持たない中で，両国間の摩擦は対中国政策をめぐって高まっていった。すなわち，南満州での特殊権益を強調する日本と独自の門戸開放論を展開するアメリカとの溝が，いく度にもわたる調整と了解にもかかわらず，かえって深まっていったのである。中国をめぐる日米関係が重大化したことが，この時期の最大の特徴であろう。

国際環境が激変する中で、日本のアジア政策は二つの傾向の間を往き来することになった。一方に、行方定かならぬアジア大陸の激動に対して一定の距離を置き、早まった介入を避けて、動向が固まるのを見守ることを賢慮とする立場があった。辛亥革命時の西園寺内閣、第一次護憲運動の後に生まれた山本内閣、そして第一次世界大戦末期に対米基軸を構想して登場した原内閣がそれであり、いずれも政友会系の政権にあって、原の国際主義的な現実感覚に導かれた対応であった。他方には、東アジア秩序の流動化を日本の影響力を拡大する機会ととらえ、関与と権益の拡張をはかる積極主義の流れがあった。大戦初期の参戦外交に続いて対華二十一カ条要求を強行した大隈内閣の加藤外相や、中国の段祺瑞政権に借款を与えて中国内へ影響力を拡げようとした寺内内閣がその例である。

　前者の慎重な外交に対して、日本国内の対外硬の世論は「無為無策」の批判を浴びせがちであった。日本のアジア政策は、とまどいながらも国際変動がもたらした「力の真空」を埋めて、アジア大陸へ発展するという国権論者の立場を活性化させることになった。対華二十一カ条要求がその頂点であったが、それを行った日本外交は二つの点を見落としていたことになろう。

　一つは、中国が日本の最後通牒に屈して要求を呑むことはもはやなかった点である。中国内の政治的混乱は続いていても、中国ナショナリズムは高まっていた。しかも、ヤング・チャイナの外交官たちは国際舞台に日本の排他独占的振る舞いをアピールして、日本外交を窮地に追い込む手立てを持つにいたった。

　もう一つは、「千載一遇の好機」といった認識の限界である。なるほど、ヨーロッパ列強は大戦によってアジアへの関与能力を後退させたが、アメリカは日本のアジアにおける排他独占的行動を容認しようとはしなかった。こうした日本の行動に対するアメリカの嫌悪は根深く、それは当時において排日移民運動の背景を成す反日論の要因となっただけではない。中長期的にアメリカの力が高まって、それが太平洋の対岸に届くとともに、重大な結果を招くにいたるかもしれないのである。第一次世界大戦を機に、アメリカ要因はヨーロッパ列強を凌いで日本外交にとり最重要となるが、同時にアメリカ要因を読み抜くことは著しく難しくなるのである。

　アメリカが理解困難なのは、ヨーロッパ的標準の一国というよりも、一つの文明世界とも言うべき巨大な社会だからであろう。外交の手法も単純でなく、

地政学を基礎とした国益外交，経済的利益の追求を基調とする外交，普遍的価値を重視する外交の3種類が，少なくとも存在する。そしてこの3者は，ちょうど20世紀初頭のT. ローズヴェルト，タフト，ウィルソンの3政権の外交方式に，順に当てはまる。

　ローズヴェルト政権が日米間の不協和音を巧みに収め，良好な関係を築いたのに対し，タフト＝ノックスのいわゆる「ドル外交」は，満州への強引な経済的割り込みをはかって，逆に排除される結果となった。1910（明治43）年の第二次日露協約は，日露両国がアメリカ排除に同意しつつ満州の勢力圏二分を再確認したものであった。アメリカにしては稀(まれ)な外交的敗北と言えよう。ウィルソンは，勢力均衡や経済的利益を超え，道義的使命観をもって新しい国際政治の制度構築に熱中した。その半面，具体的な日本という国への内在的理解や配慮はウィルソンに乏しく，原首相のような対米基軸論者とすら，よき協力関係を築くことはなかった。ウィルソンの東アジア外交は，それ自体で完結するものではなく，国際連盟樹立を中心とする自身の世界構想やアメリカ国内の要求の従属変数として扱われた。

　第一次世界大戦期の日米関係は，地球的激変の中で，日本外交が中国大陸への節度を欠いた進出姿勢によって，アメリカが成熟を欠いた新外交によって，互いに相手を当惑させ，苦いすれ違いを招く結果となった。その再建が1920年代の課題となろう。

●引用・参考文献●

雨宮昭一，1997年『近代日本の戦争指導』吉川弘文館。
伊藤隆編，1981年『大正初期山県有朋談話筆記 政変思出草』（近代日本史料選書2）山川出版社。
臼井勝美，1972年『日本と中国――大正時代』（近代日本外交史叢書第7巻）原書房。
外務省百年史編纂委員会，1969年『外務省の百年』上巻，原書房。
北岡伸一，1978年『日本陸軍と大陸政策――1906-1918年』東京大学出版会。
木村昌人，1997年『財界ネットワークと日米外交』山川出版社。
小林道彦，1996年『日本の大陸政策 1895-1914――桂太郎と後藤新平』南窓社。
酒井哲哉，1992年『大正デモクラシー体制の崩壊――内政と外交』東京大学出版会。
櫻井良樹，1997年『大正政治史の出発――立憲同志会の成立とその周辺』山川出版社。
櫻井良樹，2001年「加藤高明と英米中三国関係」長谷川雄一編『大正期日本のアメ

リカ認識』慶應義塾大学出版会, 79-121頁。
島田洋一, 1997年「対華二十一ヵ条問題」井上光貞・永原慶二・児玉幸多・大久保利謙編『日本歴史大系普及版16——第一次世界大戦と政党内閣』山川出版社, 45-58頁。
高原秀介, 2006年『ウィルソン外交と日本——理想と現実の間 1913-1921』創文社。
千葉功, 2005年「『自律性』獲得過程期（1889-1919年）の日本外務省」『歴史学研究』806号, 1-18, 43頁。
奈良岡聰智, 2006年『加藤高明と政党政治——二大政党制への道』山川出版社。
日米船鉄交換同盟会編, 1920年『日米船鉄交換同盟史』日米船鉄交換同盟会。
波多野勝, 1995年『近代東アジアの政治変動と日本の外交』慶應通信。
服部龍二, 2001年『東アジア国際環境の変動と日本外交 1918-1931』有斐閣。
平間洋一, 1998年『第一次世界大戦と日本海軍——外交と軍事との連接』慶應義塾大学出版会。
細谷千博, 2005年『シベリア出兵の史的研究』岩波現代文庫。
三谷太一郎, 1995年a『増補 日本政党政治の形成——原敬の政治指導の展開』東京大学出版会。
三谷太一郎, 1995年b「大正デモクラシーとワシントン体制——一九一五—一九三〇」細谷千博編『日米関係通史』東京大学出版会。
簑原俊洋, 2006年『カリフォルニア州の排日運動と日米関係——移民問題をめぐる日米摩擦, 1906〜1921年』神戸法学双書。
村井良太, 2005年『政党内閣制の成立——一九一八〜二七年』有斐閣。
吉野作造, 1996年『吉野作造選集8——中国論二』岩波書店。
Coletta, Paolo E., 1973, *The Presidency of William Howard Taft*, University Press of Kansas.
Dickinson, Frederick R., 1999, *War and National Reinvention: Japan in the Great War, 1914-1919*, Harvard University Press.
Link, Arthur S., 1979, *Woodrow Wilson: Revolution, War, and Peace*, Harlan Davidson.
MacMillan, Margaret, 2002, *Peacemakers: The Paris Conference of 1919 and Its Attempt to End War*, John Murray（稲村美貴子訳, 2007年『ピースメーカーズ』上・下, 芙蓉書房）.
Pringle, Henry F., 1939, *The Life and Times of William Howard Taft: A Biography*, 2 vols., Farrar and Rinehart.
Safford, Jeffrey J., 1970, "Experiment in Containment: The United States Steel Embargo and Japan, 1917-1918," *Pacific Historical Review*, vol. 39.
Williams, William J., 1993, "American Steel and Japanese Ships: Transpacific Trade Disputes during World War I," *Prologue: The Journal of the National Archives*, vol. 25, no. 3.

↑ワシントン会議での各国代表（1922年。写真提供：毎日フォトバンク＝PANA）

第4章
ワシントン体制 1920年代

　空前の総力戦となった第一次世界大戦であったが，ようやく1918（大正7）年11月に戦火は止んだ。この時すでに開戦から4年余りが経過しており，主戦場となったヨーロッパは極度に疲弊していた。ロシアでは革命が起こり，日本，アメリカ，イギリス，フランスの介入を受けていた。中国では辛亥革命後7年を経て軍閥割拠の状況が続き，再統一のめどは立っていなかった。その一方で，第一次世界大戦の大勢を左右したアメリカは，戦後秩序の担い手として存在感を増していた。

　けれどもアメリカは，その実績を背景に国際政治の中心大国へ躍り出ようとはしなかった。圧倒的な国力と戦時の実績にもかかわらず，1920年代のアメ

リカには国際関与への奇妙なとまどいが漂っていた。旧大陸の戦乱に深くかかわることによって新世界アメリカが純潔を失ったことを悔いるかのように，排外主義的なアメリカ第一主義の内向き気運が強まっていた。ウィルソン大統領が心血を注いでつくり上げた国際連盟への加盟を，アメリカ議会が拒否したのはその顕著な例である。

　1920年代前半ほどアメリカ社会が非米的なものに不寛容に傾いたことは稀(まれ)である。左翼共産主義者や有色人種の移民が排撃され，クー・クラックス・クラン（KKK）が勢いを盛り返し，禁酒法が通って，進化論が難ぜられた。

　では，1920年代のアメリカは暗かったか。そうではない。アメリカ経済は，空前の長期消費ブームに恵まれた。T型フォード車が全米を駆け巡るにいたったのはこの時期である。戦時の激しい対外活動を終え，「平常への復帰（Return to Normalcy）」の言葉どおりアメリカ国内の豊かな生活に立ち返って，内向きに楽しんだのが1920年代であったと言えよう。

　このような経済的繁栄とアメリカ的なものに立ち戻ろうとする保守的な時代風潮が，3代の大統領にわたる共和党の長期政権を可能にした。凡庸な大統領の下での外交政策は，新世界創造のウィルソン的な夢を脱し，自己本位に立ち返って，より具体的なアメリカの国益に資するものに変化せざるをえないであろう。

　1920年代の日本はどんな時代だったろうか。アメリカと同じベクトルではなく，むしろ対照的な方向性を示したと言うべきであろう。日本経済は大戦特需によって大きな跳躍の機会を得たものの，やがてバブル化し，大戦後には早々に反動不況に見舞われた。全面的な経済破綻(はたん)を回避するため，政府は緊急融資を行うなどの措置によって急場をしのぐが，2-3年後の不況サイクルで再び連鎖倒産の危機を迎える。その繰り返しで1920年代を送り，ついに1929（昭和4）年の世界大恐慌と連動した金融恐慌にいたった。つまり，1920年代のアメリカが永遠の繁栄を謳うほどであったのに対し，日本の資本主義はまだ未成熟であり，戦時バブル経済が生んだ不良債権をかかえたまま薄氷を踏む10年を送ったのであった。

　他方，政治的状況について言えば，国際主義，平和主義，進歩主義の潮流が大戦後の日本では支配的であった。1913（大正2）年の大正政変に示された民主化の波が，大戦時の国権主義的な気運の中でひとたびは抑制されたものの，

1918年の米騒動を機に再び高まったのだった。戦後は反戦平和主義の国際潮流にも支えられて、大正デモクラシーの最盛期を生み出すにいたる。1924年の護憲三派内閣の誕生から8年にわたって政党内閣制が持続し、軍事を抑制し平和的発展主義を基調とする幣原外交が展開され、海軍軍縮条約を受けて国内的に陸軍の軍縮が再度行われえたのは、こうした時代潮流の下でのことであった。つまり、アメリカが大戦中ウィルソンの下で国際主義に跳んだ後、1920年代には内向きの保守主義に回帰したのに対し、日本は逆に大戦中の青島占領や対華二十一カ条要求のような伝統的国権主義への傾斜を克服し、1920年代には政党内閣と協調外交に代表される国際主義、進歩主義の時代を迎えたのである。

では、第一次世界大戦後の日米関係はどのような展開を見たのであろうか。前章でたどったように、1917年の石井・ランシング協定のころまで調整可能であった日米政府間関係が、大戦末期には中国問題、太平洋問題、シベリア出兵などをめぐって不協和音が目立ち、ウィルソン政権は対日不信を募らせた。伝統的な権益重視の日本側にとって、これらをめぐるウィルソンの理念的アプローチはなじみにくいものであった。加えて、理念的でありながら日本の人種平等提案を斥け、アメリカ国内の排日移民の動きに効果的な対応を行わないウィルソン政権には違和感を隠せなかった。

こうした日米関係悪化の流れを断ち切り、共和党のハーディング政権下で日米協調の再構築を可能にしたのが、1921-22年のワシントン会議であった。凡庸な大統領の下で傑出した国務長官が外交手腕を振るう例がアメリカ史にままあるが、ヒューズ国務長官はその典型例である。このワシントン会議を起点として、1920年代の東アジア国際政治は一般にワシントン体制と称される。すなわち、ワシントン体制とは日本、アメリカ、イギリスの3国による協調外交の体系であり、そこでは中国が従属的な地位に置かれ、ソヴィエトは体制から排除されていた。会議を経て成立したワシントン体制が、満州事変にいたるまでの国際秩序となる。

もちろん、アメリカ一国で国際関係を再構築することはできない。日本側に米騒動の後、政党政治の新しい潮流を代表する、原敬という強力な指導者が首相となっていたことが重要であった。原首相は、外交政策について日米関係を重視した。それゆえ、アメリカからワシントン会議への招請が届いた時、「国

表3 日米関係における三つのレベル（1920年代を中心とする）

日米関係の三つのレベル	争　点	細　目
太平洋をめぐる地政学的な緊張関係	海軍軍縮	委任統治，4カ国条約（日英同盟の廃棄），5カ国条約，ロンドン海軍軍縮会議
アジア大陸をめぐる権益と理念の調整	中国問題	新4国借款団，9カ国条約，北京関税特別会議，北伐，国民政府との関係樹立
エスニシティーをめぐる社会的・文化的軋轢	移民問題	カリフォルニア州の排日土地法，連邦議会の排日移民法，およびその改正運動

難来る」といった新聞論調もあった中で，原首相は敢然と応じ，太平洋の対岸のパートナーの役割を担おうとしたのである。

　原首相は，長い政治経歴の中で新しい時代の日米関係を担いうる人材と見込んでいた，加藤友三郎海相と幣原喜重郎駐米大使をワシントン会議の全権代表に任命した。原首相自身は不幸にも会議を前に東京駅で暗殺されたが，加藤と幣原の二人は期待どおり，ワシントン会議を成功に導く役割を果たした（Iriye, 1965；細谷，1988；麻田，1993；服部，2001；服部，2006）。

　ワシントン体制下の日米関係は，三つのレベルに区分できよう。第一に，太平洋をめぐる地政学的な緊張関係，第二に，アジア大陸をめぐる権益と理念の調整，第三に，エスニシティーをめぐる社会的・文化的軋轢である。これらの3点は，海軍軍縮，中国問題，移民問題として表出する。こうした諸問題は，日露戦争後のころから出そろっていた。だが1920年代の特徴は，これらの諸問題が複雑に作用しながら，より安定的な国際秩序を形成する可能性を秘めていたところにある。ワシントン体制下では，金融や投資などの経済面で日米の結び付きが緊密となっていたことも重要である。にもかかわらず，ワシントン体制は東アジア情勢に応じて変容した末に，わずか10年で幕を閉じた。本章では，ワシントン体制の興廃をたどる。

1　新4国借款団からワシントン会議へ

新4国借款団

　寺内正毅内閣が米騒動によって1918（大正7）年9月に崩壊すると，政友会総裁の原敬を首班とする内閣が誕生した。原敬内閣は初の本格的政党内閣であ

り，国防の充実，教育の振興，産業の奨励，交通機関の整備という 4 大政綱を掲げた。原内閣は小選挙区制を採用して政友会の絶対多数を獲得したほか，植民地総督の武官制については文武官併用制に改めた。シベリア出兵の縮小に着手したのも，パリ講和会議に西園寺公望首席全権らを派遣したのも，原内閣であった。このころ日本では空前の大戦景気が後退しており，1920 年 3 月の株価暴落を契機に戦後恐慌が到来した。大戦景気によって生み出された成金と呼ばれる新興資本が破綻し，日本は慢性的な不況に陥っていく。このため，アメリカなど主要国が金輸出禁止を解除して金本位制に復帰する中で，日本の金解禁は遅れた。

原内閣の対外政策は主として対米英協調策，とりわけ対米協調の形成として論じられてきた。その典型例とされるのが，1920 年 10 月に結成された新 4 国借款団である。新 4 国借款団とは，日本，アメリカ，イギリス，フランスが中国への投資を共同で行うというものであり，大戦末期にランシング国務長官がこの案を石井菊次郎駐米大使に提起していた。最大の争点は，日本の権益が集中する南満東蒙を概括的に新借款団の範囲から除外するのか，あるいは条約的根拠の明白なものに限って除外するのかということにあった。この「概括主義」と「列記主義」をめぐって議論が交わされた末に，梶原仲治日本銀行団代表とラモント・アメリカ銀行団代表が交換文書に調印した。原内閣は，条約的根拠のある既得権益に限って満蒙を除外するという「列記主義」を最終的には受け入れ，米英側は満蒙を地域として除外する「概括主義」を日本に許さなかった（三谷，1995）。

このころ，ウィルソン政権はすでに末期に差しかかっており，国務長官はランシングからコルビーに代わる過渡期にあった。そうした中，しばしば第三国務次官のロングが対日交渉にあたった。ロングとの交渉に，幣原駐米大使は参事官の出淵勝次を多用した。ウィルソン政権の対日政策は揺らぎがちであり，日本を除いた米英仏 3 国による借款団を模索したこともあった。原内閣が日米協調の構築に最適な本格的政党内閣であるにもかかわらず，ウィルソン政権にその認識はなかった。

他方，原内閣も，新 4 国借款団交渉での合意を必ずしも重視していなかった。中国の南北に位置する南潯鉄道と四洮鉄道の建設を通じて，秘密裏に権益を拡張したのである。原内閣は，一方の手で新 4 国借款団交渉で対米英協調を行い

つつ，他方の手で在華権益の拡張のために独自に鉄道政策を遂行した。いわば協調の中の拡張策といえるものであり，原はしたたかな政治家であった。新4国借款団は結局のところ一度の借款をもなしえず，日本を十分に拘束できなかったのである。したがって，日本の大陸政策を抑制しようとするウィルソン政権の試みが，十分に成功したわけではなかった。

　以上のようなウィルソン政権末期の東アジア政策は，現実的な手法で日本との関係を調整するランシング路線の消滅としても位置づけられる。その一方で，親中国的な政策を主張するラインシュ駐華公使の路線も，パリ講和会議におけるウィルソンの対日妥協策によって揺らぎ，五・四運動（1919年）後のラインシュ自身の辞任によって頓挫していた。ヴェルサイユ条約は1919年6月に調印されたものの，国際連盟を軸とする秩序構想というウィルソンの路線も1920年3月，アメリカ上院のヴェルサイユ条約批准拒否によって否定された。ウィルソン政権におけるウィルソン，ランシング，ラインシュの3路線はいずれも行き詰まり，もはや有効な東アジア政策を打ち出せなくなっていたのである（服部，2001；服部，2006；高原，2006）。

共和党政権の誕生とワシントン会議

　こうした中，1920年11月の大統領選挙において民主党は国民から見放され，1921年3月，8年ぶりに共和党政権が誕生する。議会においても共和党は圧勝した。上院の議席数は18増加し，下院では民主党よりも42議席上回る圧倒的多数を確保した。しかし，大統領として就任したハーディングは，「独裁者的大統領」のウィルソンの轍を踏むまいとした。現役の上院議員であったハーディングは，同僚の上院議員の強い働きかけがあったからこそ大統領になれたのであり，彼には上院の利益を代弁することが期待されていた（現役の上院議員が大統領になったのはこの時が初めてであり，その後ジョン・F. ケネディが大統領に就任するまでなかった）。連邦議会の叛乱によってウィルソン大統領が葬られた後，ハーディング大統領は議会との和解を課題として生まれたのである。

　ハーディングは，「平常への復帰」を唱えたが，それは戦時体制からの転換を意図したのみならず，議会との対立を解消しようという意図が込められていた。新政権の主たる関心は，内政へと向けられた。そこで直面した問題は，深刻な農業不況に加え，急激な動員解除によってもたらされた高い失業率にいか

にして対処するかであった。ハーディングはその解消策として，高関税政策を維持するとともに，退役軍人に約束されていたボーナスの支払いを反故にするなど，徹底した緊縮財政を敷いた。

外交に対する関心を欠く「弱い大統領」で，かつ後に歴史家から「ビジョンを欠いた二流の大統領」として評されることになるハーディングであったが，その政権の外交面での成果は乏しくない。それは，外交全般を共和党屈指の有力者であった元ニューヨーク州知事のヒューズ国務長官に一任したからであった。有能な人物に外交を任せることにより，ハーディング政権はウィルソンによって傷ついた日米関係を癒すことが可能となったのである。

そのヒューズ国務長官にとっての主な関心は，日米移民問題などの厄介な個別問題にではなく，よりスケールの大きい，東アジアにおける列強間の協調体制の確立と，アメリカ経済を逼迫させていた第一次世界大戦後の建艦競争に終止符を打つことであった。彼は，こうしたシステム・レベルでの変革によってのみ堅固な日米関係が構築できると考え，1921-22年のワシントン会議を開催した。先のドイツとの戦争で決定的な役割を果たしながら，ウィルソンの挫折によって混迷していたアメリカ外交は，ワシントン会議を経て，ようやく図体に見合ったグローバル・リーダーとしての姿を再び現したのである。

ワシントン会議は1921年11月に開幕した。その直前に原敬が暗殺され，政友会総裁を継いだ高橋是清を首班とする内閣が成立した。高橋内閣は原内閣の全閣僚を留任させており，対外的には原内閣の路線を継承していたものの，内政的には軍縮に移行しようとしていた。

ワシントン会議の主な議題は，海軍軍縮，太平洋問題，極東問題である。これらの懸案は，それぞれ5カ国条約，4カ国条約，9カ国条約に結実していく。海軍軍備制限についてヒューズ国務長官は，大胆にも会議の冒頭に具体案を発表した。建艦を10年間禁止して，アメリカ，イギリス，日本の主力艦保有量を5:5:3にするという案である。その斬新さゆえにヒューズ案は，「爆弾提案」とみなされた。これに対して，日本海軍の随員には加藤寛治のように強硬な反対論もあった。しかし，首席全権の加藤友三郎海相は，財政上の負担と日米協調の大局的観点から対米6割を受諾した。こうして日本，アメリカ，イギリス，フランス，イタリアは，1922年2月に海軍軍備制限の5カ国条約に調印する。その補完措置として加藤友三郎は，5カ国条約の第19条においてア

Column⑤ 日本の広報外交

　外交活動の一環として，自国の立場を諸外国に宣伝し，国際世論の支持を得ることの重要性は古くから認識されていたが，第一次世界大戦後，外務省内で格段に高まった。それが，1921（大正10）年，対外宣伝活動を専門的に担う外務省情報部の誕生につながった。大戦中に欧米列強が，そしてパリ講和会議では「ヤング・チャイナ」と呼ばれた中国の若手外交官たちが，広報外交（パブリック・ディプロマシー）の威力をいかんなく発揮し，日本は苦杯をなめることになった。その教訓を活かすため，新たな部を発足させたのであった。

　ただそれ以前に，外務省ではすでに巨費を投じて広報外交に着手していた。1909（明治42）年に東洋通報社をニューヨークに設置したのを契機に，1914（大正3）年にはより大規模な宣伝活動を実施するため，新たに太平洋通信社と東西通信社を，それぞれサンフランシスコとニューヨークに設立していた。そして，これら海外における日本初の本格的な広報機関の設置先は，いずれもアメリカであった。日露戦争後，日本がアメリカを対外宣伝の最も重要な対象国とみなすようになったからである。その背景には，台頭した日本に対する一般アメリカ人の反感や違和感，とりわけ日本人移民の流入が顕著であった太平洋沿岸諸州を中心とする排日運動の拡大があった（第3章1参照）。この悪化した対日世論を善導するため，外務省は対米啓発活動を急速

メリカ，イギリス，日本の各国が太平洋島嶼（とうしょ）に要塞や海軍根拠地を建設しないことの合意を得た。日米不戦を海軍軍縮の前提としたのである。ただ，補助艦については軍備制限がなく，やがて補助艦をめぐる建艦競争にいたる。

　次に，日英同盟の廃棄と4カ国条約の締結を見ておきたい。これを推進したのが，駐米大使の幣原全権であった。イギリス案は日英間に軍事同盟を復活させる余地を残していたが，幣原はアメリカ側の承諾を容易にするようこれを大幅に修正した。幣原案の特徴は，日米英3国協商が日英同盟に取って代わると明記したことにある。これを受けてヒューズは，中国を適用外としたうえで，フランスを加えた4カ国条約にする方針を進めた。1921年12月に4カ国条約が調印されると，その第4条には日英同盟の廃棄が明文化された（麻田，1993）。

　アメリカとの関係を優先するなら，幣原の方策はまちがっていない。ヒューズは日英同盟の更新に神経をとがらせていた。イギリスとて，日米対立となれば日本側につくわけにはいかなかった。アメリカとの関係において，日英同盟存続の可能性は制約されていたのである。そのことを見越して幣原が実践したのは，いわば現実を直視した正直な外交と言うべき手法ではなかろうか。幣原

に展開させる必要性を認めたのである。

　この啓発活動は，1924年のアメリカ連邦議会における排日移民法の通過を阻止できなかった（本章2参照）。そして，活動はこれによって大きな目的を失い，いったん終息する。しかし，1931（昭和6）年の満州事変（第5章1参照）をきっかけに，焦点を移民問題から中国問題へと移し，息を吹き返した。アメリカ市民に対し，日本の対中政策の正当性を訴え，理解を得ることが急務となったのである。このたびは，自ら招いた反日感情の広がりを食い止めるためであった。

　「対米工作ハ今事変ニ於テ最モ力ヲ注キタルトコロニシテ……」と，1938年9月の情報部調書（「支那事変ニ於ケル情報宣伝工作概要」外交史料館所蔵）が記すように，1937年の盧溝橋事件の勃発とともに，外務省はいっそう積極的に対米宣伝に乗り出した。企画と指揮は在米公館が行うものの，表立った活動は，親日米人，在米邦人，そして日本人移民など，特に民間人に託された。官製広報の印象を与えないための配慮であった。しかし，いかに広報外交を駆使しても，露骨な侵略行為へと発展していった日中戦争を正当化する宣伝活動が功を奏するはずはない。アメリカ世論の対日感情が好転することはなく，ついに「真珠湾」にいたる。結局のところ，現実の対外政策と矛盾する広報外交で国際的共感を得るには限界があったのである。　【藤岡由佳】

は，信頼関係の確立を第一義としていた。幣原が国際的な名声を馳せたのは，少なからずこうした外交スタイルを実践したためであろう。とりわけ，その方式はアメリカと適合的であった。おそらく幣原は，かつて加藤高明外相が対華二十一カ条要求（第3章2参照）によってアメリカの対日認識を傷つけた先例から学んでいたのであろう（服部，2006）。

　極東問題については，中国全権の施肇基駐米公使が10原則を提案した。施肇基の10原則には，中国の領土保全，門戸開放，機会均等などが盛り込まれていた。これに対してアメリカのルート全権が4項目の原則を提示した。その4項目とは，主権の独立と領土的行政的保全，安定政権の樹立，機会均等，友好国の権利などを害する行為を慎むこと，であった。このルート4原則が採択されることによって，中国の主権を尊重しつつも各国の既得権益を原則的に維持することで列国は合意した（麻田，1993）。

　ルートの路線は，現状維持的対日協調策とも言うべきものである。だがそれは，必ずしもアメリカ側の総意ではなかった。事実，ヒューズは門戸開放原則を再定義する方針を打ち出し，門戸開放原則に関する決議案を提出した。さら

第4章　ワシントン体制

Column⑥　王室外交と皇室外交

　今日のわれわれからは想像しがたいが、第二次世界大戦直前の英米関係は最悪であった。第一次世界大戦後のアメリカは孤立主義に戻り、新たな国際秩序の形成に手を貸さないし、戦時債務の返還を突き付けるばかり。対するイギリスも宥和(ゆうわ)政策でドイツやイタリアに譲歩ばかりしていて、民主主義を本気で守るつもりがあるのかと、アメリカは懸念を感じていた。

　英米間に不協和音が際立っていた1939年6月、イギリス国王ジョージ6世夫妻がフランクリン・D.ローズヴェルト大統領の招待を受けて正式にアメリカを訪れることとなった。イギリス国王の公式訪問はアメリカ独立以来初めてのことである。6月8日に首都ワシントンで国王夫妻は、70万人の市民から大歓迎を受けた。当時の首都の人口の倍であった。宿泊先のホワイトハウスでは、国王は大統領と深夜まで国際情勢について語り合った。ニューヨーク郊外のハイドパークにある大統領私邸にも、国王夫妻は招かれた。日曜のピクニックではホットドッグまで饗され、夫妻は喜んで食べたとされる。ある下院議員は言う。「王妃がこのままこの国にとどまってしまったら、連邦議会は戦時債務など帳消しにするだろう」

　それから2年後の1941年12月25日、チャーチル首相は、いまや戦友となったローズヴェルト大統領とホワイトハウスでクリスマスの晩餐(ばんさん)を共にしていた。大統領はこう語った。「戦後にも続くであろう英米両国の連合の端緒を開いたのが、国王夫妻のアメリカ訪問であった」

　ジョージ6世より6歳年下の昭和天皇にも、アメリカ訪問の機会はあった。皇太子

にその修正案では、門戸開放原則に関する調査機関の設立をも決議に盛り込もうとした。しかし幣原は、これに異論を唱えた。このため、門戸開放原則に関する決議案は採択されたものの、具体的な実効性の乏しい決議となった。ここにヒューズは、不本意ながらも「列記主義」的南満州特殊権益を承認したと言えよう。

　1922年2月に可決された9カ国条約は、中国における門戸開放と機会均等を規定した。日本やイギリスはこれらの原則を会議前から受容する方針であったため、会議の争点とならなかった。真の争点は、それらの原則を既得権益にまで適用するか否かであった。9カ国条約はルート4原則を第1条として採用したものであり、各国の既得権益に急激な変更を求めていない。ウィルソン時代の原則主義と異なり、セオドア・ローズヴェルト時代の伝統を汲むルートの現実主義によって、日米関係は再建されたのである。日本は、対米協調の枠組みの中で自国の立場を展開することができた。

時代の1921（大正10）年3月，ヨーロッパ訪問の際にハーディング大統領から招待を受けていたのである。しかし，アメリカのマスメディアによる攻勢を懸念した幣原駐米大使の助言で，皇太子の訪米は見送られた。5年後の1926（昭和元）年12月，大正天皇崩御の知らせを受けて，イギリス留学中の秩父宮雍仁親王がアメリカ経由で帰国の途についた時，クーリッジ大統領から心温まる歓待を受けた。さらに5年後の1931年4月，弟の高松宮宣仁親王が世界周遊の旅の最後にアメリカを訪れた時，東京にいる秩父宮とラジオで対談し，日米で同時中継をしてはどうかという企画が持ち上がった。しかし，「皇族のラジオ出演など前例がない」と日本の外務省が企画を差し止めた。それから10年後に日米開戦となった。

一度はアメリカを訪れたいと願った昭和天皇が念願をかなえたのは，終戦から30年後の1975年秋のことであった（第9章3参照）。かつて天皇をヒトラーと同列に扱っていたアメリカのマスメディアは，この老紳士の意外にも温厚な素顔に接し，認識を改めた。天皇の訪米が半世紀前，せめてイギリス国王と同時期に実現していたら，その後の日米関係はどうなっていたであろうか。言語や文化の違いという問題はあるものの，日本とイギリスそれぞれの王室がアメリカに見せたスタンスの違いは興味深い。共和国アメリカにも，思いのほか王室を高きブランドとして敬愛し，歓呼するところがある。それを見落とさず，大事な瞬間に王室外交を英米関係の改善に結び付けたのがイギリスであった。それに対して皇室の政治利用を畏れる日本は，日米関係の難局に皇室外交を投入することはなかった。

【君塚直隆】

9カ国条約には，2度にわたる門戸開放宣言（第2章1参照）の文脈が流れている。すなわち，第1条第1項「支那ノ主権，独立並其ノ領土的及行政的保全ヲ尊重スルコト」は，ヘイによる第二次宣言に近い。他方の第3条「一切ノ国民ノ商業及工業ニ対シ支那ニ於ケル門戸開放又ハ機会均等ノ主義ヲ一層有効ニ適用スル」は，ヘイによる第一次宣言の系譜と言える。両者のうちで，幣原らが重視したのは第3条であった。幣原の理解では，大陸への「経済的発達」に機会均等が必要なのである。ワシントン会議における日米英3国間の核心的合意とは，つまるところ中国をめぐる現状維持であったと言えよう。その合意はまず日英間で暗黙のうちに形成され，次いでルート全権が現状維持的な対日協調策という観点からこれを肯定して，最後にヒューズ国務長官が不本意ながら認めたものである。

ワシントン会議の極東問題をめぐって，山東問題を解決に導いたマクマリー国務省極東部長が登場した。マクマリーはオブザーバーとして，停滞しかけて

いた日中交渉を打開した。1922年2月に調印された山東懸案解決に関する条約では、15年賦の国庫証券によって鉄道財産を日本に償却し、償却の期間中に運輸主任と会計主任に日本人を1名ずつ任用して、鉱山経営については日中合弁とすることになった。日中間の交渉は、マクマリーの実務外交的な対日協調策によって復活したのである。このことは、中国を調印拒否に追い込んだパリ講和会議（第3章4参照）との決定的な相違と言えよう。

マクマリーは、門戸開放原則を既得権にまで適用しようとして日本側の反発を受けたヒューズや、既得権を容認する現状維持的政策によって中国側の不信を招いたルートとは異なる路線を実践していた。マクマリーは日本側の意向を重視しつつも、日中間の公正なる仲介者としてふるまうことで、巧みに妥協点を提示した。それは、かつてブライアンやランシングが意図しながらも十分に達成できなかったものである。

もっとも、会議によってアメリカに対日協調が確立したかどうかについては疑問が残る。これについては、駐日アメリカ大使館の一等書記官であったドゥーマンによる回想が示唆的である。ドゥーマンによると、アメリカの誤った慈善的行為のために中国人は諸外国の権益を踏みにじるようになり、9ヵ国条約を遵守してきた幣原や若槻礼次郎が立場を弱め、軍国主義者に取って代わられたという。中国ナショナリズムの高まりをアメリカの好意的姿勢の影響に帰するドゥーマンの説明は一面的に過ぎるが、既得権の多い日本が中国ナショナリズムを敵対的に受け止め、アメリカが門戸開放や民族自決など理念的観点から中国ナショナリズムに対し同情的に傾くにいたることは、長期的に重大な意味を帯びることになる。

会議後に対日協調がトーンダウンしていくアメリカに対して、日本外務省には対米関係を支える人脈が形成されていた。その中心が駐米大使の幣原であり、幣原は出淵勝次や佐分利貞男を重用した。やがて出淵と佐分利は、それぞれ亜細亜局長および通商局長として幣原外相を支え、活躍することになる。幣原の駐米大使期における出淵や佐分利との関係は、幣原派の萌芽といってもよい（服部, 2001; 服部, 2006）。

2　移民問題をめぐる日米関係

第二次排日土地法と幣原・モーリス会談

　1913（大正2）年の第一次排日土地法の成立（第3章1参照）以後，未曾有の被害をもたらした第一次世界大戦によって，カリフォルニア州の排日運動は影を潜めた。しかし，戦争が1918年に終結すると，排日運動も再燃する。その背景には，第一次排日土地法が当初予想されたほど効果を上げず，日本人移民による農地所有がいっこうに減少しなかったことがあげられる。日本人移民は，次々と白人が見向きもしない荒れ地を開墾し，カリフォルニアの土壌では適さないとされていたイチゴ，メロン，アスパラガスなどの栽培に成功し，農家として繁栄するようになった。しかし，これが競合する白人農家を刺激し，既存の排日土地法を修正・強化する動きに弾みがついた。この気運を察知し，それを政治的に利用しようともくろんだ地元政治家に対して，1920年の州選挙は絶好の機会を提供した。

　実際，第一次排日土地法は脱法手段が存在する欠陥ある法律であった。たとえば，アメリカで生まれた子ども（すなわち，アメリカ国籍）の名義で農地を購入しさえすれば，なんら制約はなかったし，子どもがいない家庭でも株式会社を設立し，その会社を通じて農地を保有することもできた。こうした問題は，そもそも法案が可決される前から周知の事実であったが，当時のハイラム・ジョンソン知事のねらいは，ウィルソン大統領に掣肘を加えることであったため，それをあえて問題としなかった（第3章1参照）。そのうえ，知事には尊敬するT. ローズヴェルト前大統領から日米関係に配慮するようにとの忠告もあったため，日本人社会に深刻な経済的打撃を与えるような法律は避けたいという思いもあった。

　しかし，こうした不完全な法律が，一度鎮めたはずの「排日の亡霊」を蘇らせることになる。第一次世界大戦後の最初の州選挙で注目されたのは，初めて用いられる一般直接投票（initiative measure）の制度であった。これは，革新路線を積極的に推進した州議会が，民主主義の大衆化をはかって導入した新制度であり，議会と知事の権限をも超越する最高の立法手段として位置づけられていた。一般直接投票によって可決された法案に対し，知事も拒否権を発動す

ることは許されなかった。その事実に着目した排日諸勢力は、スティーヴンズ新知事が排日立法に対して消極的であると見極めるや、「提案第一号（Proposition No.1）」として現行の排日土地法の改正を、一般投票を通じて直接州民に訴える道を選んだ。これによって、成立する法律は、合衆国憲法に抵触しない範囲において至高であり、知事および連邦政府の介入をも阻止することができたのである。

　他方、日本にとっては一等国としての体面を保持することが肝要であり、再燃する排日運動の座視は許されなかった。その一環として、1919年のパリ講和会議において日本は連盟規約に人種平等に関する文言の挿入を要求し、国際条約によってカリフォルニア州の法律を牽制・無効化しようと企てたのである。しかし、州権を尊重するウィルソンに峻拒され、その試みは挫折した（第3章4参照）。もっとも、日本政府も山東半島と南洋諸島における権益獲得をより重要な問題として位置づけており、その目的を無事果たしたからには、人種問題をめぐってアメリカと争うのは得策でないと考えた。

　こうした経緯から日本は、幣原駐米大使と帰米中のモーリス駐日大使による非公式の会談を通じて移民問題の解決を試みることにした。1920年3月にモーリスの私案として浮上したこの幣原・モーリス会談は、9月の開始から翌1921年の1月まで、予備会談を含め計24回も行われた。そして会談の最終的な成果として、「排日運動を解決するためには、日本人移民に帰化権を付与することが最も有効である」とする報告書が起草された。しかし、その実現には連邦政府が議会を説得する必要があり、両者の対立が深刻となっていた当時の状況では、その実現は絶望的であった。

　ところで、幣原・モーリスの会談が行われていた最中の1920年11月2日に大統領選挙（女性有権者が初めて投票）が行われ、先に述べたようにハーディング率いる共和党が圧勝した。そして、同日のカリフォルニアの一般投票では、3対1の圧倒的多数をもって、より厳しい第二次排日土地法（正式名称は、1920年外国人土地法）が成立した。しかし、幣原・モーリス会談が継続中であったこともあって、第一次排日土地法の成立時のような日米危機を誘発するようなことはなかった。

　この法律の通過をもってカリフォルニアの排日諸勢力は、州レベルで可能なすべての排日手段を使い果たすことになった。そこで、次の目標は必然的に、

排日運動を一地方の問題から全米の問題へと拡大することであった。こうして，次に見るように排日運動の舞台は連邦レベルへと移っていく（簑原，2006）。

排日移民法の成立——その「重大なる結果」

　1923年8月，サンフランシスコを訪問していたハーディングが脳血栓で突如死去したため，クーリッジ副大統領が政権を担うことになった。しかし，彼が引き継いだのはハーディングの閣僚たちであって，新大統領に対する彼らの忠誠心は低かった。副大統領からの昇任であるがゆえに，行政府も掌握できていないクーリッジは，前大統領に輪をかけて「弱い大統領」であった。加えて，就任後間もなくハーディング前政権の閣僚数名がかかわったティーポットドーム油田疑獄が発覚し，行政府を揺るがす事態を招いた。この疑獄はやがて，後のウォーターゲート事件と並ぶアメリカ最大の政治汚職として知られることになるが，当時，民主党に加え，共和党の革新派までもが放列を敷いて政府を糾弾する公聴会が連日開催された。その結果，閣僚数名が辞職を余儀なくされ，クーリッジ新政権はスタート時恒例の「ハネムーン期」も与えられず，発足直後から窮地へと追いやられた。そのため連邦議会では，共和党が過半数を占めていたにもかかわらず，同党は議会委員会において各委員長を任命できないほどに足元が揺らいでいた。

　折しも連邦議会は，失効目前の現行移民法に取って代わる恒久的な移民法の審議を行っていた。他方，カリフォルニアの排日諸勢力は，日本人移民の排斥という究極の目標を果たそうと，連邦議会に対して盛んにロビー活動を行っていた。両者は，大統領選挙の年であった1924年の第68連邦議会において合流する。

　移民法案をめぐる争点の一つは，黄色人種で唯一排斥を免れていた日本人移民の扱いであった。強い人種主義の気運が支配する中，下院は排斥条項を含む移民法案をすでに可決していた。しかし，伝統的に国際関係を重んじる上院では，日米関係を損なわせる排日移民法に対する支持は低く，日本も上院の良識ある行動を確信していた。事実，上院において日本人移民の排斥を強く求めた勢力は，カリフォルニアを中心とする西部諸州の議員のみであった。通常の予想に反し，自ら「黒人問題」を抱えていた南部諸州の議員は，西部諸州の説く「日本人問題」には耳を全く傾けようとはせず，この状況下での排日移民法の

成立はだれしもが不可能であると考えた。

　ところが，4月14日に事態は急変した。ヒューズ国務長官に宛てた埴原正直駐米日本大使の書簡が数日前に両院に回付されており，それがこの日になって突如上院を揺るがした。国務省と連携をとりながら起草された「埴原書簡」の本来の目的は，議員の間に誤った情報が錯綜していた1908年の日米紳士協定の内容を正確に示すことにあった。全体的に穏やかな表現で綴られた書簡は，堅固な日米関係の重要性を強調して締め括られていた。しかし，ロッジ外交委員長が「埴原書簡」の結びにあった「重大なる結果」という字句の言葉じりをとらえ，それをアメリカに対する「覆面の威嚇」だと糾弾した。そして，アメリカはいかなる脅迫にも屈さないとして，他の議員に対し排日移民法の必要性を訴えたのである。この言葉に説得されたかのように，それまで消極的な立場をとっていた議員も立場を翻し，雪崩を打って排日移民法支持に回った。排日移民法の成立が決定的となった瞬間である。

　しかし，5月15日に排日移民法が可決された理由には，従来から言われてきた「重大なる結果」という語句ではなく，実は，共和党を中心とする当時の国内政治情勢が深く関係していた。まず，1924年は大統領選挙という重要な年であったにもかかわらず，共和党は先に述べた油田疑獄をめぐって大きく揺らいでいた。加えて，同党は保守派と革新派に分裂状態にあった。こうした肝心な時にこの危機を乗り切るためには，排日を唱える西部諸州議員の協力が不可欠であったのである。その結果，最も政治的な代償が少ない日本人移民の排斥を容認することで共和党の結束を図ることが合意され，日米関係が犠牲となる形で排日移民法は可決された。その際，議員たちの態度の豹変を正当化するために用いられたのが，かの「埴原書簡」であった。

　ワシントン体制が確立された直後のこの不幸な事件は，アメリカのモラル・リーダーシップを傷つけたのみならず，日本が後に脱欧入亜を謳うアジア主義へ傾倒する歴史的な背景ともなったのである（簑原，2002；簑原，2007）。

3　中国をめぐる日米関係

北京関税特別会議

　アメリカで排日移民法が1924（大正13）年5月下旬に成立した時，日本の首

相は清浦奎吾であった。清浦は山県有朋直系の官僚であり，清浦内閣の主な閣僚の母体は貴族院の研究会などであって，政党との関係では政友本党のみを与党としていた。護憲三派と呼ばれる憲政会，政友会，革新倶楽部(クラブ)は，清浦内閣を時代錯誤と批判した。護憲三派が総選挙に圧勝すると，憲政会総裁の加藤高明を首班とする護憲三派内閣が6月に誕生した。加藤内閣は翌1925年3月に男子普通選挙法を成立させ，外交面ではソ連との国交を樹立した。加藤内閣が成立した1924年から，政党内閣は1932（昭和7）年の五・一五事件まで続いていく。

　加藤内閣の外相が幣原喜重郎であった。幣原は議会において，中国に対する不干渉政策を堅持して「機会均等主義ノ下ニ日支両国民ノ経済的接近ヲ図ラムトスル」意向を明らかにし，ワシントン会議の精神に依拠した国際秩序を形成すると演説した。さらに日本外務省は，排日移民法について二つの公文集を東京で刊行した。また幣原は，来日した『シカゴ・デイリー・ニュース』紙記者のベルを介して，アメリカの世論に働きかけてもいた。駐日アメリカ大使のバンクロフトも，排日移民法の影響を憂慮して幣原と意見を交換した。もともとバンクロフトはアメリカの人種問題に明るい弁護士であり，1924（大正13）年11月に駐日大使となっていた。ただし，バンクロフトと幣原は冷静であり，表立って排日移民法を論じないようにした。埴原駐米大使の後任には，外務次官の松平恒雄(まつだいらつねお)が充てられた。

　排日移民法に対する日本政府の冷静な対応によって，日米関係が当面の落ち着きを取り戻したころ，中国情勢は新たな局面を迎えつつあった。上海や青島の在華紡では，1925年2月上旬からストライキが行われた。在華紡とは，日本資本によって中国に設立された紡織工場のことである。5月には上海で，イギリスを中心とする共同租界警察が中国人のデモ隊に発砲して多数の死傷者を出した。この五・三〇事件を契機に，当時中華民国の正統政府として承認されていた北京政府は，不平等条約の改正を提起するにいたった。それに対して，最も好意的だったのがアメリカであった。ケロッグ新国務長官は，治外法権問題の調査団を直ちに派遣すべきだと論じた。他方，マクマリー駐華アメリカ公使は中国の動向に警戒的であり，イギリスの態度はさらに強硬であった。幣原外相は，英米の態度を極端とみなして両国との関係を調整した。

　1925年10月には，北京において関税特別会議が開催された。ワシントン会

Column⑦　太平洋問題調査会と日米関係

　戦争と平和の間を往き来する日米関係に民間からかかわった国際組織として，太平洋問題調査会（Institute of Pacific Relations；IPR）がある。IPR は，1925（大正14）年7月に「太平洋諸国民の相互関係改善の為(た)め其(そ)の事情を研究することを目的」（規約第2条）として設立された。IPR は，日米をはじめ太平洋地域の8カ国に独立した支部を持つ非政府組織（NGO）として発足し，ほぼ隔年で宗教家，実業家，学者などが集う国際会議（太平洋会議）を開いて注目を集めた。また学術調査研究の推進に努めて，機関誌『パシフィック・アフェアーズ』や学術書，パンフレットを刊行し，多くのアジア研究者を育てた。

　IPR 設立の中心はアメリカにあり，財政上もロックフェラー財団などアメリカの有力財団からの寄付に負うところが大きかった。第一次世界大戦後の太平洋にはワシントン体制が築かれたが，1924年の米議会による排日移民法（本章2参照）に示されるように，波瀾(はらん)含みであった。そうした中，太平洋地域を一つの共同体とみなして関心を喚起しようとする動きが出てきたのである。日本 IPR は，評議員会会長・渋沢栄一，理事長・井上準之助（1929年から新渡戸稲造），理事・沢柳政太郎(さわやなぎまさたろう)，阪谷芳郎(さかたによし ろう)，斎藤惣一(さいとうそういち)，高木八尺(たかぎやさか)，高柳賢三(たかやなぎけんぞう)，鶴見祐輔(つるみゆうすけ)の顔ぶれで創設された。渋沢，井上らの財界人を戴いて，国際派の自由主義的知識人が活動の中心となった。

　日米関係の波瀾に富んだ展開は，IPR 会議の推移に端的に表れている。1925年の第一回ホノルル会議から1929（昭和4）年の第三回京都会議までは，移民排斥問題や中国問題など緊迫した議題を含みながらも，自由な討議を行う雰囲気が保たれていた。

議で調印された中国関税条約では，関税の増徴などについて特別会議を開催することになっていた。この北京関税特別会議をめぐって，ケロッグやネルソン・ジョンソン国務省極東部長は，不平等条約の改正や高率関税の容認に積極的であった。だが幣原は，付加税に議論を限定し，増収分の使途などを検討すべきだと主張していた。このため会議は，これといった成果のないまま1926年7月に無期延期となってしまう。

　北京関税特別会議では日米英3国間の協調外交が機能しなかったものの，1926年をもってワシントン体制の崩壊とすべきではないだろう。たしかにケロッグ外交は，中国に好意的なあまり単独行動を辞さないところもあった。だがそれは，脱ワシントン体制を志向したものではなかった。つまりケロッグ外交は，中国をより対等な国家としてワシントン体制内に迎え入れることを意図したのであった。他方で幣原やマクマリーの主張は，ワシントン会議の決議にとどまろうとするものであった。このような日米関係のすれ違いは，いわばワ

しかし満州事変（第5章1参照）以後、日本の大陸膨張政策や通商問題の深刻化を背景として、各国代表が自国の政策を擁護して厳しく対立する局面が増えた。日本IPRは、対日批判を強める国際会議の場と、国粋化する国内社会の双方において、孤立を深めていった。日中戦争下のIPRの対日態度がさらに厳しくなると、日本IPRは会議への参加自体を取り止めるにいたる。

　他方、アメリカIPRは、対日批判を強めて世論を喚起する役目を担い、日米開戦後は政府の戦時活動に参加する専門家を供給した。1945年に開かれた第九回ホット・スプリングス会議では、官民の関係者を集めて日本降伏後の政策が論じられた。占領政策についてはIPRの中でもさまざまな議論があったが、下からの改革による徹底した民主化が有力に唱えられたことが特徴であり、占領初期の改革に一定の影響を与えることになった。

　戦後、日本はIPRに復帰したが、冷戦下の反共主義がアメリカIPRを揺るがした。いわゆるマッカーシー旋風が吹き荒れると、ラティモア、ビッソン、ノーマンなどIPR関係者も攻撃の対象となって紛争に巻き込まれ、1950年代後半、実質的にIPRは活動停止を余儀なくされたのであった。

　IPRは戦間期から冷戦期の厳しい政治情勢を受けて活動せざるをえなかったが、非政府組織を舞台に、調査研究と開かれた議論を通じて太平洋地域の共同体形成を促進するという理念の先駆性自体が、太平洋を挟んで向き合う日米の歴史にとって重要な意義を持つと評価することも可能であろう。　　　　　　　　　　【滝口　剛】

シントン体制論の分化として解釈されるべきものである。すなわち、日本とアメリカはワシントン体制の枠内ながらも相異なる秩序構想を思い描いており、それが収束することはついになかった。この時期に幣原とケロッグは、日米協調の重要性を冷静に再認識すべきではなかっただろうか。日米の乖離に拍車をかけたのが、次項で扱う北伐の進展であった。

　すでに述べたように、ワシントン体制は列国の在華権益について、基本的には維持することを前提としていた。しかし、北京政府が日本、アメリカ、イギリスへの対応を差別化したこともあって、3国間の政策的乖離は拡大したのである。とりわけアメリカは1927（昭和2）年1月に新方針を発表し、不平等条約の改正について単独でも交渉に応じると表明した。他方、幣原は中国のみならず南洋をも視野に入れ、貿易の多角化を試みてもいた（Iriye, 1965；臼井，1972；服部，2001；服部，2006；後藤，2006）。

南京事件と済南事件──南京国民政府の成立へ

　この間の1926（大正15）年1月には加藤首相が死去し，同じく憲政会の若槻礼次郎内閣が成立した。元大蔵官僚の若槻は，外交を幣原外相に任せた。中国の南方では，蔣介石の率いる国民革命軍が中国の再統一に向けて7月に北伐を開始した。その過程で発生したのが南京事件であった。南京事件とは，1927（昭和2）年3月に中国の国民革命軍が外国人や日本とイギリスの領事館などを襲ったものである。

　これには英米が軍艦で南京の城内を砲撃したものの，日本は報復しなかった。幣原外相は蔣介石を軸に時局を収拾させようとしており，軍事介入に反対であった。このため幣原は軟弱外交と非難された。そのことが一因となって，若槻内閣は退陣した。蔣介石が4月に反共クーデタを起こして南京に国民政府を誕生させると，汪兆銘の率いる武漢国民政府は9月に南京国民政府と合流した（衛藤，1968；臼井，1971）。

　政友会の田中義一内閣が1927年4月に成立すると，田中は外相を兼任した。もともと陸軍軍人であった田中の外交は，山東半島への出兵や満蒙の分離策といった武断外交を特徴としており，経済主義的な幣原外交に対比される。北伐が華中から華北に差し掛かると，田中内閣は発足直後の5月に居留民保護のため第一次の山東出兵を行った。第一次山東出兵に際してはアメリカも陸戦隊を大沽に派遣しており，北京政府は日本だけでなくアメリカをも批判していた。共同出兵を日本に呼び掛けていたイギリスは，アメリカにもまして日本に同調的であった。

　満州での門戸開放をめぐっては，満鉄へのアメリカ資本投下を求める動きが見られた。この交渉は同年秋ごろに，日銀総裁の井上準之助とモルガン商会支配人のラモントが行ったものである。満鉄社長の山本条太郎も，アメリカ資本の導入には積極的であった。しかし，満鉄への投資をめぐる日米交渉に対して，中国では反対運動が起こった。アメリカの世論も満鉄への投資に批判を寄せるようになると，日米交渉は暗礁に乗り上げた。

　1928年4月になると，田中内閣は2度目の山東出兵に踏み切った。日本軍は5月に，済南へ入城した中国の国民革命軍と衝突するにいたった。統一を求める中国ナショナリズムの上げ潮に対し，もっぱら日本軍のみが対峙した。この済南事件を契機に，米英は国民党に接近する立場から日本に批判的となって

いくのであり，とりわけアメリカが敏感であった。当時，駐華公使であったマクマリーが後年に記した長文メモランダムによると，済南事件はアメリカの政策決定者にとって，「あたかもわれわれの理想の体現者であるかのようにアメリカ世論が好意を寄せていた，国民党に対する敵意の証拠」になってしまったという。

アメリカ側で国民政府との関係構築に熱心だったのは，マクマリーではなくジョンソン国務次官補であった。1928年6月に王正廷(おうせいてい)が国民政府の外交部長に就任すると，ケロッグ国務長官はジョンソンの路線に依拠して早くも7月25日に，関税自主権を翌年1月から認めるという条約を成立させた。ケロッグ外交は，中国をより対等な国家として体制内に迎え入れようとするものであった。この条約によって，アメリカは国民政府と正式な外交関係を樹立した。

他方，田中内閣は，関税自主権の承認を次の浜口雄幸(はまぐちおさち)内閣に持ち越した。関税自主権で遅れをとった田中内閣は，差等税率や輸出付加税への対応においてイギリスとの共同歩調を求めた。しかし，イギリスのボールドウィン内閣は，経済外交において日本との利害関係が離反し始めたこともあり，すでに田中内閣との協調に見切りをつけていた。この間の1928年6月には，関東軍が奉天軍閥の張作霖(ちょうさくりん)を爆殺するという事件も起こっており，田中外交の孤立は明らかであった。ワシントン体制下での共同歩調は，次第に困難となったのである（佐藤，1992；服部，2001；後藤，2006）。

4　中ソ紛争とロンドン海軍軍縮会議

中国情勢をめぐる摩擦——1929年の中ソ紛争

1929（昭和4）年3月，共和党のフーヴァーがアメリカ大統領に就任した。国務長官はスティムソンである。同年7月には民政党の浜口内閣が誕生して，外相には幣原が再任された。対中国政策で行き詰まった田中外交が破綻し，幣原外交が復活したのである。浜口内閣は，井上準之助を蔵相に起用して，翌1930年1月に金解禁を断行した。日本では第一次世界大戦期に金輸出を暫定的に禁止してから，金融恐慌などの影響で金解禁が遅れていたのである。すでに主要国は金解禁を行っていた。だが，アメリカでは1929年10月から大恐慌が始まっていたため，日本は金解禁によってかえって不景気に陥り，社会不安

も増していった。

　満州事変（第5章1参照）にいたる日米関係において，最大の懸案は中国情勢と海軍軍縮であった。この2大争点において，日米関係の摩擦と協調が対照的に表れた。まずは中国情勢について，1929年下半期の中ソ紛争を見ておきたい。中国側の当事者が奉天政権であったことから，この紛争は奉ソ戦争とも呼ばれる。その発端は，同年7月に中国がソ連に対して東支鉄道の回収を試みたことであり，幣原は中ソに直接交渉を斡旋した。幣原の発想は，ソ連側の要求が原状回復であるかぎり中国側はこれを認めねばならないというものであった。

　これに対してスティムソンは，1928年8月に調印された不戦条約の批准国によって委員会を構成して仲裁をはかろうとした。当初15カ国が調印した不戦条約は，国際紛争を平和的に解決すると約していた。スティムソンは，日英仏伊各国大使とドイツ代理大使の列席を求め，その構想を打診した。

　この第一次スティムソン提案は，国務省の総意ではなかった。キャッスル国務次官補は，スティムソン提案を不用意と見ていた。極東部長のホーンベックもその有効性を疑問視した。もとより，幣原外相や出淵勝次駐米大使はスティムソン案に賛同していない。欧米諸国の影響力が満州で拡大することを，日本は危惧したのである。

　1929年8月中旬になると，ソ連軍は黒龍江を越えて中国軍を撃破し始めた。ここでも幣原は，中ソ直接交渉を仲介するために，トロヤノフスキー駐日ソ連大使や汪栄宝駐日中国公使との会談を繰り返している。にもかかわらずソ連軍は，10月中旬から北満州への攻撃を開始して満州里などを占領した。そこでスティムソンは，フーヴァー大統領の許可を得て，不戦条約の精神に立脚した共同声明を日英仏伊各国に提案した。幣原はこれに同意せず，中ソに直接交渉の斡旋を続けた。このため，スティムソンの方針は実践されずに終わる。スティムソンの試みは，アメリカに好意を抱いていた王正廷外交部長にも有効策とはみなされなかった。この間に張学良が，東支鉄道の復旧や検挙者の即時解放というソ連側要求をほぼ全面的に承認する意向を伝えたため，ハバロフスクを舞台とする中ソ交渉は急速に妥結へ向かった。

　このように中ソ紛争をめぐる幣原とスティムソンの対応は，日米間における対中構想の相違を顕在化させるものであった。幣原は中ソの直接交渉を斡旋す

ることで，満州をめぐる日中ソの均衡を回復しようとした。幣原の仲介がそのまま中ソに受け入れられることはなかったものの，欧米諸国の関与を排除し，中ソ間直接交渉によって原状回復をはかるという幣原の方針は，結果的にほぼ達成されたと言える。

　こうした経緯は，幣原外交の二面性をうかがわせるものでもあった。すなわち幣原は，ロンドン海軍軍縮会議や中国外債整理交渉では対米英協調を基本としながらも，奉ソ戦争では満蒙に対する欧米諸国の介入を忌避し，日本単独での調停という大国外交を試みたのである。他方でスティムソンは，アメリカがまだ東アジアで独自の地位を確立しない中で，英仏を含む多国間の新秩序を模索して幣原に拒否されたのである。ここに浮き彫りとなったのは，日米間の東アジアにおける利益と構想の相克であった（Iriye, 1965；服部，2001）。

ロンドン海軍軍縮会議

　1921-22年のワシントン会議では海軍軍縮が主力艦の制限にとどまったため，ワシントン会議後の列国は補助艦の建艦競争に傾注した。そこで1927年の夏には，補助艦の制限を目的としてジュネーヴ海軍軍縮会議が開かれた。しかしジュネーヴ会議は，英米間の対立などによって不成功に終わった。このため1930年1月から4月まで，海軍軍縮会議がロンドンで開催された。そこに浜口内閣は，首席全権の若槻礼次郎元首相をはじめ，財部彪海相，松平恒雄駐英大使，永井松三駐ベルギー大使を送り込んだ。浜口内閣は，幣原の主導する対米英協調と井上準之助蔵相の緊縮財政を両輪としており，ロンドン海軍軍縮会議は二重の意味で重要視された。

　浜口内閣は3大原則として，補助艦総トン数の対米7割，大型巡洋艦の対米7割，潜水艦の現有量保持を閣議決定している。その主眼は後二者，すなわち大型巡洋艦と潜水艦をめぐる要求であった。強硬論の中心は軍令部長の加藤寛治である。若槻らは，ロンドンでスティムソン国務長官やマクドナルド英首相と粘り強く交渉した。その末に日米妥協案が成立した。この案は，日本の総トン数をアメリカの69.75％とし，潜水艦については日米英3国を同量にするものであった（麻田，1993）。

　軍令部次長の末次信正は日米妥協案について，「軽巡は七割ですが大巡は米国の最初の主張通り六割となり，潜水艦は現有の三分ノ一を減らされる」と反

発した。それでも浜口内閣は，条約の調印にこぎつけた。これによって補助艦の減量が定められ，主力艦建造の休止期限も延長された。ロンドン会議に際してフーヴァー政権は，キャッスルを駐日大使に派遣していた。キャッスルは国務省親日派の代表格であり，フーヴァー大統領とも良好な関係にあった。キャッスルと幣原は，ロンドン会議のみならず治外法権などの中国問題でも立場を共有した。だが加藤寛治らは，対中政策でアメリカの圧力を受けないためにも，海軍軍縮では譲歩できないと主張していた。同様の意見は，枢密院のロンドン海軍条約審査委員会にもみられた。

　ロンドン会議は，日本国内において統帥権干犯問題に発展していった。統帥権とは軍隊の最高指揮権のことであり，明治憲法によって天皇の大権と定められていた。加藤寛治は，軍縮が海軍の作戦に重大な欠陥を生じかねないと上奏した。軍縮条約は天皇の編成大権にかかわるが，それについて浜口内閣は，国務大臣の輔弼に属するものだと主張した。野党の政友会は帝国議会において，浜口内閣の政策を統帥権の干犯だと批判した。このような政友会の言動は，政党政治の基盤を自ら掘り崩しかねないものであった。それでも海軍軍縮を成功裏に終え，日本，アメリカ，イギリスの協調が強化されたことは，より強固な秩序が形成される可能性を東アジア国際政治にもたらした。とりわけ駐米大使の出淵は，排日移民法の改正にも意欲を示し，スティムソン国務長官もこれに応えようとした。

　だが，ロンドン軍縮条約は日米関係のピークであるとともに，限界でもあった。アメリカ国務省内では，日本派と中国派が東アジア政策をめぐって争っており，国務長官や大統領の政策を効果的に支えることに成功しなかった。他方，日本政治には幣原の協調外交に対抗する武断外交のうずきが存在した。微妙な国内のバランスは，中国ナショナリズムに直面してどう動くだろうか。田中義一らの武断外交がつまづく時，その後に来るのは，再び協調外交なのか，あるいはより直接的に軍事的発展を求める軍部の台頭であろうか。そうした疑問に加え，1930年代を迎えた日米両国が大恐慌につかまったことが決定的であった。生活の危機に陥った国民を守ることが最優先され，そこでの世論は国際協調に寛容さを失う。国内経済と国民生活を守るために，断固たる措置を対外的にとることが歓迎される季節を迎えるのである。

　　　　　　　◇　　　　　◇　　　　　◇

本章では，1920年代の日米関係を跡づけてきた。日本にとっての1920年代とは，大正後期から昭和初期にあたる。明治や昭和に比べると，日本人にとっての大正はイメージのつかみにくい時代であろう。だが実際には，このころから緩やかにではあれ国際政治の方式やルールが変化しつつあった。すなわち，多国間外交，脱植民地化，国際連盟の成立，海軍軍縮，戦争の違法化などである。それらのことは，パリ講和会議やワシントン会議，不戦条約，ロンドン会議などにおいて表面化していった。こうした変化をもたらした遠因は，第一次世界大戦という総力戦の下で列国が惨禍を体験したことにあった。戦争手段の非合理性に反応したのがアメリカ外交にほかならない。しかし，主戦場から遠かった日本がそうした変化に素早く対応したとは言えまい。本章の冒頭で示した日米関係の三つのレベル（太平洋，アジア大陸，社会変化をめぐる関係）に即していうなら，日米は第二レベルの中国問題をこなし切れなかった。とりわけ国民政府が成立すると，アメリカが逸早く中国をより対等な国家として迎え入れようとしたのに対して，死活的な権益を中国に抱える日本は中国への譲歩に慎重であった。

　ワシントン体制は，日本，アメリカ，イギリスを中心とする列国が協調して，まだ国際的主体たりえなかった中国に対し自制しながら歩調を合わせるものであった。中国における北伐の進行はワシントン体制が前提としたこの事態の変容を意味し，その評価をめぐって日米は相違を来したのである。国民政府が不平等条約の改正を求めた時，ワシントン体制を構成する主要3国は三様の対応に陥った。そのことは，日本，アメリカ，イギリスの協調というワシントン体制そのものを揺るがすことにならざるをえなかった。

　近代日本の政党内閣による日米協調外交として一般に想起されるのは，原敬内閣である。しかしウィルソン政権は，初の本格的政党内閣であるはずの原内閣を高く評価していない。原敬は内政と外交の双方を重視するだけに，劇的には外交的転換を行ってはおらず，いわば協調の中の拡張策ともいうべき方針を進めていた。ワシントン会議は，アメリカの東アジア政策として例外的な成功といってもよい。ただし，現状維持的な規定を盛り込んだ9カ国条約は，曖昧にルートとヒューズの路線が妥協する中で，伝統的外交原則を確認したにとどまっていた。そのことは日本にとって受け入れが容易となるゆえんであったが，ワシントン会議後にアメリカの対日協調は下降線をたどる。

田中義一の政友会内閣は、山東出兵を3度繰り返して結果的に中国ナショナリズムと敵対し、関東軍による張作霖爆殺事件によって政権の国際的イメージを悪化させた。いっそう致命的であったのは、田中内閣がこの事件に関する軍の責任を問うことができなかった点であった。その点を天皇から叱責された田中首相は辞職したが、軍組織の体面のため不祥事の存在を否認して、下克上の暴走を行う悪癖が1930年代の日本に残されることになる。政党内閣の下で対米協調が最も成熟して、しかもアメリカ側に協力者の手をつかみかけたのは、むしろロンドン会議期ではなかろうか。

　1920年代のアメリカ大統領は概して外交に積極的ではなく、かなりの裁量が国務長官に委ねられていた。その国務長官ですらスティムソンを例外として、東アジアに一貫して関心を示したとは言い難い。こうした中でアメリカ側が高く評価したのは、浜口内閣を含む憲政会一民政党系の政権でつねに外相を務めた幣原であった。幣原は、経済面を中心に日本の国益追求に熱心であり、門戸開放主義の適用を制限することで在華権益を保とうとしていた。また、中ソ対立の単独仲介に示されるように、日本のアジアにおける主導権に意欲的でもあった。それでも幣原が国際的な名声を得たのは、ワシントン体制の創設に参画した国際的な外交指導者であり、相互利益を重んずる合理的な外交観のゆえであろう。外政家として幣原は、外交を内政から切り離して自立的に展開しようとした。外交にも熱意のある政友会と異なり、憲政会や民政党は概して幣原に外交を一任しており、政党として外交を掌握しようとはしなかった。それだけに、民政党の第二次若槻内閣が満州事変という危機に直面すると、脆弱性を露呈することになる。

　こうして日米関係は、あえなくロンドン会議期の絶頂から転落していく。大正デモクラシー最大の悲劇は、外交に対する政党の指導が十分に制度化されないうちに満州事変を迎えてしまったことにある。原敬のような強力な保守政治家は、満州事変に向けての混迷期にこそ不可欠であったのかもしれない（服部，2001；服部，2006）。

●引用・参考文献●

麻田貞雄，1993年『両大戦間の日米関係——海軍と政策決定過程』東京大学出版会。

臼井勝美，1971 年『日中外交史——北伐の時代』塙書房。
臼井勝美，1972 年『日本と中国——大正時代』原書房（近代日本外交史叢書第 7 巻）。
衛藤瀋吉，1968 年『東アジア政治史研究』東京大学出版会。
片桐庸夫，2003 年『太平洋問題調査会の研究——戦間期日本 IPR の活動を中心として』慶應義塾大学出版会。
後藤春美，2006 年『上海をめぐる日英関係 1925-1932 年——日英同盟後の協調と対抗』東京大学出版会。
佐藤元英，1992 年『昭和初期対中国政策の研究——田中内閣の対満蒙政策』原書房（明治百年史叢書 402）。
関静雄，2007 年『ロンドン海軍条約成立史——昭和動乱の序曲』ミネルヴァ書房。
高原秀介，2006 年『ウィルソン外交と日本——理想と現実の間 1913-1921』創文社。
服部龍二，2001 年『東アジア国際環境の変動と日本外交 1918-1931』有斐閣。
服部龍二，2006 年『幣原喜重郎と二十世紀の日本——外交と民主主義』有斐閣。
細谷千博，1988 年『両大戦間の日本外交——1914-1945』岩波書店。
三谷太一郎，1995 年『増補 日本政党政治の形成——原敬の政治指導の展開』東京大学出版会。
簑原俊洋，2002 年『排日移民法と日米関係——「埴原書簡」の真相とその「重大なる結果」』岩波書店。
簑原俊洋，2006 年『カリフォルニア州の排日運動と日米関係——移民問題をめぐる日米摩擦，1906～1921 年』神戸法学双書。
簑原俊洋，2007 年「排日運動と脱欧入亜への契機——移民問題をめぐる日米関係」服部龍二・土田哲夫・後藤春美編『戦間期の東アジア国際政治』中央大学出版部。
山岡道男，1997 年『「太平洋問題調査会」研究』龍溪書舎。
油井大三郎，1989 年『未完の占領改革——アメリカ知識人と捨てられた日本民主化構想』東京大学出版会。
Akami, Tomoko, 2002, *Internationalizing the Pacific: The United States, Japan and the Institute of Pacific Relations in War and Peace, 1919-45*, Routledge.
Daniels, Roger, 1962, *The Politics of Prejudice: The Anti-Japanese Movement in California and the Struggle for Japanese Exclusion*, University of California Press (University of California Publications in History, vol. 71).
Goto-Shibata, Harumi, 1995, *Japan and Britain in Shanghai, 1925-31*, Macmillan Press.
Hirobe, Izumi, 2001, *Japanese Pride, American Prejudice: Modifying the Exclusion Clause of the 1924 Immigration Act*, Stanford University Press.
Iriye, Akira, 1965, *After Imperialism: The Search for a New Order in the Far East, 1921-1931*, Harvard University Press.
Shimazu, Naoko, 1998, *Japan, Race, and Equality: The Racial Equality Proposal of 1919*, Routledge.

⬆カサブランカで会談するローズヴェルト米大統領（左）とチャーチル英首相（1943年1月14日。
写真提供：AP Images）

第5章
日本の戦争とアメリカの不承認 1930年代

　1929（昭和4）年10月，株価の暴落を端緒としてアメリカで始まった大恐慌は，またたく間に世界を呑み込んだ。すでに1927年から金融恐慌に見舞われていた日本が受けた打撃も甚大であった。
　アメリカでは失業率が25％にも上った。日本では「大学は出たけれど」という就職難や欠食児童，農村部で「娘売ります」という事態すら見られた。アメリカでも都市・農村を問わず，貧困層は多大なる苦難を強いられた。どちらがより深刻であったかを断定するのは困難であるが，絶対的には日本の，とりわけ農村部の窮乏が深刻であったことは確かであろう。
　問題は，このような経済的困難が外交政策とどのように関係していたかであ

る。日本ではようやく定着しかけていた政党政治が不安定となり，1930年代には軍部が台頭し，政治を支配するにいたった。その外交政策は，ワシントン体制の枠組みから逸脱するものとなった。

アメリカでは大恐慌に対応できなかったフーヴァー大統領が再選に失敗した後，フランクリン・D. ローズヴェルト政権の下で，いわゆるニューディール政策が開始された。ニューディールは政治的には支持され，アメリカ経済も徐々に上向きに転じたが，結局，景気はアメリカの第二次世界大戦参戦後まで，大恐慌以前の水準には戻らなかった。ただし，注目すべきことに，アメリカの外交が大恐慌の中で外に向かって攻撃的・侵略的になったわけではなかった。第一次世界大戦参戦の経緯とその成果に対する幻滅から，実はアメリカでは徹底した孤立主義が世論を支配し，政権の動きを拘束していた。ローズヴェルト大統領は1930年代後半から，一方でドイツや日本の膨張にいかに対応するかを検討しつつ，他方で世論に対して対独・対日政策をどのように説得するかについて苦慮することになった。特に連邦議会では極端な孤立主義者が強い影響力を発揮し，大統領の外交の手を厳しく縛ったのである。

1930年代から1941年までの日米の外交政策は，ある重要な一点で共通していた。それは，全く違った形とはいえ，政府の意思が鋭く分裂していたことである。日本では首相や内閣の決定，あるいは軍の上層部の意思は，しばしば若手将校や現場の軍人によって無視された。アメリカでは，介入か孤立かをめぐって大統領と議会が正面から対立した。

日本では軍に対する政治の統制は失われ，また大正時代に実現した政党内閣は，五・一五事件という軍による暴力が契機となって崩壊した。内閣は頻繁に交代し，最後は力による解決を求める勢力が主導権を握った。他方，アメリカでは基本的に憲法秩序の枠内で外交政策が決定されたものの，たとえば行政部の外交政策を大きく制約する中立法が，1935年に野党共和党の主導の下に制定された。徐々に参戦への道を模索した行政部と，ヨーロッパとアジアでの戦乱が深刻化する中で，なお孤立主義が根強く存在する議会との間で，アメリカの開戦決定はきわめて困難であった。その時に起きたのが真珠湾攻撃であった。

1　満州事変

満州事変前の中国情勢

　まずは満州事変前の中国情勢を見ておきたい。ケロッグ国務長官時代にアメリカが中国の関税自主権を承認していたのに対して（第4章3参照），日本が中国に関税自主権を承認したのは1930（昭和5）年5月であった。これ以降の列国の対中政策において，治外法権撤廃とともに争点となったのが中国の外債整理であった。この中国外債整理とは，中国の外債をいかに償還させるかという問題である。日本は中国に対して，西原借款など担保のない不確実債権を保有していた（第3章3参照）。しかし中国は，西原借款の償還に否定的であった。

　1930年11月には，南京において債権者会議が開かれた。ここに日米を代表して，重光葵駐華公使とジョンソン駐華公使が出席した。この債権者会議が停滞すると，幣原喜重郎外相はイギリスとの協力を模索した。しかし，確実な債権を保有するイギリスは，日本主導の債権者会議に消極的であった。アメリカには独自の借款構想があったものの，モルガン商会のラモントらはこれに反対し，実施にはいたらなかった。

　それでも幣原は，治外法権撤廃問題を含めて欧米との共同歩調をとる方針であった。他方で重光駐華公使は，西原借款の返還を減額する方向で宋子文財政部長と交渉し，日中提携を試みていた。治外法権撤廃交渉にも示されるように，アメリカではスティムソン国務長官の下で，日本寄りのキャッスル国務次官補と中国寄りのホーンベック極東部長が対立していた（第4章4参照）。キャッスルの立場は幣原に近く，幣原は日本，アメリカ，イギリス3国協調下での治外法権撤廃交渉を持論とした。このため幣原は，ホーンベックと伍朝枢駐米公使がワシントンで2国間交渉を進めていることに批判的であった。そこでキャッスルはホーンベックを説得して，交渉の舞台を中国に移す意向を出淵勝次駐米大使に伝えたのである（Iriye, 1965；服部，2001）。

満州事変

　このような事態を一変させたのが満州事変の勃発であった。関東軍が1931年9月18日に奉天（現在の瀋陽）郊外の柳条湖で満鉄線の一部を自ら爆破し，

それを機に軍事行動を起こして占領地を拡大していったのである。この柳条湖事件は，石原莞爾(いしわらかんじ)や板垣征四郎(いたがきせいしろう)を中心とする関東軍の謀略であった。とりわけ石原が，「西洋ノ代表タル米国ト東洋ノ選手タル日本間ノ争覇戦」という日米最終戦争論，および「国家ヲ駆リテ対外発展ニ突進セシメ途中状況ニヨリ国内ノ改造ヲ断行スル」という外先内後論の立場から満州事変を主導した。

柳条湖事件翌日の9月19日に幣原外相は，外務省で得た各種情報を若槻礼次郎内閣の閣議で朗読した。それは，柳条湖事件が軍部の謀略であることを示唆する奉天総領事からの電報であった。陸軍大臣の南次郎(みなみじろう)は朝鮮軍による増援を切り出せず，若槻内閣は不拡大を決定した。アメリカも幣原による抑制を期待していた。だが，林銑十郎(はやしせんじゅうろう)司令官の率いる朝鮮軍が独断で満州に越境すると，22日の閣議は朝鮮軍への経費支出を承認した。若槻首相は淡泊にも，「出タモノハ仕方カナキニアラスヤ」と述べた。さらに若槻内閣は10月9日に新方針として，日貨排斥の禁止や日中鉄道協定などを含む大綱を日中間に成立させた後に撤兵すると決定した。これに対してキャッスル国務次官は，「日本が満州から鉄道付属地へ撤兵した後にボイコット停止を中国に求めるなら，世界は同情するであろう。だが，その順序を逆にするなら，世界は反日的になる」と出淵駐米大使に説いている。

関東軍が10月初めに満鉄線から離れた錦州(きんしゅう)を爆撃すると，スティムソンは衝撃を受けた。スティムソンは「いまや日本の軍国主義者は世論によってではなく，苦痛を被ることによってのみ正気に戻り得る」と論じて，フーヴァー大統領に対日経済制裁を促した。だが，フーヴァーは経済制裁に慎重であった。中国が錦州に中立地区を設置する案をアメリカ，イギリス，フランスに提示すると，スティムソンは日中交渉に望みをつないだ。キャッスルやホーンベックも，日中間の直接交渉に期待していた。しかし幣原は，中国軍のみならず，張学良の錦州政権をも山海関(さんかいかん)の以西に撤退させようとした。中国は態度を硬化させ，日本との妥結にはいたらなかった。11月中旬には，斉々哈爾(チチハル)侵攻を主張する南陸相と，これに批判的な幣原と若槻が，激論の末に斉々哈爾での傀儡(かいらい)政権樹立後に撤兵することで合意した。幣原が陸軍主導の傀儡政権構想に歩み寄った瞬間であった。幣原は軍部を統制する国際協調路線から遠ざかり，対中政策の主導権が次第に陸軍へと移行した。

11月下旬に日米関係を紛糾させたのが，スティムソンの談話であった。日

本軍が錦州に派遣されつつあるという情報に接したスティムソンは，幣原とフォーブス駐日大使の極秘会談要旨を記者団に公表してしまった。スティムソンが公表した会談要旨とは，日本に錦州進撃の意図はなく，日本政府から関東軍には錦州攻撃を中止させるように伝えてあるというものであった。極東の重大事態に対し軍事力の行使も経済制裁も発動できず，焦燥感を深めるスティムソンとすれば，せめて言葉の操作をもって日本を牽制したつもりであろう。スティムソンの記者会見は日本にも伝わり，幣原はその軽率さに憂憤した。すでに日本の陸軍中央は関東軍に錦州攻撃を中止させていただけに，アメリカの外圧に屈従したかのような印象となった。情報源は幣原にほかならず，幣原は閣議でも南陸相に追及された。幣原に対して軍部や世論の非難は高まっており，政友会との協力内閣運動を進めていた安達謙蔵内相も幣原を批判した。事態を統御できなくなった若槻内閣は，12月に総辞職した。これにともなって，幣原も外務省をあとにした。幣原外交の変質と崩壊によって，ワシントン体制の終幕は日本側から引かれたのである（坂野，1985；服部，2001；服部，2006）。

リットン調査団と日本の連盟脱退

　1931年12月に政友会の犬養毅内閣が成立した時，すでにイギリスは金本位制から離脱していた。日本からは金と外貨が流出していたため，犬養内閣の高橋是清蔵相は直ちに金輸出を再禁止した。日本は金本位制から再び，そして永遠に離脱したのである。景気回復を求める高橋の積極財政が功を奏したこともあって，政友会は1932年2月の総選挙に大勝した。犬養内閣の外相には，駐仏大使の芳沢謙吉が呼び帰された。

　他方，国際連盟の理事会は満州事変について，1931年12月に調査団の現地派遣を決定した。日本軍が1932年1月上旬に錦州を占領すると，スティムソンは不承認の立場を日中に伝えた。このスティムソン・ドクトリンは，9カ国条約や不戦条約に反する行為を承認しないというものであった。スティムソンは同じ内容を9カ国条約の締結国にも通達した。だが，イギリスとフランスの同調は得られなかった。さらに1月下旬になると，上海で日中両国の軍隊が衝突してしまう。この第一次上海事変は，満州から列国の目をそらすことを目的とした田中隆吉少佐の工作を発端とした。公使館付武官補佐官の田中は，関東軍参謀板垣征四郎大佐から依頼され，謀略によって日本人僧侶に対する襲撃

事件を起こしたのである。

　こうして上海では，日本海軍陸戦隊が中国の第19路軍と戦闘状態になった。犬養内閣は陸軍の派遣を決定した。中国が国際連盟に提訴すると，イギリス，フランス，イタリア，ドイツなどは上海で調査委員会を組織した。これにはアメリカも協力している。2月には，イギリス，アメリカ，フランスの駐日大使が戦闘の中止を芳沢外相に求めた。さらにスティムソンは，9カ国条約締結国による会議をイギリスに提起するが，合意にはいたらなかった。結局のところ，第一次上海事変はイギリスの斡旋によって5月に停戦する（Stimson and Bundy, 1948; Ferrell, 1957; Morison, 1960; 斉藤，1987; 臼井，1974）。

　国際連盟から派遣されたリットン調査団は，1932年2月に訪日して，上海や南京，北平（現在の北京），満州各地でも調査を続けた。アメリカからは，スティムソンの旧友であるマッコイ陸軍少将がリットン調査団の委員となった。リットン調査団への抗弁を想定し，重光駐華公使は日中関係をめぐる報告書の作成を急いだ。外務省本省も各種パンフレットを作成し，参与員の吉田伊三郎駐トルコ大使を介してリットン調査団に提出した。リットン調査団は日本や中国での調査を終えて，同年10月には報告書をまとめ上げた。リットン報告書は関東軍の行動を自衛権の行使とみなさず，満州国についても自発的なものではないと結論づけた。他方で報告書は，中国の主権下に自治政府を満州に設置し，そこに連盟主導で外国人顧問を導入して非武装化を進めることも提起していた。報告書は関東軍の行為を不当としつつも，満州地域の問題を解決するために日本の立場に配慮したのであった（Nish, 1993; 臼井，1995; 服部編，2002）。

　この間に日本では，犬養首相が1932年5月の五・一五事件で暗殺され，政党内閣は崩壊した。次の斎藤実内閣は，海軍長老の斎藤を首班として政友会と民政党からも閣僚を起用した挙国一致内閣であり，中間内閣とも称された。内田康哉外相は8月の議会で「国を焦土としても」満州国を承認すると答弁し，「焦土外交」の異名をとった。さらに斎藤内閣は，9月に日満議定書を締結して満州国を承認した。このため日本は，リットン報告書を不服として1933年3月に国際連盟を脱退する。他方でアメリカは，連盟の諮問委員会にオブザーバーを派遣して対日制裁を求めたものの，実施にはいたらなかった。

　1933年5月には塘沽停戦協定が日中間で締結された。これによって長城線（万里の長城）が満州国との国境線とされたため，満州事変の衝撃は一段落する

かに思われた。しかし、アメリカの観点からするなら、日本側が一方的に推し進めた満州事変と満州国の建国を承認する意思はなかった。同年3月に民主党のF.D.ローズヴェルトが大統領に就任してからも、スティムソンの不承認方針は継承されていた。また、日本が連盟を脱退した後も、日本の委任統治は「連盟と協力関係にある非連盟国」という名目で続けられた。南洋諸島には日本人の移民が増加し、同化政策は強化されていた。やがて南洋諸島は太平洋戦争において、日本の戦略的拠点となっていく（酒井，1992；井上，1994；等松，1999）。

2　アメリカの内政・外交の展開

共和主義思想と軽武装の伝統、および軍縮

建国以来アメリカで支配的な思想であった共和主義にとって、常備軍は危険な存在と認識されていた。彼らにとって常備軍とは、かつて植民地時代のアメリカ人を苦しめた英国王ジョージ3世の軍隊であり、人民の自由を脅かすものとみなされてきた。事実であったかどうかは別にして、やや単純化すると、アメリカでは国家を含めコミュニティーの防衛は民兵によるべきものとされており、軍隊は必要が生じた時に一挙に動員され、戦闘が終結すれば直ちに動員解除されるべきものと理解されていた。このような見方は、1920年代、30年代にはまだ根強く残っており、アメリカの安全保障政策に影響を及ぼしていた。実際、アメリカ軍の規模は20世紀初頭まで、イギリス、ドイツ、フランスなどと比較すると小さかった。

そのアメリカが、第一次世界大戦時に選抜徴兵法を制定して、一挙に480万人の軍隊を構築し、208万人の軍隊をヨーロッパに送ったことは、ヨーロッパの国際政治に大きな衝撃を与えた。しかもアメリカは、ヨーロッパの「普通の」帝国主義諸国と異なり、戦争終了後直ちに、世論の要求に応えて一挙に動員解除を行おうとした。ワシントン会議（第4章1参照）のねらいの一部は、この動員解除という自らの基本方針貫徹に際して、次第に目障りになりつつあった日本海軍を縮小に巻き込むことであった。

この時代、アメリカでは基本的にこのような軍備縮小の思想が依然として広く支持されていた。軍事費は非建設的で無駄な支出であるという基本認識は、

ハーディングからフーヴァーにいたるまでの3人の共和党大統領に共有されていた。それについては，その後を襲ったF. D. ローズヴェルト大統領も，少なくとも1930年代前半までは同じであった。

また，国際連盟に対してアメリカ世論は基本的に好意的であったが，共和党政権が加盟問題を葬り去っても，国民の支持を著しく減らすことはなかった。

ただ一ついえるのは，このころのアメリカは，客観的には世界最大の経済大国になっていたにもかかわらず，大国として国際秩序を維持する責任感は持ち合わせていなかったということであろう。そのような自国中心の内向きな態度は，特に議会において顕著であった。その好例が，共和党政権下で伝統的に採用されてきた保護関税である。1922年に制定されたフォードニー＝マッカンバー関税法は，アメリカの関税を史上最高の税率に引き上げたのであった。

大恐慌とニューディール

1920年代以来のアメリカ政府は，極東外交において，共産主義国家となったソ連や革命後の混乱が収束しない中国との比較で，日本を協力者とみなしていた。そもそもイギリス，フランスなどヨーロッパ諸国が，極東でアメリカと全面的に協力する可能性も低かった。また，アメリカの基本的なジレンマは，アメリカが日本に強硬な態度に出ると日本の軍部を刺激してしまい，アメリカが頼りと考える穏健派を弱体化させかねないことであった。満州事変でも，アメリカはこのようなジレンマに逢着していた。

1929年に，当時「最も尊敬されたアメリカ人」とも呼ばれたフーヴァーが大統領に就任したが，その年に大恐慌が勃発して彼は不人気を託つことになる。はたしてフーヴァーは再選に失敗し，1933年3月にローズヴェルト政権が成立した。ローズヴェルト政権の政策は，いくつか重要な点でフーヴァー政権と異なっていた。何よりも緊急事態であった大恐慌について，フーヴァーがその原因は海外にあると考えていたのに対し，ローズヴェルトは原因が国内にあると判断して大胆な国内措置を講じようとした。実際，工業では同じ業種内での価格協定を認めたり，農業では補助金付きの作付面積の削減を断行したりするなど，連邦政府主導で，アメリカ史上きわめて異例の措置をとった。同時にローズヴェルト政権は，国際経済政策，特に為替の安定での協調姿勢を弱め，フーヴァー大統領が重視していた同年のロンドン国際経済会議を不成功に終わら

せた。

ただし、対日関係においては、ローズヴェルトはフーヴァー政権のスティムソン国務長官によって展開された政策を基本的に受け継いだ。大統領就任前の1933年1月9日、彼はハイドパークの自宅にスティムソン国務長官を迎えて、満州に関するフーヴァー政権の対日政策、特にスティムソンの不承認政策を支持することを表明した。

同月17日、彼は側近に対して、「自分はつねに中国に対してこれ以上ないほど深い同情の念を抱いてきた」と語り、日本に対して、スティムソンの政策を踏襲する以外に何をしようというのかと質した。ただし、ローズヴェルトも極東で戦争の危険を冒すつもりは当面なく、日本による武力攻撃を批判する道義的責任を感じていたにすぎなかったと推測される。大統領就任当時、ローズヴェルト政権の優先順位は圧倒的に国内の恐慌対策に置かれていたことを、ここであらためて認識しておく必要があろう。

なお、ローズヴェルト政権で注目すべき人事は、国務長官に任命されたハルであった。南部テネシー州出身のハルは保護関税を嫌悪し、相互的・漸次的な関税引き下げによる自由貿易主義の実現と、それによる国際平和の達成をめざしていた。彼の考えでは、税率をアメリカ史上最高水準に引き上げた1930年のスムート=ホーリー関税法は、まことに愚かな誤りであった。

ローズヴェルト大統領は当初、国内改革と経済ナショナリズムを選択した。しかし、ハルの考え方は歴史的に南部民主党議員によって広く共有されたものであり、南部を拠点に民主党多数議会で支持を広げていった。1934年、アメリカ議会はついに互恵通商協定法を成立させ、相手国と交渉し合意したうえで、大統領に関税を50%を限度として引き下げる権限を与えることになった。アメリカはこの法律を利用し、緩やかな関税引き下げの方針に転換する。このように高関税やブロック経済に反対するローズヴェルト政権の態度は、まさに日本が採用しつつあった排他的経済圏の政策と根本的に異なっていた。

中立主義の呪縛

ところで、アメリカは第一次世界大戦に参戦したものの、1920年代から1930年代にかけて、平和主義団体、女性団体、教会関係者、学生らを中心に、アメリカが参戦したことに対する幻滅感が強まっていた。そのような中、1934

年に『死の商人』と題する本が刊行されて「今月の図書クラブ（Book-of-the-Month Club）」の「今月の推薦図書」にも選定され，こうした反戦感情に火をつけることになった。その結果，上院に特別調査委員会が設置されることになり，そこにいたる過程で主導的な役割を担ったゲラルド・P. ナイ（ノースダコタ州，共和党）上院議員が，少数党所属議員であるにもかかわらず委員長になった。同委員会での調査も，また提出された報告書も『死の商人』と同様，結論として金融業者および武器商人など軍需産業の陰謀による参戦を強く示唆するものであった。報告書はおよそ両者の因果関係を証明するにはほど遠い内容であったが，議会や世論はその示唆に飛び付き，アメリカの軍事的な対外関与に対する反対をいっそう強化することになった。

こうした調査や世論の直接の帰結が，1935年8月に制定された中立法であった。これは，大統領がA国とB国が戦争状態にあることを宣言したら，アメリカは交戦国に武器・軍需品を送ることはできないし，その輸送のためにアメリカの船舶を使用することもできないと定めるものであった。同法は翌年に改正され，交戦国に対する信用貸付も禁止した。さらに1937年には内戦にも適用されるなど，引き続き強化する改正が行われた。

中立法の制定は，1930年代の半ばから後半にかけて，アメリカの世論において，そしてとりわけ議会において，反戦・孤立主義の思想がいかに強い影響力を持っていたかを物語るものであった。これが真珠湾攻撃の日にいたるまで，ローズヴェルト大統領の行動を強く制約することになった。当時のアメリカは，第二次世界大戦後のアメリカと著しく異なる外交思想を持った国であったことを銘記しておく必要がある。ちなみにイギリスは，この中立法は実質的に世界において侵略を奨励する機能を果たすものと受け止め，その改正を望んでいた。

こうした反戦世論は，ローズヴェルト大統領の対外政策にさまざまな形で，直接間接に影響を与えていた。ワシントン海軍軍縮条約（第4章1参照）は締結国のうち一国でも拒否すれば1936年に終了することになっており，日本が米英とのパリティー（同等）が認められないかぎり拒否することは，1934年初めの段階では確実と思われた。1934年2月，ローズヴェルトはイギリス側と次のような意見を交換していた。英米が同一歩調をとること。各国の総トン数を20％削減したうえで，10年間条約を延長する。日本が拒否した場合には，米英は5年間の延長を提案する。もし日本がこれも拒否した場合には，米英は

条約の義務を継続するが，総トン数は日本の動向次第で増減させる。これは，一方で日本を警戒しつつ，他方でアメリカ国内，特に議会で強力であった反戦・孤立主義の世論に訴えることによって，軍備拡大競争の責任を日本に負わせようとする方策であった。

隔離演説前後

盧溝橋事件（本章3参照）勃発当時，アメリカは自国民保護を目的として，かねてから上海などに約2300人の規模の軍隊を駐留させていた。事件後，議会の孤立主義者や民間の平和主義団体は，アメリカが日中の紛争に巻き込まれるのを防ぐために（まさに「巻き込まれ論」であった），撤退を要求し始めた。当初，大統領は1200人の海兵隊を追加的に派遣したが，同時に可能なかぎり早期に撤退させる意向を表明した。アメリカ市民の帰国支援のために海軍はさらなる増員を求めたが，大統領は日本と国内の平和団体を刺激することを避けて，それに応じなかった。このあたりからも，当時のアメリカ国内の反戦的な雰囲気を感じ取ることができよう。

ローズヴェルトにとってより深刻な問題であったのは，はたしてこの日中戦争に対して中立法を適用するか否かであった。適用は，アメリカの武器や融資を必要とする中国を不利な状況に追いやるであろう。他方，孤立主義勢力はその適用を要求していた。

このような中でハル国務長官らは，国内で高まる孤立主義感情に対抗するために，国際的協力について演説を行う必要を大統領に説き，大統領もそれを受け入れた。これが，1937年10月5日にシカゴで行われた「隔離演説」の背景である。当初から国内対策が一つの大きな目的であったと言えよう。

同時に大統領は，将来的に侵略国に対して通商や資源の提供等を停止するなどして孤立させる方法を模索していた。ただ，彼はその考えを同時期のスペイン内戦（1936-39年）や日中戦争に適用することは考えておらず，むしろ侵略国に対する警告という意味で考えていた可能性が高い。

「隔離演説」において大統領は，特定の国を名指しすることこそなかったものの，侵略を非難し，アメリカ国民に向けてアメリカ自身が攻撃される可能性があると警告し，平和を愛する諸国が協力して侵略国を「隔離」する必要を説いた。大統領自身が直後に述べたように，「アメリカは積極的に平和の追求に

従事している」と述べた演説の末尾が，特に国内世論との関係で重要であった。ちなみに，ローズヴェルトは演説の一節で，「戦争は，宣言されていようといまいと，伝染性がある」と述べており，戦争であると認定する宣言が出されていなくとも，アメリカ政府は日中の紛争を実質的に伝染性の強い侵略戦争に等しいとみなしていると強く示唆していた。

3　日中戦争から日米開戦まで

貿易戦争と「東亜新秩序」

　塘沽停戦協定の成立によって満州事変は一応の収束を迎えた（本章1参照）が，その一方で，国際環境は一段と厳しいものになった。大恐慌とその後の貿易戦争によって，国際貿易体制の崩壊が始まったのである。

　日本は第一次世界大戦後，5大国の一つに数えられ，アメリカ・イギリスに次ぐ海軍国になった。しかし，当時の日本の経済力，特に工業力は貧弱であり，まだ農業と繊維工業が中心であった。そうした中にあって，日本は逸早く大恐慌からの脱出に成功した。その最大の要因は，低為替政策を梃子にした綿製品輸出の急激な拡大であった。だが，それは激烈な貿易戦争を招くことになった。インド，オーストラリアなどの英領地域をはじめ，世界各地で日本綿製品の流入阻止，排斥の動きが広がり，対日輸入割当制の導入や高関税によって，日本は1937（昭和12）年までに次々と海外市場を狭められた。こうした国際貿易戦争の結果は，輸出主導で経済成長をとげてきた日本にとって死活問題となり，その後，日本が植民地などを「持てる国」と「持たざる国」の間の格差を訴え，さらには既存の国際秩序の不当性とその打破を訴える土壌を形成する。

　日本の国内政治にも嵐が続いた。1932年5月に起こった五・一五事件によって政党政治が崩壊し，その後の日本は軍国主義の色彩を強めていた。海軍では，1930年のロンドン海軍軍縮会議（第4章4参照）を機に，ワシントン体制を支持する条約派と，これに反対する艦隊派による内部対立が激化し，1933年から1934年にかけての条約派排斥人事の結果，艦隊派が海軍内での主導権を握った。こうした動きを反映して日本は，1935年12月から開催された第二次ロンドン海軍会議において，軍縮会議からの脱退を表明し，翌36年末にワシントン・ロンドン両海軍軍縮条約は失効した。これによってワシントン体制

は，海軍軍縮においても崩壊することになり，東アジアにおける国際協調の枠組みは，ほぼ全面的に失われた。

　日本陸軍内では，復古主義的な皇道派と，全体主義的な統制派に分かれての激烈な内部抗争が発生した。この対立は，1936年2月に発生した二・二六事件の結果，皇道派が解体されることで終焉した。この事件の後，陸軍による政治・外交への介入はさらに進み，常態化していくことになる。すなわち，日本では1936年の初めまでに軍部が政党に取って代わる政治勢力となり，軍部による政治支配が波状的に強化されていった。

　1933年の塘沽停戦協定をもって日本軍の大陸進出は終わらなかった。1935年以降，華北地域に「満州国」の緩衝地帯としての価値を見出した日本陸軍が，同地域の掌握をめざして華北分離工作を開始したのである。二・二六事件が発生するのはそうした最中であり，同事件の結果，新たに広田弘毅内閣が成立すると，陸軍は華北分離工作を国策として認めさせた。

　当然のことながら華北分離工作は中国側の反発を招き，1935年以降，在留邦人および官憲に対するテロが頻発することになった。そのため，1937年2月に成立した林銑十郎内閣の佐藤尚武外相は華北分離工作を中止させた。しかし，同内閣は4カ月余りで倒れ，代わって成立した近衛文麿内閣の時期に華北分離工作は再開される。他方，中国側では1936年12月に起こった西安事件の結果，国民党と共産党の内戦状態に終止符が打たれ，華北分離工作を進める日本に対して抗日統一戦線が結成された。盧溝橋事件が起こったのは，こうした状況においてであった。

　1937年7月7日夜に北平郊外の盧溝橋付近で発生した偶発的な発砲事件は，日中間の全面的な武力衝突に発展した。日中双方は，アメリカの中立法適用を回避するために宣戦布告こそしなかったが，事実上の全面戦争（日中戦争）に突入したのである。日本陸軍には，軍事的な大打撃を与えて蔣介石政府に，懸案となっていた華北問題の一挙解決を受諾させる考えが強まった。そのため短期決戦を望んだ日本側であったが，中国軍は緒戦から決戦を避けて内陸部に退却する戦略をとった。日本軍は中国全土に戦線を拡大させながら，中国軍との決戦を行うことができなかった。

　南京陥落の前日1937年12月12日，日本軍は空爆によってアメリカの砲艦パネー号を揚子江において撃沈した。アメリカ政府は強硬に抗議し，ローズヴ

ェルト自身，日本の在米資産没収，経済制裁，海上封鎖などを検討した。対米関係の悪化を恐れた日本が速やかに陳謝し，補償にも全面的に応じたため，緊張は緩和した。同時に重要なのは，アメリカ国内で，このような事件の再発を防ぐために，早急にアメリカ船を戦闘地域から撤収させることを政府に要求する世論が生まれたことである。ある上院議員は，この時点で日本との開戦に賛成票を投ずる上院議員は一人もいないであろうと断言した。国民投票を導入して開戦の権限を議会から国民に移す憲法修正案が提案され，不成立に終わったものの，多くの賛成票が投じられた。1938年初頭にはアメリカの多くの新聞の論説が，日本に以前より好意的になり，中国に対して厳しくなった。しかし，まさに日本のその後の行動がそのような流れを変えてしまう。

　この間，近衛文麿首相は1938年1月に中国政府を否認する声明（「爾後国民政府を対手とせず」）を出し，交渉の道を閉ざした。1938年10月の広東作戦終了の時点で，日本軍は華北から華南にいたる広大な占領地を確保していた。そして，そうした状況を背景にして同年11月，近衛内閣は「東亜新秩序」声明を発表した。満州事変と「満州国」の建国に際して日本は，ワシントン体制の修正であるという立場をとっていた。しかし，この声明を発表するにいたって日本は，ワシントン体制の否定と解体を内外に宣言し，「日満支」からなる独自の地域秩序の建設を日中戦争の目的として掲げることになったのである。だが，このような力による一方的な地域秩序の変更は，米英との対立を決定的なものとした。

　日中戦争の軍事的結着はほぼ不可能となり，1939年1月，近衛内閣は総辞職し，平沼騏一郎内閣に代わった。

ヨーロッパ情勢と南進政策

　満州事変にせよ華北分離工作にせよ，その背景には，反共と地政学的利害が交錯した対ソ政策，具体的には対ソ戦争が強く意識されていた。満州事変の首謀者であった関東軍の石原莞爾参謀は，満州事変を対米戦争の準備と位置づけていた。近隣アジアへの軍事行動にのめり込んで国際的に孤立化する日本は，その一方で同志を求めた。1936年11月に日独防共協定が締結され，翌年11月にはイタリアもこれに加入した。

　一方，日本国内では，戦争が膠着状態に陥っている原因は中国政府に対す

るイギリスの支援である，という認識が次第に定着した。その結果，戦争を解決するためにはイギリスを屈服させなければならないという主張が強まった。その具体策として，1938年秋ごろ防共協定を対英軍事同盟にするという構想が生まれる。だが，この構想は，ドイツが1939年8月に独ソ不可侵条約を締結したことで自然消滅した。

他方，日本政府は直接的な対英圧迫も試みた。1939年7月に有田・クレーギー協定を成立させて，いったんイギリスから事実上の「東亜新秩序」承認を勝ち取ったのである。しかし，こうしてイギリスから譲歩を勝ち取った日本の前に立ちふさがったのはアメリカであった。

日中戦争の拡大と長期化は，日本経済の軍事化を促し，輸入を増大させて外貨獲得力の減退を招いた。経済的な自給圏の建設と目されていた「東亜新秩序」であったが，実際には戦争経済の進展によって日本はアメリカの機械や資源をいっそう必要とするにいたり，対米依存度を高めるという自己矛盾に陥ったのである。日中戦争を「事変」と称して，日本政府がアメリカの中立法適用を回避し，対米関係の悪化を懸念していた背景には，こうした事情が存在していた。このような状況を把握していたアメリカ政府は，まずこの点を突くことで日本の動きを牽制した。有田・クレーギー協定の成立直後に，アメリカ政府は日米通商航海条約の廃棄通告を行って，対日経済制裁への道を開いたのである。

他方，日本政府は，米英が反対する「東亜新秩序」建設の是非を問い直す必要に迫られた。独ソ不可侵条約に際し，ヨーロッパ情勢は複雑怪奇と声明して退陣した平沼騏一郎内閣の後を継いで1939年8月に阿部信行内閣（外相は当初，阿部首相兼摂，後に野村吉三郎）が，次いで1940年1月には米内光政内閣（外相は有田八郎）が，それぞれ枢軸路線から親米英への外交路線転換を期待されて成立した。しかし，いずれの内閣でも「東亜新秩序」の建設放棄は検討さえされなかった。逆に，対抗策として経済における対米依存体質の是正・脱却が模索されることになり，東南アジア地域との経済関係強化という方向に傾斜するのである。

またこの間，1939年9月に勃発したヨーロッパ戦争（第二次世界大戦）では，1940年春，ドイツが西部戦線で電撃的成果をあげて，6月末までにイギリスを除く中部および西部ヨーロッパのほぼ全域を制圧した。そして，こうした展開

はアジア地図を塗り替えることになった。東南アジアがイギリス，フランス，オランダの植民地によって占められていたためである。このうちオランダとフランスは降伏しており，孤立無援となったイギリスもドイツの猛攻に苦戦を続けていた。こうした中で日本では，ドイツ・イタリア側に立って参戦して，大英帝国の解体に協力し，その報酬として西ヨーロッパ諸国の東南アジア植民地を奪取する，という南進論が浮上することになった。

松岡外交の展開

こうした中，1940年7月に第二次近衛文麿内閣が成立した。その外相松岡洋右の手によって，南進政策が追求されることになった。国内の強硬な世論を背景にした松岡のねらいは，「東亜新秩序」に資源の豊かな東南アジアを組み込んで「大東亜共栄圏」を作り上げ，日本の政治的および経済的自立性を高めることにあった。こうした構想は，満州事変以来の現状打破政策の帰結であった。その実現のために攻めの外交を志向した松岡は，まず同年9月に北部仏印（フランス領インドシナ）への兵力進駐を実現させて南進への第一歩を踏み出した。その直後に日独伊三国同盟を成立させると，次いで日ソ不可侵条約の締結をはかった。松岡の戦略は，三国同盟の軍事的威圧を用いてソ連に日ソ不可侵条約締結を迫り，日本の南方進出への環境を整えることであった。そしてその一方で，大英帝国の解体をねらう三国同盟陣営への同調をソ連に強要し，対英政策に関して協力を強いるというものであった。松岡は，同様の構想を持っていたドイツと連携してこうした構想の実現をはかったのであるが，ドイツは1940年11月の時点でこの構想を断念し，対英戦を中断して対ソ開戦に踏み切る決断を下した。しかし，松岡をはじめ日本側はこうした決定を知らされず，翌1941年3月に松岡が訪欧するまでその事実を把握できなかった。

他方，第二次近衛内閣の成立に先立ってアメリカは，1940年6月から日本の南進政策を牽制する措置を講じ始めていた。スターク案，第三次ヴィンソン案といった大量建艦法案を成立させ，さらに太平洋艦隊をハワイに常駐させることで軍事的に日本を牽制する一方，重要物資の輸出を許可制にすることで，経済的にも日本を牽制していた。その後，第二次近衛内閣が成立して南進政策の追求を開始すると，アメリカ政府は対日圧力を強化していく。日本が1940年9月に北部仏印進駐と三国同盟締結に踏み切ると，アメリカ政府は直ちに屑

鉄の対日輸出禁止を発動した。その後，翌年にいたるまで段階的に禁輸物資の品目を拡大させていく。松岡は，こうしたアメリカの経済制裁が日本経済を窒息させることを強く懸念しており，そのため9月の三国同盟締結以降，アメリカを刺激する行為をいっさい慎んだ。

だが，三国同盟締結後におけるアメリカの対日制裁による圧力は，逆に軍部の態度を硬化させることになり，陸海軍は物資確保のための南進政策へとさらに傾斜する結果となった。陸海軍は，11月に発生したタイと仏印との国境紛争の調停を通じて，同地域の掌握をはかろうとした。しかしそうした試みは，アメリカの反発を招くとする松岡の反対によって阻止された。

他方，軍部とは異なる方法で南進政策の追求をはかる松岡は，翌1941年3月から約1ヵ月間にわたる訪欧に出かけた。ソ連を三国同盟に同調させることで反英統一戦線の体裁を整えようとしたのであったが，これはドイツの対ソ政策転換によって挫折した。しかし，それでも松岡は，訪欧からの帰途にモスクワで対ソ交渉に臨み，4月に日ソ中立条約を成立させた。

この局面を迎えて松岡のねらいは，破綻が明白となっていた南進政策ではなく，その放棄を代償にしたアメリカとの妥協に移っていた。大英帝国の解体をねらって展開された松岡外交であったが，1941年以降，松岡にとって重要となっていたのは，むしろ，日本に対する経済的な生殺与奪権を握っていたアメリカとの妥協であった。振り返れば，日中戦争の過程で発生していた日英対立は，日本の南進政策によってアジア・太平洋をめぐる日本対米英の対立へと拡大し，最終的には日米対立という図式に帰結していた。三国同盟締結後，アジア・太平洋地域に対するアメリカの介入姿勢は明確になっており，日本が資源確保をめざして南方への武力進出を行えば日米戦争を惹起するという展開は，疑問の余地がなかった。日米戦争は絶対に不可であると考える松岡は，対ソ関係を安定化させたうえであえて南進政策を放棄する形をとることで，アメリカに譲歩を求めて妥協をはかろうとしていたのであった。

こうした松岡の戦略とは別個に，1940年末以降，近衛首相もアメリカとの妥協を模索していた。そしてその動きは，翌1941年4月に完成した「日米諒解案」として形を現した。しかし，訪欧から帰国した松岡は，同案にもとづいた日米妥協に激しく反対した。そして6月に独ソ戦が勃発すると，松岡は南進政策の放棄と対ソ即時参戦，すなわち北進政策への転向を主張するにいたった。

Column⑧　ミュンヘンとパールハーバー

　1938年9月のミュンヘン協定と1941年12月のパールハーバー（ハワイ真珠湾）奇襲とは，第二次世界大戦参戦以降のアメリカ人の対外政策思考の形成に影響を及ぼした，二つの主要なできごとであった。ただしこの二つのできごとが，それらが起こった時点でアメリカ人に与えた衝撃は対照的に異なる。

　ミュンヘン協定は，当時の一般のアメリカ人にとって遠いところで起こったアメリカとは関係のないできごとであり，大きな関心事ではなかった。もちろん，F.D.ローズヴェルト大統領や彼の対外関係閣僚たちはヨーロッパ情勢に注目していたが，協定成立前，彼らが最も恐れていたのは，ヨーロッパに大戦が起こることであり，それゆえ彼らはイギリスのネヴィル・チェンバレン首相の外交努力を評価し，ミュンヘン協定の成立によってヨーロッパの戦争が回避されたことに安堵した。大戦勃発後も西部戦線が小康状態にある時期には，アメリカ政府は中立国として交戦国に戦争の収束を働きかける外交を試みた。アメリカ指導層が宥和政策と孤立政策との失敗の教訓を痛切に意識するのは，1940年春にドイツが西ヨーロッパで「電撃戦」を開始し，6月にフランスを屈服させてからである。こうしてミュンヘンの教訓という言葉は，第二次世界大戦後にアメリカの外交エリートの間で，軍事力の活用を含む強い対応を主張する際に繰り返し用いられることになる。

　ハワイのパールハーバーはアメリカ本土からは離れていたが，アメリカの領土にある重要な海軍基地であり，日本の機動部隊の奇襲攻撃によってそこに停泊していた主力艦群が壊滅的被害を受けたことは，国民全体にとって衝撃的な事件であった。この攻撃は国交断絶通告もなしに行われた大規模な奇襲であったから，日本はアメリカの明白な敵になっただけでなく，「卑劣極まりない」不意打ちを仕掛けた敵とみなされたのである。それは，直ちに国民的結束をもってアメリカを第二次世界大戦に引き入れただけでなく，アメリカ人の国際政治観を大きく変えた。パールハーバーの衝撃は，アメリカでまだ若干の影響力を持っていた1930年代の孤立主義的平和主義を一掃し，アメリカはこの戦争に勝利するだけでなく，戦後も世界秩序の主要な維持者として行動しなければならないという考えを，国民的認識にしたのである。「黒船」の衝撃が

　第一次世界大戦時の教訓から対米不信感を持っていた松岡は，アメリカとの妥協よりも独ソ戦を好機とした北進政策の方が日本にとって利益が大きいと判断したのである。

　他方，軍部は，松岡が訪欧していた間に再び南部仏印の掌握を画策するようになり，松岡の帰国後，その実現をはかり始めた。その結果，独ソ戦勃発後，対米妥協を進めたい近衛首相，南部仏印への兵力進駐を実現させて南進政策をさらに進展させたい軍部，そして北進政策への転向を主張する松岡外相の鼎立

平和的鎖国国家日本を文明開化、そして富国強兵の道へと引き出したとすれば、パールハーバーの衝撃は、1930年代の孤立主義的平和国家アメリカから戦後の軍事的超大国アメリカへの転換を決定的にした転機であった。

冷戦時代のアメリカでは、パールハーバーの比喩よりもミュンヘンの比喩の方が多く援用された。冷戦期の封じ込め政策の実行には、ここで止めておかなければという意味で、ミュンヘンの教訓への言及が適していたからである。しかし、冷戦期にもソ連からの先制攻撃の可能性や自国に不都合な予想外の事件についての議論には、パールハーバーの比喩がしばしば登場した。日本は戦後まもなく民主主義国として再生し、冷戦期にはアジアにおけるアメリカの重要な同盟国となったから、アメリカではことさらにパールハーバーの記憶が日米関係に関して持ち出されることはなかった。しかし、それはいつでも蘇りうる休火山であった。1980年代後半から1990年代前半にかけて、ソ連の変化により米ソ冷戦が終息に向かい、他方、日本の経済力・技術力がアメリカの脅威とみなされた時期には、日本の経済的対米進出についてパールハーバーの比喩が盛んに用いられたのである。1990年代後半になって日本の経済の低迷が歴然たる事実になるとともに、日米関係についてパールハーバーの比喩が援用されることはなくなったが、21世紀初頭になって、アメリカ人に60年前のパールハーバーの記憶を鮮烈に蘇らせる事件が起こった。

2001年の9.11同時多発テロ事件（第11章4参照）が起こった時、G. W. ブッシュ大統領を含めて、アメリカ人の多くはパールハーバーを連想した。ブッシュ大統領自身、「21世紀のパールハーバーが今日起こった」と日記に記したという。彼の政府に率いられて、アメリカは反テロ戦争を武力による戦争とし、「ならず者国家」への先制攻撃をも正当化して、イラク攻撃に踏み切り、フセイン後のイラクの混乱の泥沼にはまり込んだ。パールハーバーの連想が、テロとの戦争とは主として非軍事的手段によってテロ勢力を孤立させ封じ込めるべきものであることを、アメリカ人に忘れさせたということであろうか。

【有賀 貞】

状態が出現する。結局、突飛な主張を展開した松岡外相は、7月に行われた第三次近衛内閣への内閣改造によって閣外に放逐され、北進政策は否定された。対米衝突を回避しながら「大東亜共栄圏」を作り上げようとした松岡外交であったが、頼みとしたドイツに翻弄され、結果的に対米関係の悪化のみが残されたのである。

その後、第三次近衛内閣の下で対米妥協の模索が続けられるが、その一方では、同内閣成立後間もなく、軍部の意に従って南部仏印への兵力進駐が実施さ

れた。そして，これが日本の対米関係，否，日本の歴史にとって致命的な打撃を招くことになったのである。

アメリカにとってのドイツと日本

　日本人はアメリカの外交を，とかく日本との関係に限定して見がちである。しかし，ローズヴェルト政権にとっては，1930年代末から真珠湾攻撃にかけて何よりもヒトラー率いるドイツが最大の脅威であり，それと比べると日本の脅威は低く評価されていた。重要性においても日本問題は第二義的であった。

　1939年7月，ハル国務長官は日米通商航海条約が翌年1月に失効することを日本に通告した。これについては，日本をヒトラー側に追いやり，日米戦争の引き金になりかねない措置であるとする見方も存在したが，ローズヴェルト自身はますますヨーロッパ情勢に注意を奪われていた。大統領の意図も，日本に対して自らの弱さ，特に本気になったアメリカの軍事的・経済的圧力に直面した場合の日本の脆弱性を認識させ，東亜新秩序を断念させることにあった。そうなれば，アメリカはヨーロッパ問題に専念できる。アメリカから見ると，日本が中国との戦争に深入りすればするほど，アメリカに対する依存も高まるように見えた。1939年9月の第二次世界大戦の開始は，さらにヨーロッパ情勢の重要性を高めることになった。

　ただし，ここでもローズヴェルト大統領にとっての障害は，依然として孤立主義的感情の強い議会であった。航空戦力を大幅に増強するための措置などでは協力を得られたものの，平時としてはアメリカ史上最初の選抜徴兵制導入のための法案（1940年9月）は，僅差で通過したにすぎない。翌年に同法が更新された際の下院での票差は，わずか1票であった。

　そのような中，1940年9月に締結された日独伊三国軍事同盟は，ローズヴェルト政権に大きな衝撃を与えた。これまで別々の脅威と考えていたドイツと日本が同一の脅威となりうる事態が発生し，アメリカはヨーロッパとアジア双方で同時に戦争をすることを強いられる可能性が生まれたからである。この後の日米交渉において，アメリカ側は日本に対し執拗にこの軍事同盟からの離脱ないしその骨抜きを要求することになる。

　当時のアメリカの軍備状況では，ヨーロッパとアジアで同時に軍事介入することは困難であった。そのためローズヴェルト大統領は，潜在的に巨大な経済

力を保持していたものの，限られた軍備状況と孤立主義的世論そして中立法という厳しい制約条件の下で，ヨーロッパとアジアの危機に対処せざるをえなかった。ローズヴェルト政権は，国内的には自国防衛の名目で大規模建艦計画の推進や，上でふれた選抜徴兵制の施行などによって参戦への準備を整える一方，対外的にはヨーロッパ第一主義をとってイギリス支援に重点をおいた。1940年9月には基地・駆逐艦交換協定を結んで50隻の旧式駆逐艦をイギリスに供与し，翌1941年3月には武器貸与法を成立させて，交戦国であるイギリスへの武器「貸与」を可能にした。これらの施策によってローズヴェルト政権は，ドイツへの孤独な抗戦を持続するイギリスへの支援を実施することができた。

中国を軍事的・財政的に支援することも，日本を抑止し，また疲弊させるための重要な手段の一つであった。アメリカは1940年12月に，中国政府に対する1億ドルの借款供与を決定した。武器貸与法成立後直ちに，中国へも同法が適用されることをローズヴェルトは中国に約束した。大統領はさらに，アメリカの軍人が辞職し，義勇軍としていわば中国空軍パイロットとなることを許可した。アメリカは，このような中国政府への支援によって中国の対日抗戦を持続させ，日本の南進政策を妨害する一方，1941年4月からは日米交渉を開始して日本との妥協を模索し，同時に開戦を先延ばししようとしたのである。

ローズヴェルトはこのような政策を実施するのと同時に，海外の国民に向け，そしてそれ以上にアメリカ国民に向けて，イギリスを支援する意義と理念も語り始めていた。1941年1月の年頭教書において，言論の自由，信仰の自由，欠乏からの自由，そして恐怖からの自由という「四つの自由」を語り，アメリカのめざす世界とナチスの圧政との違いを強調した。そして同年8月，ローズヴェルトはチャーチル英首相と初めて会談し，アメリカ，イギリス両国の協力関係を確認した大西洋憲章を発表した。すでに1940年6月にフランスがドイツに敗北し，ますます苦境に陥ったイギリスはアメリカからの援助を必要としていた。憲章では，民族自決，自由な通商，公海の自由などを謳い，さらに具体的にナチスを名指しして，「ナチ暴政の最終的破壊の後，両者〔アメリカとイギリス〕は，すべての国民に対して，各自の国境内において安全に居住することを可能とし，かつ，すべての国のすべての人類が恐怖及び欠乏から解放されてその生命を全うすることを保障するような平和が確立されることを希望する」と宣言した。

このように、ナチスに対するアメリカとイギリスは、理念や価値観において多くを共有していたが、憲章は両国の利害の相克も暗示していた。「すべての国に対して、その経済的繁栄に必要な世界の通商及び原料の均等な解放がなされるよう努力する」という一文は、イギリス植民地にも適用可能であったし、「すべての国民に対して、彼等がその下で生活する政体を選択する権利を尊重する」という表現には、イギリスのブロック経済を解体しようというアメリカの意図が込められていた。これはまさに、ローズヴェルトがチャーチルを説き伏せて文章化したものであった。両国の間にはこのように深刻な利害対立も存在しており、基本的にはアメリカが優位な立場から自らの主張を押し通していた。

　ただし、アメリカの政策の基本はあくまでイギリス支援であった。中国に対する援助すら、それに比べると第二義的であった。すでに述べたように、1941年3月には武器貸与法が成立し、前年12月にローズヴェルトが炉辺談話で表明した、アメリカは「民主主義の兵器廠（へいきしょう）」たらねばならぬという決意を具体化した。この法律は、大統領の判断でアメリカの防衛に必要と認められる国には、武器等を売却するばかりか貸与すること、また場合によっては無償供与することも認めていた。それまで、アメリカの安全保障政策は大統領主導で、大統領権限を根拠に推進されてきた。そして議会はその前に立ちはだかり、軍備増強の例のように大統領が説得に成功した場合もあったが、その成績は芳しくなかった。その中にあって武器貸与法は、ローズヴェルトが議会から勝ち取った、貴重にしてきわめて重要な成果なのであった。

　ちなみに当時の世論は、世論調査がどの程度信用できるかどうかは別として、1941年夏の時点でおよそ75％が親英的であった。ローズヴェルト自身は、自分の外交を国民の45％は支持してくれているが、議会ではそれは25％のみであると嘆いていた。「私は戦争をすることはできますが、戦争の宣言はできないのです。それは議会の孤立主義勢力が反対するからです。しかし、私は挑発的になっていきます。小さなこぜりあいが戦争に行き着くように、ありとあらゆる努力を行っていきたいと考えています」。ローズヴェルト大統領は1941年8月、チャーチルに宛ててこのように記していた。たとえば、彼は国民に対してイギリスの輸送船を守るつもりはないと語っておきながら、それに護衛船を付けた。また、1941年11月には、アメリカ船は武装して自ら物品をイギリス

に輸送していた。同年10月にはアメリカの軍艦3隻が北大西洋でドイツによって攻撃され，1隻が撃沈されて172人が死亡した。ローズヴェルトは，これを契機に中立法の廃棄を求めようとしていた。これがまさに真珠湾攻撃前夜の状況であった。

日米妥協の失敗と太平洋戦争の勃発

1940年の6月以降，アメリカ政府は，日本の南進政策を牽制するよう段階的に経済制裁を発動していた。ただ石油の禁輸は，日本を南進政策に追い込むことになるとして対象品目から除外されていた。しかし，日米間で妥協が模索されている中で1941年7月に日本が南部仏印進駐を行うと，アメリカ政府は直ちに日本の在米資産凍結と石油の全面禁輸を発動した。イギリスとオランダもこれに続いた。これによって日本は事実上いっさいの貿易が不可能となり，経済的に窒息状態に陥った。前年来，日本の軍部は南部仏印への兵力進駐を求めていたが，それは，南部仏印への進駐が戦争をともなわないものであるかぎり米英の強硬な反発は招かない，という判断に立っていた。軍部は，米英の態度を完全に読み誤ったのである。その結果，日本としては，資産凍結の解除などを求めるために南進政策を放棄するか，石油をはじめとする物資を求めて東南アジアへの武力進出をはかるほかなくなった。当然のことながら，東南アジアへの武力進出は米英との戦争を意味した。

日本政府としても軍部としても，米英との開戦に踏み切るにしても勝算があるわけではなかった。そのため，豊田貞次郎を新外相に据えて1941年7月に成立した第三次近衛内閣は，その後もアメリカとの妥協を模索した。ただその交渉には，時間的制限が課されることになった。それは，逼迫した日本側の物資状況と，他方で進むアメリカの軍備増強ゆえであった。全面禁輸発動によって石油を確保する途が絶たれた以上，日本は備蓄によってこれを賄うほかなくなったが，これも1年程度で底をつくことが明らかであった。艦艇や航空機の血液たる石油の備蓄が底をつけば，開戦すら不可能となる。そのため，もし対米開戦するならば早期に決断する必要があった。

また，こうした物資の問題とともに，日米間の兵力差も意識された。1941年12月8日の時点で，日本海軍の戦力はアメリカ海軍太平洋艦隊に対して若干優勢にあり，イギリス東洋艦隊やオーストラリア海軍などを加えたとしても，

Column⑨　日米情報戦——開戦前の暗号解読の実態

　太平洋戦争の火蓋が真珠湾で切られる前，水面下ではもう一つの攻防戦がすでに繰り広げられていた。相手の腹の内を探ろうとする日米情報戦である。この前哨戦において「日本は，アメリカに完敗した」というのが長らく通説であった。だが，ここ数年の相次ぐ新史料の発見によって，戦前の日本もアメリカと同様に高度な暗号解読技術を保持し，アメリカの機密外交文書を手にしていたという事実が明らかとなった。

　アメリカは第一次世界大戦中の1917年に，国務省を管轄とする軍情報部第八課（MI-8，通称ブラック・チェンバー）という暗号解読に特化した最初の専門機関を創設し，そのトップには「アメリカ暗号解読の父」と称されるヤードレーが任命された。彼のチームは，見事に周囲の期待に応え，日本の外交暗号の解読に成功した。その結果，1921年のワシントン会議時には，日本政府の内々の譲歩の意向はアメリカ側の知るところとなった。

　こうした輝かしい成果を上げたMI-8であったが，1929年に国務長官に就任したスティムソンは，国際道義に反する行為に国務省が携わることを憂慮したため，同組織の解散を突如命じた。代わって，陸軍省が通信隊情報部（SIS）という新組織を発足させ，「暗号の天才」として知られるフリードマンの指揮下でアメリカの暗号解読組織はその命脈を保つことになった。なお，アメリカにはSISのほかに，OP-20-Gと呼ばれる海軍の解読機関があった。第一次世界大戦後，海軍省はサフォード中尉の下で，陸軍とは別に日本の外交暗号の解読を独自に行っていた。このチームが得意とした手法は「盗読」であり，工作員がニューヨークの日本総領事館にたびたび潜入して，金庫に保管されていた暗号書の盗写を行った。

　ライバル関係にあった陸海軍の両組織は，満州事変を契機に協力関係を築くことになり，OP-20-Gは日本海軍の暗号を，SISは外務省暗号をそれぞれ担当することになったため，解読作業は飛躍的に効率化した。その結果，外務省が九十七式欧文印字機という13の主要在外公館のみで使用される高度な機械式暗号を導入した後も，アメリカは解読に成功し，日米交渉において日本の手の内はアメリカに筒抜けになった。こうした対日暗号解読情報の総称が「マジック」である。

　他方の日本は，アメリカより遅れること4年，1921（大正10）年に陸軍・海軍・外務・逓信の4省からなる「四省連合研究会」を発足させて，暗号解読に取り組んだ。

　日本の兵力は優位な状況にあった。だが，こうした優位性は，国力における絶望的なまでの格差によって覆されようとしていた。1941年における主要物資について日米の生産力を比較してみると，アメリカの生産力は，石炭については日本の9.3倍，銑鉄と鉄鋼は12倍，鉄鉱石は74倍，そして石油にいたっては実に527.9倍という圧倒的な格差があり，生産力全体の平均値としては77.9倍もの格差が存在していたのである。

新国家ソ連の誕生に刺激された陸軍は，1923年にポーランド陸軍の情報将校であったコワレスキー大尉を参謀本部に招聘して3カ月の講習を行わせ，翌年には，数名の陸軍将校をポーランドに半年間留学させて暗号解析のノウハウを習得させた。その成果はすぐに表れ，中国政府の外交暗号やソ連国境警備隊の暗号などが解読できるようになった。

1928（昭和3）年に，それまで参謀本部第三部通信課に属していた暗号班は，暗号作成班（暗号防御を含む）と暗号解読班（通信課報）の二つに切り離された。作成班はそのまま第三部に残ったが，解読班は第十八班と改名されて第二部に移された。海軍も，翌年に独立した通信課報組織を軍令部第二班第四課別室（後に第四部第十課）として発足させた。アメリカの外交暗号の解読は，この海軍組織と陸軍第十八班によって成し遂げられたのである。

他方，外務省の解読機関である電信課別班（通称，暗号研究班）も，国務省の暗号解読に貢献している。1930年に，出淵勝次駐米大使が国務省暗号に関する膨大な資料をヤードレーから購入したことによって，日本の解読能力を前進させた。スティムソン国務長官によるMI-8の閉鎖に憤激し，また犬猿の仲であったフリードマンがSISを率いることになったことへのヤードレーの復讐であった。ところで，国務省は1934年と1939年に外交暗号の全面的な改変を実施したが，そのつど日本は新暗号の解読に成功した。とりわけ1939年に使用された新暗号の強度は高く，その解読の成功は，日本も相当な理論的解析能力を持つにいたったことを示している。日本もアメリカと同様に，日米交渉時には相手の機密情報を入手していたのである。

もっとも，戦争開始から1年ほどしてアメリカの主要外交暗号が機械式の新暗号に切り替わったため，日本による暗号解読はその時点で途絶えた。しかも，米陸海軍の暗号については，一部の低強度のものを除いて，日本の解読力では歯が立たないままであった。他方，アメリカ側は，開戦後半年にして日本海軍の暗号解読に成功し，ミッドウェー海戦ではその情報をもとに戦局を逆転させるにいたったことはよく知られている。1941年12月の時点で戦力がピークに達し，以後伸びることのなかった日本と違い，アメリカは戦争中に大きく躍進して実力を見せ付けたといえよう。

【簑原俊洋】

そして実際，先に述べたように，アメリカ政府は1940年夏以降，圧倒的な工業生産力を背景にして艦艇の大量建造に着手していた。もし開戦するのならば兵力的に優位な状態にあるうちに決断する必要があり，これは石油の問題と合わせて，戦争を担う軍部にとって死活的に重要な問題であった。そのため，こうした状況の下で行われることとなった日米交渉は，「じり貧」による自滅を恐れる軍部が，早期に開戦決定を下すために期限をつけて交渉に臨むよう政

府に迫る，という構図になった。

　日米交渉における主な焦点は，①仏印からの撤兵，②三国同盟からの離脱，③中国からの撤兵であった。近衛首相は，軍部のような官僚機構の干渉を排除したトップ会談による問題の一挙解決をはかり，8月にはアラスカでのローズヴェルト大統領とのトップ会談の開催をもくろんだ。しかし，アメリカ側との折り合いがつかず，結局実現しなかった。その結果，9月6日には，日本側として可能な対米譲歩の限度が決定されたうえで，10月上旬までという期限の下で対米交渉が行われることになった。そして，こうした中で10月2日に4原則（領土・主権の尊重，内政不干渉，通商上の機会均等，太平洋の現状維持）を明示した覚書がアメリカ側から示された。だがそれは，ワシントン体制に立脚するアメリカ政府が従来から主張している立場を繰り返すものであった。これを受けてアメリカとの妥協は不可能と判断した軍部は，開戦の決断を主張した。依然として日米戦争の回避を希求する近衛首相は交渉の継続を主張し，その結果，内閣は崩壊して10月18日，陸相であった東条英機を首班とする新内閣が成立する。

　東条内閣は大命降下に際し，和戦の方針を白紙に戻すよう求められた。そのため東条内閣は，直ちに開戦の決定を下すことはなく，日米交渉を継続させて戦争の回避を模索することになった。しかし，やはり依然として早期の開戦決定を望む軍側と，交渉の継続を主張する東郷茂徳新外相という対立構図ができあがり，その結果，11月5日には，同月末まで戦争準備と交渉を併進させ，交渉が妥結しなかった場合には12月初旬に開戦に踏み切るという方針が決定された。そして，仏印進駐以前の事態に戻す暫定協定という日米の妥協点が模索された。しかしアメリカ側は，11月26日に非妥協的な「ハル・ノート」を日本側に示した。

　この年の4月以来，アメリカとの妥協を模索してきた日本政府であったが，ついに妥協を断念して対米開戦の決断を下すことになり，12月8日（現地時間7日），日本海軍によるハワイ真珠湾への奇襲攻撃をもって，日米はついに戦争に突入することとなったのである。

　他方，1940年6月にフランスが敗退し，ヨーロッパ大陸におけるドイツの圧倒的優位が確立された時点で，ローズヴェルト大統領はヨーロッパ戦争への参戦を決意しており，さらに日本が東南アジアへの武力進出を開始した場合に

も，ローズヴェルトは参戦する決意であった。ヨーロッパ情勢の劇的変化を受けて，アメリカ国内の孤立主義は弱まりつつあった。とはいえローズヴェルトは，直ちにアメリカを戦争の渦に巻き込むようなことはできなかった。依然として孤立主義は無視できぬ状況にあり，アメリカ自身には直接関係のない戦争への参戦に，国民が理解と賛意を示す可能性はなかったためである。

しかし，そうした中で日本が放った宣戦布告なき真珠湾への奇襲攻撃，さらに，それに続くドイツ，イタリアの対米宣戦布告（1941年12月11日）という枢軸陣営の動きに助けられ，ローズヴェルト大統領はアメリカを参戦させることができたのである。

●引用・参考文献●

アトリー，ジョナサン・G．／五味俊樹訳，1989年『アメリカの対日戦略』朝日出版社。
安藤良雄編，1979年『近代日本経済史要覧〔第2版〕』東京大学出版会。
井上寿一，1994年『危機の中の協調外交——日中戦争に至る対外政策の形成と展開』山川出版社。
入江昭／篠原初枝訳，1991年『太平洋戦争の起源』東京大学出版会。
臼井勝美，1974年『満州事変——戦争と外交と』中公新書。
臼井勝美，1995年『満洲国と国際連盟』吉川弘文館。
臼井勝美，2000年『日中戦争——和平か戦線拡大か〔新版〕』中公新書。
斉藤孝，1987年「米・英・国際連盟の動向（一九三一～一九三三年）」日本国際政治学会太平洋戦争原因研究部編『太平洋戦争への道——開戦外交史2 満州事変〔新装版〕』朝日新聞社。
酒井哲哉，1992年『大正デモクラシー体制の崩壊——内政と外交』東京大学出版会。
塩崎弘明，1984年『日米英戦争の岐路——太平洋の宥和をめぐる政戦略』山川出版社。
清水元編，1986年『両大戦間期日本・東南アジア関係の諸相』アジア経済研究所。
杉山伸也＝イアン・ブラウン編，1990年『戦間期東南アジアの経済摩擦——日本の南進とアジア・欧米』同文舘。
須藤眞志，1986年『日米開戦外交の研究——日米交渉の発端からハル・ノートまで』慶應通信。
スラヴィンスキー，ボリス・N．／高橋実・江沢和弘訳，1996年『考証 日ソ中立条約——公開されたロシア外務省機密文書』岩波書店。
スラヴィンスキー，ボリス・N．／加藤幸廣訳，1999年『日ソ戦争への道——ノモンハンから千島占領まで』共同通信社。
等松春夫，1999年「南洋群島委任統治継続をめぐる国際環境 1931-35——戦間期植

民地支配体制の一断面」『国際政治』第122号，101-115頁。

中野博文，1990年「第二次FDR政権期における革新派グループ——ニューディール政党再編と『孤立主義』論争をめぐって」『政治学論集』（学習院大学大学院政治学研究科紀要）第3号。

日本国際政治学会 太平洋戦争原因研究部編，1987・88年『太平洋戦争への道——開戦外交史〔新装版〕』1-7・別巻，朝日新聞社。

波多野澄雄，1988年『大東亜戦争の時代』朝日出版社。

波多野澄雄，1991年『幕僚たちの真珠湾』朝日選書。

服部龍二，2001年『東アジア国際環境の変動と日本外交 1918-1931』有斐閣。

服部龍二，2006年『幣原喜重郎と二十世紀の日本——外交と民主主義』有斐閣。

服部龍二編，2002年『満州事変と重光駐華公使報告書——外務省記録「支那ノ対外政策関係雑纂『革命外交』」に寄せて』日本図書センター。

坂野潤治，1985年『近代日本の外交と政治』研文出版。

福田茂夫，1967年『アメリカの對日参戦——対外政策決定過程の研究』ミネルヴァ書房。

防衛庁防衛研修所戦史室編，1973・74年『戦史叢書 大東亜戦争開戦経緯』全5巻，朝雲新聞社。

細谷千博編，1982年『日英関係史——1917〜1949』東京大学出版会。

義井博，1987年『増補 日独伊三国同盟と日米関係——太平洋戦争前国際関係の研究』南窓社。

Adler, Selig, 1957, *The Isolationist Impulse: Its Twentieth Century Reaction*, SC Books.

Burns, James MacGregor, 1970, *Roosevelt: The Soldier of Freedom*, Harcourt Brace Javanovich（井上勇・伊藤拓一訳，1972年『ローズベルトと第二次大戦——1940-1945 自由への戦い』上・下，時事通信社）.

Cole, Wayne S., 1962, *Senator Gerald P. Nye and American Foreign Relations*, University of Minnesota Press.

Cole, Wayne S., 1983, *Roosevelt and the Isolationists, 1932-1945*, Lincoln, University of Nebraska Press.

Dallek, Robert, 1979 (first edition), 1995 (second edition), *Franklin D. Roosevelt and American Foreign Policy, 1932-1945*, Oxford University Press.

Davis, Kenneth S., 1986, *FDR: The New Deal Years 1933-1937: A History*, Random House.

Davis, Kenneth S., 1993, *FDR: Into the Storm, 1937-1940: A History*, Random House.

Davis, Kenneth S., 2000, *FDR: The War President, 1940-1943: A History*, Random House.

Engelbrecht, H. C., and F. C. Hanighen, 1934, *Merchants of Death: A Study of the International Armament Industry*, Dodd, Mead & Co.

Feinman, Ronald L., 1981, *Twilight of Progressivism: The Western Republican Senators and the New Deal*, Johns Hopkins University Press.

Ferrell, Robert H., 1957, *American Diplomacy in the Great Depression: Hoover-Stimson Foreign Policy, 1929-1933*, Yale University Press.

Hull, Cordell, 1948, *The Memoirs of Cordell Hull*, 2 vols., Macmillan Co.

Iriye, Akira, 1965, *After Imperialism: The Search for a New Order in the Far East, 1921-1931*, Harvard University Press.

Kimball, Warren, 1984, *Churchill and Roosevelt, the Complete Correspondence: I, Alliance Emerging, II, Alliance Forged, III, Alliance Declining*, Princeton University Press.

LaFeber, Walter, 1997, *The Clash: U.S.-Japanese Relations throughout History*, W. W. Norton & Company.

Morison, Elting E., 1960, *Turmoil and Tradition: A Study of the Life and Times of Henry L. Stimson*, Houghton Mifflin Company.

Nish, Ian, 1993, *Japan's Struggle with Internationalism: Japan, China and the League of Nations, 1931-3*, Kegan Paul International.

Stimson, Henry L. and McGeorge Bundy, 1948, *On Active Service in Peace and War*, Harper and Brothers.

United States Congress, Senate, 74th Congress, 2nd Session, Special Committee to Investigate the Munitions Industry, *Munitions Industry: Report of the Special Committee to Investigate the Munitions Industry* (The Nye Report), Washington, D. C.

まとめ1

戦前期の日米関係

破局への道

日米間の葛藤

　ペリー来航後88年にして日米両国は，平和を名とする地球最大の海を舞台に，3年9カ月にわたる総力戦を敢行するにいたる。1858（安政5）年にハリスの尽力により日米間に修好通商条約が結ばれて以来，両国は本書の第1章に見たように友好と協力の関係を育んだ。それを想起すれば，一体どこから両国は戦争せねばならないほどの事態にいたったのか，だれしも問わずにはおれないであろう。

　日米両国が互いを脅威や敵性国として意識する時を持つようになったのは，日露戦争後のことであろう。バルチック艦隊を壊滅させた日本海軍からフィリピンを防衛できるかという問題がアメリカ政府内で提起され，日本の1907（明治40）年の帝国国防方針がアメリカを仮想敵の一つに掲げた局面である。けれどもこの時期の暗い想定は，理論的可能性にとどまり，かつ両国政府の現実主義的な外交対処によって見事に処理された。協調の合理性が対抗の情動をはるかに上回った。ただパートナーシップの背後に，太平洋の海上権力をめぐる地政学的関係や，日本の満州進出と門戸開放をめぐるアジア大陸での軋轢，さらにはカリフォルニア州での排日運動などが，両国の対立要因として芽を出したことは否定できなかった。

　不気味な関係への予兆を示したのが第一次世界大戦期であった。日米の葛藤は中国大陸から発する。ヨーロッパの大戦を「千載一遇の好機」として日本政府が発した，いわゆる対華二十一カ条要求は，中国のナショナリズムを刺激し，反日運動の起源を画しただけでなく，アメリカにおいて日本の中国に対する排他的支配の邪悪な意図を示すものと受け取られ，対日不信の根拠となった。

　中国大陸に発する日米間の対立が意味するのは，単純な一つの事態をめぐる認識の問題であったといえよう。日清・日露両戦争の勝利を経て，アジア唯一

の帝国を築いた日本が，その地に支配圏を維持し拡大することを認められるか否かの問題である。当時の日本人の多数は素朴にそれを国威発揚として喜び，支配圏の拡大を望んだ。ヨーロッパの伝統的な帝国であれば，もし日本にその地の人々を統べる能力があるのなら，やむをえないと認めるであろう。認める代わりに，わが帝国にもその地の利権を認めてもらいたい，と注文をつけるかもしれない。清朝末期の「支那分割」はそのようにして進んだ。

　帝国主義時代の獅子の分け前をめぐる慣わしが，ヨーロッパと日本の列強間に共有されていたにしても，それに対抗する勢力が少なくとも二つ存在した。胎動する中国ナショナリズムとアメリカの極東政策である。両者とも，第一次世界大戦段階では，まだ日本の要求を力で跳ね返す用意はなかった。しかし中国の新しい外交官は，日本の覇道を世界の世論に訴えるという手法で抵抗意思を示し，アメリカの政府と世論がこれに同情と理解を示した。

　アメリカの極東政策は，獅子の分け前に自らも加わろうとするよりも，中国において各国が平等に通商上の機会を持ち，中国の主権を尊重すべきであるという立場を，19世紀末のジョン・ヘイの門戸開放宣言以来築いてきた。その動機は一様でない。少なくとも，経済的利益，地政学，価値観の3要因に注目する必要があろう。通商上の機会は，アメリカの国益の要求であるとともに，アメリカが平和的な国際関係の基盤として重視するところでもあった。またアメリカの現実主義的な指導者たちは，中国大陸の地を某一国（ロシアであれ日本であれ）が排他的に支配することに対して地政学的観点から警戒心を示した。さらに独立戦争を勝ち抜いた原体験を持つアメリカ国民には，外部からの圧力に苦しむ中国への同情心が存在し，中国に赴いたキリスト教宣教師たちは，そのようなイメージをアメリカ国内に広めた。1911年の辛亥革命以降，姉妹共和国たる中国への理念的共感はアメリカ国内で高まった。第一次世界大戦期のウィルソン大統領は，こうした立場を民族自決の原則として普遍化したのである。日本の頭越しに米中が結び付く悪夢は，すでに戦前の歴史の構造に組み込まれていたといってよい。

　日本政府からすれば，普遍的な原則を掲げながら，パリ講和会議で日本が提案した人種平等の条項を斥け，日本やアジアへの内在的理解を持たないウィルソン外交は，厄介な相手であった。その意味で，価値外交をかざすウィルソンの民主党政権から，実際的な利害の調整を重視する共和党政権に移った時点で

ワシントン会議が開催され，日米のパートナーシップが構築されたことは，理解しやすいであろう。ワシントン体制成立後の1924（大正13）年にアメリカ議会で排日移民法が成立したことは，日本人の心を深く傷つけたが，時を同じくしてワシントン会議で活躍した幣原喜重郎が外相となって，新鮮な国際協調主義の外交指導を展開した。幣原外交は，動乱の中国に対しても軍事手段の行使を慎み，経済的相互利益を基礎に納得と合意に立って他国との関係を積み重ねるものであったから，アメリカ政府も幣原が健在であるかぎり門戸開放政策を脅かされることを心配する必要はなかった。

満州事変

日米関係に深刻な対立が生じたのは，満州事変からである。関東軍の軍事行動に日本政府が引きずられ，幣原外交が破綻した時点から，日本はアメリカと同行し難い道を歩み始めたといえよう。なぜ日本は，1930年代に中国大陸での軍事行動に走ったのであろうか。

大きく見れば，それは後発のアジア・ナショナリズムをどう扱うか，という文明史的問題に対する応答として生じた路線であった。アジアにあって日本は，逸早く19世紀中葉から西洋に学んで近代化をとげ，20世紀初めまでにアジア大陸に支配と利権を設定し，国際的承認を得た。それに刺激を受けつつ覚醒したアジア各国のナショナリズムは，日本と同じ独立と尊厳を欲した。中でも1920年代の中国統一の動きは，日本帝国の既得権益に対する厳しい挑戦を含意するものであった。これに対し日本はどう対するべきか。透徹した意見の持ち主もいた。海軍大学校で教鞭をとった佐藤鉄太郎中将は，大陸の領土を失ってからむしろ外交と安全保障能力を高めたイギリスをモデルとして，日本も海洋国家として生きることが合理的であると説いた。石橋湛山も「小日本主義」を説き，日本本土以外の領土を求めず，海外貿易と経済発展に日本の将来を見出すべきであるとした。

だが，日本政府と国民の主流的見解は違った。日露戦争の犠牲者「十万の英霊」をもってあがなった「満蒙の生命線」をないがしろにするような意見を，日本国内で公的に口にすることには大きなリスクを伴った。幣原外相は中国の責任ある代表との平和的交渉によって合理的な解決をはかるという立場を，中国が動乱状況にある時にも持して，日本国内のナショナリストから強い批判を

浴びた。陸軍出身の政友会総裁・田中義一首相は，果敢に三度まで山東出兵を繰り返して，日本国内の対外硬世論の喝采を博したものの，中国ナショナリズムの敵意を日本に集める結果となった。1940年代を通じ，対中外交により外交指導者として活躍した重光葵は，「堅実に行き詰る」ほかはなかったと味な言葉を発した。しかしそれは，現職として活躍した1940年代にではなく，敗戦後，戦犯として収容された巣鴨プリズンで書いた回想録においてであった。

　戦前期日本の政治外交は，他国の利益をも尊重する国際環境への合理的な対応と対外硬の世論をまとった国権拡張論との間で，身動きがとれない事態に陥った。近隣アジアに対して対華二十一カ条要求的な愚行を繰り返すことはできないし，さりとて中国ナショナリズムに譲ることも直ちに国内から批判を浴びる。政治が金縛りになる中で，「謀略により機会を作製し，軍部主導となり国家を強引す」という石原莞爾の計画書に従って，関東軍の手による満州事変が断行されたのであった。それは，1928（昭和3）年の関東軍による張作霖爆殺事件を軍部と政府が処罰できなかったことを伏線としていた。

　満州事変が1930年代の日本に植え付けたものが二つある。一つは，軍人たちが国家的発展のため必要と信ずるなら，対外軍事行動を発動する前例である。二つには，それに中央政府が同意しない時にも，軍部もしくは現場の軍が「強引」する前例である。下剋上により軍部が政治をリードする先例が満州事変においてつくられたことは，一つの対外軍事行動の成否以上に構造的意味を持った。対外戦争が国内における軍部の政治支配を促進し，軍部支配ゆえに対外戦争の発動が容易になる。この相互運動が1930年代の日本を動かした。そして対外硬の世論が，軍主導の毅然たる対外政策と軍事力の発動を称賛し，神聖化した。このような対外軍事行動，軍部支配，対外硬世論による国内完結的なサイクルによって1930年代の日本は回転したのであった。それは，対外政策の合理性や，先に述べた近隣アジアの台頭に対する文明史的選択といった観点から判断された政策展開ではなかった。

　1930年代に軍部支配が容易に進んだ前提として，明治の二元的制度を無視できない。統帥権の独立が制度的に保障されていた。首相は多数決ではなく全会一致での閣議決定を求められたが，それでいて反対する閣僚を罷免する権限を与えられていなかった。閣僚の中で「同輩者中の第一人者」でしかない首相が，軍部をコントロールすることを著しく困難にする制度であった。

1930年代の国際関係の中で，日本に同情すべき点もある。日本は1933年に綿織物の生産において強い国際競争力を獲得し，集中豪雨的な輸出によって大恐慌下の不況から世界の主要国の中で最初に抜け出した。しかし各国は，日本の輸出攻勢に対しさまざまな形で規制を加えた。自由貿易体制の乏しかった1930年代にあって，日本は非軍事的な経済の手段によって国際的に機会をつかむことが制約されていたのである。そのことは，翻って満州事変以後の政治家や外交官が，対外関係の改善に向かって努力する際に，国内説得力を弱める結果となった。

さて，1930年代の日本が軍事的決着主義に傾いていくのに対し，アメリカはどう対処したであろうか。第5章で検証してきたように，アメリカは極東問題に十全に立ち向かう国内体制を持たなかった。まず，1929年の世界大恐慌以降，自国経済の再建がアメリカの最優先課題であった。加えて，対外戦争に関する「死の商人」イメージが広がる中で，中立法が1935年に成立し，孤立主義的世論とあいまって，F. D. ローズヴェルト政権の対外戦争関与が厳しく抑制された。そしてドイツと日本がヨーロッパとアジアで軍事的膨張を推し進める段階になっても，アメリカのヨーロッパ第一主義が対日関与を制約していた。

そうした制約の中でも，満州事変に際しスティムソン国務長官は対日経済制裁を提案した。しかし，クエーカー平和主義者のフーヴァー大統領はこれを拒否した。軍事介入はおろか，経済制裁も許されず，スティムソンは「不承認」という声明を送りえたにすぎなかった。そんなものは痛くも痒くもないとリアリストは嘲笑するかもしれないが，スティムソン・ドクトリンは意外に長期的な意味を持つにいたる。日本が一方的な軍事行動によってつくるアジアの新事態を，門戸開放原則とワシントン会議の9カ国条約に違反するとして認めない立場は，ローズヴェルト政権にも継承され，アメリカ政府の対日妥協を阻む対日ボトムラインの意味を持つことになったのである。

ローズヴェルト自身は，伯父が広東貿易に従事していたことから親中反日派であったと説明されることもあるが，現実主義者を原理主義的に決め付ける誤りを犯してはならないであろう。海軍次官を務めた第一次世界大戦期までのローズヴェルトは，日本を，アジア太平洋の危険な挑戦者にして，アメリカにとっての脅威たりうるとの警戒心を抱いていたが，ワシントン会議においてよき

パートナーを演じた日本を評価するにいたった。しかし，満州事変を見て再び日本を厳しく危険視するようになり，スティムソンの不承認政策を「たとえ戦争を意味するとしても」堅持する立場を口にするにいたった。

この振幅は，ローズヴェルトが日本に甘い妥協を許さない厳しさを持つことを示すだけでなく，日本の振る舞い次第で柔軟な対応も可能であることをも意味していよう。

破局不可避の段階に

では，満州事変以後の日本は，どの時点で破局不可避の段階へ進んだのであろうか。

関東軍主導の満州事変について，日本政府が頭をかきつつあれこれ釈明している事態（若槻・犬養内閣期）と，日本が国家として満州国を承認し，それに批判的な国際連盟を脱退する事態（内田外相の焦土外交）とでは，全く国際的意味が異なる。後者は，日本は関東軍と一体化して国際秩序を打破する国家であり，それが正しいのだと開き直ったことを意味する。これに対し，アメリカが不承認原則を譲らない以上，論理的には日米の和解は不可能である。

とはいえ，1933年の塘沽停戦協定(タンクー)によって満州事変が一段落し，日本が中国本土から満州を切り離して事実上の支配下に置く形態を，中国が黙認する事態が定着した場合，アメリカはどう対応したであろうか。もし日本がそれ以後における軍事行動を慎み，国際関係の改善に腐心しつつ，満州だけを特殊な地として切り離し，その開発に専心していたとすれば，中国もアメリカも，日本との協力を拒むことは難しかったかもしれない。事実は，華北へ，内蒙古へと日本軍が触手を伸ばし続けたことによって，その歴史は試されることはなかった。

1937年7月に始まった日中戦争を，近衛内閣が早期収拾せず，12月の首都南京攻略前の和平機会を失い，いたずらに戦線を拡大したことは，日本が破滅的な軌道に乗る意味を持った。その後もさまざまに和平が試みられたが，当面の軍事的勝利を最優先し，和平条件をたえず加乗する軍内の強硬論を，国家戦略的な大局観に立って統制するリーダーシップは，ついに日本に現れなかった。

日本軍の止めどなき中国への侵攻は，アメリカ国内の対日反感と対中同情を長期的に強めたが，他方，先に述べたように中立法や孤立主義的世論などの制

↑日本軍の奇襲攻撃で炎上する米太平洋艦隊の主力戦艦。左から，ウェストヴァージニア，テネシー，アリゾナ（1941年12月7日，ハワイ・真珠湾。写真提供：AP Images）

約も強く，ローズヴェルト政権は日中戦争への関与にきわめて慎重であった。そうした中で，アメリカ政府が1939年7月に行った日米通商航海条約の廃棄通告は，半年後に対日経済制裁の発動を可能にする措置であった。戦争にいたらざる手段をもってする応酬がありうるというメッセージを，アメリカは発したのである。

　アメリカ政府による対日経済制裁の本格的な発動が，日本の北部仏印進駐と三国同盟調印に踏み切った1940年秋に行われたことは，注目されてよい。日本が南方の資源を手にして長期にわたり戦争を持続する基盤を持つこと，そして日本がナチス・ドイツと一体化してグローバルな挑戦に与することは，アメリカにとって最も容認しがたい点であった。1941年段階でぎりぎりまで行われた戦争回避のための日米交渉にあって，①仏印からの撤兵，②三国同盟の無効化，③中国からの撤兵が，最後まで争点となったのである。

　それだけに，1941年7月に日本が南部仏印進駐を行い，アメリカが石油の

全面禁輸だけでなく，在米日本資産の凍結をもって報いたことは，日米間にもはや普通の関係はありえない事態にいたったことを意味した。崖っぷちに来て，破局を回避するための暫定協定が模索された。それはアメリカ政府にとって，戦争準備が整うまでの限られた時間を稼ぐためのものでしかなかった。

であるにせよ，もし合意が成立すれば，日本軍による真珠湾攻撃は行われず，その後半年のうちに日本はドイツの敗勢を見届けえて，結局，日米戦争は開始されずに終わった可能性も少なくない。けれどもローズヴェルト大統領は，すでに戦争態勢を整えている日本と舞台の上で妥協の握手をしたうえ，日本軍のさらなる軍事行動を見る恥辱を恐れたのであろうか。11月26日に暫定合意を斥け，非妥協的なハル・ノートを発出させたのである。その結果，山本五十六の育てた日本の航空機と機動艦隊の能力を十分に評価していなかったこととあいまって，日本軍の真珠湾奇襲攻撃をノーガードで受ける「恥辱」を選ぶこととなった。

だが，そのことはアメリカが第二次世界大戦の両洋における勝利を通じて上昇し，20世紀を「アメリカの世紀」とする契機を提供する結果となった。他方，明治以来「富国強兵」を求め，アジア唯一の帝国たる列強の一つに浮上していた日本を，太平洋に沈める結果をも招いたのである。戦後の歴史は，そこから再出発することになる。

↑マッカーサー前連合国最高司令官(左)と再会する吉田茂首相(1954年11月。写真提供:AP Images)

第6章
日米戦争と日本占領 1941-52年

　日本の真珠湾攻撃から3年8カ月間,日本とアメリカは太平洋各地で死闘を繰り広げた。それは,戦前に存在した太平洋とアジアの国際関係を破壊して,国際秩序の大変動をもたらすとともに,戦後の日米関係の出発点を準備した。ヨーロッパ戦線(1941年12月11日にドイツ・イタリアが対米宣戦布告)と太平洋戦線を戦うアメリカにとって,対日関係は全体主義との戦いの一環であった。フランクリン・D.ローズヴェルト大統領のアメリカは,ウィルソン主義的な普遍主義的理念で戦後世界の全体像を描く一方で,敵国日本が二度と国際社会に対する脅威とならぬようその力を削ぎ,あるいは改造する方策を追求しようとした。

太平洋戦争は同時に，地域秩序における変動をもたらした。日本帝国の崩壊によって東アジア地域に生じるパワーの空白を，だれが，どのように埋めるのか。勝者の意思に劣らず，戦況の推移が戦後東アジアの地図を決定するであろう。戦後日米関係の国際的枠組みは，こうして戦場の現実と世界秩序再編のプロセスによって形成されていった。

　1945（昭和20）年8月に戦争が終結し，日本はアメリカを中心とする連合国の占領下に置かれることになる。1952年4月に平和条約が発効するまでの6年8カ月に及ぶ占領期は，日米関係150余年の歴史の中で両国が最も濃密な関係を持った時期であった。敗戦国日本を新たな民主主義，平和主義の国家に生まれ変わらせるという課題に，日米が対抗の契機をはらみながらも共同で取り組んだのである。それは基本的に勝者アメリカによる日本の国内制度の強制的な改革であった。しかし，全く一方的だったわけではない。日本側にも明治の自由民権や大正デモクラシーなど自らの歴史的体験にもとづく民主主義の基盤が存在した。改革をめぐる日米の，時には占領者と被占領者の枠を越えた協調と対抗の交錯の中で，戦後日本が形成されていく。そして東西冷戦が激化する中で実現した対日講和は，日本を西側自由主義陣営の中に迎え入れ，アメリカの安全保障の下で平和的発展を追求していく戦後日本の生き方を決定づけることになった。

1　「真珠湾」の衝撃とアメリカの対応——FDR構想と対日戦略

太平洋戦争開始直後のアメリカの苦境

　1941（昭和16）年12月8日の太平洋戦争勃発から1942年5月まで，アメリカは，反枢軸の英連邦とソ連とともに，想定外の軍事的苦境に陥っていた。1941年6月に独ソ戦が始まった時，ドイツの軍事能力はすでに西部戦線で実証済みであったため，ドイツ軍による速やかなモスクワ攻略を予想する軍事専門家は少なくなかった。それに対して，中国戦線を観察した連合国武官の日本の軍事能力に対する評価は低く，日本軍が真珠湾攻撃を成功させ，アメリカ・イギリス軍を打ち破ってアジア太平洋の広大な地域を支配すると想定した専門家は皆無に等しかった。この時期，受け太刀にまわったアメリカにとっての最大の課題は，アメリカに友好的な諸国が戦いに敗れて降伏することを防ぐこと

であった。

　日米開戦初期，日本海軍は，真珠湾奇襲攻撃によって米太平洋艦隊の主力戦艦群をほぼ壊滅させる（戦艦4隻撃沈，4隻撃破）一方，東南アジアではイギリスの誇る戦艦2隻を沈めて制海権を握った。また，日本陸軍はフィリピンとマレー半島に上陸し，フィリピンの米陸軍とマレー半島・シンガポールの英連邦軍を降伏に追い込んだ。米極東陸軍司令官マッカーサーはオーストラリアに逃れ，日本軍はオーストラリア北部のダーウィンに空爆を行い，シドニー湾には潜水艦による攻撃を試みた。ヨーロッパでは1941年12月，ソ連はドイツの侵攻からモスクワをかろうじて防衛したものの，1942年春のスターリングラード攻防戦の前哨戦で大敗を喫した。万が一，日本が中国戦線から撤退して対ソ侵攻を行えば，ソ連が敗北する可能性も予測された（Stoler, 2000）。

　この苦境の中，アメリカは連合諸国の敗北と脱落を防止する手当に忙しかった。イギリスはもとより，ソ連や中国にも武器貸与法による援助を行った。また，オーストラリアへの日本軍侵攻を防ぎ，アメリカとオーストラリアとの海上連絡路を防衛するために，残存した空母機動部隊を投入した。政治的には，1942年1月1日，アメリカ主導の下でアメリカ，イギリス，ソ連，中国をはじめ26カ国が大西洋憲章を戴き，日本，ドイツ，イタリアなどの枢軸側と単独講和を行わず最後まで戦うとする連合国宣言に署名した。さらに，対日参戦国代表による「太平洋会議」（Pacific Council）を設置し，対日ABCD包囲網の連帯を維持しようと努めた。

　他方，緒戦の劣勢の中でアメリカは，時として行き過ぎた対応にも出た。たとえばアメリカ政府は，日本の侵攻やスパイ活動の可能性に過剰な恐怖を抱き，アメリカ本土在住の日系アメリカ市民約12万人を内陸部に強制移住・収容させた。のみならず，中南米諸国政府にも圧力をかけて多くの無実の日系移民をアメリカに強制的に送らせ，収監したのであった。

ローズヴェルトの戦後構想と大連合の成立
　F. D. ローズヴェルト大統領は，軍事的苦境にあるソ連への軍事・経済援助に加え，政治的支援の意味をもともなった戦後の新秩序構想を打ち出して，米英ソの大連合を公式化しようとした。1942年5月29日，ローズヴェルトはソ連のモロトフ外相に，アメリカ，イギリス，ソ連，中国の4大国が「四人の警

察官」となって戦後世界の軍事的秩序を維持する構想を提示した。これによって，ウィルソンの作品であった国際連盟の欠陥——国際秩序破壊者を取り締まる実際的な手段の欠如——を乗り越えようとした。ソ連がこの構想に合意したことで，6月，米英ソの3大国による大連合（Grand Alliance）が公式化された（3大国による一つの条約の形は存在せず，5月26日調印の英ソ相互援助条約と，6月11日調印の米ソ相互援助協定などの，一連の条約・宣言から構成される）。

　敵国日本は戦後においても潜在的危険国として位置づけられ，ドイツ，イタリアとともに，25年程度の期間は非軍事化されるものと予期された。この時期のアメリカの構想には，次のような前提が存在していた。第一に，戦争に勝利することで無条件降伏を枢軸国に強いたうえ，「ヒトラー主義」や軍国主義などの侵略イデオロギーと国内体制を根絶する。第二に，「四人の警察官」は世界全体の秩序に責を負い，強国による個別の排他的勢力圏の形成を阻止して自由貿易体制を構築する。当時，第二次世界大戦の原因の一つが大恐慌にともなう経済的ブロック化＝勢力圏設定にある，と信じられていた。そのためローズヴェルト大統領は，英連邦のブロック経済や植民地主義も平和裏に解消しようと考えていた。「四人の警察官」構想を当時のアメリカ世論の中で位置づけると，戦後世界の自由主義リーダーとしての理想主義と，戦略的観点からの現実主義とを融合させる立場であった。

ミッドウェー海戦以降とテヘラン・カイロ両会談

　1942年6月ごろから，戦況はアメリカ，イギリス，ソ連の大連合側に好転した。1943年1月までのスターリングラード攻防戦でソ連が勝利した結果，ソ連敗北の可能性は消滅した。当時，ソ連はドイツ陸軍の大多数を引き受けて奮戦していたため，米英軍が一日も早くフランスに上陸し，ヨーロッパ西部に「第二戦線」を構築することを望んでいた。ソ連の不満を緩和する考慮もあって，1943年1月のカサブランカ会談では米英首脳が日独伊に対して単独講和や妥協をすることなく無条件降伏を貫く方針を宣言した。

　太平洋の米軍は1942年4月に艦載機によって初めて東京を空襲し，6月のミッドウェー海戦で日本海軍の空母4隻を撃沈して，その攻勢能力を奪った。さらに，1943年のソロモン諸島での消耗戦を経て，1944年には大規模な新空母群を完成した。またB29新戦略爆撃機部隊を整備し，対日戦における勝利

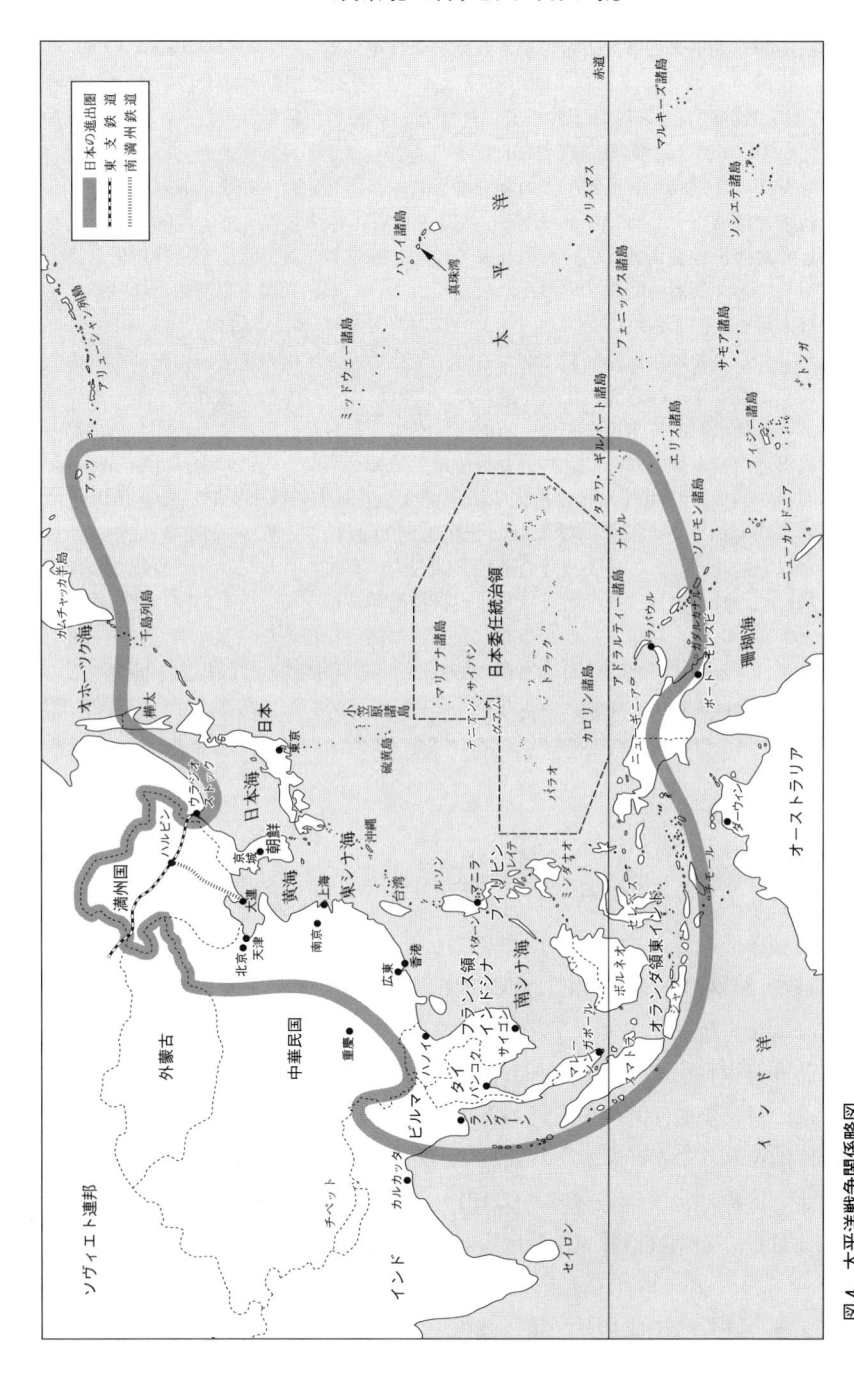

1 「真珠湾」の衝撃とアメリカの対応　153

図4　太平洋戦争関係略図
[出典] ソーン, クリストファー／市川洋一訳『太平洋戦争とは何だったのか——1941〜45年の国家, 社会, そして極東戦争〔普及版〕』草思社, 2005年, 表見返し。

Column⑩ 太平洋戦争によって示された日米技術格差

　太平洋戦争緒戦における日本側の優位は，その時点で国際水準を抜いていた零戦（零式艦上戦闘機）など戦闘手段の高い性能と，熟練した搭乗員の技量に大きく支えられていた。しかし，零戦を研究したアメリカ側は，2年足らずのうちに零戦を凌ぐ戦闘機を次々に完成させ，太平洋の制空権を日本から奪い返すことに成功した。また電子技術に優るアメリカは，レーダー，V・T信管（命中しなくても標的への接近を感知して砲弾を炸裂させ，破片を浴びせることで撃墜率を高めた対空砲弾用信管）といったハイテク兵器の開発・実用化に成功し，これらの新兵器を駆使した新戦術によって日本軍を圧倒するにいたった。

　またアメリカでは，兵器開発にあたって，既存の民需工場の軍需転用をはかる中で，生産性や生産効率，統一規格化を重視した。これによってもたらされた大量の新型兵器が，各戦闘における米軍事力の一方的優位を可能にした。さらに，人間を消耗品のように扱った日本側に対して，アメリカ側は，防弾装備など乗員の生存性を重視した兵器設計を行い，貴重な人材の喪失によって生じる戦力の低下を防いだ。1940年にアメリカがレーダーの開発に投入した予算は2500万ドルであったが，5年後には10億ドル以上に及んだ。このような合理性と開発力に裏打ちされたアメリカ側の技術攻勢に対して，日本側には，開戦後は見るべき技術革新がなく，また熟練した搭乗員を次々に失っていった結果，兵器を扱うべき人材の枯渇を招いた。生産力という「量」の面が注目されやすい当時の日米格差であるが，両国の間には，技術力・開発力という「質」の面においてもまた，大きな格差が存在していたのである。　【服部　聡】

を着々と準備していった。

　1943年11-12月のテヘラン会談では，ローズヴェルト，チャーチル，スターリンという米英ソ首脳が初めて一堂に会して，戦争の進め方だけでなく戦後構想と日独の敗戦後の地位について協議した。米英が1944年春にフランスで「第二戦線」を構築すると約束したことで，ソ連がドイツと単独講和を結ぶ可能性はほぼなくなった。テヘラン会談の直前に開かれた米英中によるカイロ会談には蔣介石中華民国主席が参加し，11月27日にカイロ宣言が署名された。ここでは，対日無条件降伏の方針が再確認されるとともに，日本からすべての海外植民地を奪うことが合意された。すなわち，①中国に対して日本は満州，台湾および澎湖諸島を返還する，②1914（大正3）年以降に獲得した太平洋の島嶼を放棄し，③朝鮮の独立を受け容れるものとされた。

　1944年6月，アメリカ・イギリス・カナダ軍を中心とする連合国軍がノルマンディー上陸作戦に成功し，第二戦線がようやく構築された。7月にはブレ

トンウッズ会議が開かれ，アメリカ，イギリスを中心に国際通貨基金（IMF）と国際復興開発銀行（IBRD）の設立が合意された。戦後の国際金融，通貨の安定を確保し，世界経済の戦災からの復興と経済発展の支援を促進する自由貿易体制が期待できることになったのである。

2　国務省の対日占領政策と日本の戦後構想

国務省主導の対日占領政策形成

　戦時のアメリカは，戦後世界秩序一般だけでなく，敵国ドイツや日本の「再教育」と再建についても研究を開始した。国務省内に戦後計画を研究するため特別調査部が設けられ，その極東班にはブレイクスリー・クラーク大学教授やボートン・コロンビア大学助教授，そしてグルー前駐日大使の薫陶を受けたフィアリーなど，省内外から知日派や日本専門家が集められた。彼らは，軍国主義の日本には厳しい目を注ぎつつも，戦前の日本が近代化の道を歩み，限定的ながら民主主義を育んだことを評価した。天皇制という伝統的権威の下で日本人自身に自由主義的・民主主義的改革を実行させ，最終的には日本が平和的な国家として国際社会に復帰する道を与えるのが知日派の基本構想であった。

　ところが，こうした対日政策は，戦時のアメリカ世論と多くの政府高官の容れるところではなかった。1944年の戦後計画委員会（PWC）においてハル長官以下の国務省幹部は，アメリカの対日政策の主目的は，日本が再び国際社会に対する脅威となるのを阻止することに置かれるべきだと，徹底した非軍事化と民主化を中心に厳しい対日措置を求めた。結局，政府高官と知日派のすり合わせを通して，勝者による日本の非軍事化・民主化改革を断行しつつも，改革の進展に応じて日本の政治的自主性と経済的機会を回復し，終局的には国際社会への復帰を認めうるという方針が形成された。統治形態については，日本政府の主要機関を占領下で解消し，占領軍が最高権力を掌握するという方針を堅持しながら，下部行政機関については存続を認めて利用することとされた。

　天皇制については，その終戦と民主化における効用を説く知日派・日本専門家グループと，天皇制こそが日本の軍事侵略の根源であり廃絶すべきだと信ずる国務省幹部との間で激論となり，結局，決定は先送りされた。だがそれは，天皇の政治的実権は剥奪するにせよ，天皇制そのものは存続する可能性がこの

Column⑪ 民間の戦後構想

　第二次世界大戦下のアメリカの言論界では，将来の対外姿勢に関する四つの主要な論調が存在した。①『ライフ』誌に掲載された社主ルースの論説「アメリカの世紀」は，アメリカ支配による世界秩序を求めていた。それは，アメリカが西洋文明と自由貿易のリーダーとして，経済力・工業技術力を背景に，世界を飢餓から救い，経済的支配を確立して，一つの世界を実現すべきという内容であった。聖書の「よきサマリア人」のように戦後のアメリカはなるべきだというビジョンであり，アメリカ世論に大きな感銘を与えた。②1940年の共和党大統領候補ウィルキーの著書『一つの世界』は，アメリカの実質的支配ではなく，国際協調のリーダーとしてのアメリカ像を世界に売り込もうとした。今日の言葉では「ソフト・パワー」論であろう。③ジャーナリストのリップマンによる著者『合衆国の戦争目的』は，アメリカ，イギリス，ソ連，中国による個々の戦略的勢力圏設定を実質上主張する一方，アメリカとイギリスだけは，西半球，ヨーロッパ，英連邦からなる「大西洋共同体」を構築し，自由主義と人権尊重の世界を展開すると主張した。国際主義的なリアリズムを唱(とな)えた構想である。④フーヴァー元大統領とタフト上院議員らが主張する，孤立主義（第5章2参照）があった。新大陸の「丘の上の町」（第1章参照）を，世界の汚れから守る観点が基本であった。

【柴山　太】

　時点で残されたことを意味していた。つまり，日本政府を解消し，占領軍政を実施するが，天皇の名を用い，日本の行政機関を通じて統治する可能性を残したのであった。以上のPWCの対日政策方針は，国務・陸軍・海軍三省調整委員会（SWNCC）が決定した1945年6月の「降伏後における米国の初期対日方針」（SWNCC 150）にも踏襲され，終戦直前までアメリカ政府の対日政策の基調となった（五百旗頭，1985; Hellegers, 2002）。

日本の「戦後構想」

　他方，戦時の日本にアメリカ国務省の戦後計画に匹敵する本格的な戦後構想は存在しなかった。しかし，1943（昭和18）年11月に東京で開催された大東亜会議の共同宣言，大東亜共同宣言は，日本の考える秩序構想を国際的に表明したものとして注目されよう。それは，東アジアを構成する国家間の主権の尊重や経済協力，資源の利用の平等など，重光葵外相の指導によって大西洋憲章に通ずる原則を謳っていた。だが，軍部や大東亜省は，宣言を通じて日本の下にアジア諸民族の結束をはかり，連合国の反攻に備えて人的・物的動員のため

の協力体制を築くことを求めた（重光，1952；入江，1978；波多野，1996）。つまり大東亜共同宣言は，普遍主義をまといながらも，内容は日本を主導国とする地域秩序像を描いていたのである。

皮肉にも，大東亜共同宣言が発表されてまもなく，太平洋戦線で日本軍は崩壊を速めた。1944年6月のマリアナ沖海戦では日本の航空母艦が全滅し，7月にはサイパンが陥落して日本本土が空襲圏内に入った。日本の敗勢が明らかになるとともに，外務省の関心は連合国の対日戦後処理の分析に移った。すでに1943年中に出されたカサブランカ会談での無条件降伏の方針や，カイロ宣言による領土処理方針などを外務省は気にかけていたが，天皇制をめぐる連合国間の議論は，とりわけ外務省が神経をとがらせた問題であった。また，国際機構の設立をめぐる連合国側の動向にも外務省は注意を払った。戦後世界がどのように運営されるかは敗者の地位を左右する問題であったから，英米ソの利害調整と協調の行方が注目された。

たとえば，国際連合の創設を提案したダンバートン・オークス提案（1944年10月）を検討した外務省は，国連が実質的には「反枢軸連盟」となる可能性があり，また国際連盟に比べて安全保障理事会の権能が拡大されていることを問題視している。国連の主導する国際秩序では，主権国家の平等原則は日本には適用されないのではないかと危惧したのであった。

外務省が起草した1945年4月の大東亜大使会議の共同声明は，連合国の国連構想に対する修正提案として理解することが可能であろう。ここでは，人種差別の撤廃や通商の自由に加えて，主権国家の平等や国際秩序の平和的改変を可能とすることが，戦後国際秩序のあるべき基本原則として提示されている。戦争末期の日本が，連合国の掲げた理念と構想を受け止め，それにもとづく国際秩序の中でいかに日本の生存を追求するかへと軸足を移していったことは重要である。それは，やがて訪れる占領・講和への助走の意味を持つであろう。

3　第二次世界大戦末期——ヤルタからポツダムまで

ローズヴェルトの戦後構想の後退，ヨーロッパと極東の勢力圏問題

1944（昭和19）年夏から1945年春にかけての時期は，日独の軍事的敗北が時間の問題となる一方で，アメリカ・イギリスとソ連の協調関係にもひびが入

り始めた点で注目される。1944年8月に始まったダンバートン・オークス会議において，戦後国際機関の構成・運営方法が議論されたが，ソ連は常任理事国が紛争当事国であっても安全保障理事会での投票権は認められるべきだという主張に固執し，米英との間で亀裂が生じた（西崎，1992）。結局，1945年2月のヤルタ会談，4月から6月にかけてのサンフランシスコ会議を経て，この問題に関する妥協がなされ，国連の創設が合意された。さらに，英ソ両国は，チャーチルとスターリンが交わした1944年10月のいわゆる「パーセント合意」をもって，東欧での相互の勢力圏を定めた。すなわち，ルーマニアに関してはソ連が90％の関与度（影響力）を保持し，イギリスが10％，逆にギリシャではイギリスが90％でソ連が10％，ユーゴスラヴィアとハンガリーは英ソが50％ずつ，などであった。ソ連の対日参戦を望んでいたローズヴェルトは，これを黙認せざるをえなかった。

　極東では，ローズヴェルトが4大国の一員と期待していた中国が軍事的に無力ぶりを露呈し，その結果，米中関係は緊張と失望の連鎖に陥った。しかし，アメリカ軍は1944年6月にマリアナ沖海戦で大勝利を収めると，サイパン，グアム，テニアンに大規模な戦略爆撃基地を構築し，これによってB29による日本本土爆撃が可能になった。11月下旬以降，対日戦略爆撃は主としてマリアナ諸島から実施された。しかし，アメリカにとって対日戦略爆撃は直ちに日本の抗戦力を挫く戦果をもたらさず，原爆完成もまだ先のことであった。また，太平洋の島々では予想以上の日本軍の抵抗に苦しみ，一刻も早いソ連の対日参戦が求められた。

　1945年2月のヤルタ会談でローズヴェルトは，アメリカの要求であるソ連参戦と戦略爆撃基地提供の見返りに，スターリンが要求した東アジア権益に合意しなければならなかった。いわゆる「ヤルタ密約」は，外蒙古をソ連の影響下に引き続き置くこと，東清・南満州両鉄道の中ソ共同管理，大連の国際港化，旅順のソ連海軍基地化に加えて，日本からソ連への南樺太返還と千島列島譲渡を内容としていた。これは，東アジアにおいても大国間で勢力圏を設定することを意味していた。ここでローズヴェルトの普遍主義的な戦後構想は，大きく後退を余儀なくされたのである。

　皮肉にもヤルタ密約成立後，アメリカの軍事的状況は大きく改善した。3月9-10日の東京空襲は甚大な打撃を日本に与え，対日勝利にソ連領内の戦略爆

撃基地は不可欠ではなくなった。同月17日, 米軍は苦戦したものの硫黄島を制圧し, その結果, 戦闘機によるB29爆撃機の護衛が可能になった。日本の防空は危機的状況に陥った。4月1日, 米軍は沖縄本島上陸作戦を開始した。ローズヴェルトが急死したのはその11日後のことであった。副大統領から大統領に昇任したトルーマンは, 最も難しい事態での任務遂行を突如求められた。

トルーマン新政権と日本降伏への道

1945年5月, ドイツが降伏した。アメリカにとっての最大の問題は, 日本の降伏条件と軍事的コストとのバランスをいかにとるかであった。5月から6月にかけて, アメリカ政府内では日本に降伏を迫る具体的方策が検討され始めた。まず戦略爆撃と海上封鎖の組み合わせが実施された。6月中旬には日本の主要都市の多くが焼け野原となった。また, 米海軍は4月7日, 戦艦大和の海上特攻を退けて日本近海での制海権を握り, 潜水艦により日本の商船を沈めて大陸や南方からの日本の陸軍部隊や天然資源の海上搬送を不可能にした。日本の敗北は時間の問題であったものの, まだ即時降伏を迫る決定打たりえなかった。こうした状況でアメリカが同時に考慮していたのが, 決定打たりうるが犠牲も大きい日本本土上陸作戦であった。6月18日, トルーマンは1945年11月1日に南九州に上陸するという「オリンピック作戦」の準備を承認した。

上陸作戦にともなう多大な犠牲予想を前にして, 米英の政府と軍部には, 天皇制存続の保証と引き換えに日本降伏をはかる外交的決着を求める声が強くなった。実際, 硫黄島と沖縄では, 米軍は予想をはるかに上回る損耗を強いられ, 政府と軍の首脳に衝撃を与えていた。1945年5月28日, グルー国務次官(前駐日大使)は直接トルーマンに, 対日声明によって日本を早期降伏に誘導する案を提出し, 翌日スティムソン陸軍長官や軍首脳の理解をも得た。イギリス政府も天皇制存続を降伏条件とする早期終戦案を支持した。だが, 7月初めに就任したバーンズ新国務長官, 国務省次官補のマクレーシュやアチソンは無条件降伏に固執し, 天皇制の容認に反対した。7月26日にアメリカ, イギリス, 中国の3国が発表したポツダム宣言には, 明示の天皇制容認条項は含まれなかった。

日本を本土決戦前に降伏させる決定打として期待されたのが, 原子爆弾であった。1939年に物理学者アインシュタインらがローズヴェルトにドイツの原

表4 ポツダム宣言（1945年7月26日）（抜粋・現代語訳）

1　我々，合衆国大統領，中華民国政府主席ならびに英国首相は，その数億の民を代表して協議し，日本に終戦の機会を与えることに同意した。
2～4　略
5　我々の条件は次の通りである。我々がこの条件から離れることはない。いかなる代案もありえない。また猶予も認めない。
6　無責任な軍国主義が世界から駆逐されるまで，平和・安全・正義の新秩序は不可能であると我々は信ずる。それゆえ日本国民をあざむき，世界支配へと導いた者の権力と勢力は永久に抹殺される。
7　このような新秩序が樹立され，かつ日本の戦争遂行能力が破壊されたと確信するに足る証拠が示されるまで，連合国の指定する日本領土内の諸地点は，ここに記す基本目的を達成するために占領下に置かれる。
8　カイロ宣言の諸条項は実施され，日本の主権は本州・北海道・九州・四国および我々の定める諸小島に限定される。
9　日本軍隊は完全に武装解除されたあと，各自の家庭に帰り，平和的・生産的な生活を営むことを許される。
10　我々は日本人を，民族として奴隷化し，国民として滅亡させることを意図しない。しかし，我々の捕虜を虐待した者を含むすべての戦争犯罪人を厳格に処罰する。日本政府は，日本国民のうちに民主的傾向が復活され強化されるよう，それに対する一切の障害を除去せねばならない。言論・宗教・思想の自由，ならびに基本的人権の尊重は確立されねばならない。
11　日本は，戦争のための再軍備を可能にする産業は別として，その経済を支え，正当な現物賠償を行うための産業の保持を許される。そのため，原料を支配してはならないが，これを入手することは許される。いずれ日本は世界貿易関係への参加を認められる。
12　上記の諸目的が達成され，日本国民が自由に表明した意思に基づいて平和的傾向を持つ責任ある政府が樹立され次第，連合国占領軍は日本から撤退する。
13　我々は，日本政府がただちに全日本軍隊の無条件降伏を宣言し，それを誠意をもって行っていることを適切十分に保証する措置を採ることを要求する。日本にとってそれ以外の選択は迅速にして完全なる破壊のみである。

［出典］　アメリカ学会訳編『原典アメリカ史』別巻，岩波書店，1958年，81-83頁。

爆開発を警告して以来，アメリカは極秘裏に「マンハッタン計画」を進め，ドイツが降伏した1945年5月には，日本に対する原爆使用という選択肢も具体化しつつあった。7月16日にポツダムに届いた最初の原爆実験成功に関する極秘電報は，予想をはるかに上回る破壊力を告げていた。

　これまでの原爆投下決定を説明する学説には，①アメリカ兵の命を救うためしかたなく原爆が使用されたという，いわゆる正統派の立場，②原爆は，対日戦争用というよりは，冷戦の予測の下にソ連からの譲歩を引き出すことをめざして使用されたという修正派の解釈，③原爆使用は，ローズヴェルト政権により用いるべき手段として開発されており，トルーマン政権はこの政府内プロセスを覆すことなく原爆を行使したという立場がある。今日の学界におい

ては，③を軸に①②を組み合わせた議論が主流となっていると言えよう。

つまり，トルーマン政権は，過大な人的損失の憂慮される本土決戦を回避するために，スティムソン陸軍長官の提案したポツダム宣言と原爆投下の組み合わせによって日本を早期降伏に追い込む方策をとった。ヤルタ会談以来，用意されていたソ連の対日参戦は，アメリカ政府にとって切望するところというよりも，もはや止めることのできない事態と認識されるにいたった。

「聖断」にいたる日本の政治過程——無条件降伏回避の模索

戦況が日本に不利に傾くとともに，日本国内では早期終戦をめざす運動が始まった。それはまず，東条英機内閣打倒の動きとなって表れた。サイパン陥落直後の1944年7月，若槻礼次郎や岡田啓介（おかだけいすけ）を中心とする重臣と，高松宮宣仁，東久邇宮稔彦（ひがしくにのみやなるひこ），そして内大臣木戸幸一（きどこういち）が共同戦線を張り，閣内では岸信介（きしのぶすけ）商工相が叛旗（はんき）を翻したことによって，東条は退陣に追い込まれた（勝田，1981）。

7月22日に成立した小磯国昭（こいそくにあき）内閣は，しかし戦争終結に政府を動かすような指導力を持たなかった。方向転換を困難にした大きな要因は，連合国の無条件降伏方針であった。武装解除や戦争犯罪人の処罰，統治システムの改変といった勝者の要求が，軍部にとって受け容れがたいものであったことはいうまでもない。しかし，天皇制の維持（国体護持）の保証がなければ降伏できないと考える点では，早期和平を主張する人々も同じであった。そこで，無条件降伏の回避を可能にする方策として日本政府内で熱い期待を集めたのが，中立条約を結んでいたソ連を仲介として和平にいたる方法であった（参謀本部編，1967；波多野，1996）。

だが，ドイツ戦の勝利を確実にしていたソ連にとって，日本との協力は何ほどの意味も持たなかった。1944年11月7日の革命記念日にスターリンが日本を侵略者と非難したのは，明白な信号であった。ヤルタ会談はアメリカ，イギリス，ソ連の連合をあらためて示した。そして1945年4月5日，ソ連政府は期限満了を1年後に控えた日ソ中立条約の不延長を日本政府に通告した（スラヴィンスキー，1996）。

B29による大規模空襲，沖縄戦の開始，そして日ソ中立条約の不延長通告という騒然たる情勢の中で小磯内閣は総辞職し，代わって4月7日，78歳の鈴木貫太郎（すずきかんたろう）が首相に就任した。鈴木は，早期終戦を望む天皇の意志を忠実に実行

する決意を固めていた。空襲と海上交通の途絶によって日本の生産力は壊滅的打撃を受け，国民生活も崩壊寸前であった。保守指導層は和平を焦慮した。近衛文麿が吉田茂らとはかって作成した天皇への上奏文，いわゆる「近衛上奏文」が顕著に示すように，彼らは敗戦のもたらす社会不安が共産主義革命を引き起こすことを真剣に恐れていた（外務省編纂，1952；細川，2002；吉田，1957・58）。

ところが，この段階にいたっても，ソ連との協調の可能性に望みをつなぐ議論は軍部を中心に健在であった。5月中旬の最高戦争指導会議は，最低限でもソ連の参戦を防止し，可能ならばソ連に和平の仲介を依頼するよう対ソ交渉を進めることを決定した。それは，戦後，吉田茂首相の指示で斎藤鎮男外務省政務局政務課長（当時）などがまとめた調書「日本外交の過誤」が断じたように，「外交的には全く理解し得ない」選択であった（小倉，2003）。けれども，政府決定に全会一致を要する明治憲法下にあって，陸軍を暴発させることなく終戦に持ち込むために，国内政治においては必要なプロセスだったのである。

周知のように，結果は惨憺たる失敗であった。ソ連にとっては，参戦こそが勝者の配分への参与を可能にする。ソ連は，自らの参戦準備が整うまで日本の崩壊を引き延ばすことを意図して，日本との交渉を継続したにすぎない。8月8日，佐藤尚武大使がモロトフ外相から受け取ったのは，ソ連の対日宣戦布告であった（スラヴィンスキー，1996；長谷川，2006）。

対ソ工作が行き詰まる中で，ポツダム宣言は，無条件降伏の縛りから日本を解き放つかもしれない唯一の方途となった。8月6日の広島への原爆投下，9日未明のソ連参戦という事態を受けて，8月9日午前11時から開かれた最高戦争指導会議では，国体護持のみを条件にポツダム宣言の受諾を説く東郷茂徳外相が米内光政海相の支持を得たものの，阿南惟幾陸相，梅津美治郎陸軍参謀総長，豊田副武軍令部総長は，戦争犯罪人の処罰，武装解除，占領の範囲についても条件とするよう強硬に主張し，議論は平行線をたどった。その最中に長崎への原爆投下のニュースが飛び込んできた。

その日の深夜，最高戦争指導会議が今度は天皇臨席の下で召集された。新たに出席を求められた平沼騏一郎枢密院議長は外相案におおむね賛成し，参加者の意見が3対3となって分裂したところで，鈴木首相は天皇の裁断を請うた。天皇は外相の意見を支持した。「耐えがたきを耐え，忍びがたきを忍んで，人

民を破局より救い，世界人類の幸福のために，こう決心したのである」

　天皇の「聖断」を受けて，「天皇の国家統治の大権を変更するの要求を包含し居らざることの了解の下に，帝国政府は右宣言を受諾す」と日本政府は発信した。8月11日のアメリカの回答は，国体護持の保証を明言したものではなかった。「天皇及び日本国政府の国家統治の権限は……連合国最高司令官に従属（subjedt to）するものとす」「最終的の日本国政府の形態はポツダム宣言に従ひ日本国国民の自由に表明する意思に依り決定せらる」。13日の最高戦争指導会議と閣議は，再び受諾の是非をめぐって沸騰した。だが，翌14日午前に召集された御前会議において再度判断を求められた天皇は，よどみなく終戦を決断した（外務省編纂，1952）。

　もしここで戦争を終えなければ，米ソ両軍をはじめとする連合国軍が侵攻し，日本本土は米ソに分割占領され，統治機構も崩壊したであろう。二度の原爆投下とソ連参戦という決定的な外圧が加わり，天皇の再度の「聖断」という尋常ならざる政策決定をもって，ようやく日本はポツダム宣言を受諾し，戦争を終えることができたのであった。

4　初期占領政策

対日勝利から冷戦へ──占領改革の時代

　大戦末期，イギリス，アメリカ，ソ連の大連合は動揺した。1945年3月から，ソ連は東地中海でのイギリスの影響力に激しく挑戦し始めた。とりわけイギリスの友邦であったトルコに対して，ソ連は，領土割譲，領内の海峡自由航行権，ソ連海軍基地の設置を要求した。ソ連のトルコに関するポツダムでの激しい議論を経て，トルーマン政権は，東地中海のみならず極東でのソ連の野心を疑うようになった。最初の原爆実験成功後，中国・朝鮮半島でのソ連占領地域をできるだけ縮小させようとした。トルーマン政権は，日本本土をアメリカの勢力圏としてソ連の影響力を排除する，という意思を明確にした。アメリカ政府は8月18日，米軍内で用意されていた日本の分割占領案を斥け，マッカーサーを最高司令官とする統合的な日本占領に他の連合国が協力・参加する，アメリカによる事実上の一体的占領を決定した。2日前にスターリンがソ連による北海道北東部地域の占領を要望したのに対し，この日，トルーマンはこれ

を拒否した。ソ連は，9月初めまで樺太と千島列島および歯舞諸島・色丹島に対して作戦を継続し，軍事占領した（スラヴィンスキー，1996）。

　マッカーサーは，軍人としての有能さと絶対的権威をまとった人物であった。第一次世界大戦での大活躍を経て，陸軍士官学校校長（1919-1922年），そして陸軍参謀総長（1930-1935年）を最も若く歴任した。しかし，いわゆるボーナス・マーチ事件（1932年）において，大恐慌に苦しむ退役軍人を武力で蹴散らし，評判を下げた。その後，フィリピンでフィリピン軍の育成と同地域の防衛に携わり，太平洋戦争を迎えた。フィリピンでの緒戦に敗れたが，その後，日本に対する反攻を果敢に展開した。主要な日本軍占領地域しか攻撃・占領しない「アイランド・ホッピング」作戦は有名であった。日本占領軍の最高司令官となったマッカーサーは，首相を上回る権力のみならず，天皇を上回る権威を身にまとって，日本の再生を指導せんとした。

　10月以降も日本占領管理への参加をスターリンが要求し，その結果，12月のモスクワ外相会議で日本占領の国際的枠組みが形成された。対日占領政策の最高決定機関としてワシントンに極東委員会が，マッカーサーの諮問機関として東京に対日理事会が設けられた。前者は，対日戦勝国であるアメリカ，イギリス，ソ連，中国，およびフランス，オランダ，カナダ，オーストラリア，ニュージーランド，インド，フィリピン（後にビルマとパキスタンが参加）の代表から，後者は，アメリカ，中国，ソ連および英連邦（オーストラリアがイギリス，オーストラリア，ニュージーランド，インドを代表する）から構成された。だが，いずれも形式的な機関にすぎず，現実にはアメリカ政府とマッカーサーの総司令部が占領政策の実権を握っていた。

占領統治体制の確立——天皇と日本政府を通しての間接統治

　ポツダム宣言を受諾した日本政府にとっての悪夢は，占領軍による直接統治であった。9月2日に戦艦ミズーリ号上で降伏文書調印式典が行われた直後，総司令部は，英語を用いての直接軍政，総司令部命令の違反者への裁判権行使，軍票発行の「三布告」を翌3日に告示する予定であると通告し，日本政府をあわてさせた。マッカーサー司令部は，直接軍政を基調とする日本進駐作戦「ブラックリスト」にもとづく占領をポツダム会談以前から準備しており，「三布告」は間接統治用の具体的な計画が存在しない中で提示されたものであったろ

4 初期占領政策

う。8月17日に成立した東久邇稔彦内閣の重光葵外相が占領政策への日本政府の協力を約しつつ撤回を求めると、マッカーサーは応じた。占領開始直後という重要な時期に、日本政府はポツダム宣言が示唆していた間接統治の一般方針を守った。

「初期対日方針」(SWNCC 150/4, 8月23日大統領承認）を中軸とするワシントンの方針は、秋以降、ソ連やオーストラリアなど連合国の意向もあって、日本に厳しい路線に転じており、天皇と日本政府を利用するが、支持するのではないことを旨としていた。ただ東京のマッカーサーは、ポツダム宣言の受諾が「聖断」によってようやく可能になったことや、天皇の命令で日本軍の武装解除が混乱なく実施されたという事実に注目し、天皇を重視していた。9月27日に行われたマッカーサーと天皇の第一回会見において、マッカーサーは天皇に感銘を受け、以後、彼は、占領統治を円滑に遂行するために天皇を有効利用するにとどまらず、天皇の地位を積極的に擁護する姿勢を鮮明にする。「天皇と日本政府を通しての間接統治」路線は、この段階で定着に向けて前進したといってよい（五百旗頭，2007）。

他方、間接統治方式の採用に合わせて総司令部自体も機構整備された。1945年10月2日には、マッカーサー連合国最高司令官（SCAP）を頂点とし、参謀長の下に参謀部と特別参謀部が直属する連合国最高司令官総司令部（GHQ/SCAP）が発足した。政治的に重要だったのはGHQの特別参謀部であり、民政局（GS）、経済科学局（ESS）、天然資源局（NRS）、民間情報教育局（CIE）、民間諜報局（CIS）などが互いに競合しながら数々の占領改革を推進した。中でも民政局は、マッカーサーの政治参謀部であり、腹心ホイットニーが1945年12月に局長に就任したのを境に、初期の非軍事化・民主化改革において絶大な権力を振るうことになる（竹前，1992）。米陸軍には現地司令官に大幅な裁量権を認める伝統があったうえに、マッカーサーはとりわけ本国政府の介入を排して、自らの日本における権威を絶対化する意志を持っていた。日本を民主的で平和的な国家に生まれ変わらせるという歴史的偉業の主役を、マッカーサーは自ら演じようとしたのである（袖井，1974）。

初期占領政策——非軍事化・民主化改革

占領の第一段階において、GHQはまず非軍事化を断行した。陸海軍の武装

解除と復員，軍事関係施設や軍需工場の破壊または接収，軍事機構の解体，秘密警察の廃止，東条英機をはじめとする戦犯容疑者の逮捕，軍国主義者や超国家主義者の公職追放など，旧社会に対する破壊的・処罰的措置が半年の間に次々と繰り出された。これらが日本の政治，社会に与えた衝撃は甚大であった。内相以下，内務省・警察の幹部4000人の罷免を含む1945年10月4日の「自由の指令」は東久邇内閣を総辞職させた。続いて成立した幣原喜重郎内閣は，翌1946年1月4日の公職追放指令で閣僚数名を追放該当者に指定され，崩壊寸前に追い込まれた。公職を追放された「戦時指導者」は，総数21万人に上った（増田，1996）。また，同年5月には極東国際軍事裁判（東京裁判）が開廷し，満州事変（第5章1参照）以後の日本の対外行動について指導者の責任が問われた。裁判は1948年11月に結審し，起訴された28人の被告のうち，東条など7人が絞首刑を宣告された。天皇の戦争責任は問われなかった。

　他方，民主化改革については，GHQには当初，ワシントンから「ポツダム宣言」「初期対日方針」といった一般的方針しか与えられていなかった。マッカーサーは1945年10月11日，幣原首相に対して民主化の5大改革について指示し，日本政府がその一般的方針に沿って自主的に民主化改革を進めることを促した。幣原内閣も先取り的に改革の実施を試みた。第一次農地改革（1945年12月）や労働組合法の制定，衆議院議員選挙法の改正などがこれに相当するが，多くは戦前，戦時中に日本政府内で改革の構想が存在した分野であり，敗戦と占領を奇貨として実現がはかられたものであった。このうち労働組合法と衆議院議員選挙法改正（いずれも1945年12月公布）はGHQに追認され，そのまま実施された。

　ところが，1945年末から翌年初めにかけてGHQは，民政局を中心に日本側の改革案をはるかに上回る急進性を持って動き始めた。日本政府はより徹底した改革案の作成を命じられた。GHQ自身が原案を作成して日本政府に受諾を迫る場合もあった。前者は第二次農地改革（1946年10月）が，後者は憲法改正（1946年3月改正草案要綱発表）がその典型である。さらに，財閥解体（1945年11月）や独占禁止法（1947年4月公布），自治体警察の創設（1947年12月）のように，日本側に発想と準備がなくGHQによって改革を指令されたものも少なくなかった（五百旗頭，2005）。

　幣原や，1946年5月に政権についた吉田茂のように，比較的穏健な保守指

導層は、戦前日本の自由主義的、民主主義的傾向を復活強化すればよいと考える傾向があった。「負けっぷりをよくする」ことを信条とし、占領政策に言うべきことは言い、あとは潔く従うという姿勢で GHQ に臨んだ吉田であったが、民政局を中心に出される改革路線は、しばしば日本の実情を考慮しない「急進的理想主義の産物」と見えた（吉田、1957・58）。だが、抵抗は事実上不可能であった。地方自治制度や警察制度の改革に抵抗した内務省は、1947 年末をもって解体された。

衝撃と混乱が大きかったのは、やはり憲法改正であった。日本政府の消極的姿勢に業を煮やした GHQ は、1946 年 2 月、「マッカーサー三原則」（天皇制の改革と存続、自衛戦争を含む完全な戦争放棄、封建制度の廃止）にもとづく民政局の草案を日本政府に示し、受諾を迫った。象徴天皇制と戦争放棄は天皇制維持を可能とする方途であると、GHQ は幣原内閣にマッカーサー草案の基本的受諾を求め、幣原内閣もこれを呑んだ。なお、戦争放棄については、侵略戦争のみを放棄することが GHQ 内で了解されていたが、この時点で日本政府はそう理解していなかった。帝国議会での憲法改正審議において、第 9 条 2 項冒頭に「前項の目的を達するため」といういわゆる「芦田修正」が加えられた 1946 年秋以降にも、日本政府は、自衛戦争は許されるという解釈はとらなかった。第 9 条が自衛のための手段と措置を許容するという解釈が打ち出されるのは、第二次吉田内閣の 1950 年以降であり、鳩山内閣時の 1955 年にそれは確立される（佐藤、1994、第 4 巻；鈴木、1995；五百旗頭、2007）。

新憲法は、議会制民主主義に天皇制を埋め込む意味を持った。また戦争放棄の条項によって、戦後日本の安全保障政策はきわめて抑制的なものとなる。全般に占領軍の権威の下で断行された民主化諸改革は成功を収め、戦後日本の政治経済、社会を基本的に規定することになった。農地改革は農業の効率化と生産力の向上をもたらし、結果として生じた余剰労働力と農家の購買力の上昇が、その後の高度経済成長を支えた。解体された財閥に代わって登場した経営者群と経済団体は、戦後日本の経済的発展の主役となり、保守政権を支えることになる。他方、組織化の進んだ労働者は革新政党の支持基盤となった。こうして、占領下の諸改革は戦後日本の政治的・社会的基盤を構成したのである（升味、1983、下）。

占領下の日米関係

　日米関係が独立した国家間の関係であることをやめた唯一の時代が，占領期であった。ポツダム宣言を受諾する交渉の中で，日本の最高権力はSCAPに掌握され，天皇と日本政府はそれに従属することが明確になった。占領開始とともに，ワシントンと東京の外交関係は絶たれ，日米関係は東京におけるGHQと日本政府との上下関係に集約されることになった。

　占領下の日本政治は，二重のプロセスであった。それは一面において，以上のようなGHQと日本政府間の垂直構造下における協調と対抗のゲームであった。他面において，GHQも日本政府も一元的機構ではなく，内部にいくつかの立場を異にするグループがあり，それらが相手側のグループとの間にパートナーやライバルを見出した。つまり占領下の政治は，クロス・ナショナルなコアリション・ポリティクス（国をまたぐ連携と対抗の政治）でもあった。

　日本政治がマッカーサー司令部との間にどのような関係を設定したかを，簡単にスケッチしておきたい。

　第一のタイプは，終戦とともに組閣し，連合国軍の平和的進駐を受け入れた東久邇内閣であり，最高権力を持つGHQとの協力関係を築きえなかったため，わずか50日で政権崩壊を招いた。1946年4月の戦後最初の総選挙において第一党となった自由党党首の鳩山一郎も，ケーディス民政局次長らに保守的過ぎるとして忌避され，公職追放によって葬られた。

　第二のタイプは，幣原喜重郎や，鳩山に代わって組閣した吉田茂であり，マッカーサー最高司令官と良好な関係を築き，それを資源として政権を運営しえた外交官出身の首相たちである。ニューディール改革派のケーディスは保守的な吉田を嫌ったが，マッカーサーと最も頻繁に会見する吉田首相を葬ることはできなかった。幣原と吉田は，食料援助やゼネストの禁止という治安問題でマッカーサーの指導力を引き出すことに成功した。反共右派で情報機関G2（参謀第二部）を率いるウィロビーはケーディスと対立し，吉田側近の白洲次郎らに接近した。

　第三のタイプは，1947年4月に行われた戦後二度目の総選挙で第一党となって組閣した社会党党首の片山哲や，それを継いだ民主党の芦田均であり，占領改革の断行と進歩的な政治勢力を日本に育てることに情熱を燃やすケーディスと，緊密な協力関係を築いた。ケーディスの片山や芦田との提携は，マッカ

ーサーの幣原や吉田へのそれに比してはるかに具体的かつ濃密であった。一々の政治運営についてまでケーディスの介入を受け，片山と芦田の政権は自立性を弱めて国民的支持を失った。

1948年秋，昭和電工事件によって芦田内閣が総辞職した後，第一党の勢力を回復した自由党の吉田が政権に復帰するのを阻止するため，ケーディスは山崎 猛自由党幹事長を首班とする工作を試みた。だが，結局マッカーサーやウィロビーの支持を得た吉田に敗れた。この時期まで占領下の民主化改革を主導してきたケーディスであったが，日本における第二次吉田政権の成立と，国際的な冷戦の深刻化にともなうワシントンの対日占領政策の転換とによって存立基盤を失い，日本を去った。

これ以後，占領下の日米関係は，二つの主要なテーマをめぐって展開されることになる。一つは市場経済の中で自立しうる日本経済の再建であり，いま一つは，独立回復のための講和交渉であり，それには安全保障政策を軸に日本の国際政治的位置の確定が必要であった。そしてこの二つに対処するのが再登場した吉田内閣であり，アメリカ側ではマッカーサー司令部以外に，経済についてデトロイト銀行頭取のドッジ，講和について国務長官顧問のダレスが，特使として中心的役割を果たすことになる。

5　冷戦と講和

アメリカの冷戦戦略とさまざまな対日講和方針

東西冷戦の進展が，占領期の日米関係をとりまく国際的な大状況であった。ドイツ・日本の敗戦とともに，アメリカとソ連の対立はヨーロッパでも極東でも厳しさを増していたが，アメリカ政府の対ソ方針は一貫したものではなく，試行錯誤を重ねることになる。そしてさまざまな対ソ冷戦政策は，それぞれに対日占領政策へのインプリケーション（含意）を宿していた。

たとえば，大戦終結間際に国務長官となったバーンズは，米ソ関係の調整に注意を払い，先に述べたように，連合諸国の協力による日本管理を求めて極東委員会や対日理事会を設立した。米ソ協調による旧敵国支配の枠組みにおいて，バーンズは1946（昭和21）年2月，連合国が25年にわたって日本を監視する非武装・非軍事化条約を提案したりした。

けれども，洋の東西において米ソ両勢力のぶつかり合いが激化する中で，こうした観点はアメリカ国内で不評となり，『フォーリン・アフェアーズ』誌に匿名で発表したX論文によって脚光を浴びたケナンの対ソ封じ込め論がアメリカの冷戦政策をリードすることになる。ケナンはソ連の対外行動の歴史を分析して安易な対ソ協調への期待を斥け，ソ連のさらなる軍事進出を厳しく封じ込めることを説いた。同時にケナンは，長期にわたるであろうソ連との対抗関係において，軍事的決着以上にアメリカと西欧・日本の経済社会的な活力の強化と結束による対ソ優位を重視した。マーシャル新国務長官（1947年1月就任）の下で政策企画室（PPS）長となったケナンは，ヨーロッパの経済復興のために大規模な援助をはかるマーシャル・プランを提案し，1947年6月に発表された。これをソ連が東欧諸国と共に拒否したことによって，ヨーロッパは東西陣営に分断され，冷戦は明示的な現実となった。

ケナンは同じ観点から，1947年3月のマッカーサー提案に端を発した国務省の早期対日講和案が，連合諸国による25年間の日本監視など旧敵国に対する古い枠組みに立っていることを批判し，日本を西側自由陣営の一員として経済復興させる必要を説いた。1948年10月にトルーマン大統領の承認を受けた国家安全保障会議（NSC）の文書NSC 13/2は，ケナン構想を反映し，アメリカ・西欧とともに日本に活力ある自由主義経済と民主主義社会を育てることを企図するものであった。

援助と補助金に依存していた敗戦後の国家管理経済から，健全な市場競争の下で立ちゆく日本経済の再生のため1949年2月初めに来日したのが，ドッジであった。吉田首相と池田勇人蔵相は，ドッジの超緊縮財政という荒療治を受け入れて日本経済の自由市場化の下での復興を追求した。それは1949年に社会騒擾をともなう深刻な不況をもたらしたが，翌年勃発した朝鮮戦争による特需を得て，日本経済は急浮上することになる。

日本に君臨するマッカーサーは独自の観点を持っていた。非軍事化と民主化という初期占領政策の2目標を，マッカーサーは勝者の敗者に対する処断としてではなく，人類共通の理想において表現する能力に長けており，憲法改正をはじめ広汎な占領改革を1948年までに実らせた。その成果を誇り守ることが，マッカーサーの基本的立場であった。冷戦が深まっても，彼は憲法第9条に背反するような日米両政府からの再軍備提案に耳を貸さなかった。ワシントンの

米軍部が日本の再軍備と米軍の日本本土駐留を求めるのに対し、マッカーサーは、その双方がなくとも米軍による日本周辺の戦略支配によって日本の安全を守りうるとして対立した。このマッカーサー構想における日本周辺とは日本本土から区別されるべき沖縄が中心であり、日本側の領土要求に理解を示す国務省と立場を異にした。

このようにマッカーサー、米軍部、国務省が三すくみ状況にあって、アメリカ政府に統合的な対日安全保障政策を含む講和プランは容易でなかった。

他方、日本の経済自立をめざすことについては、ケナンとマッカーサー、そしてアメリカのタックスペイヤー（納税者）の日本占領費負担軽減の観点も加味されて、先のNSC13/2の合意がなされた。しかし、ワシントンの米軍部による日本の限定的再軍備の方策に対しては、マッカーサーは応じず、独立後の日本に米軍が駐留するか否かについても、どのように講和を進めるかについても、アメリカ政府内に統合的方針は存在しなかった。

他方、日本側にも安全保障に関する独自の構想が生まれた。1947年9月に、片山内閣の芦田外相が冷戦の本格化を受け止め、国連による日本の安全保障が連合諸国の対立によって困難となる場合には、日米条約による日本の安全保障を求める構想を、アメリカ本国宛の提案として第八軍司令官アイケルバーガー中将に託していた。マッカーサー司令部はその唯我独尊的性格ゆえか、日本政府の自主的外交活動に対して好意を持たなかったが、この時点ではアメリカ政府が統合的意思をもって対応できる状況になかった。この日本側の方針は、1948年以降の吉田内閣にも継承されていった。

中ソ抜きの対日講和条約の推進と日本再軍備への道

1949年は冷戦がさらに険しさを増した年であった。前年6月からのソ連によるベルリン封鎖が続く中で、1949年4月、アメリカは西欧諸国との軍事同盟である北大西洋条約機構（NATO）を結成した。ソ連が核実験に成功して、アメリカの核独占は予想よりも早く破れた。中国の内戦では共産党が国民党に勝利し、極東の国際政治地図が大きく塗り変えられた。こうした中、東西冷戦の前線に位置する日本の戦略的重要性が認識され、トルーマン大統領はたとえソ連が参加しなくても対日講和を断行して、日本を西側陣営に独立後もとどめることを考えた。

このような冷戦の険悪化は，経済社会的対処を重視するケナンの冷戦戦略を不評にし，ソ連共産主義勢力との全地球的な軍事全面対決に備える必要があるとするニッツェの立場を強めることになった。ケナンに代わって政策企画室長となったニッツェは，1950年4月にNSC68をまとめるとともに，アメリカの軍事費を大幅に増加することを主張した。それは財政健全主義に立つトルーマン大統領のとるところとならなかったが，1950年6月の朝鮮戦争の勃発がニッツェ・プランの完全実施をもたらすことになる。

朝鮮戦争勃発2カ月前の1950年4月，吉田首相は腹心の池田蔵相をワシントンに派遣し，米軍の日本駐留を日本側からオファーしてもよい旨を伝えさせた。それは，止まっていたアメリカ政府内の対日講和をめぐる政策形成を再開させる契機を提供した。冷戦戦略上，日本の軍事基地が不可欠と考えていた米軍部にとって朗報であり，対日講和に反対する理由がなくなった。マッカーサーもまた，日本政府が求めるのであれば米軍の日本駐留に反対しない，と立場を和らげた。こうして6月，ダレスが講和予備交渉のために日本に派遣された。

そこまで来たところで朝鮮戦争が勃発した。ダレスは予定どおり対日講和を進めることを説き，トルーマン政権はそれを支持して揺らぐことはなかった。朝鮮戦争にともなって在日米軍が出動し，日本国内が手薄になった状況において，1950年7月にマッカーサーは，当面の国内治安強化をはかりつつ将来の軍事力の土台たりうる7万5000人の警察予備隊の創設を命じた。1950年10月の中国軍の朝鮮戦争参戦によって戦況が悪化する中で，米軍は警察予備隊の装備・編成をある程度まで軍隊的なものに強化した。

日本政府の講和と安全保障の構想

1945年秋から外務省が5年にわたり積み重ねてきた研究作業を基盤に，1950年秋から翌年初頭にかけて，小泉信三や馬場恒吾，辰巳栄一などブレーンによる検討をも経て，吉田首相は最終的に日本政府の講和と安全保障についての方針を打ち出した。食料すら不十分な貧しい敗戦国日本にとって，単独自前の防衛は不可能であった。しかも，冷戦という国際環境は国連による安全保障を許さない。日本の地政的位置が，背後のアジア大陸にソ連という他方の超大国を棲まわせ，1950年2月に中ソ同盟が成立している状況にあって，吉田は，1950年4月の池田ミッションで示したように，世界最強の米軍を日本の

安全装置として駐留させる方途を選択した。さらに，早期に講和を実現し日本の国際社会への復帰を促進する観点から，吉田はアメリカおよび西側陣営に所属することを選択した。左派の革新勢力が非武装中立・全面講和を主張し，全面講和か単独講和かをめぐって国論が分裂する中で，吉田ははっきりと西側との講和を選択したのである。

再軍備についても，吉田の姿勢は明快であった。彼は，将来的にはシビリアン・コントロール（文民統制）の下で自衛を目的とする軍隊を建設することが望ましいと考えていた。だが吉田は，独立に際して再軍備を優先課題とし，はずみをつけることは，日本に再び不健全な体質をもたらすと考えた。朝鮮戦争の勃発によって日本国内で再軍備論が急浮上し，彼のブレーンの中でも積極論が優勢であったにもかかわらず，吉田は，講和前は再軍備を拒否するという方針に徹した。再軍備に対する国内外の反発や，旧軍の復活を懸念したことに加えて，吉田は，再軍備にともなう経済的負担が社会不安を引き起こし，共産主義の温床となることをむしろ恐れた。自立的で安定した経済と健全な国内政治，社会を築くことが先決だと判断したのである（楠，2006）。

講和条約交渉の準備作業を通じて，こうした吉田の構想が具体化された。1951年初頭に日本政府がまとめた安全保障政策は，以下のとおりである。第一に，アメリカとの間に安全保障協定を結び，アメリカに基地を提供することによってその防衛保証を獲得する。第二に，日本は講和前に再軍備しない。第三に，琉球諸島・小笠原諸島については，可能なかぎり主権の保持を追求するが，アメリカの戦略的必要に配慮する（『平和条約の締結に関する調書』）。

サンフランシスコ講和条約，日米安全保障条約の成立

1951年1月から2月にかけて行われた吉田＝ダレス会談が，講和交渉の最大の山場であった。再軍備を要求するダレスとこれに消極的な吉田が鋭く対立する局面もあったが，結果から見れば，日米双方が必要とするところをおおむね達成したといってよい。日米安全保障条約は，米軍の日本駐留を可能とする基本的枠組みとなった。そして駐留米軍は，極東地域における国際の平和と安全のために使用できることが条約で保障された。条約の付属文書「吉田・アチソン交換公文」においては，日本政府が朝鮮半島における国連軍の活動を支持すること，引き続き日本国内の施設と便益を与えることが了解された。アメリ

Column⑫　吉田書簡という神話

1951（昭和26）年12月24日、吉田茂首相は、ダレス米国務省顧問に書簡を送った。日本に中国大陸の共産党政権との「二国間条約」を締結する意思はなく、台湾の国民党政権（以下、国府）との間で「二国間条約」を締結する用意があるとする内容であった。

この書簡は、当時、反共産主義の強いアメリカ上院で対日講和条約の批准同意を勝ち取る必要のあったダレスの要求によるものであり、書簡の文面も、アメリカが国府との協議を経て事前に作成し、日本側に示したものであった。一般にこの吉田書簡は、日本の意思に反して中国との当面の国交回復の可能性を奪った「講和の代償」として理解されてきた。

しかし、近年公開された西村熊雄外務省条約局長がまとめた『平和条約の締結に関する調書』を見れば、実情は少し異なる。まず1951年5月、アメリカからの照会で、日本がいずれの中国との講和条約の締結を望むかについての協議が、吉田の指示によって、外務省条約局を中心に行われたが、条約局は、共産党政権との講和条約という選択肢を初めから除外していた。また吉田自身も、ダレスから示された書簡案にとりたてて異存を示していない。吉田は逆に、中ソ同盟条約が日本に向けられているという一節を書簡に挿入し、さらに中国大陸への「逆浸透」を通じて、中国の民衆を共産党から引き離すことをダレスに提案している。つまり、アメリカからの圧力を受けるまでもなく、北京政府の不承認について日米の間に基本的な齟齬はなかったのである。

他方、国府との関係については、当初、貿易を中心とする実務協定にとどめることを望んでいた日本政府が、ダレスの要求に従って「二国間条約」の締結に変更したことは事実である。日本政府は、国府の主権をその実効支配する地域に制限する「限定承認」を求め、これに対してアメリカ政府は、国府の体面に配慮しつつも基本的に異を唱えなかった。実際、西村条約局長は、ダレスから渡された書簡案の中で条約の適用範囲を定めた一文に、「中華民国に関しては、」という一節を挿入することで、この部分を国府側のみに適用する特殊規定となるよう修正を加え、将来の日中関係に含みを持たせた。

ともあれ、吉田書簡の内容は、当時の日本政府が望んでいた路線から大きく乖離したものではなかった。にもかかわらず吉田書簡は、そのセンセーショナルな内容と作成の経緯ゆえに、日中接近を阻んだアメリカからの外圧の象徴として人々に記憶されたのである。

【井上正也】

カは、講和条約によって日本を自由主義陣営の一員として迎え入れると同時に、極東地域の安全保障戦略の中に日本を組み込むことに成功したのであった。

こうして1951年9月8日、サンフランシスコ講和会議において対日平和条約が調印され、同日、サンフランシスコの第六兵団駐屯地プレシディオで日米

安全保障条約が調印された。

　日本にとっては, 日米安保条約はアメリカによる防衛を事実上獲得したことを意味していた。また行政協定は, 日本の国民感情にある程度配慮する内容となった。他方, 再軍備については, 将来的には再軍備に着手する意思を吉田が示したことで, アメリカ側はひとまず了承した。アメリカの安全保障の下で政治, 経済, 社会の安定を優先するという目標を, 吉田は達成したのである。

　講和条約の内容は日本に寛大であった。日本の主権に対する制限や経済的・軍事的制限は原則として排除され, 賠償も免除された（東南アジア諸国に対する賠償は, 講和後に2国間協定で処理された）。日本の経済的生存を許し, 国際社会の対等な一員として迎え入れようという精神がこの条約の基調となっていた。日本にとっては, ヴェルサイユの悪夢が繰り返されることはなかったのである。

　安全保障問題について吉田の意向が基本的に尊重されたのは, 隣国において冷戦が熱戦化する状況にあって, 日本を自由主義陣営に組み込む戦略的重要性がアメリカ政府・軍部側に認識されていた結果であろう。この事態にあって, 基地提供にせよ再軍備にせよ, 日本側の自発的同意を得ることが望ましい。日本において親米勢力を代表する吉田を支えなければ, 日本自体を失うことになりかねない。国務省や米軍部の日本専門家を中心に, そうした考慮が働いた。マッカーサーや後任のリッジウェイ, 行政協定交渉を担当したラスク（ケネディ政権で国務長官となる）もその理解者であった。ダレスも, 自由主義陣営への日本の貢献を説きつつ, 最終的には日本の内在的理解に根ざす日本専門家の見解を尊重した（『平和条約の締結に関する調書』; *FRUS 1951*, vol.6; 西村, 1971）。

　講和条約と日米安保条約は, 日本がアメリカの提供する安全保障の下で, 西側諸国との協調によって生存を確保し, 経済を中心とする復興を追求することを決定した。その一方で, 残された課題も多かった。第一に, 再軍備については, 吉田の消極的姿勢に対する不満がアメリカ側に残った。1950年代前半の日米関係には, 再軍備の規模とスピードをめぐる対立が残された。第二に, 吉田自身は意に介さなかったが, 日米安保条約のテキストは日本側に不満が残った。日米安保条約は国連憲章との関係を欠き, 条文上, アメリカには日本に対する防衛義務が定められていなかった。さらに, いわゆる内乱条項の挿入, 条約の期限の定めがないこと, 事前協議が設定されていないなどの点で, 両国間の相互性を否定していると受け止められたためである。これが後に安保改定へ

の強い誘因となった（西村，1999；坂元，2000）。

　第三に，沖縄に対する主権の回復が実現しなかったことであった。平和条約の第3条は，琉球諸島や小笠原諸島に対する日本政府の「潜在主権」を認めた（エルドリッヂ，2003）。だが，潜在性が現実化されるか否かは不確かであり，沖縄が返還されるのはそれから20年後のことであった。第四に，中国との関係であった。アメリカ上院が講和条約・日米安保条約の批准案に同意するにあたって，ダレスは日本が台湾の国民党政府と正式の関係を樹立することを望んだ。結局，吉田は，1951年12月にダレスに宛てた書簡（「吉田書簡」。Column⑫参照）の中で，国民政府との間に講和条約を締結する意思を表明した（西村，1971）。大陸と台湾のいずれの「中国」といかなる関係を構築するのかが，その後20年にわたって日本外交の大きな課題として残されることになる。

◇　　　◇　　　◇

　日露戦争から太平洋戦争にいたるアジア・太平洋の国際関係は，とりわけ第一次世界大戦によってヨーロッパ列強が後退した後，日米両国を主要なアクターとするにいたった。ワシントン体制のように日米関係を協調において定義する時代もあれば，1930年代のように対抗を露にする時代もあった。どちらにせよ日米2極体制であった。日米戦争はこれを破壊し，勝利したアメリカの支配が太平洋に貫徹された。そのことが勝者に大きな満足を，敗者に耐え難い屈辱をもたらすのが歴史のつねであろう。アメリカを中心とする連合国軍の6年8ヵ月に及ぶ日本占領は，それを示す現実と見られるかもしれない。

　事実は，日米は友好関係を回復し，戦後日本は悲惨な中で案外に明るかった。本章は，その謎を解き明かすものであろう。

　第二次世界大戦におけるアメリカは，その歴史において最も輝かしい瞬間であった。思いがけなくのめり込んで簡単に勝利をとげ，準備不十分なまま，ためらいつつ太平洋帝国に突き進むことになった米西戦争とは異なる。逡巡の果てに大西洋を越えた旧大陸での総力戦にアメリカの理念を掲げて加わり，勝利したものの後始末ができず，苦い想いを残した第一次世界大戦とも異なる。

　第二次世界大戦におけるアメリカは，両洋を越えてヨーロッパとアジアの戦争を同時に遂行し，双方で勝利をとげた。その工業生産力と科学技術力に支えられた，アメリカとアメリカ国民の底知れぬパワーが発揮された瞬間である。

　東西にまたがる総力戦を勝利に導くだけでもたいへんなことであるが，アメ

リカは戦争遂行と同時に，戦後世界のあり方について人類史上稀なほどに多面的に研究し，プランを作り上げた。戦後計画の中でも，国際安全保障のために国際連合を樹立し，国際経済面で自由貿易体制のためにブレトンウッズ諸機関（IMF，IBRDなど）を創設したことは，高く評価される。

国連は，超大国がいがみ合う冷戦下で必ずしも期待された安全保障面の役割を果たせなかった。それでも国際社会の公共的必要を集めて一つの声とし，社会・経済・文化の諸側面を支える国際組織としての役割は決して小さくない。またブレトンウッズ体制は，発展不均衡が常態の世界にあって，後から力をつけた国や地域が剣に訴えずとも経済の面で機会をつかむことを可能にした。

第二次世界大戦後は長く大国間の全面戦争が行われなかった。それは一つには，核兵器の登場にともなう戦災の恐怖というネガティブな理由ゆえであるが，ポジティブな面を言うなら，「大国たると小国たるとを問わず，また，戦勝国たると敗戦国たるとを問わず，すべての国に対して，その経済的繁栄に必要な世界の通商及び原料の均等な開放がなされる」という大西洋憲章で語られた構想が，戦後に基本的に実現したゆえなのである。そのことはまた，戦後日本が復興を手にすることを容易にした。

アイケンベリーが『アフター・ヴィクトリー』に言うように，1815年に成立したウィーン体制と1945年からの戦後体制は，歴史上，戦勝後の秩序づくりがうまくいった例と言えよう。勝利による一時的な優位を勝者が使い尽くすのではなく，長期的な制度の樹立に用いることによって，持続的安定に成功した。「20世紀はアメリカの世紀」と言われるほどに卓越した存在に，アメリカは第二次世界大戦を通して浮上したのである。

アメリカの対日占領政策も，こうしたアメリカの全世界的な構想の一環として形成された。真珠湾攻撃の翌年から3年半にわたって準備されたプランは，歴史上のさまざまな占領政策の中で，「最も少なく悪い」ものであると言えよう。敵国に対する敵愾心がアメリカ社会に充満する中で，日本への内在的理解を見失うことなく作成された，穏当なプランであった。アメリカ政府が知日派の研究をもとにして，「無条件降伏」のドクトリンを克服するポツダム宣言の発出をリードしえたことによって，日米両国は日本本土での死闘を前に武器を置くことができた。それは，戦後日本の復興のためにも，日米友好関係の回復のためにも幸いなことであった。

ワシントンで用意された対日占領政策は，初期に非軍事化と民主化の厳しい措置を集中的に遂行し，その後次第に緩和し，経済復興の機会を与え，究極的には日本を国際社会に再び迎え入れるシナリオを予定していた。実際の占領はそのとおりに進んだが，冷戦という予期せぬ重大事態がこの変化を劇的にした。

　1950年6月に朝鮮戦争が勃発すると，ダレスは非軍事化どころか，再軍備を吉田に許すというよりも，強く求めさえした。ところが，吉田首相はこれに抵抗した。戦後日本は普通の国となってアメリカと共に戦う西側自由陣営の国ではなく，西側に属しアメリカに安全保障を依存する軽軍備の経済国家，通商国家として再生することになる。このやや特異な吉田の選択ゆえに，日米間にさまざまな不協和音は折々に生じたが，日米両国は占領と講和においてのみならず，戦後史の中で，互いを大事にする関係を築くことができた。

　太平洋戦争下の1943年のワシントンの会議室において，戦後日本の民主化と日米関係の再建について懐疑を呈する意見に対し，ボートンは薩英戦争（1863年）に言及して，それが日英同盟の伏線となった故事を語り，太平洋戦争後の日米間にも劇的な関係改善がありえないことではないと説いた。ミズーリ号艦上での降伏文書調印式においてマッカーサーは，戦場で十分に争った日米両国民は今より手を携えて日本の再建のために協力するよう呼び掛けた。第二次世界大戦期のアメリカは，たくましい闘争力とともに，大きな志をも持っており，その戦後計画のビジョンの中に戦後日本を包摂することができた。

　日本は無軌道な戦争に走って敗れた後，明治以来の近代化に際し追求した「富国強兵」を修正し，「強兵なき富国」を吉田茂の下で求めた。それはいささか特異な国家形態であったが，戦後世界において相互依存と集団防衛が拡がる中で，とりわけ日米関係が確かであるかぎり，致命的な問題とはならなかった。否，日本がパワー・ポリティクスのアクターから降りたことは，むしろアメリカと張り合う危険性を減じる結果となったであろう。戦後の日本人は我慢強く責任感を持って働き，平和的な再発展の道をたどった。丁寧に他者に対し協力する美質を取り戻して，民主主義社会を確立するとともに，稀な繁栄に向かうことができた。

　第二次世界大戦と占領は，日米それぞれにとって前例のない体験であったが，それをたどる中で両国は，日米友好関係の再建とともに，自由民主主義と市場経済に立つ戦後世界の秩序を支える共同事業をとげることができたのである。

● 引用・参考文献 ●

アイケンベリー，G. ジョン／鈴木康雄訳，2004 年『アフター・ヴィクトリー——戦後構築の論理と行動』NTT 出版．
五百旗頭真，1985 年『米国の日本占領政策——戦後日本の設計図』（叢書国際環境）上・下，中央公論社．
五百旗頭真，2005 年『日米戦争と戦後日本』講談社学術文庫．
五百旗頭真，2007 年『占領期——首相たちの新日本』講談社学術文庫．
五十嵐武士，1995 年『戦後日米関係の形成——講和・安保と冷戦後の視点に立って』講談社学術文庫．
猪木正道，1981 年『評伝吉田茂〔普及版〕』1-4，読売新聞社．
入江昭，1978 年『日米戦争』（叢書国際環境）中央公論社．
エルドリッヂ，ロバート・D.，2003 年『沖縄問題の起源——戦後日米関係における沖縄 1945-1952』名古屋大学出版会．
小倉和夫，2003 年『吉田茂の自問——敗戦，そして報告書「日本外交の過誤」』藤原書店．
外務省編纂，1952 年『終戦史録』新聞月鑑社．
外務省編纂，2001・02 年『日本外交文書——平和条約の締結に関する調書』1-5 冊，外務省．
楠綾子，2006 年「吉田茂の安全保障政策——日米の戦後構想・安全保障構想の相互作用のなかで」『国際政治』第 144 号，99-115 頁．
楠綾子，2009 年『吉田茂と安全保障政策の形成——日米の構想とその相互作用 1943～1952 年』ミネルヴァ書房．
坂元一哉，2000 年『日米同盟の絆——安保条約と相互性の模索』有斐閣．
佐々木卓也，1993 年『封じ込めの形成と変容——ケナン，アチソン，ニッツェとトルーマン政権の冷戦戦略』三嶺書房．
佐藤達夫／佐藤功補訂，1994 年『日本国憲法成立史』3・4，有斐閣．
参謀本部編，1967 年『敗戦の記録』（明治百年史叢書）原書房．
重光葵，1952 年『昭和の動乱』上・下，中央公論社．
柴山太，2001 年「朝鮮戦争の文脈における米英にとっての日本再軍備の意味変化——1950 年 6 月～1952 年 8 月」『同志社アメリカ研究』第 37 号，37-78 頁．
勝田龍夫，1981 年『重臣たちの昭和史』下，文藝春秋．
鈴木昭典，1995 年『日本国憲法を生んだ密室の九日間』創元社．
スラヴィンスキー，ボリス・N.／高橋実・江沢和弘訳，1996 年『考証 日ソ中立条約——公開されたロシア外務省機密文書』岩波書店．
袖井林二郎，1974 年『マッカーサーの二千日』中央公論社．
竹前栄治，1992 年『占領戦後史』岩波書店．
田所昌幸，2001 年『「アメリカ」を超えたドル——金融グローバリゼーションと通貨外交』中公叢書．
東郷茂徳，1985 年『時代の一面——東郷茂徳外交手記』原書房．
西崎文子，1992 年『アメリカ冷戦政策と国連 1945-1950』東京大学出版会．

西村熊雄, 1971年『日本外交史 27 サンフランシスコ平和条約』鹿島平和研究所.
西村熊雄, 1999年『サンフランシスコ平和条約・日米安保条約』(シリーズ戦後史の証言——占領と講和 7) 中公文庫.
長谷川毅, 2006年『暗闘——スターリン, トルーマンと日本降伏』中央公論新社.
波多野澄雄, 1996年『太平洋戦争とアジア外交』東京大学出版会.
福永文夫, 1997年『占領下中道政権の形成と崩壊——GHQ 民政局と日本社会党』岩波書店.
細川護貞, 2002年『細川日記』上・下, 中公文庫.
細谷千博, 1984年『サンフランシスコ講和への道』(叢書国際環境) 中央公論社.
増田弘, 1996年『公職追放——三大政治パージの研究』東京大学出版会.
升味準之輔, 1983年『戦後政治——1945-55年』上・下, 東京大学出版会.
宮澤喜一, 1999年『東京—ワシントンの密談』(シリーズ戦後史の証言——占領と講和 1) 中公文庫.
吉田茂, 1957・58年『回想十年』1-4, 新潮社.
渡辺昭夫・宮里政玄編, 1986年『サンフランシスコ講和』東京大学出版会.
Acheson, Dean, 1987 (paperback version), *Present at the Creation: My Years in the State Department*, Norton.
Dallek, Robert, 1979 (first edition), 1995 (second edition), *Franklin D. Roosevelt and American Foreign Policy, 1932-1945*, Oxford University Press.
Gaddis, John Lewis, 2005, *The Cold War: A New History*, Penguin Press.
Gallicchio, Marc S., 1988, *The Cold War Begins in Asia: American East Asian Policy and the Fall of the Japanese Empire*, Columbia University Press.
Gardner, Lloyd C., 1993, *Spheres of Influence: The Great Powers Partition Europe, from Munich to Yalta*, Elephant Paperback.
Hellegers, Dale M., 2002, *We, the Japanese People: World War II and the Origins of the Japanese Constitution*, Stanford University Press.
Kennan, George F., 1983, *Memoirs 1925-1950* (reprint version), Pantheon (清水俊雄訳, 1973年『ジョージ・F・ケナン回顧録——対ソ外交に生きて 1925-1950年』上, 読売新聞社).
Kimball, Warren F., 1991, *The Juggler: Franklin Roosevelt as Wartime Statesman*, Princeton University Press.
Stoler, Mark A., 2000, *Allies and Adversaries: The Joint Chiefs of Staff, the Grand Alliance and U.S. Strategy in World War II*, University of North Carolina Press.
United States Department of State, 1977, *Foreign Relations of the United States* (FRUS と略す) *1951*, vol. 6, Asia and the Pacific, part 1, GPO.
Woods, Randall Bennett, 1990, *A Changing of the Guard: Anglo-American Relations, 1941-1946*, University of North Carolina Press.

⬆︎訪米時にアイゼンハワー米大統領（左）とゴルフを楽しむ岸信介首相（1957年6月。写真提供：AP Images）

第7章
パクス・アメリカーナの中の戦後日本 1950年代

　1950年代のアメリカの国力は絶頂期にあった。1950年代末のアメリカの国民総生産（GNP）はイギリスや西ドイツの6-7倍、日本の11倍、1人当たりのGNPはヨーロッパの主要国の2倍、日本の6倍であった（Naganuma, 2000）。アメリカは圧倒的な経済力を背景に共産主義諸国に対する封じ込め政策を実施するとともに、自由で多角的な貿易体制（GATT）の維持と発展に努めた。自由主義世界の盟主アメリカは、「ドルと核の傘」を同盟国に差し伸べたのである（石井, 1995）。

　1952年の大統領選挙では、国民的英雄のアイゼンハワー将軍が当選し、封じ込めに代わる「巻き返し」「解放」を唱える共和党が20年ぶりに政権を奪取

した。アイゼンハワーはそれまで陸軍参謀総長，NATO軍最高司令官としてローズヴェルトとトルーマン期にわたり民主党政権の外交・軍事政策を支えた有力な人物であった。しかし，彼はNSC68に則った安保戦略が巨大な国防費を生み出す結果，大幅な財政赤字を招く状況を危惧し，より費用がかからない形での封じ込め戦略の必要を感じていた。確かに国防費は朝鮮戦争を機に3倍増の年額500億ドルに跳ね上がり，財政赤字は数十億ドルに達していた。しかも朝鮮戦争の膠着が象徴するように，冷戦はすぐには決着がつかず，長期化の様相が明らかであった。アメリカは建国以来，初めて巨額の軍事費を恒常的に支出しなければならない状況に直面した。赤字財政が経済に大きな負担を与える以上，アメリカは健全な自由主義の体制の変質をともなうことなく，長期的に冷戦を戦う新しい安保戦略を構築すべきである，というのがアイゼンハワーの確信であった（佐々木，2008）。

　国力の絶頂にあったアメリカとは対照的に，日本は，講和こそ成立したものの，厳しい国際環境を生き抜くにはアメリカに頼るほかなかった。少なくともそれは，講和後も引き続き政権を担当した吉田茂の判断であった。「二つの世界が対立抗争している世界において，米国は，日本を広い意味で米国圏内にインコーポレートして考えてもらいたい」(1951年1月29日吉田・ダレス会見録『平和条約の締結に関する調書』第2冊)。アメリカ側全権ジョン・フォスター・ダレスに対して講和交渉中に発された吉田のこの言葉は，戦後日本外交の出発にあたってアメリカを第一のパートナーとするという，運命的な選択を象徴するものとなった。それは，未だ経済的に先進国にほど遠く，しかも巨大な敗戦によって多くを失った日本を率いた老政治家が，日本をアジアの同盟国として育成強化する方針を選択したアメリカの懐に飛び込むことによってできるかぎり有利な講和を獲得するための，窮余の言葉であったのかもしれない。

　振り返れば，伝統的な中華文明圏に位置しながらそれから距離を置き，アジアの例外的存在であった日本は，西洋諸国の中で例外的な使命感を持つアメリカによって開国に導かれた。しかし両国は，19世紀の間は，いずれにとっても最重要の存在ではなかった。20世紀になると，西洋列強と対等の植民地帝国となり，また「アジアの盟主」を自認する国家として東アジアでの覇権を固めようとする日本と，自由通商主義とアジアの民族主義の支援という二つの理念を掲げながらアジアにおける独自の地位を獲得しようとするアメリカとは，

調整の努力をはさみながらも徐々に対立を深め，やがて 2 国間関係は真珠湾攻撃と原爆投下という破局へと帰結した。アメリカの後見の下に日本の独立を回復し，新生日本外交の基軸に対米関係を据えようという吉田の発想は，それまでの日米関係から考えると意想外の，しかしよく考えれば得心のいく，「コロンブスの卵」と言える選択であった。

けれども，当時の多くの日本人には，アメリカとの緊密な関係を一時の便法以上のものと理解する精神的準備がなかった。独立以後の数年間，日本人は，「対米依存」の象徴として吉田を批判することで，代替肢への希求を表現した。1954（昭和 29）年に吉田を事実上の引退に追い込んだうえで翌年，保守勢力が合同し，革新勢力にあっても日本社会党の左派と右派への分裂が収束し，日本共産党も軍事革命路線を放棄した時には，アメリカからの自立こそが日本人の大きなコンセンサス（合意）を形成するという観測すら全く的外れではなかった。しかし，日本の国力と国内情勢および国際環境の現実は，次第に日米関係を基軸とする選択を一つの外交路線として定着させた。アメリカもまた，日本に対する性急な期待を棚上げすることで，長期的な視野から日本を同盟国として育てていく道を学んでいった。1960 年，日本国内での大きな論争を経て，日米安全保障条約が改定されるまでの過程は，日米双方が，つねならぬ事態の中で半ば強制された婚姻関係として始められた同盟関係を，より自然な関係へと転化させる自己確認の過程でもあった。

1　講和後の日米関係

アメリカのグローバルな戦略と日本

日本は西ドイツと並び，アメリカの冷戦戦略の中核にあった。対日占領を終えてまだ間もない 1952（昭和 27）年 8 月，トルーマン政権は NSC68 を引き継ぐ NSC135/1 を承認した。それは，自由世界の力を構築するうえで，西欧諸国の緊密な協力，とりわけ西ドイツと日本が自由主義諸国と提携することが必要だと述べて，両国の戦略的重要性を確認した。この文書は続けて，「強く友好的な」日本は，太平洋における西側の防衛のための「自然な錨」となり，アジアの自由世界に大きな貢献をするだろうと主張し，日本の潜在的な力への期待を語ったのである。

日本の戦略的位置づけは，共和党新政権においても不変であった。アイゼンハワー政権は NSC162/2（1953年10月）において，核兵器への依存と通常兵力の削減によって国防費節減をはかり，軍事力とそれを支える経済力との間に「大いなる均衡」を築く戦略（大量報復戦略）を打ち出した。ニュールックと呼ばれるこの安保戦略は，アメリカの通常兵力を削減する一方で，地上軍は同盟国が供出すべきだという立場であった（李，1996）。NSC162/2 は，アメリカが極東で日本を強化する方針を語り，その経済力と軍事力の再建を謳った。日本の重要性についてはアイゼンハワー大統領自身よく認識していた。さらに対日講和条約のとりまとめに奔走し，数度の訪日経験を持つダレス新国務長官は，日米安保条約の"父"を自負し，太平洋をまたぐアメリカ中心の同盟網の構築者であった。また，日本の中国不承認を約束した吉田書簡（**Column⑫**参照）の事実上の起草者でもあった。

独立回復後の日本への期待と不安

　トルーマン政権は，NSC125/2「アメリカの対日目標・行動方針」（1952年8月）をまとめ，独立後の日本への構想を示した。まず，日本の防衛強化の「第一段階」として10個師団の地上軍と「適切な」空・海軍の開発を目標と設定し，長期的政策として太平洋地域で日本を含む集団安全保障体制の形成をめざすとした。アメリカはさらに，国際連合をはじめ国際機関への日本の加盟，GATT の原則に即した日本の対外貿易の拡大を促し，特に日本製品のアメリカ市場への参入を容易にするよう呼び掛けた。

　だがこの文書は，日本の強化を語りながら，その将来に対する不安と不信を隠さなかった。「日本は次第に，極東の問題で自立的な役割を果たそうとするだろう。……日本は米ソ対立を利用しようとするかもしれない。日本はアジア大陸における影響力の回復と対中貿易の利益の再獲得を欲し，アジアにおいて共産勢力が支配する地域への歩み寄りが日本の利益になると結論づけるかもしれない。……アジアの共産主義への歩み寄りがたとえなくても，日本は極東において他の自由主義諸国の独立を危うくし，アメリカの利益に反する支配的な影響力の形成を試みる可能性がある」。日本がやがてアメリカ離れを起こし，中立主義に傾斜するばかりか，中ソに接近する可能性すら警告した内容であった。

翌1953年6月，アイゼンハワー政権はNSC125/6において，NSC125/2の目標と方針を基本的に確認しつつ，同時に同盟国の地上軍と健全な経済を重視する新たな方針を明らかにした。つまりこの新しい文書は，地上兵力10個師団の目標に言及しながらも，朝鮮戦争の終結を予期しつつ日本の経済力に「合致する」防衛力の整備増強を認めようとするものであった。

大統領は1953年10月上旬，「日本の憲法は軍事力を持つ権利を否定しているが，太平洋の友邦国を脅かすことなく，彼らが自分たちの防衛に責任を持たなければならない時機が来た。ただわれわれは，この地域で自由世界が要する海軍・空軍力を提供しなければならない」と記し，日本の地上兵力の増強を主張した。アメリカ政府は10月の池田勇人自由党政調会長とロバートソン国務次官補の会談で日本の防衛強化を要請したが，期待外れな結果に終わった。11月に訪日したニクソン副大統領が，戦争放棄を定めた憲法制定は誤りであったと宣言し，日本の再軍備を訴えたのは，親日的な冷戦リアリストを軸とする共和党政権の希望を表明したものであった。ダレス国務長官は12月，岡崎勝男外相がまとまったばかりの奄美群島返還協定に満足することなく，沖縄返還に言及した時，怒りを爆発させた。「率直に言って，私は日本が復興と安全保障に対する貢献意欲でドイツにはるかに遅れをとっていることに失望している。……日本人はいつもアメリカに次から次へと要請をするが，アジアの安全のために必要なことを自分たちでする義務感を感じていない」。1954年3月に結んだ対日MSA協定（日米相互防衛援助協定）は日本の再軍備を促す梃子であったが，日本の防衛強化は満足すべき水準ではなかった。

日本経済についてNSC125/6は，その存立可能性が長期的にはアメリカの安全に死活的重要性を持つことを認めながらも，その達成はきわめて難しいと悲観的見解を示した。アメリカは日本経済のために，「互恵通商協定法に関する事情が許すかぎりできるだけ早く」，日本のGATT加盟，関税引き下げの対日交渉を進める一方，日本の対米輸出に対する制限を控え，さらには対日投資の奨励，世界銀行や輸出入銀行の融資を支援すべきであるとした。アイゼンハワー政権は1934年以来の互恵通商協定法の更新を，GATTの発展のみならず，日本の経済的自立を促す重要な手段とみなしていた。アメリカはすでに日本の世界銀行・IMFへの加盟を支持し，1953年4月に日本と友好通商航海条約を結んで最恵国待遇を与えていた。

アメリカは日本に対する市場開放も進めた。当時アメリカは，ココム（対共産圏輸出統制委員会），チンコム（中国委員会）を通じて，共産圏諸国への厳しい貿易統制を主導していた。アイゼンハワーはたびたび日本に中国との限定的な貿易を許容する発言を行ったが，日本の中国に対する経済的依存は好ましいことではなかった。アメリカ政府はまた，日本が賠償協定を通じて東南アジア市場に進出することを奨励したが，その市場にはまだ多くを期待できなかった。日本の経済再建のためには，アメリカ市場の開放が最も現実的な方策であった (Shimizu, 2001)。

吉田政権の指導力低下

1952年4月28日，サンフランシスコ講和条約が発効し，連合国による占領は終了して日本は独立国となった。吉田茂が引き続き政権を担当し，米軍も日米安全保障条約にもとづいて駐留し続けたから，一見したところ変化は小さかった。しかし，すぐに日本は独立という事実がいかに重いかを，内政，経済，外交すべての面での不安定な状況を通じて痛感することになった。5月1日，皇居前広場で警官隊とデモ隊数千人が衝突し，2人が死亡した。この「血のメーデー」事件が混迷の時期の開始を象徴した。吉田政権は7月の破壊活動防止法の制定と公安調査庁の設置，1954年の自治体警察の廃止と都道府県警察への一本化などによって治安警察力を強化したが，問題の本質は独立後日本のひ弱さにあった。

内政面では，吉田政権の政治的基盤が急速に縮小した。保守政治家が追放を解除されて政界に復帰し，その多くが反吉田の立場をとったのである。自由党では鳩山一郎，石橋湛山，河野一郎，三木武吉らが反吉田勢力となり，党内抗争が繰り返された。党外では芦田均らの国民民主党が勢力を増し，重光葵を総裁として改進党を結成した。1955年11月に自由民主党に結集するまで，保守陣営内での離合集散が繰り広げられた。革新陣営では，日本社会党は講和条約と日米安保条約の批准をめぐって左右に分裂したが，労働組合運動のナショナル・センターである日本労働組合総評議会（総評）の支持を受けて左派の勢力が伸張し，吉田政権への批判を強めた。1952年10月，1953年4月の2度の総選挙を通じて吉田の政治勢力は後退し，ついに少数与党政権へと弱体化した。

内政の混乱に加えて日本人の不安感を強めたのは，経済の先行きであった。

日本経済の救世主となった朝鮮特需が，1953年7月の朝鮮戦争休戦によって終了する見通しとなった。特需が埋めていた貿易赤字について，デフレ（通貨収縮）を覚悟して引き締めによる輸入圧縮と輸出競争力向上をめざすか，海外市場の拡大ないし国際援助を求めるか，国際経済よりも国内経済を重視して経済計画，社会主義的政策をとるか，という選択が国内論争を呼び起こした。

外交面では，国際社会への復帰という高いハードルが待ち受けていた。アメリカは日本の国際社会への復帰を促し，特に西側諸国との良好な関係を構築することで日本を自立した同盟国にしたいと考えていた。しかし，アジア，ヨーロッパ諸国の対日警戒心は強く，講和以降のアメリカは，日本とそれら諸国との交渉を仲介するものの，強い圧力をかけて交渉を促進することは回避した。こうした状況の典型は韓国で，アメリカがお膳立てする形で1952年2月から日韓交渉が開始されたが，請求権問題などで紛糾し，1953年10月の第三次交渉をもって休会となった。アメリカが期待した東南アジア諸国との賠償交渉やGATT加盟交渉も，容易に進捗しなかった。

結局，独立後の吉田政権にとって頼みの綱はアメリカとの2国間関係であり，その試金石となったのがMSA協定問題であった。MSAはアメリカが打ち出した同盟国支援政策であって，軍事援助だけでなく経済援助なども含まれた幅広い性格を持っており，そこに日本側は交渉の余地を見出したのである。吉田派は緊縮政策をとりつつ，MSAをできるだけ経済援助として獲得することをめざした。また，GATT加盟によって先進国市場に進出することを優先する一方で，再軍備についてはできるだけ先延ばしにしながら在日米軍基地の拡充を受け入れる方針をとり，財界主流もこの立場を支持していた。

これに対して，改進党の重光や芦田均を中心に，積極的な再軍備を核とする主張があった。「自衛軍を創設してMSA援助を受け入れるべき」という1953年7月の重光声明に代表されるように，アメリカの支援下での自衛力の積極強化によって対米関係と日本経済をともに強化し，経済運営に計画的要素を導入する方針も示して，財界の一部からも支持を受けていた。他方，右派社会党はMSA援助反対を表明しつつも，アメリカからの経済援助には賛成し，自由主義経済圏との関係強化を訴えた。左派社会党はMSA協定反対だけでなく，「対米従属」を批判していっさいの再軍備に反対し，中国貿易を柱とした平和的自立経済の構築を訴え，総評の後押しを受けた（中北，2002）。

吉田政権は政治的基盤を縮小させつつも，反対派を操り，またアメリカの支持を取り付けることで主導権を維持し続けた。アメリカの再軍備要求に対して部分的に応じ，警察予備隊を増員して保安隊とし，1952年4月に海上保安庁内に発足した海上警備隊とともに保安庁下に置き，「新国軍の建設」に向けてまず幹部人材養成を重視する姿勢をとった。さらに1953年夏から翌年にかけてMSA援助獲得のため，改進党と交渉して，保安隊の自衛隊への改組，国力に応じた自衛力の増強などの方針で合意を取り付けた。そのうえで，1953年10月に池田勇人を特使として訪米させ，先に述べたようにロバートソン国務次官補と協議を行わせた。アメリカ側の再軍備要求（10個師団32.5万人，フリゲート艦18隻，航空機800機）に対して，池田は対案（10個師団18万人，10隻，518機を5年間で整備）を提示した。アメリカ側は不満だったが，対米関係を重視しつつ自立への意志を持つ存在として吉田政権を支えざるをえず，1954年3月にMSA協定が調印された。同年秋までにアメリカは，日本の農産物余剰物資と綿花購入のためにそれぞれ1000万ドルと1億6000万ドルの輸出入銀行融資を都合し，さらに世界銀行は4000万ドルの技術投資の取り決めと融資をまとめた。

しかし，アメリカは日本に対する懸念を深めていった。朝鮮特需の終焉による国際収支赤字は金融引き締めと不況を到来させ，また「第三の被曝」と報道された第五福竜丸事件（1954年3月）の勃発，インドシナ休戦を念頭にアメリカの巻き返しの失敗を断じて中国承認を示唆した池田勇人自由党幹事長の発言（8月）は，NSC125/2が懸念した日本のアメリカ離れ，中立主義への傾斜を示しているようであった。特に第五福竜丸事件に対する日本国内の激しい反応は，日本の中立化の危険とともに，吉田の政治的指導力の低下を示したと受け止められた。

一連の事態に危機感を深めたのが，アリソン駐日大使であった。彼は，日本の防衛努力に関してダレスの苛立ちをなだめることが多かったが，8月末，池田発言に猛反発し，吉田政権への幻滅を表明する電報を打った。「われわれは日本が潜在的に強力な同盟国で，日本人はその経済・政治状況が許すようになれば，すぐにこの役割を果たしたがっていると考えてきた。現政権はこの考えにリップサービスをしてきたが，行動の多くは違うことを示している。これらの行動は日本が自らをアメリカの同盟国とかパートナーとみなしていないこと

を物語っている。……日本は自由世界と共産主義のどちらを支持するのか反対するのか，基本的確信を持っていない」

　日本国内でも，財界が保守勢力の糾合を求めた。当初は吉田派が保守新党構想を打ち出したが，次第に鳩山，重光，三木武吉，河野一郎，岸信介，石橋湛山らの反吉田派が結集し，財界もこの動きを支援した。吉田はこの動きを無視するように欧米に外遊し，イギリス，アメリカと日本が東南アジアでの対共産勢力対策で協力して，さらに中国をソ連から引き離すべく活動することを各国で提案した。インドシナ休戦後の情勢をにらんだ吉田なりの構想であったが，すでに国内支持を失い，韓国，東南アジア諸国との国交正常化や賠償問題で成果を示せない吉田政権に対して西側諸国は冷淡であり，吉田は得るところなく帰国した（陳，2000）。待っていたのは反吉田勢力による民主党結成のニュースであり，すでに吉田退陣へのお膳立ては整っていた。吉田は最後まで国会解散による逆転をはかったが，大野伴睦自由党総務会長の「内閣は短く，党は長い」という言葉に象徴されるように，政党が内閣を生むという議院内閣制の本筋に帰る時であった（升味，1983，下）。12月，吉田は自由党総裁と首相の職を辞職し，直ちに鳩山一郎民主党総裁が首相に指名された。

2　冷戦の変容と日本の外交地平拡大の試み

新たな対日政策の策定

　アメリカ政府は吉田の退陣に冷静であったが，中国やソ連との関係改善に積極的な鳩山の就任には懸念を隠さなかった。アレン・ダレス中央情報局（CIA）長官は，鳩山を「親米的である」と評価しながら，中国やソ連との貿易拡大に積極的であると警戒した。シーボルド極東担当国務次官補代理は鳩山の政治生命の短さを予測し，次のように続けた。「鳩山は吉田とは異なり，"親米" とも"反動" ともみなされない。……対共産圏関係改善を引き続いて強調しようが，それによってアメリカとの緊密な関係は影響を受けないと主張している。……とくにアジアで共産主義と戦ううえで，自由世界との政治的結び付きを強化するという気持ちはほとんどない」。アリソン大使にいたっては，さらに辛辣であった。彼は1955（昭和30）年3月下旬の報告で，鳩山政権は「ガリオア〔占領地行政救済援助――引用者注〕，関税問題などほとんどすべての日米間の懸案の

処理でアメリカの利益をつねに無視する一方で，中国貿易使節団へのビザ発行といった最近の行動で共産圏に対する譲歩を次々と行っている。……日本側は，われわれが現在の日米関係の現状に不満であることを理解しなければならない」と語り，鳩山外交に対する不信を隠さなかった。

ただしアリソンは，日本の政治・経済の現状，防衛努力に不満を持ちながら，国際状況の変化を背景に，長期的視野に立った対日政策の見直しを痛感していた。彼は1954年9月9日，ダレス国務長官に対して，吉田内閣が事前の通告なしに防衛予算をアメリカとの了解額から10％削減したことに不快感を示し，日本の中立主義勢力を「過小評価すべきではない」と言明した。しかしアリソンは，「冷戦がもし数十年続くという長期的事態に備えるとするならば，……われわれの努力は非共産世界内の持続的関係の発展に向けられるべきである。自由世界が許容する多様性の中で強力にして独立した日本が生存することが，われわれの基本目標ではなかったのか」と問うたうえで，対日政策の再検討を提案した。それは，「現在のように外からのではなく，内からの攻撃に対する防衛であり，当座の間，われわれの政策の力点を防衛から経済と国内治安に移すことを要しよう。……そのようなわれわれの政策の転換から，より強力な，おそらくはより協力的な日本が出現するであろう」。

アリソンの報告書は，日本がその経済力に見合った軍事力を維持するように求めた「ニュールック戦略の現地版」であり，NSC125/6がすでに手をつけていた対日政策の見直しの本格的履行を要請したものであった。ダレスはこれに理解を示し，検討を進めるように指示した。彼は数日後，アメリカは「日本の再軍備の見通しを引き下げなければならないかもしれない」と語り，12月上旬には「日本は絶望的なほど貧しい国であり，経済がもっと健全になるまで，大きな軍事力を再建するようにあまり圧力をかけるべきではない」と述べて，経済再建の優先を明言した。

この時期，レオンハート駐日大使館一等書記官が認めたように，アメリカは日本の政治的・経済的安定と防衛強化が同時に進行すると期待してきたが，それは非常に限られた成功を収めただけであった。そこで彼は，保守勢力が結集し「強く安定した政府」をつくることで経済と防衛の問題に対処できると述べて，「強い政権，経済安定，そして防衛強化」が必要だが，特に前者二つに高い優先を置くように主張したのである。さらにレオンハートは，日米安保条約

を「相互的」なものにするよう提案した。

　アリソン大使も同感であった。彼は1955年1月上旬，日本の兵力は目標をはるかに下回っているが，今後2年間のアメリカの努力は「日本の政治的・経済的な基礎を強化すること」と米軍，とりわけ地上軍の段階的撤退などを通じて，日本の防衛責任感を増大させることに向けられるべきだと説いた。彼によると，日本はアメリカに「二流国」と扱われていることに次第に敏感になっており，「対等な独立国」として扱われることを望んでいた。アリソンは，「統一した保守勢力」が安定した政権を維持し，経済に効果的対処をするのであれば，やがて軍事力を含む日本再建の政策を実施するであろうと説明し，保守合同への期待を表明した。アリソンは2月初旬にあらためて，日本を「潜在的に一流の国」「イコール・パートナー」として扱い，アメリカの政策を「日本の力，つまり政治的安定，次に経済的活力，最後に軍事力の進展にあわせて履行する」ように提議した。彼はここでも日本の強化を，①政治，②経済，③軍事の順に重視するよう主張した。今や日本の政治的安定（保守合同）が最重要課題であった（中北，2002）。

　アリソンらの努力の背景にあったのが，1950年代半ばまでに明らかになった冷戦の変容であった。米ソの水素爆弾の開発，西ドイツのNATO加盟，ワルシャワ条約機構（WTO）の設立を通じて，米ソ間では事実上，軍事的均衡が成立した。スターリン後の新しいソ連指導部が外交攻勢に出て，西側との関係の改善に乗り出し，朝鮮とインドシナで休戦協定が結ばれたことも重要であった。国際緊張の緩和にともなって，冷戦は軍事分野から非軍事分野，特に経済に重点が移り，経済競争の性格が前面に出て来た。1955年夏のジュネーヴ首脳会談は，戦争に訴えることなく，話し合いで問題の解決をはかる意向を確認した点で画期的であった。冷戦の変容は，過度の軍事支出を避けて，健全な経済を維持しながら長期に冷戦を戦う体制の重要性を説く，ニュールック戦略にも合致するところであった。

　駐日アメリカ大使館が主導した対日政策の再検討は，NSC5516/1（1955年4月）となって結実した。この文書は冒頭で，日本の対米関係はアメリカに対する経済，軍事，外交的依存に大きく影響されようと分析し，特にアメリカが日本の最大の顧客であり原料供給国（日本の対外輸出の20%，輸入の40%を占める）であると指摘した。しかし，「日本はアメリカに対する依存を減らし，ソ連や

中国との関係の拡充を含む国際的行動の自由の拡大を求めるであろう。……現在，日本のアメリカとの結び付きは部分的にわが国の支援に依存している。日本の力が増大するにともない，依存は減少し，共通の目標，相互の利益，そして実務的なパートナーシップに取って代わるであろう。……強い日本は危険であるが，現在の弱い日本よりは好ましいものである」。アメリカの対日目標を達成するための基本は，「有力で穏健な保守政権の発展」である。日本の防衛力の強化は，それ自体の問題としてだけではなく，「政治的・経済的安定」の必要に関連づけられるべきである。アメリカは日本に「政治的・経済的安定を危うくするほどまでに防衛力増大の圧力をかけるべきではない」。アメリカはまた，日本政府との間で日本の防衛力の長期計画，在日米軍の段階的撤退について理解を得るべきである，と述べている。

　NSC5516/1は，対日政策の力点を政治的・経済的強化に置く方針を決定し，在日米軍の撤退予定を明言することで，ニュールック戦略の対日適用を正式に確認したのである。他方，草案にあった新しい安保条約交渉の意向表明は，ダレス国務長官の反対で削除された（坂元，2000）。

鳩山政権の外交的イニシアティブ

　鳩山政権は吉田の「対米追随」を批判して，「自主外交」を標榜した。事実，鳩山政権はソ連，中国，東南アジア，国連などに積極的に働きかけようとした。しかし，他方で鳩山内閣を支える保守政治家は，早い段階からアメリカの意向を無視した「自主外交」の困難さを悟り，水面下ではアメリカとの政策調整を追求することになった。内閣発足直後，政権は国内向けには共産圏との国交調整や日中貿易を強調する方針を発表する一方で，対外的には反共姿勢を打ち出した。また，鳩山はアリソン駐日大使に対して，「吉田内閣によって築かれた緊密な日米関係を堅持する自己の強い意志を再三強調した」（陳，2000）。

　「自主外交」と「対米協調」の微妙な均衡の試金石ともなったのが，1955年4月に開催されたバンドン会議（アジア・アフリカ会議）であった。日本への招待が伝えられた際，自主外交の観点から参加に積極的な鳩山らと，対米協調の観点から参加に躊躇する重光葵外相，外務省官僚らの間に温度差が存在したが，早い段階でアメリカと密接に協議することを望み，また，この機会に中国共産党（中共）政府と接近しようという意図はないことが伝えられた。当初ア

メリカにはこの会議に反対する雰囲気が存在したが、共産勢力の「平和攻勢」に対抗するという観点から友好国の参加を支持する方針に転じ、日本の参加を歓迎するようになった。結局、会議での日本は、政治問題に深く関与せず経済分野に力点を置き、「平和攻勢」への反撃は抑制されたものとなった。アメリカ政府はバンドン会議後の日本の役割を限定的にしか評価しなかったが、アリソン駐日大使は鳩山政権が自主外交の限界を悟り、対米協調の姿勢を示すきっかけとなったと観察した（宮城，2001）。

「自主外交」の限界は、国際機関への加盟問題でも示された。アメリカの後押しにもかかわらず、日本のGATT加盟に対してはイギリスやオーストラリアなどの英連邦諸国が消極姿勢を示していた。最終的に1955年9月、日本の正式加盟は全会一致で承認されたものの、イギリスやオーストラリアなど14カ国はGATT第35条を援用して日本に最恵国待遇を供与しなかった（赤根谷，1992）。国連加盟については、ジュネーヴ会談に象徴される米ソ雪解けによって1955年の国連総会では16カ国が一挙に加盟した。当初、日本もこの中に入る予定だったが、中華民国がモンゴルの加盟に反対し、ソ連が対抗して日本の加盟に反対したため、この年の加盟は見送られた。

さらに、防衛問題に関する鳩山政権の姿勢から、アリソンは鳩山政権に対する懐疑を深めた。行政協定第25条にもとづく米軍駐留費用の日本側負担（防衛分担金）について鳩山は、防衛費の総額維持と分担金削減による防衛力増強を一方的に表明していたのである。この問題は紛糾し、最終的には日本側の希望に近い178億円の減額が認められたが、この間、重光外相のアメリカ派遣を鳩山が表明し、アメリカ側が否定するなど交渉は混乱した。在日米軍基地への核配備問題についても、重光が野党の攻勢をかわすために、在日米軍が核を持たず、将来も了解なしに持ち込まない旨の了解があると表明して、アリソンが抗議する場面もあった（坂元，2000）。

1955年8月下旬、重光は訪米を実現した。鳩山は重光を信頼せず、河野一郎、岸信介がお目付役として付き添うという、政権の結束力の欠如を示すような訪米団であった。しかし、重光は自らのイニシアティブで日米安保条約改定をアメリカ側に持ちかけていた。その内容は完全に公開されてはいないが、安保条約を日米2国間相互防衛条約に改定し、それにともなって米陸軍の6年以内の撤退、その後最長6年以内の米海空軍の撤退、米軍基地の相互防衛のため

だけの使用，防衛分担金の廃止といった内容のものであったと推定される（坂元，2000）。

　この提案に対してアメリカ側は批判的であった。重光とダレスの会談の席上では，ダレスが相互防衛のためには自衛隊の海外派兵が必要であり，憲法改正が前提となるのではないかと迫ったのに対し，重光は現行憲法下でも可能と示唆する返答をしたが，それは鳩山政権を含めた日本政府の従来の見解とは背馳(はいち)する立場であった。しかし，アメリカ側の日米相互防衛条約案に対する反対の核心は，在日米軍基地，特に海・空軍基地が日米両国の防衛にしか使用できなくなることであった。アメリカにとって在日米軍は地域的活動を前提としており，もっぱら朝鮮半島での活動を前提としていた在韓米軍とは性質が異なっていた。ゆえに２国間の相互防衛条約では，アメリカにとって制約が大きすぎたのである。鳩山政権の弱体さ，準備不足に加えて，日本側のこの点への理解不足のため，日米安保改定交渉はこの段階では進捗を見せなかった。

　すでに同年２月，鳩山政権下で総選挙が行われ，保守勢力は革新勢力に対してはっきりと優越する一方で，憲法改正に必要な３分の２の水準には容易に達しないことも明らかとなっていた。革新陣営では７月の第六回全国協議会（六全協）において共産党が武装闘争方針を撤回し，10月には左右に分裂していた社会党が合同した。保守勢力も1955年11月，民主党と自由党が合同して自由民主党へと結集し，アメリカが対日政策の第一優先順位とした，日本の政治的安定に向けた動きが実を結ぶことになった。

日本の対共産圏外交とアメリカ

　アイゼンハワー政権が鳩山政権に不安感を抱いた背景の一つに，日ソ国交回復交渉があった。アメリカ自身がソ連と外交関係を維持している以上，日ソの国交回復に反対はできなかったが，日本が早期回復を急ぐあまり，領土問題で安易な妥協をしないように求めた。この問題に対するアメリカの立場は，NSC 5516/1が述べるように，歯舞諸島・色丹島の主権をめぐる日本のソ連に対する主張を支持し，千島列島と南樺太に対するソ連の主権要求を認めないというものであった。ダレス国務長官は1955年９月，日本がサンフランシスコ講和条約で千島列島と南樺太を放棄したことは了解するが，日本が千島列島と南樺太に対するソ連の主権要求の承認を示唆することは何もしないこと，これらの

問題の最終的な処理は将来の国際的な決定にゆだねられるべきであることを骨子とする覚書を送り、アメリカの立場を明らかにした。これに対して重光は、日本の立場と同じであると返答していた。

しかし、重光が1956年7月末からのモスクワ交渉において歯舞諸島・色丹島の返還によって平和条約締結の意向を示した時、ダレスは牽制に出た。彼は8月の重光とのロンドン会談で、ソ連が千島列島に主権を有するのであれば、アメリカは「同様に琉球諸島に完全な主権を有する」と述べて釘を刺した。ダレスはさらに9月、谷正之駐米大使に外交覚書を手交し、「サンフランシスコ講和条約（ソ連は署名を拒否したが故に、ソ連には何の権利も与えていない）は日本が放棄した領土の主権を決定しておらず、その問題は、本条約以外の国際的解決に委ねられるべきである」こと、「日本は平和条約で放棄した領土に対する主権を譲渡する権限はない」こと、「アメリカは歴史的事実の慎重な検討の結果、択捉島と国後島は（北海道の一部である歯舞と色丹と共に）常に日本の一部であり、正当に日本の主権下にあると認識されるべきであるとの結論に達した」ことを伝え、日本が領土問題で軽々に妥協をしないように警告した（細谷, 2001）。

日ソ交渉において政権の意向と離れて平和条約締結をはかった重光の試みは、おそらくアメリカ政府による介入がなくとも国内的に受け入れられることはなかったであろう。しかし、アメリカが日本の従来の領土的主張を支持する姿勢を明らかにしたことは、日本のナショナリズムの矛先をアメリカからソ連に向け、また後退していた吉田派を力づける結果にもなった。その後、1956年10月に鳩山が訪ソし、領土問題を棚上げにして日ソ国交回復に関する共同宣言に調印した際には、アメリカは異を唱えなかった。この結果、ソ連が日本の国連加盟反対を取り下げ、12月に日本が国連加盟を果たしたことは、アメリカにとっても利益であったのである。

鳩山政権は当初、ソ連だけでなく中共との関係の打開も期待していた。しかしアメリカは、日本の対ソ関係と対中関係に異なる意義を与えていた。アメリカの基本方針は、日ソ国交正常化は日米両国と自由主義陣営の諸関係に悪影響を及ぼさないかぎり反対しないが、日本の中共承認には反対し、日中接近にも消極的な姿勢を示すというものであった。NSC5516/1も日本と中国の外交関係の樹立に反対すると明記していた。中共承認はアメリカ議会などの反対が強

いだけでなく，圧力を通じて中国とソ連の離間をはかるアイゼンハワー政権の対中戦略とも対立するものであった。のみならず，政権基盤が弱体な日本が中国と接近すれば，中国の引力に日本が引き寄せられかねないと懸念されたと思われる。したがって，首相就任直後の鳩山が「中共も国府もそれぞれ立派な独立国」と発言したものの，重光外相が二つの政府を独立国と認める意向ではないと国会で弁明し，鳩山も中共政府を「承認するという言葉を使ったわけではない」と撤回した大きな理由は，対米配慮であった。

しかし鳩山政権にとって，国内に対立がある対ソ政策ではなく，左派や財界からも支持がある対中打開の方が，自主外交をアピールしやすく，また外務省も熱意のある政策であった。特に1955年8月に米中大使級会談が開始されると，アメリカの突然の対中政策転換が日本政府を困難な立場に追い込む懸念が高まった。アメリカは対中政策転換の可能性を強く否定し，中国封じ込めへの協力を求めたが，日本側は，現に国民，共産二つの政府が存在し，しかも前者をアメリカが，後者をイギリスが承認している事実から，「二つの中国」政策に向かうことにアメリカの了解を求めようとした。1955年11月，重光外相はアリソン駐日大使に対して，「日米双方の利益が護られるようにするために，これ（「二つの中国」）の可能性について率直に討議すべきである」と述べた（陳，2000）。国民，共産両政府とも「一つの中国」を標榜している以上，日本の「二つの中国」政策は実現困難であったと見られるが，日本はアメリカへの説得を止めなかった。

日ソ共同宣言後，日本の対中接近意欲は一層強まった。特に1956年12月，鳩山退陣後の自民党後継総裁選挙で，最有力の岸信介に逆転で勝利して成立した石橋湛山内閣は，対中関係改善に意欲を持っていたと見られる。だが，対中政策の追求が日米関係を不安定化させることは避けねばならないと，石橋も考えていた。彼は当面，日中貿易拡大をめざし，国交回復は「国連および米国など自由主義諸国群との調整」が前提となると表明したのである（陳，2000）。アメリカも翌1957年には，西側同盟国，特にイギリス，日本の反発が強かったチャイナ・ディファレンシャル（ココムの対ソ連・東欧輸出統制とそれ以上に厳格なチンコムの対中輸出統制の差）の撤廃を黙認し，一定の妥協の姿勢を示した。

石橋は病のために1957年2月に退陣し，首相の座を岸に譲った。もし石橋政権が続いていたら，日本の対中「自主外交」が追求され，アメリカと衝突し

ていただろうか。その可能性は否定できないが，小さかったであろう。石橋も含めて主要政治家は，アメリカに対日警戒心が残り，また東西対立が厳しい現実の中で，アメリカの強い後押しなく「自主外交」を追求しても限界があることを悟っていたからである。むしろ，正面から対米協調を打ち出す中で自主性をアピールできる政策スタンスが必要とされていた。

対日関係漂流の認識

　ダレスが1955年夏に重光の安保条約の改定提案を一蹴した時，そこには日本がまだ心もとない同盟国であるという判断があった。およそ3カ月後のNSC5516/1の進捗報告書（1955年11月）は，対日目標としての政治的安定と有力な政権，経済力の発展，十分な防衛能力について，アメリカの期待より「遅かったものの，前進はいくらかあった」と観察した。この文書が述べるように，日本の反共勢力の糾合を望むアメリカにとって，保守合同は待望のできごとであった。さらに，このころまでに日本経済はようやく朝鮮特需後の不況を脱し，回復基調にあった。鳩山政権は十分に信頼できないものの，日本の政治的・経済的安定に一定の進展があったというのが，1955年末のアメリカ側の判断であった。

　しかし，1956年6月のNSC5516/1進捗報告書は，日米間の靭帯が「もろく」なっていると警告し，「ここ数カ月の」政治的安定，好調な外貨状況，ナショナリズムの再興，共産圏への「漂流」は，日本のアメリカへの依存の減少の表れであり，より自立的な日本の政策の表れであると観察した。秋になって，アメリカ政府は具体的な行動に出た。

　主導権をとったのは，やはりアリソン大使であった。半年後の離任を前に彼は9月，「新たな出発」と題する報告書を起草して，NSC5516/1が言う「相互性の意識」は，日本の国力が増大しているのに十分に発展していないと指摘した。アメリカはこの「相互性の意識」を作り出すために「パートナーシップ」を建設し，日本をアジアにおける「シニア・パートナー」とすることが重要だが，日本はアメリカに「主権を有するイコール・パートナー」として扱われていないと感じて不満を高めていると分析したのである。アリソンは特に，安保条約の改定，アジア経済開発，日米貿易関係，日中関係，戦犯の釈放問題などを懸案としてあげた。

このアリソン電に触発されたロバートソン国務次官補は翌1957年1月，ダレスに対して，石橋政権が自立的な外交を進めていること，日本政府はアメリカに不満を持っていることを指摘し，アメリカが主導権をとって問題の是正に努め，「日米関係により大きな相互性を育成し，保守政権の威信を高め，基本的には中立的で反米的な社会主義勢力への潮流を逆転するために，タイミングよく譲歩を含む再調整をしなければならない」と勧告した。彼は中でも，現在の「非相互的な」安保条約の改定を主張したのである。

シーボルド次官補代理も2月1日，NSC5516/1の進捗報告書の骨子として，アメリカが太平洋における「強固な同盟国」として日本を維持するというのであれば，日米関係は「調整期」にあって「より多くの相互性」を要していると言明した。カトラー大統領補佐官も，過去1年間の日米関係の「着実な悪化」を言い，関係改善の「措置」が主要関心だと述べた。そうした中，1月末に起きた在日米軍兵士による農婦射殺事件（ジラード事件）は，事態をいっそう悪化させるできごととして，日本の保守勢力とアメリカの対日政策担当者の懸念をさらに深めた（池田，2004）。

3　日米「新時代」の形成と安保条約の改定

岸への期待

対日政策をめぐる議論が高まる中，アメリカは1957年2月の岸政権の誕生を歓迎した。アメリカ共和党政権は，保守合同をなしとげた立役者として，民主党幹事長であった岸の政治的手腕，強固な反共主義を高く評価した。岸が真珠湾攻撃を行った東条内閣の閣僚であったことは，もはや重要でなかった。マッカーサー新大使（マッカーサー将軍の甥）は，岸について「石橋とよりもうまくやっていける」と本国に伝え，「われわれはついに日本の有能な指導者」を得たと紹介した。ダレス国務長官もアイゼンハワー大統領に，岸が「戦後日本で出現した最も強力な首班である」ことを示していると報告した。

岸は就任してまもなくマッカーサーと会談し，日本における反米世論の高まりは，日本人の戦争への嫌悪，現行安保条約での日本の「従属的立場」，領土問題，アメリカの貿易制限，日中間の貿易禁輸から派生していると説明した。さらに彼は安保条約の改定について，条約の目標を共同確認すること，条約改

定の基本原則として駐留米軍の配置と使用について相互に合意すること，条約と国連憲章の関係を明確化すること，条約の期限を5年とすることを提案した上で，日本の防衛力の強化とアメリカ軍の可能なかぎりの撤退，特に地上軍の完全撤退といくつかの米軍基地の返還，領土問題では10年後の沖縄と小笠原諸島の返還を申し入れたのである。アメリカ政府も，日本で反米ナショナリズムが強まって中立主義に走ることへの懸念を強めており，在日米地上軍の撤退をすでに決定していた。

　岸との会談を終えたマッカーサーはダレス国務長官に宛てて，アメリカは対日関係の「転換点」に到達したと書き送った。「われわれに必要なことは，できるだけ早く，ほかの同盟国と同様なイコール・パートナーシップにもとづく対日関係を構築することである」

　これに対しダレスは，依然慎重であった。彼は，予定される岸のワシントン訪問では，日米双方の見解について「議論と意見交換」を行うが，「交渉はしない」と返答した。ただダレスは同時に，「漂流」の時期を経て日本人の考えは今や明確になり，対日関係の「新時代の入り口」に立っていることを認めた。彼によれば，「強く協力的な日本は，極東におけるわが国の立場にとってまさに要(かなめ)」であった。アメリカは主導権を発揮し，現在の安全保障条約に代わる「相互安全保障」条約に取り組む時機が到来したようである。だが，現在の日本との安全保障関係を危うくすることがないように，「非常に慎重な研究と準備」も必要である。また沖縄と小笠原諸島の返還は，「極東における脅威と緊張が続く限り」不可能であろう，というのである。

アメリカ基軸路線の選択

　岸がめざしたのは，日米関係を調整して親米路線を自主的に選択したという印象を内政上アピールし，親米保守路線を確立すること，要するに吉田の選択を自主外交の手法で再確認することであった。そのための手段として岸は，日米安保条約の改定を訴えるとともに，反共路線を強調し，国内体制の整備と反共の軸を堅持してのアジア外交を追求しようとした。

　1957（昭和32）年6月，岸は訪米し，安保条約について，国連との関係の明確化，駐留米軍の日本配備に関する事前協議，条約期限の設定を提起した。岸の要請は，日本の防衛力整備を優先するよう求めてきた従来の方針と整合しな

かったが，アメリカは安保改定要求に応える方針を採用した。アメリカ政府内では国務省を中心に，日本のナショナリズムが中立化に結び付くことを懸念し，適切な譲歩を行う必要性が検討されていたのである。この流れは，アイゼンハワーと岸の会談後の共同声明で，以前から検討されていた在日米地上軍戦闘部隊の撤退が表明されたことにも示されていた（坂元，2000）。

しかしこの時点でアメリカ政府は，日本政府の問題提起に実質的な対応をするまでにはいたらなかった。会談後の共同声明は，冒頭で日米関係が「新時代」に入ったと謳いながら，1951年安保条約の「暫定的」性格，安保条約をめぐる諸問題を検討する政府委員会の設置，米地上軍の翌年中の撤退，日本の沖縄・小笠原諸島に対する「潜在的主権」の再確認などを発表したにすぎなかった。だが，会談最終日にダレスが大統領と岸の面前で，「幸運なことに，われわれが信頼を置き，自由世界の原則に正真正銘，献身する首相がいる」と述べて岸を絶賛したように，アメリカがついに日本で信頼できるパートナーを見出し，それを実際に確認したことが，首脳会談のおそらく最大の成果であった（シャラー，2004）。

岸はまた，自主外交の理念と対米協調の現実を組み合わせるべく，日本の対外政策の基本方針をまとめる役割を担った。訪米の直前，岸はかねてから検討されていた「国防の基本方針」と第一次防衛力整備計画（一次防）の策定を急がせた。前者では，①国連支持，②民生安定と愛国心高揚，③効率的な防衛の漸進的整備，④外部からの侵略に対しては，将来，国連が有効にこれを阻止する機能を果たしうるにいたるまでは，アメリカとの安全保障体制を基調としてこれに対処，と定め，留保付きながら日米安保を日本の国防体制の中核に位置づけた。後者では，再軍備派の中で強かった航空兵力重視ではなく，対米公約となっていた「陸上18万人」の整備を優先させる姿勢をとった（中島，2006）。

外交的には，岸は国連重視の姿勢を打ち出し，また反共アジアの盟主としての地位を築こうとした。1957年10月，日本は安保理非常任理事国に選ばれた。翌1958年には，イラクでの革命に際しレバノンにアメリカが派兵したのに対して，国連監視団の拡大強化案を提示した。日本自身は国連事務総長による要員の派遣要請を断る仕儀となったものの，アメリカと協調しつつ国連での自主性を示そうとしたと言える。また，訪米の前に岸はビルマ，インド，パキスタ

ン，セイロン，タイ，台湾を歴訪し，「東南アジア開発基金構想」を提起した。資金はアメリカの提供によるという虫のよい提案だったが，岸の狙いは日本の主導性を印象づけることにあったのであろう。さらに，1957年末には東南アジア，オーストラリアなどを歴訪し，翌年1月，インドネシアとの賠償協定に調印した。1957年9月に外務省が初めて出版した『わが外交の近況（外交青書）』では，「国際連合中心」「自由主義諸国との協調」「アジアの一員としての立場の堅持」を日本外交の基本原則（外交三原則）として提示し，日米の利益の一致にもとづく自主性をアピールした。

安保条約改定交渉

1950年代後半のソ連の高い経済成長率，1957年8月の大陸間弾道弾（ICBM），10月の人工衛星スプートニクのアメリカに先んじた開発は，ソヴィエト社会主義体制の優位を誇示し，その政治的威信を高めるできごとであった。アメリカ国内ではミサイル・ギャップ論争が起き，大規模な軍備拡大を求める主張が台頭した。アイゼンハワー政権は冷静に対応し，急速な軍事力増強に乗り出すことはなかったが，一連の事態が自由主義世界に与える心理的影響を憂慮し，同盟国との結束をはかる必要を痛感した。ダレス国務長官はまず，この新たな国際的文脈の中で日米安保条約の改定問題を把握したのである。

彼はさらに，1956年半ば以来沖縄で高揚する反基地・反米闘争，反米感情に懸念を深め，とりわけ1958年1月半ばの那覇市長選挙で反米的候補兼次佐一（かねしさいち）が当選したことに衝撃を受けた。ダレスは1月末，マッカーサー大使に，「日本と沖縄におけるアメリカの現在の立場を安全に継続できるとは思わない」と言明し，岸が首相在任中にアメリカの立場を再調整する用意があることを伝えた。彼は大使に，日本と沖縄に対する政策を再検討し，勧告を提出するよう指示したのである。ダレスはこのころ，実際に沖縄施政権の一部返還を検討し，大統領の賛同を得たが，技術的に難しい案であったためにまもなく棚上げされた。しかし対日政策の再検討については，マッカーサー大使がその柱として日米安保条約の改定を強く求めた。彼は2月半ば，日本をアメリカに引き止めておくために，アメリカは現行の「一方的な」安保条約を改定し，「真に相互的な」条約を結ぶべきだと訴えた。

問題の「核心」は条約の適用範囲にあった。それまで，相互的な条約を結ぶ

ためには日本が，攻撃を受けたアメリカやアメリカ領土へ支援に赴くことに同意しなければならないという議論があったが，日本の憲法の解釈上，そのような主張では相互的な安保条約の締結は不可能である。「もしアメリカが日本をパートナーとしてもち，アメリカにとって非常に重要な日本の軍事的・兵站基地の使用の継続が可能であるならば，かなり限定された地域を除いて日本をわれわれの援助にコミットさせることは不可欠ではない」。条約地域は，「日本の施政権下にあるすべての領土」と，アメリカの施政下にある「西太平洋の島嶼」で十分である。つまりマッカーサーは，アメリカが安保条約改定に向けて，憲法改正を前提条件とせず，相互性に関する条件を柔軟にするように提案し，従来の立場の変更を求めたのである。彼は6月初旬には，岸がこの問題を取り上げる時，アメリカが「建設的な主導権」をとることが大事だと再論して，総選挙に勝利したばかりの岸の政治的基盤は強く，交渉を始めるに好機であると進言した。

　マッカーサーは1958年7月30日，藤山愛一郎外相に対し，安保改定について，「現行の条約を変えることなく調整」によるのか，「"日本区域"を対象に新しい相互安全保障条約」によるのかと，意向を打診した。岸の決断は後者であった。報告を受けたダレスは9月8日，改定に向けた交渉の開始を承認し，11日に訪米した藤山にその意向を伝えて了解を得た。10月4日に東京で始まった交渉でアメリカ側が日本側に手交した草案は，第2条で経済協力を謳い，第5条で「太平洋地域におけるいずれか一方の締結国の施政下にある領土，あるいは地域に対する武力攻撃を自国の平和と安全にとって危険であるとみなし，自国の憲法上の手続きに従って共通の危険に対処するために行動することを宣言する」と規定していた。さらにアメリカの提案には，事前協議すなわち米軍とその装備の日本への展開と緊急事態における在日米軍の作戦上の使用は，日米両国政府の協議事項とする旨が記されていた。また，「吉田・アチソン交換公文」（講和条約発効後も日本は，朝鮮半島で国連の行動を支持する国連加盟国の軍隊に対して施設・役務などを提供することに合意する）（1951年9月）の継続への同意の要請があった。

波瀾の安保改定

　しかし，この時期までに岸の政治的立場は急速に弱体化していた。岸は

1958年10月,安保改定にともなう混乱を見越して警察官職務執行法(警職法)改正法案を国会に提出したが,日本人の大半にとって戦時指導者の一人であった岸がこうした提案を行うことは,戦争中の統制の悪い記憶を蘇らせるものであった。法案への反対運動は大衆化し,岸は法案を審議未了とせざるをえなかった。この経緯は岸の自民党内での威信を低下させるものであった。

外交面でも困難が生じた。岸は対中政策について「政経分離」を強調し,第四次日中貿易協定の調印と通商代表部の交換をめざした。協定は1958年3月に調印されたが,中共政府の代表部設置には国民政府が強く反発し,5月に長崎での中国品見本市で中国国旗が引きずり下ろされる長崎国旗事件が起こると,前年の岸の台湾訪問で警戒心を強めていた中国は,経済,文化交流の停止という強硬措置に出た。韓国との関係でも,岸は4月に第四次日韓会談を開始させ,側近の矢次一夫を送ったが,在日朝鮮人の北朝鮮移送問題や帰国事業問題で紛糾し,日韓交渉は進展しなかった。翌1959年5月には日本政府は南ヴェトナムとの賠償協定に調印したものの,その批准をめぐって国会は紛糾し,岸の指導力はさらに低下した。

逆に野党は攻勢に出た。これより先1958年5月に,日本社会党の再結成,自民党結成後最初の総選挙が行われたが,日本社会党は改憲を阻止する3分の1は超えたものの現状維持,日本共産党も1議席にとどまり,野党の「敗北」ととらえられた。しかしこの結果,野党はむしろ急進化し,国際連携と大衆行動によって与党に圧力をかける方針を選択した。安保改定はその好材料を提供したのである。

特に日本社会党は,アメリカと関係の深い自民党と,ソ連,中国と関係の深い日本共産党の間に挟まれて孤立感を抱いていた。右派出身の浅沼稲次郎書記長は1959年3月に訪中し,岸政権と日米安保への批判を強める中国と,「アメリカ帝国主義は日中両国人民共同の敵」と講演で語った。党内にはこうした路線への反対も強かったが,社共統一路線で党勢拡大をはかろうとする意図があったと見られる(原,2000)。野党は,次第に安保改定を体制選択の問題と結び付けて岸政権への攻撃を強めた。自民党内でも,池田勇人や三木武夫,河野一郎らが岸に批判的な姿勢を示した。

日米安保改定交渉は長期化したが,1960年1月初めまでにまとまった。最終的に,新条約第5条でアメリカ案の「太平洋地域におけるいずれか一方の締

結国の施政下にある領土，あるいは地域に対する武力攻撃」を「日本国の施政の下にある領域における，いずれか一方に対する武力攻撃」に変更したほか，第6条で「極東における国際の平和及び安全の維持に寄与するために」アメリカが日本の基地を使用できると規定し，さらにアメリカの日本防衛義務，条約期限の明文化（10年），旧条約で不平等性を象徴した条項の削除など，より相互的で平等的な条約となった。また，①在日米軍の配置に関する重要な変更，②在日米軍の装備に関する重要な変更（核の持ち込みを含む），③日本からの戦闘行動のための基地使用，については日本政府と事前に協議するという事前協議制度も導入された。

しかし，国内的に後退する中で岸は，アメリカが回避を望んでいた行政協定の改定にも手をつけざるをえなくなった。新条約では，日本が米軍基地を提供するのと引き換えに，アメリカは軍隊を駐留させて日本の防衛を含めた極東の安全保障上の利益のために行動する，という非対称的な「物と人の協力」という構図は，旧安保条約よりもむしろ明確になり，同盟上の義務を少なくしたい日本側の意向と同盟の円滑な運用を求めるアメリカ側の間に，水面下の軋轢が存在したのである。さらに，事前協議に対する日本の拒否権の問題，核兵器の持ち込みに寄港，通過が含まれるかという問題，「極東」の範囲の問題などが残されていた（細谷, 2001；外岡, 2001；坂元, 2000）。

岸の退陣と新しい対日政策文書

1960年1月，岸は訪米して新安保条約，地位協定に調印し，アイゼンハワー大統領の訪日も決まった。しかし，このことで岸は，大統領訪日までに安保条約の批准を済ませるという政治的負債を負った。社会党の急進化に反対した一部の右派は脱党して民主社会党を結成したが，国会内で新安保条約に関して厳しい質問を行い，審議を紛糾させた。同時に社会党は院外行動を重視し，労働組合，学生らを動員した。アイゼンハワー訪日をにらんで岸政権は5月20日未明，国会での条約審議を打ち切って強行採決に訴えた。しかし，これをきっかけに大規模な反対デモが発生し，6月15日には国会に突入をはかった女子学生・樺美智子が死亡する事件が発生した。

アイゼンハワー訪日の際の治安確保に不安が高まる中，岸は自らの辞職と引き換えに新安保条約批准を実現させるという選択をとらざるをえなくなった。

3 日米「新時代」の形成と安保条約の改定

6月23日,岸は批准書が交換されるのを見届けて退陣の意思を表明した。反共的国家主義にもとづいて日米対等を実現しようという岸の構想は,アメリカ側の期待にある程度応えるものではあったが,アジアでも国内でも強い支持を集めなかったし,それ以上に,その戦前的色彩のために日本国民の反発を招いたのである。

アメリカ政府は6月,日本国内で新安保条約反対運動が高揚する中,新しい対日政策文書 NSC6008/1 を承認した。この文書はまず,日本を西太平洋防衛の「鍵」と記し,日本の戦略的重要性を再確認した。そして,日本が経済的にはアメリカにとって二番目に大きな輸出市場であり,アメリカ農産物の最大の購買国であること,アメリカは日本製品の最大の輸入国であることを指摘し,日本の1945年以降の「素晴らしい復興」を称賛した。「要するに日本は,国際問題で次第に重要な役割を果たすであろう。アメリカ・自由世界との結び付きを強力なものとし続けながら,建設的な国際勢力となるだろう。日本の自由世界に対する貢献は,主に経済力としてであり,アフリカ・アジア地域での穏健な影響力としてである。日本人の軍事問題に対する考えに重要な変化がないかぎり,日本は地域的な安全保障の取り決めに入ることはない。しかし,アメリカに対する補給施設と軍事基地の利用は,太平洋における自由世界の軍事力に重要な貢献をしている」。さらにこの文書は,イギリスなどが発動している GATT 第35条の対日適用への反対を明言し,また開発途上諸国に対する日本の資本と技術援助の奨励を謳った。

NSC6008/1 は,1960年代の日本が穏健で親米・保守的な路線を堅持し,国際分野では特に経済的貢献を積極的に行うように期待したのである。

アメリカ政府は安保騒動に衝撃を受けたものの,マッカーサー大使は比較的冷静であった。彼は,大統領の訪日延期があるにせよ,それを言い出すのは日本政府であるとし,ハーター新国務長官もこれに同意した。マッカーサーはさらに,安保騒動の結果,日本の大多数のアメリカに対する友好感情は基本的に損なわれたとは考えていないと報告した。大使の理解では,反安保デモはアメリカに向けてというよりも,岸内閣の政治的拙劣さ,首相の不人気のゆえであった。「自民党が条約を説明し,その議論を処理する不手際のゆえに,日本人の間で条約の規定や本当の意味についてほとんど理解がなく,それがどのようなものなのか多くの混乱がある」「岸は世論を読み誤り,その専断的な行動が

東条内閣の閣僚であったということとあいまって，彼の失脚をもたらした」。しかも，アメリカが安堵したことに，岸の後任として7月に組閣した池田勇人も信頼できる人物であった。「長い間吉田の秘蔵っ子であった池田は一貫して親米，反共の政策を主張してきた。第三次岸内閣の閣僚として，池田は新安保条約を支持した……」

　この時期までに，一つの時代が終わりつつあった。アメリカの圧倒的な経済力に翳りを見せ始め，逆に日本は，高度成長の波に乗って経済大国へと邁進していくことになったからである。貿易黒字の収縮と国際収支の悪化に直面したアイゼンハワー政権は，在外軍事支出の削減に乗り出し，特に西ドイツに対して米軍駐留費の負担を求め始めた。安保改定によって戦後日米関係の骨格は定まったが，やがて日米関係は新たな課題を抱えることになる。

◇　　　◇　　　◇

　講和独立にあたって吉田は，対米協調路線を選択した。しかし，これは外交権を持たないという法的意味でも，また国力が乏しいという政治的意味でも，吉田にとってはほとんど不可避の選択であった。吉田はアメリカを日本の後援者として，日本に有利な講和と独立後の安全保障を獲得したが，アメリカにとっては，あくまでそれは日本が完全な同盟国に成長するまでの過渡的措置にすぎなかった。

　しかし，独立後も親米路線を貫こうとする吉田は内外で行き詰まった。内政は混乱し，外交ではアジアへの復帰を果たせなかった。対して鳩山政権は，自主外交を強調し，ソ連，中国，国連などへの働きかけを行った。こうした政策は，ソ連との国交回復や国連加盟をもたらしたが，他面において日本の国力の限界に突き当たるとともに，日本の将来を不安視するアメリカとの摩擦をもたらした。

　短期間の石橋政権を継いだ岸は，対米協調路線を自発的に選択したという体裁をとろうとした。国内では統制を強めようとし，対外的にはアジアの反共諸国を糾合しようとしたが，いずれも強い反発を招いて挫折した。最終的に岸は，吉田の選択を軌道修正するのではなく，むしろ強化する役割を果たして退陣した。

　他方，アイゼンハワー政権は冷戦の変容に対応して，政治的・経済的安定を優先する対日方針に転じ，さらに占領時代の残滓をほぼ清算することで，対日

関係の長期的安定化に成功した。1960（昭和35）年の安保条約改定はその象徴であった。安保騒動にかかわらず，基本的な日米関係は損なわれることはなく，新条約がその後の日米関係の発展の基礎となった。1950年代のアメリカは，その充実した国力から来る余裕が，かつての敵国であり，またその内政上の理由からアメリカの意に沿わない日本の保守勢力を支えて，同盟国としての自立を演出する手助けをすることを許したと言えよう。

1960年代に入り，アメリカ経済の圧倒的な優位が次第に喪失されていく中で，高度成長に邁進する日本にいかに対処するのか，日本の増大する政治的・経済的役割をいかに活用するかが次期政権の課題であった。

● 引用・参考文献 ●

赤根谷達雄，1992年『日本のガット加入問題──《レジーム理論》の分析視角による事例研究』東京大学出版会。

池田慎太郎，2004年『日米同盟の政治史──アリソン駐日大使と「1955年体制」の成立』（21世紀国際政治学術叢書3）国際書院。

石井修，1995年「日米「パートナーシップ」への道程──一九五二─一九六九」細谷千博編『日米関係通史』東京大学出版会。

坂元一哉，2000年『日米同盟の絆──安保条約と相互性の模索』有斐閣。

佐々木卓也，2008年『アイゼンハワー政権の封じ込め政策──ソ連の脅威，ミサイル・ギャップ論争と東西交流』有斐閣。

シャラー，マイケル／市川洋一訳，2004年『「日米関係」とは何だったのか──占領期から冷戦終結後まで』草思社。

外岡秀俊，2001年「脱占領と冷戦」外岡秀俊・本田優・三浦俊章『日米同盟半世紀──安保と密約』朝日新聞社。

田中孝彦，1993年『日ソ国交回復の史的研究──戦後日ソ関係の起点 1945～1956』有斐閣。

陳肇斌，2000年『戦後日本の中国政策──1950年代東アジア国際政治の文脈』東京大学出版会。

中北浩爾，2002年『1955年体制の成立』東京大学出版会。

中島信吾，2006年『戦後日本の防衛政策──「吉田路線」をめぐる政治・外交・軍事』慶應義塾大学出版会。

原彬久，2000年『戦後史のなかの日本社会党──その理想主義とは何であったのか』中公新書。

細谷千博，2001年「日米安保体制の成立と吉田路線──一九五二─一九六〇年」細谷千博監修／A50日米戦後史編集委員会編『日本とアメリカ──パートナーシップの50年』ジャパン タイムズ。

升味準之輔,1983年『戦後政治——1945-55年』上・下,東京大学出版会。
宮城大蔵,2001年『バンドン会議と日本のアジア復帰——アメリカとアジアの狭間で』草思社。
宮里政玄,2000年『日米関係と沖縄 1945-1972』岩波書店。
李鍾元,1996年『東アジア冷戦と韓米日関係』東京大学出版会。
Naganuma, Hideyo, 2000, "Reexamining the 'American Century,'" *The Japanese Journal of American Studies*, No. 11.
Shimizu, Sayuri, 2001, *Creating People of Plenty: The United States and Japan's Economic Alternatives, 1950-1960*, Kent State University Press.

⬆日米共同声明の発表を終えてジョンソン米大統領（右）と握手する佐藤栄作首相（1967年11月15日，ワシントン。写真提供：AP Images）

第8章
日米協調の果実 1960年代

新時代の機運と現実

　第二次世界大戦後の世界においては，戦後処理も終わらない間に，冷戦という新しい対抗関係が深刻化した。ベルリン危機をはじめ，多くの危機が戦争にいたることなく対処された中で，冷戦が熱戦化したのが，アジアで1950年に起こった朝鮮戦争であった。米ソ両超大国の全面戦争がこの時代の悪夢であった。しかし，1953年に朝鮮戦争の休戦が成立し，1954年にインドシナ戦争が終結すると，冷戦は全面戦争への序章であるよりも，一種の制度としての様相を呈し始めた。

　1957年にソ連が人工衛星スプートニクをアメリカに先んじて打ち上げた際

にアメリカが受けた衝撃は、ソ連に攻撃される危険に劣らず、科学技術と経済社会体制において後れをとったのではないか、という焦燥であった。冷戦は、両体制間の、いずれがより効率的に力と利益と価値をもたらしうるのかの競争の色合いを強めたのである。

　1960年代のアメリカは、この課題に対処するため、新しいリーダーシップをもってもう一度前進を開始する。「輝ける60年代（Golden 60's）」という表現がぴったりの、新時代の息吹溢れるスタートであった。

　「松明（たいまつ）が新しい世代のアメリカ人に渡された。……われわれは自由の存続と成功とのためには、いかなる対価をも払い、いかなる負担にも耐え、いかなる苦難にも立ち向かい、いかなる友をも支援し、いかなる敵にも対抗する」。1961年1月の大統領就任演説でこのように宣言したジョン・F. ケネディは、選挙で選ばれた大統領としては史上最年少の43歳であった。平和ではあったものの、内外の政策に現状維持的で、ソ連の挑戦に受け身に回り、アメリカの威信が低下したかに見えたアイゼンハワーの時代に訣別（けつべつ）し、ダイナミックで積極的な指導力を約束したケネディに多くの国民が魅了された。高揚した雰囲気がアメリカを包み、新政権がまもなく創設した平和部隊には理想に燃える若者が参集した。

　ケネディは、閣僚や補佐官にいわゆる「ベスト・アンド・ブライテスト」（ハルバースタム、1983）を起用し、さらにケナン、ガルブレイス、ライシャワーら一級の知識人を主要国の大使に任命した。駐日大使に就任したライシャワー・ハーヴァード大学教授は、宣教師の子として東京に生まれ、アメリカきっての知日派であった。彼は安保騒動の直後、「絶たれた対話」と題する論文を発表し、日米間の多層的な認識ギャップがこの問題の背景にあったと指摘した。ライシャワーは東京に着任後、社会党や民社党などの野党、労働組合、学界、言論界など各界の指導者との対話を展開した。また、ライシャワーの夫人ハルは明治の元勲・松方正義（まつかたまさよし）の孫であり、国際文化会館（1955年に開館）の創立者である松本重治（まつもとしげはる）の従妹であった。ライシャワー夫妻の活躍は、ケネディの鮮烈な登場とあいまって、日米関係の新時代の到来を強く印象づけた。

　日本にとっても、1960年代は大きな転機であった。1955（昭和30）年に成立した保革二大政党制は、保守政権が鳩山一郎や岸信介のような「改憲再軍備」派に率いられたこともあって、戦後に伸長した左翼革新勢力との間に「分断さ

れた政治（divided politics）」の時代を呼び起こした。60年安保闘争は，日米安全保障条約改定の是非の問題である以上に，東条英機内閣の閣僚であり，権威主義的な官僚政治家であった岸信介に象徴される伝統的国家論に対する，戦後民主主義を掲げた革新勢力の反発であった。60年安保闘争は，岸政治と革新勢力の双方に傷を負わせ，新しいリーダーシップと新しいタイプの政治を招き入れた。池田勇人政権である。

池田政権の緊急の任務は，「対決政治」に和解をもたらし，国内政争の傷を癒すことであった。二人の若い側近・大平正芳と宮澤喜一が「寛容と忍耐」というスローガンを提示し，池田首相自身が「所得倍増」論を打ち出した。西か東かという政争を休戦し，国民生活を改善するという経済的共同目標に向かっての前進を呼び掛けた。それは，政争に倦んでいた社会に好感され，瞬く間に国民は明るさを取り戻した。すでに1955年から始まっていた高度経済成長の波に，国民は自らの生活を乗せ始めた。経済発展コンセンサスの時代である。

戦後日本の政治路線という観点から見れば，池田政治は再軍備よりも経済社会の安定と充実を優先する吉田路線の復活であった。安全保障をアメリカに依存しつつ，経済復興を最優先する吉田路線が，1960年代に池田の下で吉田時代以上に純度高く追求され，経済国家としての戦後日本が定着を見ることになる。

外交面から見れば，反米的な安保闘争の傷を癒し，あらためて日米をつなぎ合わせることが課題であった。1950年代後半の日本外交は，鳩山のソ連志向，石橋湛山の中国志向のように，反米とまでは言わないまでも，アメリカ以外の世界に外交地平を拡大しようとした。対米自主を想った時代であった。アメリカ政府は，ようやくアメリカに向き合ってきた岸政権に配慮し，その望みを容れて安保改定を行った。しかし，やってみれば，日本国内に反米・容共主義や中立主義の勢力がどれほど強いことかを思い知らされたのであった。沖縄まで来ていたアイゼンハワー大統領に帰国を願わねばならなかった日本政府は，アメリカとどのように関係を再設定するのか。それが池田政権に課せられた，中心的な外交課題であった。

ケネディ政権の冷戦戦略と日本

ケネディ政権は，前政権の大量報復戦略が核兵器に過度に依存することで核

戦争の危険を増大させたと批判し、これに代わって、核兵器のみならず通常兵力を拡充することであらゆる軍事的事態に対応する柔軟反応戦略を採用した。大統領は1961年3月の国防予算特別教書で、軍事予算に事実上厳しいシーリングを課してきた前政権の方針を放棄し、軍事費の増額に乗り出す意向を表明した（秋元・菅，2003）。

この国防予算増を支える経済力について、ケネディ政権は楽観的であった。経済諮問委員長に就いたヘラーは、大規模減税による高い経済成長と完全雇用を説き、大統領に大きな影響を与えた。ケネディは1963年に110億ドルの減税法案を議会に送り、翌年、議会はこれを可決した。アメリカ政府の期待どおり、経済成長率は1964年に7％、1965年に8％、1966年には9％の高い数字を示す一方で、失業率は5％以下に低落した。1960年代半ばのアメリカは、戦後の経済成長率で最も高い時期を迎えた（Chafe, 1986）。

ケネディ政権はさらに、1962年10月に通商拡大法を成立させた。これはF. D. ローズヴェルト政権以来の互恵通商協定法（第5章2参照）に代わって、大統領に大幅な関税引き下げ交渉の権限を付与する野心的な法案であった。ケネディはこの法について、「自由世界の活力に溢れ膨張する経済は、世界共産主義運動の脅威に対する強力な対抗力となる」と述べ、「自由の大義を前進させる重要な新兵器である」と強調した。冷戦が、対ソ戦争よりも、自由の価値と経済的活力をめぐる競争へと転化する1960年代の状況を雄弁に表明するものと言えよう。

1964年5月に始まったGATTケネディ・ラウンド交渉は、1967年6月に最終妥結するまでに、交渉参加国数55、関税譲許品目概数3万300、関税の引き下げ幅で30-35％、貿易額で約400億ドルに及ぶ大きな成果を生んだ。アメリカの「輝ける60年代」は、世界を繁栄に巻き込む属性をも帯びていた（原，1991）。

他方、日本を含む同盟国との関係に複雑な影を投げ掛けていたのが、1950年代末から表面化したアメリカの国際収支の悪化であった。ケネディは大統領に就任して2週間後に議会に特別教書を送り、国際収支の改善を、同盟国との経済・防衛問題に関連づけて進める方針を明らかにした。これに示されるように、ケネディ政権はアメリカが黙認してきた日本とヨーロッパの貿易障壁を突き崩すことを意図していた。

にもかかわらず，結果的にケネディ政権の政策は日本に有利な国際環境を提供した。それは，ケネディ政権が収支改善を，輸入規制と保護主義にではなく，貿易の拡大均衡に求めたからである。アメリカ経済の拡大は，日本に必要な輸出市場を提供するものであった。池田首相の所得倍増政策，日本の高度経済成長にとって，アメリカ市場は不可欠であった。ケネディ・ラウンドは，日本が「真の勝者」(Eckes, 1995) であったと評価されるほど，日本に大きな恩恵をもたらしたのである。

1 日米「パートナーシップ」の形成

ケネディ＝ジョンソン政権の基本的な対日政策

ジョン・F. ケネディ政権の基本的な国家安全保障政策は，ロストウ国務省政策企画委員長が中心となって策定した。1962年6月までにできあがった文書「基本的な国家安全保障政策」の中でロストウは，アメリカが「自由な国々の共同体」の形成をめざすうえで，ヨーロッパ，カナダ，日本と強いパートナーシップを結び，防衛と近代化という主要課題に向かうことが必要だと主張した。彼によると，これらの国々は「北方の中核層」であった。日本は西ドイツのように大きな防衛上の役割を果たす国内政治上の基盤に欠けてはいるが，アメリカは日本のエネルギーと資源を自由世界の中に取り込み，「とてつもない速さで前進しているこの強力な国家」が「威厳ある世界的責任」を見出すようにすべきであるとした。ロストウは，西側世界の中で日本を北米・西欧と並んで重視し，日本が相応の国際的役割を担うように求めることを，1960年代のアメリカの対日政策の基調としたのである。

1962年春の国務省文書「アメリカの対日政策・行動指針」は，NSC6008/1に代わる新たな対日政策文書であり，より具体的であった。この報告書は冒頭で，日本が東アジアにおける主要な同盟国であること，アメリカにとって二番目に大きな貿易パートナーであること，アメリカの重要な軍事施設の受け入れ国であること，南・東南アジアの経済開発に貢献する技術力と資本を持っていること，中国の力の増大に対する対抗力として発展する展望を有していることを指摘し，日本に対する大きな期待を表明した。

アメリカの長期的な対日目標は何か。日本がアジアの「主要な力の中核」と

して発展し、アメリカと自由世界に協調して行動することである。短期的な目標は、日本における穏健で西側志向の政府の存続であり、安全保障面では「日米同盟」の維持、在日米軍の維持、日本の防衛努力の継続であり、地域秩序に対し経済面から、日本の非共産アジアの経済成長に対する貢献の増大、国際的な、特にアフリカ・アジア諸国に対する役割の拡大であった。さらに、アメリカの国際収支改善のための日本の協力と日本の貿易自由化を求め、日本自身の軍事力については、日本が防衛努力を増大、近代化するように奨励するが、日本の「政治的・経済的安定を危うくする圧力や行動は避ける」方針を再確認した。

　国務省は、2年後の「日本の将来」(1964年6月)と題する報告書でも同様の主張を展開した。この文書は、日本が直前にGATT 11条国、IMF 8条国へ移行し、経済協力開発機構（OECD）に加盟するなど、経済先進国の仲間入りを果たした状況を背景に作成された。「今後の10年間を展望すると、われわれは次第に強力で、自信に溢れ、ナショナリスティックな日本に対処することになろう」。このように予測した国務省文書は、事態はアメリカの最近の対日政策の「健全さ」を証明しており、この政策の基本的妥当性が今後10年間に失われることはないだろうと言明した。アメリカの安全保障の「傘」は維持されるべきで、その傘の下で日本は着実にその防衛力を強化、近代化し、さらに自由世界の利益に貢献する対内・対外計画を実施するように奨励されるべきであった。これらの計画には、開発援助計画、貿易と投資の自由化、日韓関係の正常化、琉球に対する経済援助計画の改善と拡大、日本で「無視されてきた公共サービスの拡大と近代化」が含まれる。

　日本経済は今や自由世界で第五位であり、規模はアメリカの10分の1以下であるが、過去10年間の経済成長率は平均9％に達し、全輸出額の28.5％(1962年)がアメリカ向けである。日本が海外で軍事的コミットメント（政策公約）を担うことはありそうにないが、国連平和維持活動（PKO）への参加については、アメリカはこれを奨励すべきである。「アメリカの目標は、日本が北方の中核層の一部として自由な共同体の中で国家的満足を見出すようにすることであり、その最大の貢献は自由な諸制度が最も機能する世界秩序の維持と強化に最大限の貢献をすることである」

　この二つの対日政策文書は、1960年代におけるアメリカの対日基調をなす

認識を示すものと言えよう。すなわち，日本の経済的な躍進を高く受け止めつつ，それにふさわしい国際的な役割を求め，同盟国としてしかるべき責任の負担を求める内容であった。

ケネディ・池田首脳会談

　1960（昭和35）年10月の，首相就任後初めての施政方針演説において池田勇人は，わが国が「最も少ない国防費をもって，よくその平和と安全を維持し，経済の目覚ましい発展をとげえた」と語った。憲法改正を棚上げし，軍事にふれず，日米安保体制をもっぱら経済発展の土台としてその効用を語り，所得倍増論を謳い上げる池田政権であった。国民生活の充実が政治の安定と日本の国際的地位の向上の基盤であるという経済主義は，安保闘争の政治対決に疲れた日本国民に新鮮な響きをもって受け止められた。しかし，逆説的であるが，前政権が荒療治によって日米安保条約の改定を断行した（第7章3参照）がゆえに，憂いなく語りうるところであった。

　池田内閣は，国内向けに非軍事・経済主義をアピールしただけでなく，1961年6月の首相訪米に際しても，日米関係の軍事面を議題とすることを避けようとした。ケネディ政権もこれを了承した。消極的に言えば，日本に軍事的圧力をかけることの危険性を1960年に知ったがゆえに，積極的に言えば，冷戦の政治経済化状況に池田政権のアプローチが適合しており，日米の軍事にとどまらない幅広い関係の樹立を，ライシャワー大使の助言もあって重視したがゆえにである。

　外見上，反米の暴発であった60年安保の後だけに，池田内閣としては日米関係の実質を築く首脳会談とせねばならなかった。池田首相は，外務省幹部に宮澤喜一や大平正芳を交えた7回もの会合を行って，訪米を熱心に準備した。

　ケネディ大統領は1961年6月，訪米した池田首相を，ヨット会談によって親密さを演出するなどして大いに歓待した。大統領は，日本との良好な関係はアメリカの安全が依って立つ「基本」であると語り，日本とはイギリス，フランスと行ってきたような協議をしたいと言明した。事実，首相はベルリン問題などグローバルな諸問題について大統領から説明を受け，沖縄での日本国旗の掲揚について理解を得た。対等のパートナーシップに立って幅広い討議を行うのが，この日米首脳会談の精神であった。大統領はさらに池田に，中国への懸

念を告げて日本が対中関係にのめり込まないよう牽制し，対照的に，日韓関係正常化への期待を伝えた。外相会談では，ラスク国務長官が小坂善太郎外相に，アメリカの原子力潜水艦の対日寄港を要請し，これに対して小坂はその望ましさを認めながら，「国民に対する相当の下準備」が必要であると述べて即答を避けた。結局，米原子力潜水艦が初めて日本（佐世保）に入港したのは 1964 年 11 月であった。

　日米首脳会談では経済問題も主要議題であった。アメリカ側はまとまったばかりのガリオア・エロア（ガリオアの一部として追加された占領地経済復興援助）返済処理協定（正式の調印は 1962 年 1 月）を歓迎するとともに，アメリカの国際収支悪化を説明し，日本の貿易・為替の自由化を求めた。ボール経済担当国務次官は，日本は他の主要な貿易諸国に比べて輸入に対する規制の数が多いと苦言を呈し，日本が自由化計画のペースをあげ，1961 年末までに完全自由化に向けて相当進展するように要請した。これに対して池田は，1960 年 6 月の貿易為替自由化計画大綱にもとづく自由化計画を「加速し，1963 年までにその 90％の自由化を達成する意向だ」と応じた。

　首脳会談の最大の成果は，貿易経済合同委員会，文化・教育委員会，科学委員会の 3 委員会の設置についての合意であった。特に主要閣僚が毎年相互に訪問して 2 国間協議する貿易経済合同委員会は，日本に対する格別な配慮の結果であった。同様の委員会はカナダとのみであった。1961 年 11 月に第一回の合同委員会が箱根で開催され，ライシャワーはこれを「大成功」であったと評価し，「日米パートナーシップ外交」を進める池田の政治基盤を強化したと報告した。

ドルと経済・防衛関係

　ケネディは大統領在任中，「核戦争と国際収支の赤字」が頭から離れなかった（シュレジンガー，1966）と言われる。彼は 1961 年 2 月の国際収支特別教書で，アメリカは自由世界の「主要銀行」であり，ドルの弱体化は西側全体の「混乱」を招くと言明して，前年の国際収支が 38 億ドルの赤字に達したことを明らかにした。そのうえで大統領は，国際収支の均衡回復のためにアメリカ経済の拡大の必要を訴えながら，同盟国に対して，貿易障壁の撤廃，開発途上諸国への援助の拡大，アメリカ製兵器の購入を求めた。

すなわち，ドル防衛と経済・防衛問題の連動であった。1962年12月に開催された第二回日米貿易経済合同委員会の席上，ラスク国務長官は大平正芳新外相に，日本は予定よりも早く防衛力を強化し，自由主義諸国に貢献できるのか否か，アメリカを軍事援助増から軽減する方法を見出すことができるのか否か，アメリカの在日軍維持のコストを考慮に入れることができるのか否か，をたずねた。いずれも，アメリカの国際収支改善につながる問題であった。ディロン財務長官も，日本が防衛力を拡大するのであれば，特に航空機，電子機器や対空ミサイルの分野で日本製よりアメリカ製の兵器をはるかに廉価に購入できると語り，当時ドイツやイタリアと結んだ相殺協定（アメリカ製武器の購入によって米軍の駐留経費を相殺する協定）を引き合いに出して，日本側に検討を求めた。NATO諸国に比して，日本は防衛にも経済援助にも控え目な貢献しかしていないことを，アメリカ政府は折にふれて指摘し，日本が国際的役割を拡充するよう促したのである。

さらにケネディ大統領は1963年7月，利子平衡税の導入を発表した。大統領は急ぎ訪米した大平に，過去10年間の金の流出が150億ドルに及ぶと説明し，ドルは「西側の金融体制全体のまさに基本であり，ドルがその機能を果たし続けるのであれば，全関係当事国の協力が必要だ」と述べて，新しい措置に対する理解を求めた。この年11月のケネディ暗殺によって副大統領から昇任したリンドン・B. ジョンソン大統領も1965年2月，国際収支に関する特別教書を発表し，利子平衡税の2年間延長，民間銀行の資本流出の制限措置に出た。ただし，利子平衡税の対日適用については，ニューヨーク市場での1億ドルの起債を限度に免除し，日本に対する配慮を示した（樋渡，1990）。

もちろんアメリカ政府は，日本の防衛力をドル問題のみの観点で把握していたのではなかった。日本の防衛水準それ自体に不満であった。マクナマラ国防長官は1963年7月，日本からのアメリカの航空兵力の一部撤退に関連して，日本は将来は自国の防衛力にもっと頼るべきだと主張し，「私は日本の防衛費の現在の水準に失望している」と大統領に書き送った。ラスクも1964年1月，池田に「日本の安全はアメリカの安全である。アメリカは国際収支を理由に軍事力を配置したり，移動したりしない。安全保障上の考慮が安全保障の決定の要因だ」と述べてアメリカの軍事的保障を約束しながら，日本のGNP 1%をやや上回る程度の防衛費は「多少低い」と語り，その増額を要請した。統合参

謀本部も1965年1月,次のように報告した。「日本はその防衛努力を増加するように奨励されるべきであり,アジアの共同防衛の使用のために通常兵力を改善し,アジアの他の諸国に軍事援助を供与すべきである」

つまり,1960年代前半の池田政権期の日本に対するアメリカの安全保障政策は,およそ次のような考慮から成り立っていた。第一に,日本にあからさまな軍事的圧力をかける愚を避ける。池田内閣の民生重視・経済中心主義を大きくは了解し,日米「イコール・パートナーシップ」の政治的協力関係を高める。第二に,しかし,経済大国化する日本は,相応の安全保障面を含む国際的責任をも負うべきである。日本自身の防衛力を強化するだけでなく,アジア地域における一連の安全保障上の役割をも展望すべきである。第三に,とはいえ当面,日本が国内的・地域的な軍事的役割に走ることは現実的ではない。そこで,アメリカの国際収支の悪化をも勘案して,日本にアメリカからの武器購入の拡大を要請し,かつ東南アジアへの経済援助の肩代わりを求める。以上のような3要因の微妙なバランスから打ち出されるアメリカの対日政策であった,と言えよう。

そして池田内閣は,日本の貿易自由化に前向きであり,対外経済面の努力をそれなりに行ったが,アメリカの軍備増強要請に対しては積極的ではなかった。日米間の軍事協議において海原 治 防衛局長が,第二次防衛力整備計画(二次防)の繰り上げ達成と武器の追加購入を求めるアメリカ側の要請を峻 拒したことを,中島信吾の研究は紹介している(中島,2006)。

日中接近への牽制と中国脅威論

1960年代初期の日米間の主要な懸案に,中国政策をめぐる相違があった。アメリカ政府が当時の中国を冷戦における最も危険な敵とみなしていたのに対し,池田内閣は政経分離方式によって中国との関係を模索した。池田が1958年の長崎国旗事件(第7章3参照)によって途絶えた中国との貿易再開に向かい始めた時,アメリカ政府はこれを牽制した。ハリマン極東担当国務次官補は1962年9月,日米協会での演説で,日本の経済成長に関する「興味深い事実は,実質的に中国本土とのいかなる貿易もなしになされたことである」と指摘したうえで,「政治的目標に使用されない健全な貿易とは,自由世界との貿易である。……共産圏諸国とどのような貿易をするにせよ,それは後で政治的目

的に使われるであろう」と日本政府に警告した。この演説後，まもなく調印された LT 貿易（廖　承志と高碕達之助の合意による一定の貿易）協定に，ケネディ大統領はさっそく不快感を表した。ケネディは 12 月，第二回日米貿易経済合同委員会の昼食会演説で，中国は「国家的発展」のうえで「好戦的段階」にあり，日米が「パートナー」として，「共産主義運動によるアジア支配の阻止を試みるために」何ができるのかを検討したいと言明したのである。

　アメリカが特に憂慮したのが，中国の核兵器計画であった。バンディ大統領補佐官によると，ケネディ大統領は中国の核開発が「世界が今日直面する，おそらく最も重大な問題」と考えており，それを阻止するために「何らかの行動」の必要を口にした（1963 年 1 月）。大統領は数日後の NSC 会議で，「中国の核開発の可能性に重大な関心」をあらためて表明し，核実験禁止条約がそのような能力の開発に対する「圧力」になるかもしれないと語った。彼は，「中共を抑制するどんな交渉も重要だ。なぜなら，彼らが 1960 年代後半以降，わが国の主要な敵対国として現れるからだ」とまで述べて，中国の軍事的台頭に並々ならぬ警戒心を吐露した。

　1963 年春に次官に昇進したハリマンは大統領に同意し，中国の核開発阻止のための米ソ共同行動を提案した。ハリマンが 1963 年 7 月，核実験禁止条約交渉のために訪れたモスクワで中国の核武装の問題を持ち出した時，フルシチョフは「中国が核保有国家となるまでに数年かかる」と反論して，格別の関心を示さなかった。大統領はハリマンに対し，「中国問題はフルシチョフのコメントよりも深刻」であり，中国の核開発を「制限，あるいは阻止するための手段について」ソ連の見解を質すように指示したが，フルシチョフはこれにも反応しなかった。

　ジョンソン政権は 1964 年 9 月半ばに，「現時点で」アメリカは中国の核施設に先制攻撃を行わないと決定したが，ソ連との共同軍事行動の可能性をなお探った。だが，ドブルイニン駐米大使はバンディに，ソ連政府は中国の核獲得を「すでに事実上，所与の前提」と見ていると述べて，「中国の核兵器はソ連やアメリカに対し何の重要性もなく，アジアにおいて心理的な衝撃があるだけだ」と返答し，アメリカの提案をあらためて拒否した。両国がキューバ・ミサイル危機（1962 年 10 月）後のデタント（緊張緩和）に向かうこの時期，すでに中ソ論争は険悪化していたが，アメリカの対中軍事行動の提案については，ソ連が

なお抑制したのであった。

中国は1964年10月，原爆実験に成功した。ジョンソン大統領はすぐに声明を発表し，アメリカのアジア同盟国に対する防衛上のコミットメントを確認するとともに，他のアジア諸国が経済開発と原子力の平和的活用によって民生の向上に努力していると述べ，原子力の兵器転用を暗に戒めた。この声明にあるように，アメリカは中国の核武装が特に日本やインドに波及する事態を恐れたのであった。

2 池田から佐藤へ

共に日米関係重視

池田政権と佐藤政権は，異質なものか，同類項にまとめうるのか。池田勇人と佐藤栄作は，吉田学校の同門として育ち，共に1960年代の高度経済成長時代の政治を担ったが，1964（昭和39）年夏の自民党総裁選挙においては激しく争った。東京オリンピックの華やぎと中国核実験の衝撃の中で，病を得て退陣する時，池田首相が佐藤を後継首相に指名した。それは，二人が結局は同志であったことの証左であるかのように見えながら，4カ月前の総裁選において佐藤が池田票に迫った力量と実績によって闘い獲ったものでもあった。

この両者の同質と異質，協調と対抗の入り交じった関係は，政治外交の全般に及んでいる。たとえば，池田の経済主義路線を「昭和元禄」と厳しく指弾した福田赳夫を，佐藤首相は政権内に迎え，田中角栄と共に両輪とするほどに重用した。池田のリベラルな経済主義から，佐藤は反共保守の筋を通す政治主義路線に移行したのか。他方，たとえば池田政権のブレーンの一人で柔軟な経済主義者，ニューライトの旗手である宮澤喜一を，佐藤首相は厚遇した。

池田と佐藤の共通性のうち，日米関係の重視が最も重要な点であろう。対米基軸を鮮明にし，アメリカのパートナーとなることによって日本の国際的地位を高め，多くの利益を引き出した点で，二人は共通している。1965年の日韓基本条約は，アメリカのたび重なる要請を受けて池田内閣が築き，佐藤内閣が仕上げたものである。1966年のアジア開発銀行の設立も，両内閣にまたがる努力の所産である。東南アジア地域の民生安定と経済開発に協力する路線は，1950年代の岸政権以来，池田と佐藤の両政権を経て，1970年代の福田ドクト

リン（第9章4参照）以降にまで連なる，戦後日本外交の軸の一つである。その中でも，インドネシアのスカルノ政権がその末期において反植民地主義を加熱させ，親中国共産党の立場とマレーシア解体の闘争に傾斜した際，日本はインドネシア政府との関係を絶たずに説得を続け，1965年の九・三〇事件を経て，スハルト将軍の下での経済建設路線を支援することになる。

日本における吉田路線は，池田政権期に本格化し，戦後日本を経済国家として定着させるが，日本自らがそうなっただけではない。東南アジアと東アジアをも「吉田ドクトリン」で染める機能を，1960年代以降に持ち始めたと言えよう。そのようなアプローチは，池田首相が東南アジア歴訪に際して，西欧がアフリカの，アメリカが中南米の開発に責を負うように，日本は東南アジアの経済発展に資さねばならない，と語ったところに示される。その後それは，アメリカがヴェトナム戦争に深入りする佐藤時代に，戦争周辺国たる東南アジアへの経済協力と市場活動を日本が否応なく肩代わりする中で拡大強化された。

こうして見れば，池田と佐藤を連続性においてとらえる方が自然と思われるかもしれない。それでいて，両者の外交観には微妙にして重要な相違が存在する。根深く経済主義者である池田は，世界を東西のイデオロギーや体制においてではなく，経済の先進国と後進国において区分していたように思われる。自由世界の「三本の柱」という池田の米欧日3極主義的な視点も，要は先進経済の重視論である。

池田首相は訪欧の際，ドゴールに対して，中国に関する吉田の教えを紹介した。中国は自立心が強く，クレムリンの支配下にとどまり続けることはない。中国との貿易関係をもって，中国を引き寄せるのが得策であるという論である。ここでは，共産体制か否かは相対化され，伝統的な国民性への洞察と普遍主義的な経済関与の効用が語られている。池田は，脱冷戦的な経済普遍主義の福音の信奉者であったと見える。ライシャワー大使は，池田のこうしたアプローチを励ましたようであり，またケネディ政権は自らのリベラルな国際観においてこれを了とし，日本がIMF，GATTのフルメンバーとなり，先進国クラブのOECDメンバーとなることに支援を惜しまなかった。しかし，池田の中国への寛容さについては，冷戦下の反共戦略的観点から警告を発したのである。ヴェトナム戦争に熱くなるジョンソン大統領の時期には，池田のアプローチはとうてい容認されなかったであろう。

佐藤首相は，池田よりも硬派の政治主義者であった。しかし，佐藤政権のための政策綱領を起草した楠田實を中心とする「Sオペ（Sato Operation）」グループは，保守タカ派の地金を出しすぎては時代の課題に対応できず，国民的支持の広がりも得られないと考えた。そこで，国際的な視野があり，文化・文明を語る梅棹忠夫，高坂正堯，京極純一，山崎正和らの学者ブレーンを集め，助言を求めた。毎月，テレビで「総理と語る」番組を持って，幅広く発信力のある佐藤政権とするように努めた。

こうして国内向けには左右のバランスに留意した佐藤政権であったが，外交的にはかなり日米基軸一辺倒であった。文化大革命に向かう1960年代中葉からの中国と交わらず，ジョンソン政権のヴェトナム戦争に静かな理解と支持を与え，核保有した中国とヴェトナム戦争周辺の諸国を丹念に歴訪した。それには，分断された反共国，南ヴェトナム，台湾，韓国が含まれていた。佐藤首相は，依然かなりの程度まで冷戦構造において東アジアの国際政治を見ていた。それは多極化に向かった1960年代前半と異なり，ヴェトナム戦争と中国の文化大革命によって特徴づけられる1960年代後半の「冷戦構造再活性化」の国際環境に沿った認識であった，と言えよう。少なくとも，ドミノ理論に呑まれ，ヴェトナムへ吸い込まれるジョンソン政権にとって，佐藤の観点は好ましいものであったろう。佐藤は，このような理解を与えつつ，沖縄施政権返還という自らのナショナルな要請をねばり強くジョンソンに説き続けた。戦争で失った領土を平和のうちに回復するという歴史に稀な事業に，佐藤は日米基軸の枠組みの中で成功するにいたる。

つまり池田と佐藤は，日米基軸論者である点で甲乙つけ難いが，きわめて対照的なアプローチをもって，それぞれの時代潮流との親和性を保ち，共に大きな果実を日米友好関係から引き出したのである。

日本の核保有問題

佐藤政権の船出に際し，日米間にさざ波が生じたことが，近年の公文書公開によって明らかとなっている。1964年12月27日のライシャワー大使との会談において佐藤首相は，中国の核保有に「もし相手が核を持っているのなら，自分も持つのは常識である」「日本の世論は，この考えを受け入れる準備がまだできていないのはわかっているが，これから教育せねばならない」「核は一

般に思われているよりも，はるかに安く，日本の科学・産業技術で充分生産できる」と，日本の核保有への並々ならぬ関心を語った。

アメリカ政府は先に述べたように，中国の核保有に重大な関心を寄せ，米ソ共同での核拡散抑制を考えつつあっただけに，佐藤首相の発言に鋭く反応した。翌1965年1月に訪米した佐藤首相に対して，ジョンソン大統領自身がアメリカが日本に対し核抑止力を働かせて安全を保障する旨を伝え，日本の核保有を戒めた。会談後の共同声明によると，佐藤が日米安全保障条約の「堅持」を表明したのに対して，ジョンソンはアメリカが「外部からのいかなる武力攻撃に対しても日本を防衛するという日米安全保障条約に基づく誓約を遵守する決意であることを再確認した」。アメリカの事実上核を含む軍事的保障は，佐藤にとって重い言葉であったろう。ただアメリカ政府は，経済の驚異的な発展によって国家的プライドを高める日本に対し，ただ抑えようとするのは不十分と考えた。日本を核開発に向かわせず，別の健全なナショナリズム発露の機会を与えねばならないと考え，宇宙開発や原子力平和利用の分野を日本に提供しようとした。しかし，日本の国内事情で宇宙開発をめぐる日米協力は不発に終わる（黒崎，2006）。

では，日本は国家的プライドを満たす場を持たなかったのか。私見では，二つの場があった。一つは，格差の小さい豊かさを築いた経済的成功そのものである。それは，国民生活の目覚ましい改善によって国民を満足させ，「一億総中流」的民主社会をもたらし，政治に正統性を与えた。のみならず，敗戦後には二度と追い付けないと思っていた西欧諸国のGNPを，日本が1960年代後半から次々と抜くにいたった。経済ナショナリズムを，日本人は密かに満足させたのである。

いま一つは，沖縄返還である。アメリカからこの配慮を得る中で，佐藤首相はライシャワー大使への当初の言葉とは正反対に，「非核三原則」を1967年12月に自ら国会で口にし（本章3参照），1970年2月には核不拡散条約（NPT）に調印するにいたるのである。核を保有しなくても，日本はプライドを持って進むことができると，経済的成功および沖縄返還によって納得した佐藤首相時代の日本だったのではないだろうか。

このように，戦後日本のあり方に影響を与えたヴェトナム戦争下の沖縄返還を，次に見ておこう。

3 ヴェトナム戦争下の沖縄返還

アメリカのヴェトナム軍事介入と対日関係

キューバ危機を契機に米ソ関係は好転した。1963年夏の部分的核実験禁止条約（PTBT），核兵器製造のための濃縮ウラン生産の相互削減，1958年以来の文化交流協定の更新，民間航空路の開設，宇宙空間平和利用条約，領事協約，NPTなどを通じて，米ソ関係は着実にデタントに向かった。その両国の関係に暗い影を投げ掛けたのが，アメリカのヴェトナム戦争介入であった。アメリカ政府はヴェトナム戦争を国際共産主義，特に中国の軍事的膨張との闘争の一環ととらえ，いわゆるドミノ理論を援用しながら，北ヴェトナムの共産党政権に対抗する反共の南ヴェトナム政府への支援を強めていった。テイラー統合参謀本部議長が1964年1月に，南ヴェトナムの喪失は日本を含む反共アジア諸国の「アメリカの決意と信頼性」に対する評価を揺るがすと警告したように（シャラー，2004），アメリカ政府の認識では南ヴェトナムの防衛と日本の安全保障には重大なかかわりがあった。ジョンソン政権は1965年2月，北ヴェトナムへの本格的な空爆（北爆）に踏み切り，翌月には地上戦闘部隊を南ヴェトナムに初めて投入した。米軍の派遣は，1969年春までに50万人を超える規模に達した。

日本政府はアメリカの介入に理解を示した。1965（昭和40）年4月上旬，ジョンソンがボルティモア演説でアメリカのヴェトナム政策を正当化するとともに，10億ドルの東南アジア開発を提案した時，佐藤はアメリカ政府による南ヴェトナムの「独立と自由」を守る努力を支持すると書簡を送った。彼は7月半ばにも，アメリカのヴェトナム政策に対する支持へのコミットメントは「強固」であると伝え，さらにヴェトナムに出撃する米空軍の沖縄の基地使用の権利に「何ら疑問を呈しない」ことを明確にした。アメリカ政府も日本の支援に一定の評価を与えた。1967年11月の佐藤訪米に備えたペーパーは，日本のヴェトナム政策について，「喧伝することなく」在ヴェトナム米軍の兵站支援のために在日米軍基地を使用に供し，アメリカに受け入れ可能な条件での平和を求める政府声明と外交努力を行い，南ヴェトナムに対する小規模ながら経済援助を実施し，アメリカのヴェトナム政策に対する「控え目な支持の表明」を行

っていると評価した。

　だが，アメリカの介入の拡大は日本国民の間ではきわめて不人気であり，ライシャワー大使は1965年春，ヴェトナムによって「私たちが4年間かけて築いてきた足場が，固まるどころか揺らぐ方向にある」と憂慮した（ライシャワー，2003）。彼は国務省に宛てて，日本ではヴェトナム戦争のエスカレーションが日本を戦争に巻き込む事態に発展するのではないかという懸念が広まっていると述べ，日本人は戦争終結の「最も容易な方法」がアメリカの爆撃停止と軍事介入の終了であると「単純に」考えていると指摘した。ライシャワーによると，この単純さは「過去20年間の日本人の駝鳥のような平和主義」に由来するのであった。大使の日本分析は，自国政府にヴェトナム戦争の聡明な収拾を暗に求める努力であると同時に，アメリカの立場と努力を十分に理解しない日本人への苛立ちをも包含していた。彼は特に日本における「過去数年間のヴェトナム情勢の報道」を槍玉にあげて，日本のメディア報道が偏向していると批判したのである。大使は1965年9月，佐藤に対し，多くの日本人のアメリカのヴェトナム政策批判のゆえに日米関係が「過去数カ月間停滞，もしくは悪化している」と苦情を述べて，日本政府に「平和で友好的な東南アジア」が日本の安全の基礎にあることをもっと説得するよう要請した。ライシャワーの日本メディアに対する苛立ちは，10月の大阪での記者会見で公然と表明された。

沖縄返還交渉

　ヴェトナム戦争は，アメリカに沖縄の戦略的重要性を再確認させた。シャープ太平洋軍司令官は1965年夏，沖縄は西太平洋における最も重要な兵站基地であると述べ，これに佐藤は「沖縄は不沈空母である」と応じた。佐藤は1965年1月の，首相として第一回の訪米の際，ジョンソン大統領，ラスク国務長官に対し，極東の平和にとってアメリカの沖縄における軍事プレゼンスが重要であると認識していると言って，アメリカの施政権行使に理解を示した。ここで佐藤はラスクに，沖縄本島以外の「防衛に必要ではない」沖縄諸島の一部返還，西表島の返還をもちかけたが，反応はなかった。首脳会談後の共同声明では，佐藤が琉球と小笠原諸島の早期返還の「願望」を表明したこと，これにジョンソンが「理解」を示したことが盛り込まれた。

　かねて沖縄問題に深い関心を寄せてきたのがライシャワーであった。終戦直

Column⑬　戦後日米関係と密約

　安保改定（1960年）と沖縄返還（1972年）に関する日米両政府間の合意には，いまでも公表されていない密約が存在する。そのことは，さまざまな証言，資料，研究によって明らかになっている。

　民主主義国家の外交に密約が存在することは本来，望ましいことではない。それは何より「被治者の同意にもとづく政治」という民主政治の理念に反する。また密約を守るために政府が嘘をつけば，政府に対する国民の信頼は傷つくだろう。

　ただそうは言っても，外交には相手があり，時には厳しい制約がある。すぐには公表できない約束をしなければならない場合もあるだろう。

　この二つの間の，つまり民主主義の理念と外交の現実の間のバランスをとるには，「すぐに公表できないものは，後で必ず公表する」というやり方しかない。政府がそれを原則にすれば，国民も安心するだろう。

　だが，後で公表することが原則だとしても，具体的にいつ公表できるかは，個々の密約の性格による。はっきりしているのは，すでに歴史のエピソードになっており，国益に影響しないものは，速やかに公表すべきことである。

　一昨年（2006年）2月，外務省の交渉担当者の証言が出て話題になった沖縄返還に関する密約などは，その例である。吉野文六・元外務省アメリカ局長によれば，沖縄返還の際に日本政府は，アメリカが負担すると決められていた土地の原状回復費用400万ドルを秘密裏に肩代わりした。財政事情が厳しいアメリカ政府の要請を受けた

後にアメリカ政府内で沖縄の領土処理が問題となった時，ライシャワーは国務・陸軍・海軍三省調整委員会の極東小委員会において，米軍の軍事的必要以外の領土を日本に返還するよう提案した。駐日大使となって，大統領の弟ロバート・ケネディ司法長官を1962年に日本に迎えた際には，日米関係の将来にとって沖縄返還がいかに重要であるかを力説した。ケネディ大統領が1962年3月に新しい沖縄政策を発表し，沖縄の日本復帰を原則的に容認する方針を明らかにした時，そこには司法長官を介したライシャワーの働きかけがあった。ライシャワーは1965年7月，この問題は「1970年の前に爆発するかもしれない」「沖縄の現状は2年以上はもたないだろう」と警告し（宮里，2000），施政権の返還と在沖米軍基地の維持を可能にする取り決めを主張した。

　同年秋までにラスク国務長官はライシャワーの進言を入れて，マクナマラ国防長官との間で琉球作業班の設置で合意した。1966年3月に国務省と国防省をまたぐ上級省間グループ（SIG）がつくられ，その下に極東省間グループ（Interregional group/Far East）で問題を専門的に検討することになった。その

もので，佐藤栄作首相が判断したという。アメリカの公文書でも明らかになっている話だが，政府はこの密約の存在を否定し続けている。

　これはなぜ否定しなければならないのか理解に苦しむ。沖縄返還実現のために必要だったが，当時の国内事情で説明できなかったと正直に言えばよいだけだろう。国益に影響はないし，正直に認めた方が政府と外務省に対する信頼も増す。

　いまの段階でそう簡単に割り切れないのが，安保改定の際の密約である。旧安保条約改定の際に導入された在日米軍の基地使用に関する事前協議制度には，本来は協議の対象となるべき核兵器搭載艦船の寄港や朝鮮半島有事における米軍の緊急出動を事実上，協議の対象外にする秘密の取り決めがあった。米軍の戦略と日本の国内政治をすり合わせる必要から生まれたものである。

　その時から時代は移り，安保条約を取り巻く環境は大きく変化した。密約の意味も薄れている。だが，この密約なしに事前協議制度を確実に運用できるかどうかには，非核三原則（本章3参照）との関連など，まだ不透明なところが残っているように思われる。それがなくならないかぎり公表は難しいだろう。

　もちろん，「政府は公表せず，国民は知っている」という不健全な状態がいつまでも続いてよいわけではない。政府はこの密約についても，いつかは本当のことを言わなければならないのである。そのための準備を始めるのは早い方がよい。【坂元一哉】

一環として，1966年前半から1967年前半にかけて，国務省のスナイダー日本課長を責任者とし，ハルペリン国防次官補を国防省側の推進者とする部局横断的な琉球作業班が活動し，沖縄返還をめぐる政治・軍事問題を旺盛に検討した。

　沖縄の軍事的有用性と施政権の返還をどう折り合わせるかが，アメリカ政府の課題であった。これについて琉球作業班は，もし沖縄の施政権が日本に返還され，日本本土の一部として安保条約の下に置かれた場合，米軍の沖縄基地の利用にどんな制約が生ずるかを検討した。その結果は意外にも，核兵器の問題を別とすれば，B52の直接発進によるヴェトナム爆撃が日米間の問題となりうるのみであることが判明した。

　沖縄返還を拒否して日米関係を行き詰まらせるよりも，返還に応じて日米友好関係の中で基地の利用を続ける方が米軍部にとってもより大きな利益である，という判断を作業班はもたらした。マクナマラ国防長官やマクノートン次官補ら幹部の支援を得て，琉球作業班の見解は，1967年前半には国防省制服組の間に理解を広げていった（ハルペリンの筆者・五百旗頭への談話）。

日本側の与り知らぬところで，米政府・軍部内で安全保障面での返還への地ならしが進む中，政治面で厄介な問題だったのが，先に述べた国際収支の問題であった。ヴェトナム戦争の拡大と長期化はドルの海外流出を招いてアメリカを苦しめていた。そんな中，経済絶好調の日本に負担を求めることなく沖縄を返還するのであろうか。ジョンソン大統領は1967年8月30日のNSC会議で，日本が琉球・小笠原諸島問題の処理を望んでいると指摘したうえで，すぐに続けて，日本にアメリカの国際収支改善の協力を求めること，日本のアジアへの援助増大が必要であると言明した。ラスクも数日後の大統領宛覚書で，アメリカが日米閣僚会議で琉球・小笠原問題について「聞き置く」態度をとりながら，アメリカがアジアの安全と経済開発で背負っている負担を説明し，日本が「地域的な指導力と経済援助の財政負担，そしてわが国の国際収支の是正のためにより大きな役割を担うように」成熟し責任ある態度をとることを求めるとした。さらに，可能ならば日本に中東へのPKOに参加すること，南ヴェトナムに対し経済支援を増大すること，NPTを支持すること，アジア開発銀行の特別基金を含む東アジアの経済開発計画へ貢献することなどを要請するよう勧告した。
　1967年11月に佐藤首相は訪米し，2度目のジョンソン大統領との首脳会談に臨んだ。佐藤首相の不退転の意志である沖縄返還を，アメリカ政府は受け容れる以外の選択肢があるとはもはや考えなかった。日本国内で「沖縄奪還闘争」のような反米左翼の攻撃を受ける親米佐藤政権を敗北させることは，アメリカの大きすぎる損失であった。佐藤が相次ぐアジア諸国歴訪によって，アジアの指導者としての資格を明らかにしたことが，首相を大事に扱うべきもう一つの理由として，訪米前に国務省から付け加えられた。この点をマクナマラ国防長官は重視し，佐藤との会談において，大部分の時間をアジア諸国が中国核武装とヴェトナム戦争をどう見ているかについて首相に質すことに費やした。ラスク国務長官は沖縄返還を求める佐藤に，日本に地域の安全保障に向き合う意志があるかと問うた。ジョンソン大統領は，11月14日の第一回首脳会談では，沖縄返還については両長官とよく話し合ってほしいと，自らは立ち入らない。首相は，「最後に当方のメモを渡し」た（佐藤，1998；楠田，2001，巻末資料）。そこには，"within a few years（両三年内）"とのみ英語で記されていた。
　「1970年安保」を迎える前に日米が沖縄返還合意を結ぶことの重要性は，すでにさまざまなチャネルによりアメリカ政府に通じていたが，首相が大統領の

手にこの言葉を記した紙をねじ込むことによって，あらためて決意を伝えたのである。翌日の国務・国防両長官との会談を通じて合意ができた後，第二回の首脳会談を迎えた。「コミュニケが出来た後だから話はすぐにもすむかと予想してた処(ところ)，大統領は経済協力について話をほりさげ，なかなかゆづらない。遂一時間と三十分余となる」(佐藤，1998)。日本の経済面からの貢献を，大統領は可能なかぎり拡大しようとねばったのである。こうして東南アジアとアメリカの国際収支改善のための協力を日本が約し，アメリカは小笠原を翌1968年に返還し，沖縄返還を両三年内に決定することに同意したのである。「誠に感無量」と，首相はその日の日記に記した。

1960年代末の日米

1968年は，アメリカ政府にとってどん底の年であった。1月には米情報収集船プエブロ号が北朝鮮に拿捕(だほ)され，月末には北ヴェトナム(南ヴェトナム解放民族戦線含む)軍が首都サイゴンを含め南ヴェトナム各地でテト攻勢と呼ばれる一斉攻撃を開始した。ジョンソン大統領から「戦局は有利に進んでいる」と説明を受けていたアメリカ国民は衝撃を受け，学生たちの反戦運動が高まって，世論も撤兵を求めるにいたった。3月末，ジョンソン大統領は秋の大統領選挙への不出馬を声明し，北ヴェトナムに和平を呼び掛けた。

4年ごとに政変の機会を国民に与えるアメリカの制度が，ヴェトナム戦争の地獄からの脱出を可能にした。共和党のニクソンがこの年11月の大統領選挙を制し，国際秩序の再編をはかりつつ，ヴェトナムからの撤退を模索することになる。他方，日本は引き続き奇跡の高度経済成長のうちにあり，1968年に世界第三位の経済大国に躍進するところであった。日本は1965年にアメリカとの貿易収支で初めて黒字(3億3400万ドル)を計上したが，その額は1969年までに約14億ドルに増えた。

小笠原・沖縄の返還約束を得た1967年11月の日米首脳会談の翌月，佐藤首相は「核を作らず，持たず，持ち込ませず」と非核三原則と呼ばれることになる方針を，国会答弁において語った。日米基軸の下での成功というドラマがクライマックスを迎えようとしており，佐藤政権は全神経をそれに集中していた。

そんな中の暗雲は，大学紛争の高まりであった。戦後体制や権威の破壊を叫ぶ大学紛争が全国に広がり，ヴェトナム反戦運動も高まった。パリでも5月革

命がドゴール体制を揺さぶったように，1968年は米欧日の先進社会を横断する対抗文化（カウンター・カルチャー）の年となった。佐藤政権は，東京大学の1969年度入試を中止するとともに，新法をもって大学に自ら管理責任をとるよう迫り，国内の安定を回復したうえで，11月にニクソン新政権との沖縄返還交渉に赴くことになる。

ニクソン大統領はリアリストの国際政治学者キッシンジャー博士を安全保障問題担当大統領補佐官に任命し，国務省ではなく彼に沖縄返還問題をも担当させた。キッシンジャーは前政権において沖縄返還を推進したスナイダーとハルペリンを自らのスタッフに選び，沖縄問題を検討させた。劇的な政権交代にもかかわらず，沖縄返還の基本方針はこうして幸いにも継承されることとなった。

官民にまたがるトラックIIの会議が，超党派の外交と国際的合意に貢献することがある。その古典的なケースがあった。沖縄返還は，1967年の日米下田会議によって地ならしされ，1969年1月の京都会議において日米の官民指導層間のコンセンサスを築くことに成功した。京都会議は，「核抜き，本土並み」という様態を勧告したが，佐藤首相はこれを政権の方針とした。ニクソン大統領も，沖縄にあった核（メースB）を撤去のうえ1972年に返還することを，1969年11月の日米首脳会談において佐藤首相に伝えた。

1965年夏に沖縄を訪問して，「沖縄の祖国復帰が実現しない限り，わが国にとって「戦後」が終っていない」と語った佐藤首相は，こうして国家的悲願を達成した。それが日米の友好とパートナーシップにおいて，しかもヴェトナム戦争という困難の中で達成されたことの意義は大きい。それは親米佐藤政権の国内の反対派への勝利を意味し，1969年末の総選挙において大勝を博して，一時的に保守の長期低落を食い止めた。

それのみではない。戦争で奪った領土を平和的に返還するという偉業は，日本国民に日米関係への信頼性という宝物を贈った。それは波瀾に満ちた国際関係の中でも，21世紀にまで日米関係が拡大強化されている重要な一因を成しているであろう。戦前のアメリカは，1924（大正13）年の排日移民法によって，日本人の間にアメリカ政治への不信を植え付けた（第4章2参照）。それは，日米戦争へ向かうプロセスにおいて，特定し難い暗いマイナスの影響を及ぼし続けた。それとは対照的な信頼の元手としての役割を，沖縄返還は日米関係に果たしているのではなかろうか。

3 ヴェトナム戦争下の沖縄返還

偉業の陰に，悲しい随伴物もあった。「糸と縄の取引」と揶揄された繊維問題との連動である（第9章2参照）。ニクソン大統領は大統領選挙における南部戦略の一環として，繊維業界の支持を固めるため，日本の対米繊維輸出の自主規制を要望した。佐藤首相は1969（昭和44）年の日米首脳会談においてこれを了承し，密使として派遣した若泉敬教授とキッシンジャー補佐官との間で細かい秘密合意をつくりながら，秘密にしたがゆえに，それを国内的に長く実施できず，ニクソン政権の信頼を損なうことになった。その結果，日米関係は「偉業」には不似合いな不協和音を生ずることになった。波瀾の1970年代は，1971年7月のニクソン大統領による訪中声明，いわゆる「米中頭越し接近」によって幕が切って落とされた（第9章1参照）が，それは一定部分，佐藤の背信に対するニクソンの応酬であった。また，繊維紛争は田中角栄が剛腕を発揮して1972年1月にようやく解決したが，そのことが後継者に予定されていた福田赳夫に先んじて田中が首相となる一因となった。

◇　　◇　　◇

ケネディの登場で華やかに幕を開けた1960年代初頭のアメリカの自信と明るさは，ヴェトナム戦争の泥沼化ですっかり影を潜めた。ケネディが危惧した核戦争の脅威とドル危機のうち，前者は対ソ関係の改善で後景に退きつつあったが，ドル危機の進行はアメリカの対日外交に重要な影響を与えた。

ケネディ＝ジョンソン政権の対日政策の主要課題は，国力の増大に見合った日本の責任負担であり，具体的には防衛力の漸増，経済力にふさわしい責任（アジア諸国に対する経済援助，国際収支の是正のための日本の貿易・資本政策の自由化など）であった。ジョンソン政権が政権終了時に対日政策を概観した報告書で，「1963-68年に，経済的に活力ある日本が世界，特にアジアでその経済力に見合った役割を果たすように奨励するというアメリカの従来の政策は次第に実現した」と評価したように，アメリカ政府は日本の負担増にある程度満足であった。ジョンソン政権はまた懸案の沖縄返還問題について，解決のおおよそのめどをつけることに成功した。だが，この問題がニクソン政権下でヴェトナム戦争，国際収支，そして繊維摩擦と絡み合うことで，やがて日米間の政治・安保関係と経済関係が複雑に連動する様相を予告したのである。

戦前期にあって，アメリカ政府によるポーツマス講和の斡旋が日米間の友好の頂点であり，かつ限界であった。戦後の日米関係にあっては，沖縄返還が同

じような位置を占めるであろう。ポーツマス講和がアジアにおける日本帝国の台頭を確かなものとしたのに対し，沖縄返還は経済国家としての戦後日本の台頭を支え，確保する意味を持った。無限の能力と余力をもって沖縄を返還するアメリカを，日本国民は仰ぎ見た。しかし，実は本章で見たように，1960年代後半のアメリカは余力を失っており，呻吟しつつそうせざるをえなかった偉業の達成であった。日本側はそのことに十分気づいていなかっただけでなく，自らの経済力の拡大とそれが持つ国際的意味をも認識していなかった。そのことに苛立つニクソンのアメリカを，すぐに日本は凝視せねばならないであろう。沖縄返還は頂点であり，かつ限界だったのである。

● 引用・参考文献 ●

秋元英一・菅英輝，2003年『アメリカ20世紀史』東京大学出版会。
楠田實／和田純編・校訂／五百旗頭真編・解題，2001年『楠田實日記——佐藤栄作総理首席秘書官の二〇〇〇日』中央公論新社。
黒崎輝，2006年『核兵器と日米関係——アメリカの核不拡散外交と日本の選択1960-1976』(フロンティア現代史) 有志舎。
佐藤榮作／伊藤隆監修，1998年『佐藤榮作日記 昭和42-44年』第3巻，朝日新聞社。
シャラー，マイケル，2004年／市川洋一訳『「日米関係」とは何だったのか——占領期から冷戦終結後まで』草思社。
シュレジンガー，A.M.，1966年／中屋健一訳『ケネディ——栄光と苦悩の一千日』下，河出書房新社。
中島信吾，2006年『戦後日本の防衛政策——「吉田路線」をめぐる政治・外交・軍事』慶應義塾大学出版会。
原康，1991年「戦後の日米経済関係」細谷千博・本間長世編『日米関係史——摩擦と協調の140年〔新版〕』有斐閣選書。
ハルバースタム，デイヴィッド／浅野輔訳，1983年『ベスト＆ブライテスト〔新版〕』1-3，サイマル出版会，1983年。
樋渡由美，1990年『戦後政治と日米関係』東京大学出版会。
宮里政玄，2000年『日米関係と沖縄 1945-1972』岩波書店。
ライシャワー，エドウィン・O.＝ハル・ライシャワー／入江昭監修，2003年『ライシャワー大使日録』講談社学術文庫。
Chafe, William H., 1986, *The Unfinished Journey: America since World War II*, Oxford University Press.
Eckes, Alfred E., Jr., 1995, *Opening America's Market: U.S. Foreign Trade Policy since 1776*, University of North Carolina Press.

↑訪中して毛沢東・中国国家主席（左）と握手するニクソン米大統領（1972年2月21日。写真提供：AP Images）

第9章
危機の中の日米関係 1970年代

　1970年代は，アメリカと日本の双方にとって危機と試練の10年であった。軍事的に圧倒的な能力を持つアメリカが，60年代後半にヴェトナム戦争に深入りし，しかも敗れたことによって，70年代のアメリカは，経済的にも社会的にも精神的にも，どん底を経験せねばならなかった。
　あれほど荒廃し乱れたアメリカの都市を見ることは，かつてもその後もなかった。小手先の対応では立ち直れないほど，アメリカ外交が深い傷を負っていたからこそ，ニクソン＝キッシンジャーの外交的大業が必要であったと言えよう。同時に，自らの苦痛が激しいがゆえに，たとえば日本に対し不必要に攻撃的となる傾向もあった。社会的憎悪はウォーターゲート事件（1972年）として

ニクソン大統領自身に襲いかかり，葬った。続くフォード，カーターの二人の大統領は，穏健で善良な指導者として傷を癒す努力を試みたが，アメリカ国民に力強い前進をもたらすリーダーたりえなかった。結局，アメリカは1970年代の10年を呻吟し，1980年にレーガンを大統領に選ぶことによって覇気を取り戻すのである。

他方，1970年代の日本は，高度経済成長に彩られた60年代の反動を経験せねばならなかった。60年代の日本の経済的成功は，もちろん日本人の高い労働と技術の水準によるものであったが，二つの重要な国際的環境に支えられていた。一つは，日米安全保障条約による安全であり，いま一つは自由貿易体制である。70年代初頭に，この2要件が共に揺らいだ。1971（昭和46）年のニクソン・ショック，米中頭越しの接近は，日本がアメリカにとって不動のアジアのパートナーではない可能性を浮上させた。ニクソン政権の新経済政策と1973年の石油危機は，自由貿易体制が停止されうることを告げた。自明とみなしていた二つの基盤の大地震によって，日本は『ひよわな花』（ブレジンスキー）でしかないことを露呈した。

1960年から1972年までの12年を池田，佐藤2人の首相でまかなったのに対し，1972年から1980年までの8年を田中角栄，三木武夫，福田赳夫，大平正芳の4人の首相が2年ずつで交代する不安定な時代となった。石油危機による経済的転落は，長期政権を誇った自民党をぐらつかせ，70年代半ばから保革伯仲より保革逆転の流れが予期された。ところが70年代後半，日本経済は，むしろ石油危機をバネとし，燃費効率のよい自動車の開発に代表される工業製品の技術革新によってめざましく蘇った。経済の再浮上とともに，政治面でも保守回帰基調となり，1980年の衆参同日選挙で自民党は大勝した。70年代の日本は，相次ぐ危機と試練の中でそれを克服する努力を，経済面でも外交面でも実らせることができた時代であった。『ジャパン アズ ナンバーワン』（E. ヴォーゲル）という言葉が示す80年代の繁栄は，その果実であった。

1970年代の日米関係は，アジアにおけるアメリカの軍事的プレゼンスの縮小を方向づけた「ニクソン・ドクトリン」と，米中和解およびアメリカの新経済政策という二重の「ニクソン・ショック」に揺さぶられながら幕を開けた。ニクソン＝キッシンジャー外交が壮大な大戦略の陰で日本を軽視したこともあって，1970年代の日米関係は，信頼の揺らぎをともなう危機の中でスタート

したと言える。

　しかし，10年後の日米関係は，新冷戦の発生とともに，文字どおり「同盟関係」へと発展することになる。すなわち，1970年代の日米関係は，危機を経験し，危機を乗り越え，危機に学びつつ，より成熟した関係へと展開する重要な局面の歴史であったと言えるだろう。おそらくそのことは，ニクソン＝キッシンジャー外交が米中和解，米ソ・デタント，ヴェトナム戦争からの撤退によってアメリカ外交の立て直しを模索したこと，そしてその結果，1970年代の国際政治構造がきわめて流動化したことと無関係ではなかった。それまでほぼ所与とされてきた，日本および日米関係を取り巻く諸々の条件は大きく変化し，日本は新たな国際環境への対応を，真剣に模索しなければならなかった。その結果が福田ドクトリンに示されるアジアへの新たなアプローチであり，大平首相の環太平洋連帯構想であり，国際交流基金の創設に示される文化外交の開始であった。そしてその中での日米関係の再発見であり，同盟関係としての日米関係の成熟であったのである。

　同時に1970年代は，アメリカの国力の相対的低下という時代趨勢を反映したものであった。そのため，日米関係において両国の経済および国内政治がかつてないほど密接に絡み合い，2国間関係に大きな影響を与える時代でもあった。アメリカの国内事情から生まれた日米繊維紛争，および第四次中東戦争に端を発する石油危機下の日米摩擦は，その意味で新しい日米関係を暗示するものであったと言えるだろう。こうして，国際政治と安全保障の論理からは着実に同盟関係へと進展する日米関係に，経済摩擦という必ずしも合理的には処理できない問題が重要な位置を占めるようになったのも，1970年代の特徴であった。

　にもかかわらず，1970年代の日米関係は，危機と軋轢を抱えつつも，それらを乗り越える大義を日米両国が確認するプロセスを経験したと総括できるだろう。国内政治や相互認識における攪乱要因が消えたわけでは，もちろんない。しかし，日米両国の全般的外交方針が，日米協力関係を前提にしてはじめて成立するものであることがますます自明になった1970年代なのである。

1 アメリカ外交の再編と二つの「ニクソン・ショック」

ニクソン政権の戦略とニクソン・ドクトリン

　1969年にニクソンが大統領に就任した時のアメリカは，世界における圧倒的な力の優位を失いつつあった。国内的にもヴェトナム反戦運動や人種暴動に悩まされ，政府への信頼は地に堕ちていた。ニクソンは，世界におけるアメリカの責任を放棄するのでも手を広げすぎるのでもなく，アメリカの役割を変革することが必要だと考えた。

　ニクソン大統領と国家安全保障問題担当補佐官のキッシンジャーは，それまでの地球上に拡張された封じ込め政策が，アメリカをあらゆる国際的危機の前線に立たせることになり，アメリカ外交を袋小路に陥らせたと考えていた。そこで，アメリカ外交の危機を象徴していたヴェトナム戦争をできるだけ早期にかつ名誉ある形で終結させ，世界におけるアメリカのリーダーシップを再確立することがめざされた。

　こうした新外交の前ぶれこそ，1969年7月のグアムにおける記者会見でのニクソンの発言であった。ニクソンは，「第一に，われわれは条約上の義務は守り……，第二に，軍事的防衛に関しては，アメリカは，アジア諸国自らが責任を担うよう促し，またそう期待する権利がある」と述べたのである（Nixon, 1969, pp.544-556）。ニクソンによる「海外での介入に関する新基準」の突然の発表は，ニクソンが日米関係に引き起こした「ショック」の先駆けであったとも言える。

　ニクソンは，11月になってこの「ニクソン・ドクトリン」の内容を，ヴェトナム戦争に関する国民へのスピーチの中でさらに詳細に説明した。アジアにおけるアメリカの将来の関与に関して，ニクソンは以下の3点を強調した。①アメリカは条約上の義務は守る。②アメリカは，核保有国が，アメリカの同盟国やその生存がアメリカの安全にとって重要であると思われる国の自由を脅かす場合には，盾を提供する。③通常兵器による侵略の場合，アメリカは防衛に必要な人員提供の第一義的責任を，直接脅威を受ける国に求める。

　続いてニクソンは，1970年2月18日に発表した最初の外交教書で，国益の観点から新外交の重要性を強調した。ニクソンは，「われわれの目的は，まず

なによりも，健全な外交政策によって長期的な利益を擁護することである。その政策が自国と他国の利益の現実的評価にもとづいていればいるほど，われわれの世界的役割も効果的になる。われわれは，コミットメントがあるから世界にかかわるのでなく，かかわるからコミットメントが生まれるのだ。われわれの利益がコミットメントを生むのであり，その逆ではない」（Nixon, 1970, p. 119）と述べた。

ニクソン政権は，国際社会の安定のためにアメリカのリーダーシップが重要であることは認識していたが，無限定な介入はアメリカの国益を損なうと考えたのである。そこでニクソン政権は，ソ連とのデタント関係の構築に動くと同時に，米中和解をしかけた。これによって，封じ込め政策の前提にあった2極対立構造に修正を加え，勢力均衡にもとづくリアル・ポリティーク（現実政治）の外交を始めた。その結果ニクソン政権は，中ソ両国との関係改善の力学を利用する形で，1973年1月のパリ和平協定にもとづいてヴェトナム戦争を終結させること，いわゆる「名誉ある撤退」に成功するのである。

米中和解と日本

以上のような外交戦略の根本的転換を試みようとするニクソンにとって，「中国ほどの大国をアメリカの外交選択肢から排除することは，アメリカが片手を縛られたままでいる」（Kissinger, 1994, p. 721）に等しかった。なによりも，中国との和解は，アメリカ，中国，ソ連の戦略的関係においてアメリカが「スイング・ポジション」を確保し，勢力均衡ゲームを有利に進めるうえで最大のカードとなった。

米中和解を進めるうえで，1969年春から夏にかけての中ソ国境における一連の武力衝突が大きなインパクトを持った。それ以降，主にパキスタン・ルートを利用したアメリカと中国の水面下での接触が進み，1971年7月9-11日のキッシンジャーによる極秘訪中が実現した。キッシンジャー訪中の事実，およびニクソン大統領が翌年訪中することで合意が成立したことを，7月15日のテレビ演説でニクソン大統領自らが公表すると，それは「ニクソン・ショック」として文字どおり世界を震撼させた。

米中和解のプロセスにおける中国の発想は，「米中矛盾より中ソ矛盾の方が大きい」という判断にもとづいて，対ソ戦略上の考慮から米中関係を打開しよ

うとするところにあった。そこには，あくまで中ソ両国の間で「スイング・ポジション」を確保しようとするアメリカの戦略との基本的なズレが存在した（それは，後で述べるように，1970年代後半にアメリカが中国の戦略に傾斜することで解消される）。

　しかしながらこの時期，中国の指導者は，アメリカのヴェトナム撤退の国際政治的意味を的確に理解し，北ヴェトナムに働きかけてその環境整備に貢献した。結局のところ中国は，アメリカのアジアにおけるプレゼンスの低下を，ソ連との対立や台湾問題の解決などをかかえる自国にとって有利な戦略環境の変化として歓迎した。ニクソン政権は，その中国の認識を警戒するのではなく，ヴェトナム戦争後のアジアの秩序維持における中国の役割増大を，事実上歓迎する方針を示したのであった。

　他方，戦略的な次元で国際政治を語り合ったキッシンジャーと周恩来国務院総理は，核兵器を含めて自前の軍事力を備える場合の日本に対する不信感を共有し，日米安保体制が日本の攻撃的な拡張主義を防いでいるという認識を示していた。いわゆる「瓶の蓋」論を共有していたのである。キッシンジャーは，1971年7月の極秘訪中に続いて10月に訪中した際に，周恩来に対して「私は常に，日本を強くしながら我々の好む政策を追求できると思っている米国人はナイーブであると思ってきたし，今もそう思う。……私は日本に幻想は抱いていない」とまで語っている（石井ほか，2003，341頁）。

繊維問題と新経済政策

　ニクソン政権の日本への苛立ちの背景には，日本との恒常的な通商問題もあった。当時アメリカは，アメリカ主導の安全保障と自由貿易システムによる最大の受益者は日本である，とみなしていた。そしてニクソン政権誕生時，アメリカ国内では，日本の安保「ただ乗り」と日本市場の閉鎖性に対する批判が高まり始めていた。前章で見たように，1965年以来，日米の貿易収支は逆転しており，アメリカの輸入超過が続いていた。しかも，戦後の経済成長の結果，日本が資本主義諸国で第二位の経済大国になる一方で，アメリカの貿易収支バランスは危機的状態にあった。その間，日本の対米輸出品は高品質で技術的に洗練されたものへと質的な変化をとげていた。その結果，日本は単なるフリーライダー（ただ乗り者）にとどまらず，脅威と認識されるようになっていた。

そうした中ニクソンは，1968年大統領選挙の共和党予備選挙で，ニューヨーク州知事のネルソン・ロックフェラーとカリフォルニア州知事のレーガンを大差で破って勝利した。ニクソンが，繊維製品の輸入割り当てに関する国際的しくみについて交渉すると公約したのは，このキャンペーン中の1968年8月21日であった。それが後に日米繊維紛争に発展したのである。

日米繊維交渉が紛糾する最中の1971年8月15日，ニクソンは，輸入品に一律10％の課徴金を課し，ドルと金の交換を一時停止する措置を含む，一連の新経済政策を発表した（ドル・ショック，第二次ニクソン・ショック）。それは，国際経済システムを大きく揺さぶり，国際通貨システムは，協議による為替相場の調整を試みたスミソニアン体制を経て，変動相場制へと移行することになった。ブレトンウッズ体制と呼ばれた戦後国際経済システムは大きく動揺した。

ニクソンの新経済政策には，日本への批判を露にした部分も認められた。当時のアメリカの対日貿易赤字は30億ドルに達していた。赤字に繊維が占める割合は小さかったものの，ニクソンは繊維交渉での苛立ちも隠さなかった。ダラスにおける退役軍人を前にしたスピーチでは，強力な経済的競争相手がもたらす脅威は，「パール・ハーバーの暗黒時代に直面した挑戦よりもはるかに深刻である」とすら断じた（Schaller, 1997, p. 236）。

こうして1970年代の日米関係は，ニクソン政権が軍事外交から経済に及ぶ総合的な世界戦略の再編を試みる中で，しかもかなりの程度「日本問題」を意識するという構図の下で，幕を開けた。それは，国際秩序の根本的変動への適応と，余裕を失ったアメリカへの対応という，二重の挑戦を日本外交および日米関係にもたらすこととなった。

2　危機の日本外交

繊維紛争

ニクソンにとって，繊維問題は選挙キャンペーンの一環であって，かなり個人的なものであった。アメリカ側の認識では，1969（昭和44）年11月の日米首脳会談でニクソン大統領が1972年までの「核抜き・本土並み」による沖縄施政権の返還を約束したこと（第8章3参照）は，佐藤栄作首相が「ニクソン大統領の意向に沿って繊維問題を解決する」ことを約束したこととリンクする

ものであった (Kissinger, 1979, p. 337)。繊維問題は日本国内で政治的に敏感な問題であり,「糸と縄の取引」への批判が予想されたため, 11月21日に発表された共同声明は繊維問題に言及しなかった。

その後2国間交渉が2年間続いたが, 合意にはいたらなかった。日本の繊維業界と通産省は, とりわけ日本からの輸入がアメリカの繊維産業に損害を与えていることが十分に証明されていないとして, 日本の輸出規制には強く反対した。1970年6月に日米交渉が決裂した後, 10月のサンクレメンテでの日米首脳会談で交渉再開が合意され, 佐藤はニクソンに対する約束を実行したいとする意思を再度表明した。しかし, それでも佐藤は日本国内をまとめ切れず, 通産大臣を大平から宮澤へ, そして田中角栄へと替えることによって打開を求めた。

1971年には繊維交渉は暗礁に乗り上げた。10回に及ぶ政府間交渉が何の成果ももたらさない中, 3月に日本の繊維業界が一方的な輸出自主規制を宣言した。業界の決定を日本政府が支持すると, ニクソン政権は怒りを露にし, ニクソン大統領自らが拒絶声明を発表した。アメリカ政府は, 同年9月, ワシントンで開催された第八回日米貿易経済合同委員会に出席するため訪米中の田中角栄通産大臣に対して, 10月15日までに繊維交渉が妥結しなければニクソン大統領は一方的輸入割り当て措置をとる, という事実上の最後通牒を突き付けた。こうしてアメリカの明示的な恫喝の下, 交渉は1971年10月15日, 期限ぎりぎりに妥結した。日本は3年間の自主規制に同意し, 日本政府は繊維業界への政府補償を約束した。

日米繊維紛争は, 経済的影響は必ずしも大きくはないものの, アメリカの政治色の強い要求を日本が最初は拒絶しやがては譲歩を迫られるというパターンの先駆けとなり, その後に頻発する日米経済摩擦を暗示するできごととなった。さらに, 経済的な要求を政治的論理と圧力によって押し通そうとするアメリカに対する日本の不信感と, 保護主義的体質を脱し切れない日本に対するアメリカの不信感が, 感情面も含めて悪循環を形成するという, 経済摩擦時代の不幸な日米関係の始まりでもあった。

米中和解と日本のアジア外交

1971年7月15日の「ニクソン・ショック」にいたる過程では, 国務長官の

ロジャーズですら蚊帳の外で，ロジャーズはそれを知らされた後に各国大使に通告する役割を果たしただけであった。前駐日大使である政府担当国務次官のアレクシス・ジョンソンは，牛場信彦駐米大使との会談で，元駐米大使朝海浩一郎が目覚めたら米中接近が起きていたことを夢に見たという「朝海の悪夢」が現実のものになったと述べた。実際，日本を置き去りにして米中が結んだことによる日本国内の国際的孤立感には痛切なものがあった（Johnson, 1984, p. 554）。

アメリカの「裏切り」は佐藤首相の政治的立場を弱めることになったが，佐藤は対米批判を口にすることなく，沈黙をもって耐えた。沖縄返還を花道に佐藤が退陣すると，自民党総裁選挙では中国との国交正常化問題が大きな争点となった。結局，総裁選挙に立候補した田中角栄，福田赳夫，大平正芳，三木武夫のうち，田中，大平，三木が日中国交正常化推進を柱とする政策協定を結んだことで趨勢が決まり，1972年7月7日に田中内閣が誕生した。長い官僚出身政治家の君臨に飽きた日本社会は，高等教育を受けず，奔放な行動力のある田中に新鮮さを感じ，「田中ブーム」が起こった。

田中は初閣議後の記者会見で，日中国交正常化を急ぐと発言した。するとその2日後，周恩来は田中内閣の誕生とその政策を歓迎すると声明した。こうして日中国交正常化の気運が急速に高まり，台湾にまつわる問題や賠償問題などいくつかの懸案を抱えたまま9月25日に訪中した田中は，中国側の意外な柔軟さに恵まれてそれらの問題を決着し，29日に日中国交正常化を謳った共同声明に署名した。「ニクソン・ショック」に揺さぶられた日本政府には，「米国が日本よりも先に中国と接触を始めたことに対する憤激」があり，国交正常化までアメリカに先を越されるわけにはいかないという思いもあったという（緒方，1992，70頁）。

日本政府にアメリカに対する対抗心で動いていた要素があったとしても，日本外交の基盤である日米安保関係を損なうことは，もちろん日本政府の本意ではなかった。田中訪中の約1ヵ月前，1972年7月31日と8月1日にホノルルで行われた日米首脳会談では，日中国交正常化が日米安全保障条約における台湾の地位に変更を加えるものではないことが確認された。

アメリカとの安保関係と衝突しない範囲で日本の「主体的」外交を模索する動きは，東南アジアに対しても見られた。ニクソン政権誕生前後からアメリカ

Column⑭ 菊クラブ，ポパイ・クラブの次は……

　私の日米取材は1971（昭和46）年夏のドル・ショック（本章1参照）からである。
　その時は，北九州小倉の朝日新聞西部本社で経済記者をしていたが，突如，東京でドル・ショック取材を手伝えということになり，一夏，東京で外国銀行や米商工会議所などを犬の水搔（みずか）きのようにもがき回った。この夏，娘が生まれた。初対面のころは，秋風が吹いていた。
　米福岡総領事館で領事をしていたトマス・ハバードと知り合ったのもそのころだったと思う。ハバードはその後，国務省日本部長，フィリピン大使，国務次官補代理，韓国大使とキャリアを積んだが，そのつど，日米経済摩擦，普天間（ふてんま）基地返還交渉，北朝鮮核危機などの取材でお世話になった。
　ハバード宅にも何度かお招きを受けた。年に1回，国務省日本部長宅でOBを含め米外交官日本スクールの集いがある。トムはそんな時，'Yoichi is my favorite journalist.'と言い，さまざまな人々に紹介してくれた。パーティが始まってしばらくしてからアレクシス・ジョンソンが登場した。みんなで拍手して出迎えたのを覚えている。
　ジョンソンは，戦前，日本を振り出しに外交官の道を歩んだ。敗戦直後，占領下の日本にやって来た最初の国務省職員だった。リンドン・B. ジョンソン政権時の沖縄返還交渉の時は米駐日大使。佐藤栄作首相と信頼関係を結び，返還に尽力した（第8章3参照）。その後，国務次官。国務省日本スクールのドンのような存在だった。
　私が自宅にうかがったころは，ワシントンのコネティカット・アベニューのコンドミニアムにひっそり暮らしていた。居間には佐藤首相の写真が何枚も飾ってあった。
　「ミキ（沖縄返還交渉の時の三木武夫外相）には苦労させられたな」などと苦笑しながら，それらの写真を一枚一枚説明してくれた。
　1994（平成6）年秋，アメリカ総局長をしている時，CIAは岸信介内閣時代，佐藤栄作蔵相の要請に応えて自民党に資金援助していたという話が『ニューヨーク・タイムズ』紙の特ダネで出た。
　その時もジョンソン宅を訪れたが，話がそこになると，否定はしないものの，後は意味ありげににやりと笑っただけで，いっさい，何も言わない。「墓場まで持っていく話なんだな」と私は観念した。

のヴェトナム戦争に対する政策に変化の兆しが見え始めると，日本の外務省は独自にヴェトナム民主共和国（北ヴェトナム）との関係改善の道を探り始めた。そして，1973年9月に北ヴェトナムとの外交関係を樹立した。
　それはまだヴェトナム統一前のことであり，ニクソン政権を苛立たせたが，田中首相は，その後も新しい東南アジア政策を模索すべく，1974年1月に東南アジア諸国を歴訪した。しかし田中は，バンコクとジャカルタで激しい反日

2 危機の日本外交

　ハバードの家のあの集いは、かのジョセフ・グルーを源とする"菊クラブ"（親日派）の流れである。それは1930年代から1970年代まで40年近く続いた。日本降伏・占領、象徴天皇制、東京裁判、講和・日米安保、沖縄返還の日米関係を米側から支えた。

　私がワシントンで日米関係を報道することになったのは1980年代のレーガン時代だが、次第にリチャード・アーミテージやジェームズ・ケリー、さらにはトーケル・パターソンといった人々との縁ができた。

　彼らはいずれも米海軍出身であり、彼らの原体験はヴェトナム戦争だった。

　彼らは日米同盟の強化の重要性を正面から掲げ、それによってアメリカのアジア戦略、世界戦略の再構築をはかった。FSX（次期支援戦闘機）の共同開発も湾岸戦争の際の自衛隊派遣もミサイル防衛もイラク戦争自衛隊派遣も、つまりは show the flag と boots on the ground を推し進めた。

　"菊クラブ"の後、四半世紀も続いたこの知日派集団を、私は"ポパイ・クラブ"と名づけている。ポパイ・ザ・セーラーマン、気は優しく力持ちの、あのポパイだ。筋肉ムキムキのアーミテージがそれを体現化している。日米同盟が彼らのホウレンソウである。オリーブに対する一途の忠誠心のようなものを、彼らは同盟相手に求める。

　その源はアーレイ・バークに遡るのではないか。バークは、ソロモン海戦やブーゲンビル島海戦で駆逐艦司令官として活躍した。戦後、米海軍作戦部長を3期も務め、"自由主義海軍の父"と呼ばれた。朝鮮戦争の時、元山上陸作戦の機雷掃海に海上保安庁掃海隊の派遣を裏で吉田茂内閣と謀り、実現させた。

　"ポパイ・クラブ"もG.W.ブッシュ政権第一期を最後に一斉に退場した。"菊クラブ""ポパイ・クラブ"の次の30年、今度はどんなクラブが登場するだろうか。

　対中脅威論駆動の"ドラゴン・キラー・クラブ"か。

　日米印協商による"エレファントマン・クラブ"か。

　いや逆に、日米中協調による"パンダ・クラブ"か。

　それとも、アニメ世代による"マンガ・クラブ"か。

　あるいは、JET（外国青年招致事業）経験者から成る"JETクラブ"なのか……。

【船橋洋一】

　デモに遭遇し、アメリカのヴェトナム撤退後の東南アジアで日本がすんなり歓迎される環境は存在しないことが衝撃的に示された。そこで外交当局は、日本の東南アジア外交の本格的な再検討に取り組んだ。それが、後で述べる「福田ドクトリン」（本章4参照）の策定につながるのである。

石油危機と日米関係

　食料と石油は，日本にとって死活的に重要な輸入品目であった。ニクソン大統領は，1973年7月に穀物輸出を禁止し，それによってアメリカからの日本の大豆輸入は2年間止まることになった。その最中の1973年10月，エジプトのイスラエル攻撃で第四次中東戦争（ヨム・キープル戦争）が勃発すると，石油輸出国機構（OPEC）は，原油価格の引き上げを，またアラブ石油輸出国機構（OAPEC）のアラブ諸国は，原油生産の削減とイスラエル支援国への禁輸を決定した。

　その結果，世界は石油危機に見舞われ，ニクソン政権の新経済政策への懸命な対応を余儀なくされていた日本経済は，さらに大きな打撃を受けることになった。エネルギー資源をすべて海外に頼る日本にとって，石油の確保は，まさに背に腹はかえられない生存のための国家的課題となった。そしてそれは，イスラエル支持を柱とするアメリカとの間に深刻な摩擦を引き起こした。

　1973年11月に来日したキッシンジャーは，石油確保への支援を求める田中首相や大平正芳外相に対して，格別の方針を示すことはなかった。11月下旬，日本政府はアラブ支持の官房長官談話を発表し，12月には三木武夫副総理を中東諸国に派遣して，アラブ側が日本を友好国と認定するように働きかけた。その甲斐あって，12月25日に発表された「アラブ石油輸出国機構石油大臣会議声明」は，日本を友好諸国に含め，「いかなる全般的削減措置の下にもおかないよう日本を特別に待遇すること」を明らかにした。

　こうした中，キッシンジャーは日本に対し，2月に開催予定の石油消費国会議で先進諸国の結束を見せてアラブ諸国に対抗しようとするアメリカの方針を示して，日本のアラブ寄りの石油外交を牽制した。日本政府は「石油問題の根本的な解決のためには石油生産諸国と石油消費諸国との間の調和ある関係が作られることが必要」（1974年1月11日，二階堂進官房長官談話）という立場を表明し，アメリカに抵抗した。

　このように，日本は石油危機に際してアメリカに対抗する独自の外交を展開したが，それは日本の生存にとって石油が死活的に重要であったからにほかならない。経済安全保障は，日米安保関係に優るとも劣らない日本の国益の要であった。

　石油危機をめぐる日米関係の展開は，相互信頼の欠如が日米当局者の間に心

理的な壁を築いてしまうことをあからさまに示した。しかも，ニクソン政権期の日米危機は，政治家や政策決定者の問題だけではなかった。国民のレベル，特に日本国民の対米世論に著しく影響を与えた。当時の世論調査を見れば，アメリカに対して親近感を持っていると答えた日本人は，1973年と1974年の2年間，連続してわずか18%にすぎなかった。これは戦後最低であった。

結局のところ，日米関係の危機は，日米双方の外交戦略にとって日米関係が決定的に重要であるという真理を揺さぶったというよりは，その管理が政治的にいかにデリケートな営みであるかということを示したと言えるだろう。ハイ・ポリティクス（高次の政治）に酔うニクソン政権の対日政策は，明らかにそうした繊細さに欠けていたし，高度成長の時代に温室で育った日本にも，高度に戦略的にふるまうアメリカに対応できる準備はまだなかった。

3 日米関係の修復——危機から協力へ

フォード政権の外交戦略と日本

1974年8月，ニクソン大統領はウォーターゲート（民主党本部盗聴）事件によって失脚した。ニクソン政権が始めた一連の新戦略は，副大統領から大統領に昇任したフォードに受け継がれた。フォードは，大統領に就任して1カ月後に，「アメリカの悲劇に幕を下ろすために」ニクソン前大統領に対して恩赦を与えた。フォード政権には，アメリカの自信を取り戻し，分裂した国家を統合するという困難な挑戦が待ち受けていた。それは，国内政治だけではなく，外交政策においても同様であった。ウォーターゲート事件への対応に忙殺されたニクソン政権末期には，外交は手薄になった。

すでにヴェトナム戦争は過去のものであったが，南ヴェトナム政府に対する財政支援は続いていた。しかし，1974年12月にアメリカ議会はサイゴン政権に対する財政支援を停止し，その後半年も経たない1975年4月末，南ヴェトナム政府は北ヴェトナムによる攻勢によって崩壊した。フォード政権は，サイゴンの陥落が引き起こした膨大な難民問題への対応に迫られた。

1975年5月12日，4月にカンボジアで政権を取ったばかりのクメール・ルージュが，公海上でアメリカの貨物船マヤゲス号を拿捕するという事件が起きた。フォード大統領は，救出のための実力行使を決断した。それは，41人の

死者と50人の負傷者を出し，すでにその時，船員は別の場所で解放されていたという情報戦の失敗も露呈したが，武力行使を決断したフォードの支持率は上昇した。フォードは回顧録で，「イニシアティヴを回復した」と振り返っている。

フォード政権の人事で重要なのは，ラムズフェルドが，NATOの大使から呼び戻され，大統領の首席補佐官に就任したことであった。その後ラムズフェルドは，1975年に国防長官に就任した。その時，後任として大統領首席補佐官に就任したのが，ラムズフェルドの腹心チェイニーであった。後にネオ・コンサーバティブ（ネオコン）として知られることになる二人（第11章4参照）は，ヨーロッパの伝統的国際政治観を反映したキッシンジャー流のデタント外交にはきわめて批判的で，国務長官に就任したキッシンジャーとはライバルの関係にあった（Mann, 2004）。

こうして，基本的にはニクソン政権の外交政策を継承しようとするフォード大統領の意向とは裏腹に，政権内部でキッシンジャー流のデタント政策は大きな挑戦を受けるようになった。とりわけ，1975年の独立を契機に始まったアンゴラの内戦で，ソ連とキューバによる大規模な軍事支援を受けたアンゴラ解放人民運動が翌1976年に勝利すると，デタント批判はいっそう強まった。

フォード政権の重要な外交課題の一つは，ニクソン政権時代に傷ついた日米関係の修復であり，それがフォード政権内部でデタント批判が高まる中で進んだことは重要であろう。ソ連の拡張主義への警戒心が復活する中で，日米関係の意義が再確認されていったからである。それは，ニクソン政権が大国間の伝統的な勢力均衡外交を構想した時に日本の存在を過小評価したこととも，きわめて対照的であった。

そのように振り返れば，1975年12月にフォード大統領が中国，インドネシア，フィリピンを訪問した帰りにハワイで発表した「新太平洋ドクトリン」に，その種の対日方針が示されていたことが読み取れる。フォードは，太平洋地域での均衡の維持に最も重要なのはアメリカの強さであることを強調した後，ドクトリンの第二の柱として，日本との関係の重要性を指摘したのである。

そうしたフォード政権の対日政策の転換を現場で推進したのが，1974年7月から1977年2月まで駐日大使を務めたホジソンであった。ホジソンは，「郷に入れば郷に従え」の格言どおり，日本における形式とペースを尊重すれば日

本人は実質的に満足のいく結果をもたらしてくれたと，日本との関係構築に臨む際の基本的姿勢の重要性を回想している（Hodgson, 1990, p. 78）。

フォード大統領訪日と天皇訪米

赴任直後の最大の課題として，日米関係における信頼回復に取り組んだホジソン駐日大使は，知己のフォードに対して，大統領就任以前から訪日を働きかけた。フォード自身も大統領就任以前に，秋の中間選挙が終わってから11月に訪日する決意を固め，ホジソンに対して「最初の外遊は日本になるだろう。日本には，これまで以上に注意を払わなければならない」と述べている（Hodgson, 1990, pp. 74-75）。

こうして1974年11月18日から22日にかけて，現職アメリカ大統領による歴史上初めての訪日が実現した。それは，フォード自らが回顧するように，実質的というよりは儀礼的な訪日であった（Ford, 1980, p. 204）。しかし，当時の日米関係が必要としていたのは，まさにそうしたシンボリックな関係改善であった。フォードが，大統領就任後初めての本格的外遊先として日本を選んだことは，日本政府にも大きく歓迎され，日本国民の対米イメージの改善にも大きく寄与した。

フォード大統領の訪日から1975年秋の天皇訪米までの間，日本の政界は金脈問題による田中首相辞任と三木武夫内閣の誕生（1974年12月9日）によって大きく揺れた。

歴史上初めてとなる天皇の訪米は，10日以上に及んだ。両陛下はまず1975年9月30日にウィリアムズバーグに到着し，10月2日にワシントン入りした。天皇は，同日夜のホワイトハウスでの公式晩餐会でのスピーチで，「私が深く悲しみとするあの不幸な戦争」に言及した。両陛下は，その他ニューヨーク，シカゴ，ロサンゼルス，ホノルルなどを含め全部で8都市を訪れ，10月14日に帰国した。

天皇訪米の全行程に同行したホジソン駐日大使は，どういう反応を示すか全く予想できなかったアメリカ国民が，尊厳をもって両陛下を歓迎したことに安堵するとともに大いに喜び，「過去のいかなるできごとよりも日米両国の長期的関係を強固にするご訪問だった」と振り返っている（Hodgson, 1988）。やや誇張があるとしても，天皇訪米が，危機で傷ついた日米関係を立て直すのにい

かに重要な役割を果たしたかを，十分に伝える回顧であると言えるだろう。

「防衛計画の大綱」とガイドライン

　1970年代の初め，「ニクソン・ドクトリン」に直面して，日本政府内では一時期自主防衛の流れが加速した。とりわけ，「アメリカは引き潮」であるという認識にもとづいて，日米が実質的にも対等の立場に立つ必要を唱え自主防衛を推進しようとした，中曾根康弘防衛庁長官の意欲が目立った。中曾根は，一方では「非核中級国家論」を唱えつつ，日本の主体性に立脚した日米安保関係の発展を見据え，その前提として日本の自主防衛の確立をめざした。しかし，内外の政治環境は中曾根の戦略論を許容するまでにはいたらなかった。長年にわたり中ソ同盟が戦後日本の潜在的軍事脅威であったが，ニクソン・ショックから日中国交回復のプロセスは，中国が敵対国でなくなるという結果をもたらした。加えて，ソ連との間でもデタントが進んだことは，日本が軍備増強に走るべき国際環境ではないことを意味していた。国内政治では，55年体制下の革新政治勢力と平和主義勢力が「自主防衛」を国家主義的な路線として警戒した。そして，やがて石油危機という経済安全保障問題の突発への対応に忙殺され，不況と財政難の中で，軍備への関心は後退した。

　ところが，1974年になってアメリカの政権がニクソンからフォードへ，そして日本の政権も田中内閣から三木内閣へと交代すると，日本の防衛政策と日米安保関係再構築の試みが本格化した。具体的には，デタント環境への日本独自の対応の模索が生み出した「防衛計画の大綱」（1976年）と，2年後にまとめられた「日米防衛協力のための指針（ガイドライン）」をセットとして，日米安保関係の一定の制度化が進んだのである。

　1974年12月に発足した三木武夫内閣の防衛庁長官に就任した坂田道太は，ニクソン・ショックに揺さぶられた国民の防衛意識に道筋を与えるべく，翌1975年4月に「防衛を考える会」を設置して提言を求めた。9月にまとめられた報告書は，自衛隊の機能を奇襲攻撃や限定的攻撃に対する「防止力（拒否能力）」として定義し，いかなる攻撃をも阻止できる大規模なものである必要はないと論じた。それは，報告書がまとまった当時，防衛事務次官であった久保卓也が，それまで防衛庁内で検討を進めていた構想とも合致するものであり，1976年10月末に閣議決定された「防衛計画の大綱」に受け継がれた。

大綱は，日本の防衛力は「限定的かつ小規模な侵略までの事態に有効に対処し得るものを目標とすることが最も適当」と定め，それは「基盤的防衛力」と呼ばれた。日本の独自の防衛力で排除が困難な大規模な侵略に対しては，「米国からの協力をまってこれを排除する」とされた。すなわち，それまで1957年に策定された「国防の基本方針」が「外部からの侵略に対しては，……米国との安全保障体制を基調としてこれに対処する」としていたものを，戦後初めて日本の防衛努力と日米安保体制との役割分担を明確にする論理が打ち出されたのである。

それは，1970年代初めに，ニクソン・ドクトリンと対米不信に揺さぶられる中で一時的に所要防衛力構想や自主防衛論の浮上を見た日本の政治が，日米関係を大枠とする安全保障政策の枠内に引き戻されたことを意味していた。1970年代の日米関係が危機から協力へと進展した，もう一つの重要な側面であったと言えるだろう。したがって，「防衛計画の大綱」の策定と並行して，ガイドラインの策定につながる機運が生まれたことは自然であり，日米安全保障関係のいっそうの制度化をもたらすものであった。

このように，安全保障について日米枠組みを強化する中で，日本自身は限定的な軍備にとどめるという方針を確認した三木内閣は，二つのきわめて抑制的な軍事指針を後代に残した。防衛費を対GNP比1％以内にとどめるという指針と，武器輸出を全面的に禁止するという方針である。1970年代の危機の中で，日本は軍事化に向かうのではなく，さらに軍事抑制を強化する方向に動いたのである。

「防衛を考える会」の検討が峠を越えたころの1975年8月，三木首相とフォード大統領の首脳会談（ワシントン），および坂田防衛庁長官とシュレジンジャー国防長官との会談（東京）で，日米安全保障協議委員会の下に小委員会を設置して日米防衛協力についての検討を開始することが合意された。それを受けて1976年8月に防衛協力小委員会の第一回会合が開かれ，日米間の検討は，同年12月に発足した福田赳夫内閣と翌1977年1月に誕生したカーター政権へと引き継がれた。

こうして1978年11月に日米安全保障協議委員会で正式決定されたガイドラインは，「侵略を未然に防止するための態勢」「日本に対する武力攻撃に際しての対処行動等」「日本以外の極東における事態で日本の安全に重要な影響を与

える場合の日米間の協力」を三つの柱とする日米協力の概略を定めた。ただし，三番目の極東有事に関する日米協力は，主に日本の法的，政治的制約から「日米両政府は，情勢の変化に応じ随時協議する」とされ，その本格的な協議が進展したのは冷戦終結後の1990年代に入ってからであった（第11章3参照）。

4　カーター政権と日米関係

カーター政権の世界戦略と日本

　1976年の米大統領選挙の時期になっても，1974年9月のフォード大統領によるニクソンの恩赦に対して，何らかの秘密取引があったのではないかという疑いは消えていなかった。そうした混迷の時期に，アメリカ政治ではどちらかといえばアウトサイダーであり，清廉なイメージのカーターが大統領選挙に勝利した。

　カーターは，ジョージア州知事として外遊の経験はあったが，外交問題にはほとんど経験がなかった。カーターが世界情勢への視野を広げる契機となったのは，1974年に日米欧3極委員会に参加したことであった。国家安全保障問題担当補佐官に就任したブレジンスキーをはじめ，カーター政権の要職を占めた人々との人脈が3極委員会で築かれたことは重要である。

　1975年末には，ブレジンスキーがカーターの外交アドバイザーとなっていた。1977年1月に政権に就いたカーター大統領がマンスフィールドを駐日大使に指名したことは，議会対策としての意味もあったが，日本を大切な同盟国として見るという強いメッセージを込めた対日政策としても重要であった。

　ブレジンスキーが主導しようとするカーター外交に対して，国務長官のヴァンスは批判的であり，両者は折々に対立した。

　たとえば，ヴァンスが一種のハト派路線からソ連とのデタントを継続しようとしたのに対し，ブレジンスキーは，アンゴラにおけるソ連とキューバの行動や，エチオピアや南イエメンに対するソ連の積極支援などに対して懸念を深め，ソ連との対決を基調に据えた世界戦略の再構築を唱えた。カーター政権が力を入れた人権外交は，カーター個人の信条に共鳴すると同時に，ブレジンスキーから見れば対ソ戦略としての意味合いも持っていた。

　カーター政権が進めた中国との国交正常化交渉も，対ソ政策から切り離そ

とするヴァンス路線と，対ソ戦略の一環として中国との戦略的提携をはかろうとするブレジンスキー路線の対立をはらみながら進んだ。結局その対立は，1978年5月のブレジンスキー訪中を重要な転機として，ブレジンスキー路線の勝利で決着した。ブレジンスキー自らが起草したカーター大統領のブレジンスキーに対する指示は，「いかなる大国による世界的・地域的覇権にもともに反対すること」が，米中間に共通の長期的な戦略的関心であることを謳っていた。対ソ対決が戦略の基調であった中国がブレジンスキー路線を歓迎したことは言うまでもなく，米中国交正常化は1978年12月半ばに合意され，翌1979年1月1日をもって成立した。

米中国交正常化と並行して，日中間では日中平和友好条約の交渉が進んでいた。交渉の焦点は，いわゆる覇権条項であった。ソ連に対する反覇権外交を進めていた中国が，日中平和友好条約を米中国交正常化と連動させようとしたのに対して，中ソ対立に関与することを避けようとする日本は，日中平和友好条約から反ソ性を薄めることに腐心した。結局，1978年8月12日に調印された条約の第2条において「両締約国は，そのいずれも，アジア・太平洋地域においても又は他のいずれの地域においても覇権を求めるべきではなく，また，このような覇権を確立しようとする他のいかなる国又は国の集団による試みにも反対することを表明する」と述べ，第4条で「この条約は，第三国との関係に関する各締約国の立場に影響を及ぼすものではない」とすることで，日中間の妥協がはかられた。福田内閣が日中平和友好条約に踏み切るうえで，中国において鄧小平（とうしょうへい）による主導権が確立し，文化大革命の収拾が確かとなった点が重要であった。それは中国が堅実な経済建設路線をとることを意味し，日本とアジアにとって好ましい環境と見られた。また，逆説的であるが，自民党内で福田がタカ派・親台派に近く，それらへの説得力を持ちえたことも無視し難い点であった。

長期的な冷戦終結に向かうプロセスの中で，この時期のソ連の対外政策は注目されよう。1970年代前半におけるアメリカ・日本の対中接近という戦略的流れの中で劣勢に立ったソ連は，1976年のアンゴラ介入に始まる粗暴な対外行動へと傾斜した。そのことが「ソ連脅威論」を呼び，日本をも間接的に巻き込みながら進んだ米中の戦略的提携に追い詰められたソ連は，1978年11月にヴェトナムとの間で友好協力条約を締結し，中国および中国が後ろ盾となって

いたカンボジアのポル・ポト政権と対立を深めるヴェトナムを支援した。そして，1979年12月にはアフガニスタンへの軍事侵攻に踏み切った。カーター政権は，翌1980年夏に予定されていたモスクワ・オリンピックのボイコットを決め，日本，西ドイツ，韓国，中国を含めた50カ国近くがアメリカに同調した。ソ連は，1978年12月にカンボジアへの軍事侵攻に踏み切ったヴェトナムとともに，国際的制裁と非難の対象となり，米ソ関係は「新冷戦」と呼ばれる対立状態に逆戻りした。こうした一連の国際的愚行によって，1980年代前半のソ連は深い挫折感にとらわれ，めまぐるしく指導者が交代した。1985年にようやく斬新な改革をリードできそうなゴルバチョフが登場したが，遅きに失したと言えよう。

カーター政権の核不拡散政策と日本

　カーター政権が対日政策を強化しようとしたことは，ベテラン上院議員マンスフィールドを駐日大使として任命したことに示された。元院内総務のマンスフィールドは，1964年の公民権法（Civil Rights Act）の提出やヴェトナム戦争への反対などで有名であり，1976年末に，34年間の下院・上院の長年のキャリアを終えたばかりであった。マンスフィールドは長い間，日本に対する強い関心を抱いていた。1967年9月に日米間の初めての本格的な民間対話の場である下田会議に参加した際には，日本側が取り上げないかぎりアメリカ側からは提起しないという国務省の要請に反して，小笠原諸島および沖縄の返還を訴えた。また，1971年に，上院での沖縄返還合意に関する審議予定の時期にたまたま多くの議員がワシントンを留守にする予定であることがわかると，わざわざ審議を延期する措置をとった。それは，「沖縄返還や日米関係全体が圧倒的に支持されていること」を日本に示すためであった。さらに，1976年，上院議員として最後の日本訪問で三木首相と会談し，帰国後の上院外交委員会では相互利益にもとづく対等な日米関係の重要性を訴えた（Oberdorfer, 2003, pp. 460-461）。

　マンスフィールドの冷静な声は，カーター政権と日本との間の最初の危機である茨城県東海村での核燃料の再処理施設稼動問題の際に重要な役割を果たした。日本政府は，長年の議論を経て，1976年6月にNPTを批准したばかりであった。翌1977年1月に発足したカーター政権は，核不拡散を主要な外交政

策として掲げ，アメリカでの原発の使用済み核燃料再処理の無期限延期を決定し，稼動間際の東海村の再処理施設にも同様の措置を求めてきた。カーター政権は，日本をモデルケースにして，プルトニウム利用を規制する国際的なレジームの形成を狙っていたのである。

1973年の石油危機を経てエネルギー戦略の確立に全力をあげる日本は，NPTの遵守や国際原子力機関（IAEA）の査察受け入れなどによる透明性確保を盾に，アメリカの要求に頑強に抵抗した。エネルギー問題は，日本にとってまさに死活問題であった。アメリカ政府内部では，ブレジンスキーをはじめとして，日本がアメリカの要求に屈することで日本の反米感情を刺激することを懸念する声も高まった。

そうした中，アメリカの譲歩を引き出すうえで重要な役割を果たしたのがマンスフィールド駐日大使であった。着任1カ月後の1977年7月12日にカーター大統領に書簡を送り，妥協をはからなければ日米関係に深刻な悪影響が及ぶことを警告したのである（Oberdorfer, 2003, p. 461）。カーター大統領はヴァンス国務長官に対して，大統領自らが妥協の決定を急ぐつもりであることをマンスフィールドに伝えるよう指示した。当時，国家安全保障会議北東アジア担当のアマコストは，大統領が「百八十度態度を変えた」と回想している（Oberdorfer, 2003, p. 465）。

1977年9月，アメリカ政府は東海村の再処理施設の稼動に同意し，同年12月，日本とIAEAとの保障措置協定も発効した。その一方でカーター政権は，国際核燃料サイクル評価（INFCE）会議設立でイニシアティブを発揮し，同年10月にワシントンで第一回の総会が開催された。そして，1980年2月に開催されたINFCEの最終総会は，原子力の平和利用と核不拡散が両立するものであるという合意に達したのである。

日本の核武装論は，今日にいたるまで折にふれ戦後一貫して蒸し返されてきたが，日本にとっての原子力発電の死活的重要性と核不拡散への揺るぎないコミットメントは，こうして日米関係の重要性を再確認する過程において制度化されたのであった。

福田・大平政権と日米関係
1970年代後半の日米関係は，潜在的な危機要因を抱えつつも，総じて両国

Column⑮ 大来・大平と環太平洋連帯構想

1978（昭和53）年11月，大平正芳は，自由民主党総裁選の出馬に先立って新政権の基調となる「政策要綱」を発表した。その中で，「太平洋地域諸国の連帯」の強化と，そのための「パン・パシフィック主要国会議」を翌年の東京サミットの前に開催する意向が表明された。さらに，大平は首相就任後の1979年3月，大来佐武郎を議長として，若手の民間研究者を中心メンバーとする「環太平洋連帯研究グループ」を発足させ，環太平洋協力の内容についての検討をさせた。1979年11月にこのグループは中間報告書を発表し，「環太平洋連帯構想」の概要を示したのである。

この構想は，経済の発展段階や人種・文化・宗教などにおいてもきわめて多様な「太平洋地域」諸国による，緩やかな共同体作りを提唱したものであった。この構想の特徴は，経済的相互依存のさらなる深化のための協力に力点を置く「経済アプローチ」よりも，むしろ，文化や教育などの分野での協力を通じ，相互認識や相互理解を深化させることで価値の共有に立脚した共同体を実現させるという，「文化的アプローチ」をとっていたことである。

この構想は，それまでの政治家としての経歴の中で培われてきた，大平個人の太平洋協力への関心なくしては生まれなかったであろう。また，大来は戦前の技術官僚出身であり，大平とは古くからの個人的な親交があった。そして戦後は，アジアにおける初の地域協力組織であるアジア極東経済委員会（Economic Commission for Asia and Far East; ECAFE）や，太平洋貿易開発会議（Pacific Trade and Development Conference; PAFTAD）にも深くかかわってきた。さらに大来は，かねてから太平

にとってのその重要性を確認するプロセスを定着させたものとして振り返ることができそうである。上に述べた核燃料再処理施設の稼動問題に加えて，カーター大統領が選挙中に公約として掲げた在韓米軍撤退も，同様のケースであったと言えるだろう。福田赳夫政権が米軍撤退に対して強い懸念を表明したことは，カーター政権の政策見直しに少なからぬ影響を持った。結局カーターは，内外の反対論に抗し切れず，1979年7月に在韓米軍撤退の凍結を決定した。

同時に福田首相は，1974年の田中首相による東南アジア訪問（本章2参照）以降進んでいた東南アジア政策見直しの集大成ともいうべき方針を表明した。1977年8月にマニラで表明した「福田ドクトリン」である。福田は，日本は軍事大国にならない，広範な分野で心と心の触れ合う相互信頼関係を築くという2点に続いて，ASEAN諸国への積極的協力と，インドシナ諸国との関係醸成をはかり，「もって東南アジア全域の平和と繁栄の構築に寄与する」と表明したのである。これ以降，ASEAN諸国とインドシナ諸国間の相互依存関係の

洋協力の主唱者であったオーストラリア国立大学のジョン・クロフォードとともに，「太平洋貿易援助開発機構（Organization for Pacific Trade, Aid and Development; OPTAD）」を提唱した。長期間にわたってアジアや太平洋における地域協力推進をめざす民間の動きにかかわり続けてきた大来の存在は，環太平洋連帯構想の提唱やその後の経緯に大きく影響したのである。

大平首相は，1980 年 1 月にオーストラリアを訪問した際のフレーザー首相との会談で，環太平洋連帯構想を提案した。両者の合意を受けて，すでに外務大臣に就任していた大来がクロフォードなどと協議した結果，オーストラリア国立大学主催で太平洋協力について協議するセミナーが開催されることが決定された。そして，1980 年 9 月に第一回太平洋共同体セミナー（キャンベラ・セミナー）が開催されたのである。

不幸なことに，大平自身は 1980 年 5 月に提出された環太平洋連帯研究グループの最終報告書に目を通すことも，このセミナーの実現を見ることもなく，同年 6 月に世を去った。しかし，環太平洋連帯構想の提唱がもととなり，大来らの尽力によって開催にいたったこのセミナーは，1982 年 6 月の太平洋経済協力会議（Pacific Economic Cooperation Conference〈後 Council〉; PECC）設立の契機となった。PECC は，1989（平成元）年 11 月に政府間組織であるアジア太平洋経済協力（Asia-Pacific Economic Cooperation; APEC）が発足するまで，太平洋協力について協議する中心的な場としての機能を果たしたのである。　　　　　　　　　【大庭三枝】

醸成をはかり，東南アジア全域の安定と繁栄に貢献することが，日本の東南アジア外交の基本方針となった。それは，アメリカのインドシナからの撤退という趨勢を利用した日本外交の積極化という側面を抱えつつも，必ずしもアメリカの利益と衝突するわけではない新しい日本外交の姿を示していた。

大平正芳政権が進めた総合安全保障と環太平洋連帯構想も，日米関係を基盤とすることで日本外交の地平を広げようとする新たなイニシアティブとしての特徴を示していた。1978 年 12 月に福田の後を継いで政権を担った大平は，自民党総裁選に臨む基本政策の一つとして総合安全保障戦略を掲げた。猪木正道（いのきまさみち）を議長とする「総合安全保障研究グループ」は 1980 年 7 月に報告書をまとめ，日本の自助努力と日米安全保障体制，および友好的な国際環境を増進する努力を組み合わせて，伝統的な軍事安全保障を中核としつつ，石油危機によって重要性を体験したエネルギーを含む経済安全保障，さらには地震などの大災害を含む国内安全保障を包含する，総合安全保障を達成することを説いた。

同時に大平は，首相に就任早々，環太平洋連帯構想の推進にも努めた。大平は，1979年11月に「環太平洋連帯研究グループ」の議長であった大来佐武郎を外務大臣に任命し，構想の推進に強い意志を示した。大平は1980年1月にオーストラリアとニュージーランドを訪問し，オーストラリアのフレーザー首相との間で環太平洋連帯構想に関する検討を深めることで合意した。6月に大平は急死するが，後の太平洋経済協力会議（PECC）の母体となる太平洋共同体セミナーが9月にキャンベラで開催され，大平の蒔いた種はそのほぼ10年後の1989年11月，同じくキャンベラで開催された第一回アジア太平洋経済協力（APEC）閣僚会議となって花開いた。APECは，アメリカの経済面における一国主義に対する懸念を重要な動機としつつも，日本の強い働きかけでアメリカをメンバーとして含めることになったものであった。

　1978年から1979年にかけてのイラン革命に端を発する第二次石油危機の際には，再び危機の中での日米協調が試された。1978年末，パーレビ国王に対する民衆暴動が広がる中，イランの原油生産が停止すると，OPECは原油価格の引き上げに踏み切った。翌1979年2月にイラン革命が成立すると，各国が危機意識を深めて石油買いに走る中で石油価格が急騰した。初の日本開催となる東京サミット（主要先進国首脳会議。現在の主要国首脳会議）は，そうした最中の1979年6月に大平首相を議長として開かれた。各国に石油の輸入枠を設けることで先進国間の協調による輸入抑制をはかり，代替エネルギーの開発を進めることで合意が成立したものの，輸入枠をめぐる駆け引きで議長国の日本は苦しい決断を迫られた。

　イラン革命を引き起こした民衆のエネルギーは，パーレビ政権を支えてきたアメリカに矛先を向け，1979年11月にテヘランのアメリカ大使館が占拠されるという人質事件が起きた。このシーア派の宗教原理主義に鼓舞された大胆な行動が契機となって，各地のイスラーム過激派の運動に刺激を与え，21世紀にいたるまでうねりを高めることになった。ともあれ，アメリカは禁輸措置に踏み切ったが，10月に革命政権の求めに応じて石油化学プロジェクトの再開を決めたばかりの日本はすぐに同調することはなく，カーター政権のヴァンス国務長官が日本を「無神経」であると非難する事態に発展した。対応に苦慮した大平政権は，結局，翌1980年6月にヨーロッパと協調する形で対イラン禁輸措置に踏み切り，対米協調路線を演出した。

4　カーター政権と日米関係

　同時期，大平政権は，1979年12月にアフガニスタンに軍事侵攻したソ連への制裁でも対米協調を貫き，1980年4月に，カーター政権が主導する夏のモスクワ・オリンピックのボイコットに同調することを決めた。前年5月に訪米した大平は，ホワイトハウスにおける歓迎式の際の答辞の中でアメリカを「同盟国」と呼んでいた。対米協力を軸とする「西側の一員」としての外交に帰着した大平首相であった。

　こうして，深刻な相互不信からスタートした1970年代の日米関係は，10年後に日本の首相が日米両国を「同盟国」と表現する関係へと発展したのであった。

　　　　　　　　　◇　　　　◇　　　　◇

　危機に満ちた1970年代の世界を振り返れば，それへの対処を通じて各国がその後の10年，20年，もしくは100年にわたるかもしれない「文明の自己決定」にかかわったことが読み取れよう。たとえば，アメリカに中ソ対立を突かれて，70年代初頭に米中連携を許したソ連は，70年代後半もさらなる愚行を繰り返し，ソ連共産体制の崩壊と冷戦の敗北を準備することになった。他方，中国は，十数年にわたる文化大革命を収拾した鄧小平が70年代末に「改革開放」を掲げて経済建設に乗り出した。そのことは，中国が世界の市場経済の体制内で大をなす軌道に入ったことを意味した。21世紀の超大国・中国のドアが，その時に開かれたのである。

　逆に，1979年にホメイニ革命を爆発させたイランは，中東イスラーム諸国内の宗教原理主義的な反体制運動に火をつけた。9.11テロ事件（2001年）を経て，それは21世紀のイスラーム世界と世界全体の問題であり続けよう。

　では，アメリカと日本ではどうであったろうか。1970年代のアメリカ社会全般を言えば，トランポリンで深く沈み，80年代の再浮上を用意するような，どん底の時代であったと言えよう。けれども，エリートの営みである外交について言えば，70年代も捨てたものではない。初頭のニクソン＝キッシンジャーの大業によって冷戦のライバルから中国を引き寄せ，対ソ政策を有利に進める戦略的形勢を築いた。それを継いだフォードの外交は，穏健なリアリズムに立つ着実なものであった。それに対し，カーター外交にはアイデンティティの危機を感じさせるものがあった。ウィルソン的理念をかざす人権外交や在韓米軍撤退などの平和外交は，素人っぽいアメリカ外交の一類型であろうが，幸か

不幸か，カリスマ的指導力を持たなかったため，無理な対外政策は早いうちに挫折した。

　日本はと言えば，佐藤長期政権がニクソン・ショックの連打を受けてレームダック（死に体）化した後，1970年代の外交は活性化したと言えよう。佐藤政権は国際交流基金を創設して，文化交流という分野へ外交を乗り入れた。田中首相は一気に日中関係を回復しただけでなく，石油危機に際してはキッシンジャーの制止を振り切ってアラブ外交を展開し，さらに，実りはしなかったが資源外交を世界に繰り広げた。三木首相は日米協調枠を確保しつつ，経済国家・非軍事国家としての戦後日本を再確定した。福田・大平両首相は，地域政策という新しい外交カテゴリーを打ち出した。福田ドクトリンは東南アジア地域全体の開発と安定を支援する方針の表明であり，翌年の日中平和友好条約によって，日本－NIEs－ASEANの経済発展連鎖に巨人中国が続くことになった。「東アジアの奇跡」と呼ばれる群団の浮上は，かなりの程度，日本の意図的な外交の産物であり，20世紀の終わりの四半世紀に貿易，直接投資，政府開発援助（ODA）を活用して実現にいたったものであった。アメリカがヴェトナム戦争の敗退にともなってアジアから軍事的に撤収した後を，日本は経済主義的アプローチで埋めることに成功したと言えよう。大平首相の環太平洋連帯構想は長期的な洞察に満ちたものであり，西と東，南と北に引き裂かれやすい日本を，アジア・太平洋の中点に据える意味を持つものであった。大平首相の九つのブレーン研究会は，政治外交に知性のきらめきを付加する試みであり，とりわけ広範にして大規模なものであった。

　1970年代を通して日米関係は成熟した，と見てよいのではないだろうか。初期の相互不信を乗り越え，2度にわたる石油危機を凌ぎ，安全保障関係の制度化も進んだ。おそらくそのことの意味は，単に日米2国間関係としてではなく，より広い国際的脈絡において評価されるべきことであろう。1970年代の国際政治変動と相互依存の深化の下で，アメリカの地域的後退およびグローバルな新戦略の中での日本の役割は着実に増大した。1970年代は，日本のアジアへの外交的地平の拡大，総合安全保障戦略，環太平洋連帯構想等の脈絡の下で，アメリカや日米関係の重要性が確認された時代であった。日米関係の成熟とは，日本が国際秩序形成に明示的に参画するプロセスの産物にほかならなかったのである。

日米2国間の脈絡で見れば，経済問題としてだけではなく，国内政治や国民感情の面からも日米経済摩擦の深刻化が，日米関係の破綻(はたん)に帰結しなかったことも，日米紛争が最終的にはグローバルな視点から処理されたからであったと言えるだろう。福田内閣は，日本の貿易黒字に対する批判に対して，ODA倍増計画の策定で対応した。大平政権は，ODA倍増計画をさらに拡充するとともに，イラン革命やソ連のアフガニスタン侵攻を受けて，周辺諸国への「戦略援助」に踏み切った。また，大平政権が始めた大規模な対中円借款は，中国経済の改革開放路線に重要な基盤を提供し，日米協調路線と両立する日本外交の柱となった。

日本はまた，アメリカの後押しもあって1975年の第一回から参加したサミットでは，世界経済成長の「機関車」の一角として，経常収支をめぐるマクロ経済の調整に努めた。同時にアメリカとの間では，カラーテレビ輸出や鉄鋼ダンピング問題への対応，牛肉・オレンジの輸入枠拡大や関税引き下げ交渉など，厄介な摩擦案件が寄せては返す波のように打ち続いたが，マクロな図式で見れば，それぞれ日米協調関係を維持する総合的見地から対処された。

以上のように，経済と安保の困難なリンケージも含めて，日米間の諸々の懸案事項が，かつてのようにもっぱらアメリカ主導で日米2国間において決着される方式ではなく，地域的およびグローバルな国際的脈絡の下で処理されるようになったところに，1970年代の日米関係の成熟が示されていたと言えるだろう。

● 引用・参考文献 ●

石井明・朱建栄・添谷芳秀・林暁光編，2003年『記録と考証 日中国交正常化・日中平和友好条約締結交渉』岩波書店。
緒方貞子／添谷芳秀訳，1992年『戦後日中・米中関係』東京大学出版会。
佐藤英夫，1991年『日米経済摩擦 1945〜1990年』平凡社。
添谷芳秀，2005年『日本の「ミドルパワー」外交——戦後日本の選択と構想』ちくま新書。
田中明彦，1997年『安全保障——戦後50年の模索』(20世紀の日本2) 読売新聞社。
日本政治学会編，1997年『年報政治学1997 危機の日本外交——70年代』岩波書店。
村田晃嗣，1998年『大統領の挫折——カーター政権の在韓米軍撤退政策』有斐閣。
毛里和子・毛里興三郎訳，2001年『ニクソン訪中機密会談録』名古屋大学出版会。
Brzezinski, Zbigniew, 1983, *Power and Principle: Memoirs of the National Secu-*

rity Adviser, 1977-1981, Farrar, Straus, and Giroux.
Ford, Gerald R., 1980, *A Time to Heal: The Autobiography of Gerald R. Ford*, Berkley Books.
Hodgson, James D., 1990, *Giving Shape to a Life: A Backward Look*, Private Publisher.
Hodgson, James D., 1995, *U.S. Ambassador to Japan: A Lighthearted Look at the Job and Country*, Private Publisher.
"Interview with Ambassador James D. Hodgson (November 25, 1988)," Foreign Affairs Oral History Project, The Association for Diplomatic Studies and Training.
Johnson, U. Alexis, with Jeff O. McAllister, 1984, *The Right Hand of Power: The Memoirs of an American Diplomat*, Prentice Hall（増田弘訳，1989 年『ジョンソン米大使の日本回想——二・二六事件から沖縄返還・ニクソンショックまで』草思社）.
Kissinger, Henry, 1979, *White House Years*, Little, Brown.
Kissinger, Henry, 1982, *Years of Upheaval*, Little, Brown.
Kissinger, Henry, 1994, *Diplomacy*, Simon and Schuster（岡崎久彦監訳，1996 年『外交』上・下，日本経済新聞社）.
Mann, James, 2004, *Rise of the Vulcans: The History of Bush's War Cabinet*, Viking Press（渡辺昭夫監訳，2004 年『ウルカヌスの群像——ブッシュ政権とイラク戦争』共同通信社）.
Nixon, Richard, 1969, "Nixon's Informal Remarks in Guam with Newsmen, July 25, 1969," in *Nixon Papers, 1969*, Washington, D.C.: United States Government Printing Office, 1971.
Nixon, Richard, 1970, "First Annual Report to the Congress on United States Foreign Policy for the 1970's, February 18, 1970," in *Nixon Papers, 1970*, Washington, D.C.: United States Government Printing Office, 1971.
Oberdorfer, Don, 2003, *Senator Mansfield: The Extraordinary Life of a Great Statesman and Diplomat*, Smithsonian Institution Press（菱木一美・長賀一哉訳，2005 年『マイク・マンスフィールド——米国の良心を守った政治家の生涯』上・下，共同通信社）.
Schaller, Michael, 1997, *Altered States: The United States and Japan Since the Occupation*, Oxford University Press（市川洋一訳，2004 年『「日米関係」とは何だったのか——占領期から冷戦終結後まで』草思社）.

↑来日中のレーガン米大統領（中央）夫妻を自らの「日の出山荘」でもてなす中曾根康弘首相
（1983 年 11 月 11 日。写真提供：AP Images）

第10章
新自由主義の時代　1980年代

　国際政治的な意味での 1980 年代は，ソ連のアフガニスタン侵攻に始まり，ベルリンの壁の崩壊にいたる 10 年間であった。「新冷戦」の中で，西側がソ連との対決に突き進んだのが前半であり，ソ連におけるゴルバチョフ政権の誕生以後の冷戦終結のプロセスが後半であった。ソ連への対応をめぐってアメリカとヨーロッパ諸国間で摩擦と緊張が続く中，日本は「同盟国」としての姿勢を明確にしていく。レーガン米大統領と中曾根康弘首相の「ロン＝ヤス関係」が，この時代の日米の政治面の関係を象徴していた。
　国際経済的に言えば，1980 年代は，アメリカが世界最大の債務国となり，日本が世界最大の債権国となった 10 年間であった。「強いアメリカ」の復活を

めざしたアメリカであったが，1980年代にあっては，国際競争力は容易に回復せず，巨額の「双子の赤字」がそれを象徴していると見られていた。日本は，数多くのショックに悩まされた1970年代を懸命に切り抜けてみると，1980年代には思いもかけない強力な経済大国になっていて，1980年代末には，後に「バブル経済」と言われるようになる過信と驕慢(きょうまん)の時代にいたる。その1980年代後半は，日米の経済関係が最も緊張した時代であった。

したがって，1980年代の日米関係は，一面で政治面での新冷戦への日米協調の物語であり，他面で経済面での日米対決と摩擦の物語である。政治と経済に密接な関係がある以上，この二つの物語もまた，時に複雑にからみながら進行せざるをえない。

1 新冷戦と日米同盟の強化——ロン＝ヤス時代

日本の防衛力増強への期待

レーガンが現職大統領のカーターに大勝した1980年の米大統領選挙は，カーター政権への審判という意味ももちろんあった。しかし，それにもまして，アメリカの自己イメージの変革をめぐる選挙であった。ヴェトナム戦争における敗退以後，インフレが進行する中で，イラン米大使館人質事件（第9章4参照）自体が屈辱であったが，これを取り返そうとして失敗した人質救出作戦も屈辱的であった。この事件の最中にソ連がアフガニスタンに侵攻したことも，アメリカ人をして，「強いアメリカ」という自己イメージの再確立の必要性を際立たせた。極端な保守主義者とも見られたレーガンに，アメリカ人は自らの自己イメージの変革を託したのであった。

経済政策においては，共和党レーガン大統領は，「小さな政府」を基調とする新自由主義的政策をとった（本章2参照）が，経済政策のために対外的に「弱さ」ととらえられるようなことはいっさいしなかった。新冷戦の下で，軍事費を増大させることは厭(いと)わなかったし，「強いドル」を維持することは，むしろ好ましいことであると語られた。インフレ撃退も軍事費上昇も強いドルもすべて同時に可能である，というのが「レーガノミックス」だと言われたのである。現実には，膨大な財政赤字と貿易赤字の「双子の赤字」は解消せず，アメリカ企業の国際競争力も低きにとどまった。その政治的なコストは，最もア

メリカに対して貿易黒字を膨らませる日本に対する貿易摩擦という形で表れる。

レーガン政権にとって、1970年代半ばから着実に戦略的な動きを進めてきたソ連と対決することが、その対外政策の最大の目的であった。1982年5月に作成された国家安全保障決定指令32（NSDD32）（http://www.fas.org/irp/offdocs/nsdd/nsdd-032.htm）は、「1980年代は、われわれの生存と繁栄にとって第二次世界大戦以後、最大の挑戦を突き付ける可能性が高い」と脅威の高さを強調しつつも、「われわれの反応が1980年代末までに根本的に異なる東西関係をもたらしうるのだ」と、ある種予言的な指摘を行っていた。レーガン政権の認識は、戦略核戦力においても通常戦力においても、アメリカの戦略的優位は失われたというもので、これをなんとか挽回することが至上目的であった。ヨーロッパにおいては、1970年代半ばからソ連が配備し始めた中距離核戦力（INF）の登場が最大の問題であった。また、極東における海空両面におけるソ連軍の増強も著しかった。

そこから、一つの考え方として「チャイナカード」という考え方も存在した。レーガン政権発足時の国務長官ヘイグも、対中関係を重視した一人である。1981年6月の訪中時に彼は、中国に対して非殺傷性兵器の供与を検討していると語った。しかし、中国を対ソ戦略上利用するにしても、米中間の問題、とりわけ台湾問題を無視するわけにはいかなかった。レーガン大統領自身、大統領選挙の最中から、台湾との関係は守ると公約していたからである。

したがって、東アジアにおけるソ連との対決で期待されたのは日本であった。NSDD32は、「東アジアにおいては、日本が自らおよび相互の防衛努力にさらに貢献することが慫慂されなければならない」としていた。日本の防衛力増強についての期待は、カーター政権の時代にもすでに強くなっていた。1980（昭和55）年には、ブラウン国防長官のみならず、カーター大統領自らが防衛力増強を要請した。特にブラウン国防長官は、1980年12月の日米防衛首脳会議に際して、日本の防衛費増加を9.7％増という数字をあげて要請した。大平正芳首相の急死を受けて同年7月に政権を握った鈴木善幸首相は、結局、7.6％増で決着させ、米側を「失望」させていた。

これに対しレーガン政権は、直接数字をあげて日本の防衛力増強を迫るというアプローチをとらず、アメリカと日本の間での役割分担を具体的に決めるという形で、実質的に防衛力の増強を迫った。1981年3月に訪米した伊東正義

外相に対してワインバーガー国防長官は，アメリカが核の傘，南西太平洋からインド洋にかけてのシーレーン防衛を分担するから，日本は自らの領土と日本周辺空域に加えて，フィリピン以北，グアム以西の北西太平洋のシーレーンを防衛するという分担にしてはどうかと語った（Weinberger, 1990, p. 224）。

5月に鈴木首相が訪米し，日米首脳会談を行ったものの，その結果は，一面で日米防衛協力の進展を約束したが，他面で，いかに日米の認識ギャップが大きいかを示す混乱も生み出した。5月8日に発表された共同声明は，まず「総理大臣と大統領は，日米両国間の同盟関係は，民主主義及び自由という両国が共有する価値の上に築かれている」と語り，「同盟関係」という用語を明示的に使った。さらに，安全保障関係について，

> 総理大臣と大統領は，日米相互協力及び安全保障条約は，日本の防衛並びに極東における平和及び安定の基礎であるとの信念を再確認した。両者は，日本の防衛並びに極東の平和及び安定を確保するに当たり，日米両国間において適切な役割の分担が望ましいことを認めた。総理大臣は，日本は，自主的にかつその憲法及び基本的な防衛政策に従って，日本の領域及び周辺海・空域における防衛力を改善し，並びに在日米軍の財政的負担をさらに軽減するため，なお一層の努力を行うよう努める旨述べた。大統領は，総理大臣の発言に理解を示した。両者は，日本の防衛に寄与することに対する共通の利益を認識し，安全保障問題に関するなお一層実り多い両国間の対話に対する期待を表明した。

と記し，日米の間での「適切な役割の分担」という考え方を提示した。さらに鈴木首相は，同日にナショナル・プレスクラブで行われた演説の質疑において，「米第七艦隊がインド洋，ペルシャ湾に移動し，日本周辺海域の防衛がおろそかになっている。日本としては，周辺海域数百カイリの範囲内とシーレーン一千カイリを憲法と照らし合わせ，わが国の自衛の範囲内で守っていく政策を進めていく」と発言したのであった（藤本・浅野, 1994, 595頁）。

安全保障に関して特に専門的知識もなく，心情的にはハト派的メンタリティーを持っていた鈴木首相は，自らが合意した共同声明と，自らの発言が意味するところを十分理解していなかったのであろう。共同声明と自らの発言によって日本国内で日米軍事関係の強化ではないかとの波紋が広がると，鈴木首相はその後の記者会見で，共同声明に言う「同盟関係」には「軍事的意味合いはない」と発言した。同盟関係に軍事的意味合いがないはずはないのであるが，鈴木首相にしてみると，官僚の作った文章に合意させられ，官僚の作った文章を

1 新冷戦と日米同盟の強化

読み上げた結果，自分の意図に反して，物騒な言葉を使わされてしまったと思ったのであろう。伊東外相は，混乱の責任をとるということで辞任した。実は，すでに述べたように，1979 年の日米首脳会談に際して大平首相がアメリカを「同盟国」と呼んでいる（第 9 章 4 参照）ので，日米関係に「同盟」という言葉を使うのは初めてというわけではなかったが，当時は，「同盟」という言葉は依然として拒否反応のある言葉だったのである。

役割分担については合意したものの，その役割の意味するところ，たとえば「シーレーン防衛」の意味するところなどについては，鈴木首相のみならず，日本の担当者のレベルでもアメリカ側とは直ちに認識が一致したわけではない。日本において旧来考えられていたシーレーン防衛は，航路帯を決めて，護送船団を作って守るというような考え方であった。これに対しアメリカが求めたのは，潜水艦や爆撃機などさまざまな脅威からこの海・空域の全般的な防衛能力を高めるという，はるかに包括的なものであった。鈴木訪米の 1 カ月後の 6 月 10 日からハワイで行われた第 13 回日米安保事務レベル協議では，アメリカ側は，周辺海・空域の防衛と 1000 カイリのシーレーン防衛，とりわけソ連潜水艦およびバックファイアー爆撃機への対処能力を早急に整備することを要求した。伊東外相を引き継いだ園田直外相は，「平屋建て」をいきなり「十階建て」にしろというようなものだと語った。

実務レベルでは，日米の専門家の間の理解は徐々に進んでいったが，鈴木政権としては，あまり積極的な姿勢をとることはなかった。鈴木首相は，「総合安全保障関係閣僚会議」を設置するなど，「総合安全保障」の概念を強調するようになる。「総合安全保障」という概念にもやはり軍事的意味は当然含まれているが，首相としては，その非軍事的側面を強調したかったのであろう。

この動きにレーガン政権は懸念を持った。公開されたレーガン政権の国家安全保障決定指令（NSDD62，1982 年 10 月 25 日付）は，役割分担論の実行を求めるとともに，日本の「総合安全保障」政策について，これを受け入れるが，「対外援助が防衛の代替物になるとはみなさない」と記している（Simpson, 1995, p. 211）。その間，レーガン政権の役割分担論にもかかわらず，日本の防衛費の増額を求める声が議会などを中心に強くなっていった。政権内部でも，シュルツ新国務長官らが日本への圧力に対して消極的だったのに対し，ワインバーガー国防長官らの圧力強化論が強くなっていった（Shultz, 1993, p. 178）。

ロン＝ヤス関係の下での役割分担促進

このような雰囲気を一転させたのは，1982年11月の中曾根康弘政権の誕生であった。中曾根は内務官僚を辞して，1947年以来，つねに首相の座への野心を胸に秘めつつ，一貫して政界にあった。党内の権力抗争を弱小派閥の領袖として生き残るために，「政界の風見鶏」と揶揄された機を見て敏捷に立ち回る能力と，一般大衆へのアピールをねらった，いわゆる「パフォーマンス」を駆使する政治スタイルを身につけていた。

だが，彼が若いころからさまざまな政策構想を丹念に練り続けていたのも事実であり，その立場は保守本流の吉田路線に一貫して批判的なものであった。「あの人は，大物のように見えて，意外に大刀を使わないで，短刀を使う，小技を弄するところがありました。……まあ，当初自衛権を否定したり「戦力なき軍隊」とか，ああいう安直なレトリックでごまかすことは腹が立って勘弁ならなかったですね。いまでも思いますが，あのとき吉田さんが，国は自分で守れ，米軍は早く帰そう，国家の重要性や日本の将来の在り方，国際責任などについてまっとうな議論をやっていればこれほどまで後遺症は残らなかったと思いますよ」(中曾根，1996，121頁)。

このように，「戦後政治の総決算」を掲げてアメリカからの自立をめざすナショナリストのはずの中曾根であったが，現実には政権に就くと，鈴木内閣の時代に「閉塞状況」(後藤田，1989，28頁) のようになっていた対米関係，そして対韓関係を一挙に打開しようと動いた。1983年1月，戦後の首相として初めて韓国を公式訪問し，紛糾していた経済協力問題などを決着させた。中曾根がより重視していたのは，対米関係の改善であった。対米関係についてまず中曾根が行ったことは，防衛関係費を緊縮財政の例外とすることであった。大蔵省原案が，他の予算と同列の5.1％増だったのに対し，中曾根は6.5％増とするよう指示した。1982年12月30日の中曾根の日記によれば「防衛費がもめたが，昨夜山口〔光秀〕主計局長に六・五％を指示し，難色を示すや改編を指示す。顔面ひきつり蒼白となるも，押し通す。哀憐の感あるも，外交国策は一貫堅持を要す」とある (世界平和研究所編，1995，620頁)。

中曾根が第二に行ったことは，懸案となっていた対米武器技術供与を認めたことである。武器技術を含む武器輸出に関しては，1967年に「武器輸出三原則」が提示され，共産主義国向け，国連決議で禁止されている国向け，紛争当

事国向けの武器輸出をしないとされていた。1976年，三木武夫内閣がこれをさらに厳格化して，事実上，武器も武器技術も輸出をいっさいしないという政府統一見解を出していた。レーガン政権は鈴木政権に対して，繰り返し，アメリカは日本に武器も武器技術も供与しているのに，同盟国であるアメリカに武器技術まで供与しないのはおかしいと指摘してきたが，鈴木首相は同意しなかった。中曾根は，「これを最初に取り上げて日米関係を改善しなければならない」と考え，抵抗する内閣法制局長官に対して，「技術供与の範囲にとどまるなら，通常業務における技術知識の交換であって，生産された武器自体の移転ではない。したがって，安保条約を優先させると，同盟国たるアメリカに対し技術供与することは何ら問題はない」と指示し（中曾根，1996，444頁），1983年1月14日，官房長官談話でこの問題を決着させた。

中曾根首相は，このような政策転換を背景に，1983年1月18日から19日にかけてワシントンでの日米首脳会談に臨んだ。レーガン政権の側は，1月14日付のNSDD74で，中曾根を迎える方針を決めた。この文書によると，防衛問題については防衛予算増についても武器技術供与の決定についても歓迎するという方針が示され，残るは日米の役割分担の促進を強調すべきという点のみであった（Simpson, 1995, p.253）。これについても，中曾根が積極的であることが明らかになった。中曾根の日記によれば，会談中，中曾根はレーガンに対して「日米は運命共同体として，太平洋を隔てて，世界平和，特にアジア太平洋の繁栄と安定に協力を相互約する」と語った（世界平和研究所編，1995，621頁）。この会談でレーガンは中曾根に対して，お互いをファーストネームで呼び合うことを提案したという。中曾根の秘書官をしていた長谷川和年によれば，1月19日朝，レーガン大統領夫妻の朝食会に招かれた中曾根に対して，レーガンが「これからは自分を「ロン」と呼んでくれ。そして，あなたを「ヤス」と呼んでいいか」と提案したというのである（長谷川，1995，182頁）。いわゆるロン＝ヤス関係の始まりである。

日米首脳会談自体よりも，さらに関心を呼んだのは，会談直前に行われた『ワシントン・ポスト』紙社主のキャサリン・グラハム女史との朝食会での発言であった。『ワシントン・ポスト』紙は，中曾根が，日本は「バックファイアー爆撃機の侵入に対し，巨大な砦を載せた不沈空母のようになるべきだ」「ソ連潜水艦や他の海軍行動を通過させないよう，日本の周囲四海峡〔後，三海

峡に訂正〕を完全かつ全面的にコントロールする」などと語ったと報道した。（外岡・本田・三浦，2001，379-380頁）。この中曽根発言に対して，日本のメディアの多くや野党は強烈な反発を示した。「不沈空母」という日本語を中曽根が使ったわけではないが，同席した長谷川によれば，中曽根の趣旨を不沈空母（unsinkable aircraft carrir）としたのは「適訳」であった（長谷川，1995）。中曽根はこの新聞記事が出た直後にその発言を否定したが，その後，否定を撤回した。中曽根は日記に，

> 不沈空母，三海峡は，外務省の助言の通り，始め陰した。不本意で，正直に話そうと云ったが，外務省に議会及び新聞恐怖症があるようだ。それに従い，日本人記者会見もその助言に従ってやったが，胸くそ悪く，出発の朝取消しに改め，機中で取消す。海峡については黙してという議であったが，共に表明する。
>
> 帰国，世論批難多い。然し本質はここにあり。運命共同体は，空母は，論争の衝点で，国会では世論誘導の絶妙の問題であるので，更に空想的平和主義の空気転換に乗出す考えである。朝日ケイレン，細川隆元支持。サンケイ，日経，読売，動揺。サンケイまで劇しく揺れているのには情けない。（世界平和研究所編，1995，622頁）

と記している。

防衛費対GNP比1％枠の撤廃

この後，中曽根は，安全保障に関する分野ではさらに日米協調路線を促進させた。1983年5月，米ウィリアムズバーグにおけるサミットに出席した中曽根は，レーガンとの個別会談で，「今次サミット成功に協力する。ピッチャーになりなさ《い》。キャッチャーをやってよい」と語ったという（世界平和研究所編，1995，626頁）。サミットで大きな問題となったのは，INF問題に関して，サミットとしての声明を出すかどうかであった。フランスのミッテラン大統領やカナダのトルドー首相は，サミットは経済問題を議論する場なので，政治問題について声明を出すのはふさわしくないと，強硬に反対したという。これに対して中曽根は，「日本もNATOに入らず，独自の憲法，非核三原則を持」っているにもかかわらず，「世界的政治戦略から讃成している。これは西方の結束を示して⑦を交渉に引出し，妥当な結果を生むためである。この際西側の分裂や乱れをみせることは避けねばならぬ」とミッテランの説得に努めたという（世界平和研究所編，1995，628頁）。中曽根にしてみれば，このような声明に賛成

すれば，日本国内では，集団的自衛権の行使に踏み込んだのではないかと非難されることを覚悟の上であった。こうして実現した政治声明には，「われわれサミット参加国の安全は不可分であり，グローバルな観点から取り組まなければならない」という文言があった。シュルツ国務長官によれば，「これによって，初めて日本を公式に西側安全保障システムに引き入れた」のである（Shultz, 1993, pp. 356-357）。

このサミットで示された「西側の一員」としての日本の立場は，1983年9月に起きた大韓航空機撃墜事件によって，さらにはっきりさせられた。これは，アンカレジからソウルに向かっていた大韓航空機が，ソ連領空を侵犯したためにソ連空軍機によって撃墜され，乗客240人，乗員29人が犠牲となった事件であった。防衛担当者の間では反対があったが，日本政府は，自衛隊が収集したソ連機の交信記録を国連安全保障理事会において日米共同で発表し，ソ連非難を行った。

シンボリックな意味で「ロン＝ヤス関係」を日本国民の目の前に見せたのが，その秋のレーガン大統領の訪日であった。レーガン大統領は，アメリカ大統領として初めて日本の国会で演説を行い，中曽根はレーガンを自らの別荘「日の出山荘」に招いて，囲炉裏端での歓談風景をテレビカメラの前で演じた。レーガンもこれを喜び，「この仕事をしていてよかったなと思わせる小さなひととき（small moments that made my job fun）」の一つであったと回想した（Reagan, 1990, p. 387）。

「西側の一員」路線を定着させるために中曽根が腐心したのは，防衛費の対GNP比1％枠の撤廃であった。対GNP比1％枠は，1976年に三木内閣が閣議決定したものであったが，実際の防衛費は，1980年代の前半に限りなく1％に近づいてきていた。日米防衛協力を進め，さらに日本の防衛力を増強しようとすると，1％の枠に早晩突き当たることは目に見えていたのである。

中曽根は，1983年8月に，高坂正堯京都大学教授を座長とする「平和問題研究会」を発足させ，安全保障政策の検討を依頼していた。この研究会の報告は1984年12月に提出されたが，そこには，防衛費の歯止めとして対GNP比1％枠を使うのは適切でないという指摘があった。この報告書の提出を受けて中曽根は1985年に対GNP比1％枠撤廃の試みを行ったが，自民党内からも反発が強く，頓挫した。

以後，中曽根は，直接1%枠の撤廃を狙うのではなく，間接的な手法をとった。1985年9月，閣議で中期業務見積もりを中期防衛力整備計画と政府計画に格上げさせたのである。単なる防衛庁内部の見積もりではなく，政府計画にしてその積み上げ額が1%を超えるのであれば，その時点で1%枠の撤廃をはかるという方針であった。1986年度予算は1%の枠内に収まったが，1987年度予算の策定時には1%を超える見通しとなった。そこで1987年1月24日，中曽根政権は閣議決定で対GNP比1%枠を撤廃し，中期防衛力整備計画をもって防衛力整備の歯止めとする方針を決めたのである。この間，1985年4月に，三沢基地へのF-16戦闘機2個飛行中隊（48機）の配備が始まった。

　ワインバーガー国防長官によれば，対GNP比1%枠問題が決着して，日米の安全保障関係についてレーガン政権発足時にアメリカ側が期待したことはほとんど実現した。唯一なかなか進展しなかったのは，技術移転にからむ問題であった（Weinberger, 1990, p.241）。1986年9月に官房長官談話で，日本政府はレーガン政権の戦略防衛構想（SDI）研究への参加を示し，1987年にはSDIに関する日米政府間協定が締結されたが，これはアメリカから見れば，日本の対米技術移転の進展の遅さを示す事例であった。この技術移転にからむ問題は，1980年代後半の冷戦終結過程と経済摩擦の激化とからんで，1980年代後半にさらに深刻化する。

2　日米経済摩擦の時代

同盟関係強化の一方での日米経済摩擦

　政治面では大きく改善した日米の政治外交関係とは対照的に，両国の経済関係はこの時期経済摩擦に悩まされ続け，両国の外交当局者は，経済問題が政治安全保障面での日米関係にまで波及しないように努めた。

　レーガンの登場は，政治面での保守化，対ソ強硬路線を意味しただけではなく，経済面でも大きな時代の趨勢の変化を表していた。それは，第二次世界大戦後の潮流であった，いわゆるケインズ主義的な政府による経済介入の強化の傾向を逆転させ，市場を重視し政府の役割を縮小しようとする「新自由主義」的な経済思想が，イギリス，アメリカで支配的になったことである。

　1980年の大統領選挙でレーガン大統領は，悪性のインフレに苦しむアメリ

カ経済を，減税と大胆な規制緩和によって再生するという公約を掲げた。これは，少なくとも多くのアメリカ人に前向きの希望を与えるメッセージとして受け止められた。そしてちょうど同じころ，イギリスではサッチャー首相が，戦後イギリスの福祉国家路線を大胆かつ強硬に変更する緊縮財政と規制緩和路線を打ち出した。中曾根も行政管理庁長官として1981（昭和56）年に第二次臨時行政調査会（土光臨調）を発足させ，その答申にもとづいて日本専売公社，日本国有鉄道そして日本電信電話公社の3公社の民営化を断行した。それは，財政再建という特定の政策課題と関係していたにせよ，経済思想の世界的な波に呼応する動きであった。

ところで，アメリカが，一方でグローバルにソ連と対立するために軍事費を急増させ，他方で「小さな政府」を実現するために減税をすれば，その結果は大規模な財政赤字を生む以外になかった。それでもインフレ対策を真剣に追求しようとするなら，結局は金融政策を極端に引き締め的に運営するしか方法がなかった。レーガノミックスである。レーガン政権下でアメリカの金利は「キリスト生誕以降最高の水準」に達し，そのような高い金利は，折からの金融自由化にも助けられて海外からの多額の資本を引き寄せ，極端なドル高をもたらした。

日本では，1970年代の2度の石油危機を必死に克服している間に，製造業はいっそう国際競争力を強めた。しかもマクロ経済運営は，財政は臨調路線による緊縮的な運営がされていたので，金融政策は緩和的で金利は低かった。そのため日本の製造業が対米輸出を急増させる一方，アメリカは高い金利で日本から多額の資本を引き寄せ，従来の常識からすると桁外れの水準の対米貿易収支の黒字を記録していたのである。アメリカは，これを日本市場の閉鎖性を象徴するものであると声高に主張した。他方，日本側は，これをアメリカの産業競争力が弱体化したためだとし，財政赤字や高金利などのマクロ経済的な条件によって引き起こされていると主張していた。

いずれにせよ，貿易収支の「不均衡」が大きな政治問題の焦点になったのである。考えてみると，これは奇妙な話であった。自由貿易の原則を前提にすれば，日本の保護措置や規制に不満を抱くのは当然だが，日米2国間の貿易収支が均衡しないといけない理由は何もなかったからである。

貿易収支の数字を問題にすることが経済的に合理的であったかどうか，また

そもそもその不均衡の原因が何であったかはともかくとして、アメリカによってそれに日本市場の閉鎖性を示す象徴的な意味が与えられ、貿易問題が政治問題化したのはまぎれもない現実であった。もちろん、貿易摩擦は1970年代から折にふれ政治問題化していた。だが、1980年代には日本経済の好調ぶりが目立つとともに、上に述べたようなマクロ経済上の条件が貿易収支の「不均衡」を巨額なものにしていた。レーガン政権の誕生とともに日米の同盟関係が強化されつつある一方で、経済貿易面では刺々（とげとげ）しいやりとりが目立つようになったのである。

1980年代前半の最大の貿易問題は自動車摩擦であった。アメリカの自動車産業はアメリカ工業の象徴的な存在であり、自動車産業関連の雇用も多く、労働組合は強力であった。そのアメリカの自動車産業は、石油価格の高騰への対応が遅れ、燃費のよい小型の日本車がアメリカ市場で急速にシェアを伸ばす中、苦境に陥っていた。1980年6月には全米自動車労働組合（UAW）が、日本車の輸入規制を求めて国際貿易委員会（ITC）に提訴した。結局、ITCはUAWの訴えを退けたものの、事態は議会を巻きこむ政治問題へと発展し、自由貿易を掲げて発足したレーガン新政権も事態を傍観できなくなってきた。

自由貿易の建前やGATTの原則から考えると、レーガン政権としては日本車の輸入規制を実行したくはなく、日本側に何らかの形で輸出を「自主」規制してほしい、というのが本音であった（大河原、2006、312頁）。そこで日本側は、1981年初めから自動車業界の説得にあたった。日本側の業界が心配したのは、このような規制がアメリカの独占禁止法に抵触しはしないかということであったが、結局アメリカの司法省が独禁法違反に当たらないという見解を発表することで解決をはかった。4月末にブロック通商代表部（USTR）代表が来日し、5月1日に田中六助（たなかろくすけ）通産相との間で、向こう3年間にわたって自主規制し、1年目は総輸出台数を168万台に抑制することで合意が成立した。同月のレーガン＝鈴木の日米首脳会談前に、事態の解決をはかったのである。

この合意にもかかわらず、日米貿易摩擦の火種は消えることはなかった。議会では折から活発化していた日本メーカーのアメリカでの自動車生産に、一定の現地生産比率を義務づけるローカル・コンテンツ法を審議していた。また、日本からの輸出を問題にするだけではなく、日本市場へのアメリカの輸出促進が日米の外交懸案となり、通信機器、エレクトロニクス、木材、医療品という、

Column⑯　アメリカの対日通商政策

　1960年代以来,アメリカの歴代大統領は一貫して対日貿易政策に悩んできた。過去45年間を振り返ると,一方に国内の圧力や野党の要求に屈し,保護主義に呑み込まれた大統領がいる。他方には,「自由貿易」を強硬に推進した大統領もいる。これらの政策について,自由貿易主義志向の共和党政権と,保護主義的で対日強硬路線の民主党政権とに,二分して見る向きが日本には多い。しかし,各政権のアプローチはより複雑であり,国内勢力と国際勢力の要求が絡み合う中で,それぞれに紡ぎ出す織物の如くであった。

　日本経済が復活した1960年代に,アメリカは初の貿易赤字に直面した。J.F.ケネディ大統領は,日本に輸出規制を求めるような短絡的な対応はとらなかった。むしろ,池田首相と共に,経済成長を含めた日米関係の拡大と前進に積極的に取り組んだ。ケネディ政権とジョンソン政権は,経済貿易問題の解決に自ら創設した日米経済委員会を効果的に使うという,大局的にして間接的なアプローチをとったのであった。さらに大きな国際枠組みとして,GATTケネディ・ラウンド（1964-67年。第8章導入部参照）では自由貿易の拡大を通して自由貿易主義寄りのアプローチを追求し,国内の保護貿易派の圧力を抑えることに成功した。

　しかし,1970年代,長引くヴェトナム戦争とそれにともなう経済的苦境の中で,アメリカの貿易赤字は膨れ上がっていった。ニクソン政権は,なりふり構わず一方的に新経済政策を打ち出した。訪中計画の発表とともにこれらの「ニクソン・ショック」（第9章1参照）は,信頼できる日米関係を育成した先のアメリカの努力に傷をつけることになった。

　アメリカ経済が低迷して経済摩擦が生じる中,フォード政権とカーター政権は両国間の関係改善に努めた。対日貿易赤字が積み重なり,第一次石油危機（第9章2参照）に次ぐ全世界的な不景気にあえぐ中,カーターはマクロ経済の調整を図り,「自由かつ公正な貿易」を掲げて,アメリカの輸出を促進しようとした。カーター政権は,一方では日本市場への介入を試み,他方では国内産業を新たな国際競争から保護するという,二つの相反する政策を追求した。さらに,1979年のGATT東京ラウンド（1973-79年）調印に向けて強い指導力を見せ,その成功によってカーターは,日米関係の悪化を防止するとともに,「国内勢力」に対する民主党大統領の強固な姿勢をも見せ付けた。

　1980年代はレーガノミックス（本章2参照）の時代であった。アメリカ経済の再活性化と競争力強化のため,レーガンは日本に対し自由市場経済主義的アプローチを

アメリカ側が関心のある4分野で市場重視型分野別（MOSS）協議が1985年1月に開始された。

　市場開放問題は日本国内のさまざまな利害が錯綜しており,さしあたっては

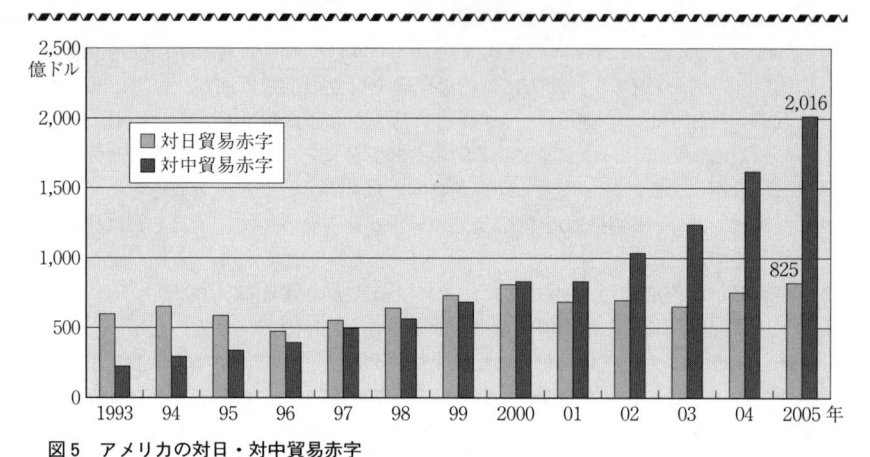

図5 アメリカの対日・対中貿易赤字
［出典］ The USTR's Office as cited in the National Trade Estimate Reports 1994-2007.

とって，自国の貿易政策と経済政策を結び付けようとした。初期には自由貿易のレトリックを利用することによって，保護主義の台頭に知らぬふりを通したレーガン政権であったが，第二期に入るころには，対日貿易赤字の膨張とともに大統領の無為無策ぶりへの批判が強まり，貿易問題への指導力を維持することは難しくなった。こうして強気の戦略へと劇的な路線変更を迫られたレーガン政権は，1985年のプラザ合意（本章2参照）によってドル安・円高政策へと転ずるとともに，「市場重視型分野別協議」，いわゆるMOSS協議を通して輸出を促進し，日本市場を開放させようとした。しかし，国内で保護主義からの反発を回避できなかった。アメリカ議会では，レーガン政権に対し「トゥー・リトル・トゥー・レイト」との不満が高まり，スーパー301条の一方的措置を含む包括貿易・競争力法が1988年に通過したのである。皮肉なことに，レーガンの自由貿易を奉ずる「国際勢力」との関係の緊密化は，貿易に対する大統領権限の削減とともに，貿易に関する議会の監督強化を招いたのである。

　レーガンの副大統領から昇任したジョージ・ブッシュ大統領は，それから学んでより巧妙であった。民主党寄りの議会からの圧力にもかかわらず，それと抗う素振りも見せず，ブッシュは手際よくスーパー301条のような報復措置を消し去り，日本にできるかぎり柔和な政策をとり，自由貿易の秩序を守った。GATTウルグアイ・ラウンド（1986-94年）における交渉の成功や，日米構造問題協議（本章3参照）の前進を

輸出企業しか影響を受けない輸出規制よりも，政治的には困難な問題であった。とりわけ難問は，農産物市場の開放であった。農業関係者の政治的な影響力は，日本だけではなくアメリカでも大きく，農業分野の貿易交渉はその経済的な重

強調することによって，ブッシュは主な貿易保護主義派を含む国内の了解を取り付けた。この結果，1990年から1991年にかけての国内外や湾岸戦争にともなう経済の不安定さにもかかわらず，整合性のある対日政策をとることができた。1992年の大統領選挙でクリントン候補を相手に苦戦する中で，ブッシュ大統領がアメリカの財界人を多数引き連れて訪日したことがあった（第11章1参照）。それは自由貿易の原則をかなぐり捨てる行為と揶揄されたが，実はそれは国内向けパフォーマンスであり，宮澤喜一首相はブッシュの心情と立場を理解し，進んで協力した。

現職大統領を選挙で打ち破ったクリントンは，国家経済主義を採用し，「日本問題」への強硬姿勢を要求する国内の声を味方につけた。自動車やハイテク産業の問題に関して，日本との緊張緩和をはかるよりも，「ジャパン・バッシング」を煽ったのである（第11章3参照）。クリントンは，日本との包括経済協議において，特定の産業への数値目標を要求し，経済問題解決のために結果重視のアプローチを採用した。こうした管理貿易へ踏み込んだ攻撃的な政策に対して，日本が強く反発した。そのため，貿易不均衡にほとんど影響を及ぼすことはできなかった。クリントンは懲罰的アプローチとしてスーパー301条を復活させて報復措置に踏み切り，アメリカの要求に日本を従わせようとした。しかし，第一期政権の終わりまでには，クリントンの高圧的外交に対する国際的な支持は失われ，日本の市場開放にも有効ではなかった。クリントンの対日政策は，レーガンとは逆コースをたどりながらも，1995年に数値目標の要求を断念して中間的な方向へと移行していったのである。

クリントンの第二期には，日本経済がいわゆる「失われた十年」に陥った。日本の経済成長は止まり，アメリカ議会の貿易問題の焦点が，「日本問題」から「対中貿易赤字」へと移っていった。2005年の例では，アメリカの対日貿易赤字が対前年比9％増であるのに対し，対中貿易赤字は25％増の2016億ドルにまで膨れ上がっている（図5参照）。

こうして見れば，歴代政権が自由貿易派か保護主義派かという問題に劣らず重要なのが，国内圧力と相手国など国際関係をどう扱うかの技法であることがわかる。国内の声に共感を持たなかったレーガン，相手国や自由貿易を求める国際的な要因を押し切ろうとしたクリントンは，共に自らの意思と逆の結果を招いた。ケネディの大局的間接手法やジョージ・ブッシュの穏やかな問題の取り扱いは，国内の反対派に反乱を起こさせなかった。巧拙の例はそれぞれ民主・共和の両党にまたがっており，党の立場とは無関係なのである。

【アンドリュー・ビートン】

みに比べて，政治的には大きな問題に発展しやすい。すでに1970年代から繰り返し問題になっていた牛肉やオレンジの輸入規制問題も，1988年に完全自由化で合意に達するまで，日本側は輸入枠を漸次拡大する譲歩を小出しにした。

そのため，ほとんど定期的にそれが外交問題化するとともに，日本市場の閉鎖性の証拠として対日批判の恰好の標的とされたのである。

プラザ合意と日本の存在感

ところで，貿易不均衡是正のための王道は，アメリカがその極端なマクロ経済政策を改め，ドル高を生んでいる高金利の背景にある巨額の財政赤字を削減することであった。しかしながら，西側の先進諸国が繰り返しマクロ経済政策の変更を求める声を，アメリカは全く無視し続けた。むしろアメリカは，問題は日本の内需が弱すぎることや，日本の金融市場の構造的欠陥に問題があって，国際収支の調整責任は日本にあるという態度をとっていた。

国際収支の不均衡とそれに対する議会の不満が強まる中，当局にとって手っ取り早い方法は，外国為替市場への協調介入によって為替レートをドル安へ誘導することであった。一期目には強いドルは強いアメリカを象徴するとして，市場介入をかたくなに拒んでいたレーガン政権も，政権二期目に入りリーガンに代わってベーカーが財務長官に就任すると，態度が変化してきた。根っからの政治家であるベーカーは，経済政策の原理的な側面よりも，現実的な政治課題に対処することに関心があり，議会の保護主義を食い止めるためなら為替市場への介入も厭わなかった。

1985年6月，ベーカー財務長官と竹下登蔵相は東京で会談した。ここで竹下は，為替市場に共同で介入し，市場で始まっていたドル安の流れを確かなものとしようと提案した。ベーカーは介入よりも「政策協調」，つまり日本が景気刺激策をとって日本の黒字を減らすことを求めたが，日米がこの問題を協調的な方法で解決しようとする姿勢が確認された。7月のOECDの第三作業部会（WP3）の際にも大場智満財務官とマルフォード財務次官補が接触し，アメリカ側は為替政策とマクロ経済政策のパッケージを打ち出して，保護主義の台頭を抑えたいという意向を表明した。結局，日本側は金融の大幅な緩和で景気刺激策に応ずることを約束し，9月15日，ロンドンで極秘裏に開催された先進5カ国蔵相代理会議で，この後プラザ合意として知られるパッケージづくりが進められた（船橋，1988，23-26頁）。

9月22日，ニューヨークのプラザ・ホテルで開かれた，アメリカ，日本，西ドイツ，フランス，イギリスの先進5カ国蔵相・中央銀行総裁会議（G5）で，

竹下蔵相は1ドル＝200円程度までの円高を受け入れることを表明した。日本は円を過小評価させて輸出を促進しているという認識が強かった欧米の蔵相は，竹下の積極的な態度に日本の強い決意を読み取った（ボルカー・行天，1992，356頁）。会議では，当面は10-12％のドル安をめざすこととし，協調介入の方法や介入資金の割り当てなどについて話し合われた。

それを受けてG5諸国は巨額のドル売り介入を実施し，10月末までにはプラザで合意したドル安水準を達成した。だが，1986年に入ってもドルはいっそう下落を続け，今度はドル安の行き過ぎが日本の懸念になった。1987年1月にはドルはいっそう軟化したが，アメリカはむしろドル安を歓迎するかのような発言で，日本側に内需拡大の圧力をかけようとした。ドルは一挙に150円を割り込むところまで急落し，宮澤喜一新蔵相は円高阻止の協力要請に，急遽ワシントンに飛ばねばならなかった（船橋，1988，238-239頁）。1987年2月のルーブル合意は，為替レートをほぼ現状水準で安定させる一方，アメリカは財政赤字を削減し，日本およびドイツが景気刺激策をするという内容であった。また，過剰なドルの下落はドルの信認問題を引き起こし，金融不安を呼ぶ可能性があった。1987年10月19日，いわゆるブラックマンデーに起こったニューヨーク株式市場の大暴落は，このような懸念を強めるにあまりあるものであった。

またプラザ合意翌日の1985年9月23日，レーガン大統領はアメリカの競争力の強い農業やサービスさらに知的財産などの分野についてGATTでの交渉を促進するとともに，2国間あるいは地域でも通商交渉を行うことを内容とした「新通商政策」を打ち出した。日本にとってとりわけ重要だったのは，一方的に不公正貿易国を特定し，それに対する制裁の権限を大統領に与える通商法301条を積極活用することを表明した点であった。これによってアメリカは，多国間の為替調整だけではなく，2国間や地域を枠組みとするさまざまな手段を使い分けて，自国の個別的な利益を強力に追求する姿勢を鮮明したのであった。

ともあれ，プラザ合意をきっかけとして急速な円高が起こり，その後，日本政府は円高不況におびえるとともに，内需を拡大するために景気刺激策がとられた。このことが，後の日本のバブルの発生に寄与したことは事実であろう。同時に，プラザ合意による円高によって一挙にジャパン・マネーの存在感が世

界で高まり，日本の直接投資が欧米で耳目を引くことになったのである。

これを背景に，国際政治でも日本は重みを増した。中曽根はロン＝ヤス関係と経済力を背景に，得意の「パフォーマンス」でサミットなどの多角外交の場でも積極的に行動し発言した。1986年5月に開かれた東京サミットは，そのような中曽根にとって絶好の舞台であった。そして同年7月に行われた衆参同日選挙では，自民党は衆議院で300議席，参議院で72議席を獲得する歴史的大勝利を収めた。自民党はキャッチ・オール・パーティー（包括政党）となり，55年体制は86年体制へと変容をとげた，といった言説もしばしば聞かれるようになった。

3　相互認識の相克——日本異質論と，「NO」と言いたい日本

日本異質論の噴出

1987（昭和62）年1月，中曽根内閣が防衛費対GNP比1％枠撤廃を行った時，すでに世界的には冷戦終結のプロセスが始まっていた。1985年3月にゴルバチョフがソ連共産党書記長となり，ペレストロイカ（立て直し）と新思考外交を推し進めた。1987年12月には，ソ連のSS 20とアメリカのパーシングⅡならびに巡航ミサイルの相互撤廃を定めたINF全廃条約が署名された。1989年2月にソ連軍がアフガニスタンからの撤退を完了し，11月にベルリンの壁が取り壊されると，12月には東欧の共産主義政権が次から次へと崩壊していった。

他方，経済面ではプラザ合意以降も貿易不均衡が続き，新冷戦の後退を背景に，日本はアメリカにとって，同盟国というより経済的ライバルととらえられるようになった。しかもこの時期，アメリカでは犯罪やホームレスなどの社会問題が目立ち，その凋落がしきりに語られたのに対して，バブル景気に沸く日本では，何もかもがうまくいっているように見えたのである。そのためこの時期の日米関係は，「ロン＝ヤス関係」による一体感を揺るがすほどの緊張に満ちたものになった。冷戦が終わって勝利したのは日本であるとか，地政学の時代が終わって「地経学」の時代が始まる，などといった観測が生まれた。またアメリカ国内で，日本はアメリカをはじめとする西側の民主主義国とは本質的に異なった，いわば不気味な資本主義の奇形児であり，アメリカにとって脅威であるとする，いわゆる「日本異質論」が急速に影響力を持ったのである。

1985年にジャーナリストのホワイトが『ニューヨークタイムズ・マガジン』に「日本からの危険」と題する大きな記事を掲載したのが, 一連の日本異質論の嚆矢となった。1989年には, ジャーナリストのファローズが『アトランティック・マンスリー』誌に「日本封じ込め」と題する論文を発表し, 日本の無制限な経済的な膨張を食い止めなくてはならないと論じた。ファローズが, アメリカが冷戦の際にソ連に使った「封じ込め」という言葉を使ったのは, 決して偶然ではない。商務省で対日通商交渉にあたっていたプレストウィッツも, そもそも日本人には公正な競争という観念が存在しないとする,『日米逆転』と題する著作を発表して注目を浴びた。また, 日本がアメリカやヨーロッパ諸国とは異なった資本主義発展主義国家であると論じたチャーマーズ・ジョンソンも, このころには日本の異質性を強調し, 自由貿易論に立脚した経済関係を日本とは取り結ぶことはできないと論じた。さらに, オランダ人のジャーナリストであるウォルフレンは, 日本は官民一体となった「システム」が支配し, 公私の区別がなく, 最終的な責任の所在のはっきりしない顔のない抑圧的な国であると論じた『日本／権力構造の謎』を著して, 評判となった。

数値目標を振りかざすアメリカと『「NO」と言える日本』

　グローバルな大状況の変動を背景とする問題が噴出する中で, 日本政治のリーダーシップは弱体化していった。中曽根は1987年11月に退陣し, 中曽根の裁定によって後継の総理大臣の座に就いたのは,「気配り」を身上とする調整型のリーダー竹下登であった。竹下は自民党の最大派閥の領袖であり, 消費税という, 地味だがきわめて困難な課題に取り組んでこれの導入を果たしている。だが, ゴルバチョフの登場による大きな国際政治の変動に対処するには, あまりにも既得権の調整という保守政治の風土を体現した人物であった。
　しかも, 自民党の圧倒的な優位の中で盤石の党内基盤を誇っていたはずの竹下は, 当時空前のブームに沸いていた株式市場で, 未公開株が政官界の大物に譲渡されたリクルート事件に関係し, 就任わずか1年7カ月後の1989（平成元）年6月に退陣した。後継には, リクルートとの関係が薄いという消極的かつ党内政治的な理由で, 宇野宗佑が急遽就任した。だが, その宇野もいくつかのスキャンダルで激しい批判を浴び, 7月の参議院議員選挙で自民党は過半数を割り込む大敗を経験したため, 在任わずか69日で退陣した。後任には, こ

れまた党内基盤は弱く，ハト派的な傾向が強いものの，とりたてて外交に定見があったとは思えない海部俊樹が就任した。他方，アメリカでも，中曽根首相が個人的な関係を確立していたレーガン大統領が退き，1989年1月からはジョージ・ブッシュ大統領が就任していた。

　防衛協力の拡大とロン＝ヤス関係で事態を乗り切ってきた新冷戦期の日米関係とは違って，1980年代後半になると，経済摩擦も，個別品目をめぐる紛争から新たな様相を呈し始めた。第一に，安全保障問題と経済問題が密接に結び付くようになった。1987（昭和62）年3月，『ワシントン・タイムズ』紙は，東芝機械がノルウェーのゴングスベルグ・トレーディング社と共謀して，ココム協定で共産圏への輸出が禁じられている工作機械をソ連に売却したと報じた。この問題は，ジャパン・バッシャーの恰好の餌食にされ，アメリカ議会の建物の前では，一部の議員が東芝製のラジカセをハンマーで叩き壊して気勢を上げる光景が大きく日本でも報じられた。アメリカ行政府内では，むしろ日本の輸出規制体制の強化を静かな交渉によって達成することの方が大切であるとする見方が強かったものの（チンワース，2004, 110-112頁），これが新聞にリークされる形で政治問題化されたのは，対日強硬派の影響力が強くなっていたことを示唆するものであった。

　また，日本が開発を予定していた次期支援戦闘機（FSX）をめぐっては，アメリカ側からアメリカ製の戦闘機の購入の要望を受けて，1987年10月に日米共同開発とすることで合意に達した。だが，レーガン政権を引き継いだブッシュ政権発足後まもなく，議会では，この合意によって日本側にアメリカの重要技術が流出するのではないかとして，強い不満が巻き起こった。結局この問題は1989（平成元）年4月，日本側が大幅に譲歩する形で合意が成立した。だが，アメリカ議会では引き続きアメリカの技術供与に対する不満が強く，日米協定の修正を求める決議が可決された。ブッシュ大統領は結局，議会の反対に対して拒否権を行使し，これによって同年9月にようやくFSXの共同開発は始動することになったが，日米両国に苦い記憶を残すことになった。

　他方，通商交渉でも，アメリカ側は従来の輸出規制や市場開放を求める姿勢から，アプローチを多様化させてきた。まず，日本市場の意味ある「開放」のためには，日本経済のしくみを変えていくことが必要であるという認識から，いわゆる構造問題が大規模に取り上げられるようになった。1989年7月のブ

ッシュ＝宇野の日米首脳会談にもとづいて日米構造問題協議（SII）が開始され，1990年6月に最終報告が発表された。アメリカ側の要求は多岐にわたったが，結局，日本の公共投資の増額による日本の貯蓄・投資バランスの改善，土地利用促進のための税制などの強化，大規模小売店舗法の見直しなど流通システムの改善，排他的取引慣行の改善や系列取引の監視などであり，国内制度の深い部分にまでアメリカが口を出したことに，不快感を持った日本側当局者も少なくなかった。

もっとも，アメリカ側は日本側を「不公正」と批判するよりも日本の「消費者の利益」を強調することで，日本国内からの支持を得ることに成功した。バブルに沸くこの時期，土地をはじめとする資産価格の異常な高騰が問題化しているのに，土地利用の改善や排他的な商慣行の排除はアメリカに言われないとできないのか，という思いを持った日本人も少なくなかったのである。

だが，日本が「異質」であるとする認識にもとづいて，アメリカの偽善的な態度が露になったのは，半導体摩擦で見られた結果志向的な交渉姿勢である。1980年代前半から日本の半導体産業は急速に世界市場を席巻し，そのためアメリカ側は先端技術分野での劣勢に危機感を強めた。このような危機感に日本は異質であるという論理が重なり合って，アメリカ側は日本市場におけるアメリカ製品の市場シェアを20％以上にするよう，日本側に執拗に求めた。市場シェアを政府間で約束することは，アメリカが唱道してやまない自由貿易に背馳する管理貿易の最たるものであった。

日本側は結局1986（昭和61）年9月，協定妥結に際して，5年間でアメリカ側のシェアが20％を超えるよう協力する旨のサイドレター（非公式の付属文書）をアメリカ側に送った（細谷・有賀・石井・佐々木編，1999，1120頁；『文藝春秋』1988年5月号，124-137頁；大矢根，2002，152-154頁）。このような曖昧な妥協は，結局，事態を悪化させた。日本側はこれを努力目標と考えていたが，アメリカ側は期待どおりにシェアが伸びないと，約束違反として経済制裁を発動した。しかも次のクリントン政権になると，アメリカ側は数値目標を振りかざして日本に譲歩を迫る交渉姿勢を，いっそう強めるようになったのである。

このようなアメリカに，日本国内で反発が強まったのは当然のことであった。戦後の日本では，アメリカへの依存に対する苛立ちから，アメリカに「NO」と言いたいという衝動はつねに潜在していた。また，戦後の日本の国民的努力

の成果であった国際競争力を「不公正」と決め付けられたことに，多くの日本人は屈辱感を感じた。1989（平成元）年に出版された石原慎太郎と盛田昭夫の『「NO」と言える日本』は，そのような日本の反応の一例であった。日本は立派な大国なのだから，アメリカにきっぱりと自己主張をしようという同書の内容は，左翼的な反米主義とは明らかに違ったメッセージであった。

　リアリズムに徹すれば，出る杭（くい）が打たれるのは当然と割り切ることもできるし，アメリカがライバルに対して著しく攻撃的になるのも，とりわけ冷戦が終わりつつあることを考えると，了解できないことではなかった。にもかかわらずこの時期の日本人は，一方でアメリカに依存しながら，それと対等にふるまいたいという衝動を知的に整理できなかった。アメリカにあれこれ指図されるのはこりごりだが，さりとて市場開放や国際的な安全保障のために，責任あるプレーヤーとして負担やリスクを分担しようという意識は乏しかった。そして1980年代後半の日本の政治指導は，このような時代の大局に対応するビジョンを示せなかった。

報道摩擦と世論

　このような日米の相互イメージをめぐる軋轢（あつれき）は，日米のマスメディアによって増幅された。日本のマスメディアは，アメリカの一挙手一投足を過剰に報道する傾向がある。ワシントンに集中する日本の特派員たちは，アメリカ議会に上程される大した意味のない保護的な貿易法案や公聴会での対日批判を事細かに伝え，アメリカ中がジャパン・バッシング（日本叩き）に明け暮れているような印象を日本人に与えていた。

　アメリカ・メディアの日本への関心は伝統的に非常に限られていたが，バブル経済によって，アメリカの日本報道もバブル状態になった。急激にニュース・バリューを増した日本関連記事を，それまでは日本と縁のなかった多数の記者たちが，当時はやりのレビジョニズム（修正主義）で料理し始めたからである。そのため，日本を冷戦を共に戦う自由民主主義国としてではなく，不公正，閉鎖的，官僚支配，伝統と超近代の混合といった，不気味な「他者」として描く姿勢が目立つようになった（木村・田所，1998，130頁；上野，1998）。

　たとえば，1989年10月9日付の『ニューズウィーク』誌は，ソニーのコロンビア・ピクチャーズ・エンタテインメント社の買収という一日本企業の直接

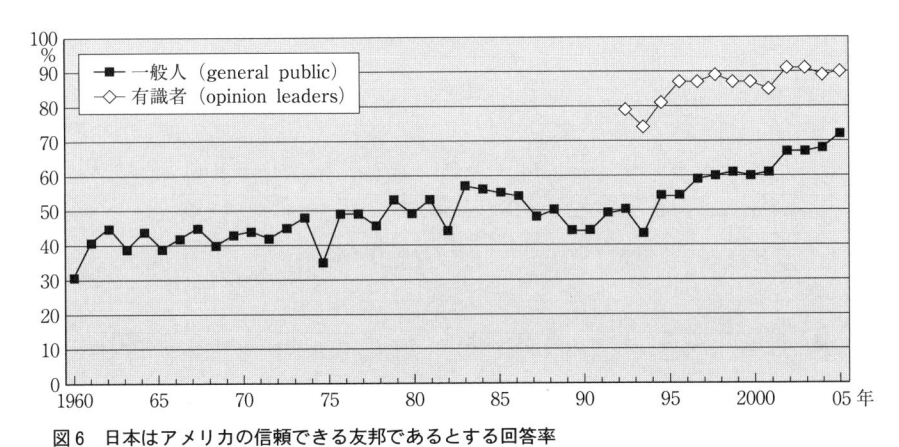

図6 日本はアメリカの信頼できる友邦であるとする回答率
［出典］ 外務省の委託によるギャラップ調査，http://www.mofa.go.jp/mofaj/area/usa/yoron05/gaiyo.html．

投資を「日本，ハリウッド侵略」と報じた。それまでは歓迎されていた対米投資を，「アメリカの魂」を買うに等しいとして，日本への警戒感を煽る内容である。ちなみに同誌の日本語版では，同じタイトルが英語版の「侵略（Invades）」ではなく「進撃」とトーンダウンされたのは，商業メディアの偽善の好例であった（安藤，1991，99-105頁）。

日本に対するアメリカのマスメディアの注目度が高まると，それまでは見向きもされなかった日本人の発言が，報道を通じてアメリカで問題視されることがしばしば起こるようになった。中曾根首相は1986（昭和61）年9月，自民党の研修会で「日本はこれだけ高学歴社会になって，相当インテリジェントなソサエティーになってきておる。アメリカでは黒人とかプエルトリコとかメキシカンとか，そういうのが相当おって平均的に見たら非常にまだ低い」と発言し，アメリカで大反発を受けた。戦前以来，人種差別の漠然とした被害者意識が一般的だった日本では，1960年代の公民権運動を経てアメリカ社会が人種問題に極度に敏感になっていたことに，政治家のみならず社会全般が鈍感であったのを示す例であった。

だが，日本への関心が急激に大きくなったことによってアメリカで生じたのは，レビジョニズムばかりではなく，建設的な関心も含まれていた。この時期，アメリカの大学で日本研究を専攻する学生が急増し，その後の日米関係を支える人材の層は飛躍的に厚みを増した。また日本政府も，地方自治体とともに，

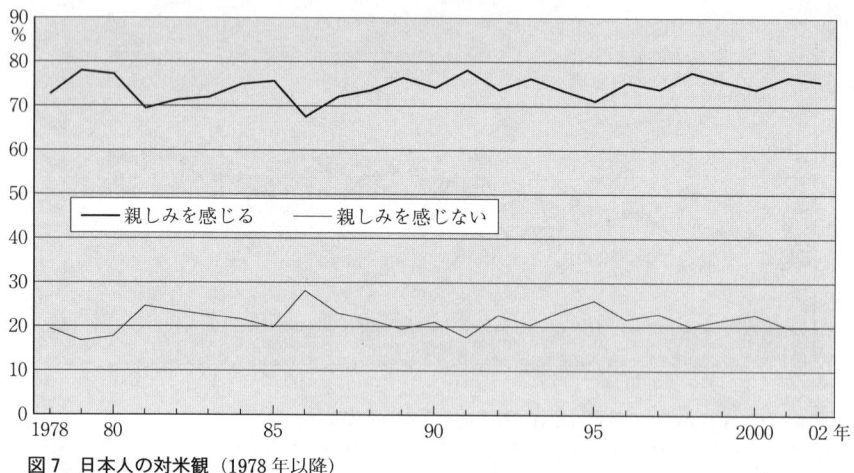

図7　日本人の対米観（1978年以降）
［出典］　内閣府（総理府）大臣官房広報室『外交に関する世論調査』各年版。

英語を母国語とする青年を英語の教師として日本に招聘するJETプログラムを実施し始めた。これは実体験にもとづく「知日派」を養成するという，草の根レベルでの交流事業として大きな成功例であったと言えよう。

　ジャパン・バッシングは現実のものだったが，アメリカ全土で日夜それが繰り広げられていたわけではなかった。アメリカのメディアの報道ぶりは無視できないにせよ，アメリカ世論は多様で，少数の巨大メディアが支配しているわけではなかった。アメリカ人の対日意識を世論調査で見てみると，マスメディアをにぎわした数々の刺激的な言説にもかかわらず，むしろその安定性が印象的である（図6参照）。他方，日本の対米認識はアメリカの対日意識よりも敏感だが，それでも世論調査の結果は，マスメディアでの論調から想像されるよりもアメリカへの好感は安定していた（図7参照）。

　なんと言っても日米は同盟国であり，両国の民主的な政治制度も揺らぎそうもなかった。さらに，経済摩擦についても日本国内には，アメリカの外圧はともすれば既得権と官僚主義で身動きできない日本の経済システムを変革する上で好都合な外部からの刺激である，と受け止める向きもあったし，事実，社会党がほとんど意味のある野党として機能しない日本の政治システムでは，外圧は野党の代替機能を果たしてくれたと見ることもできた。またアメリカの中にも，日本経済から学び，日本の経済的な挑戦を建設的にとらえようとする人々

が少なからずいたことも明らかであった。

◇　　　◇　　　◇

1989 (昭和64) 年1月に昭和天皇が崩御し，62年余に及ぶ昭和の治世に幕が下りた。この崩御が空前の好況の時期と重なったのはもちろん偶然にすぎないが，政治・安全保障面での役割を最小限に抑えつつ，経済発展に国運を託した戦後の日本のあり方の到達点と，その限界を象徴するかのようであった。同じ年（平成元）の11月には東西冷戦の最前線であったベルリンの壁が取り壊され，冷戦の終焉がいよいよだれの目にも否定しがたい現実になりつつあった。他方，5月には，アメリカは前年強化された通商法第301条，いわゆるスーパー301条にもとづいて，日本をいわゆる不公正貿易国に指定した。

つきつめて考えると，この時期の日米経済摩擦は，安全保障をアメリカに依存しながら経済的繁栄に専心してきた，戦後の日本の生き方そのものが問われる問題であった。それにもかかわらず，繁栄の果実の分配をめぐる国内調整に明け暮れる日本の政治に，通商交渉の最前線で繰り返し修羅場をくぐった通産官僚の天谷直弘は，強い危機感を吐露していた。「わたしは，日本のサバイバルは，桃太郎の後ろにくっついている猿のように，アメリカの後ろへくっついている限り保証されるだろうと思いますが，それはアメリカという旦那のもとで居候生活を続けるということです。居候が旦那と碁を打って負かしたりすれば蹴とばされるに決まってる。そうすると，日本国民にとって金儲けが大事かプレステージが大事かという問題がいずれもっと尖鋭な形で出てくるだろう，だからそれを事前にさけることを政治がやってくれないだろうか，それくらいの期待は政治にもちたい気がするのです」（天谷・京極・高坂，1984，157頁）

実際，1991年の湾岸戦争（第11章1参照）で日本が経験した「第二の敗戦」は，まさにこのような天谷の心配を裏づけるように見えた。だが，ほどなく日本経済のバブルがはじけ，アメリカ経済も力強く回復し始めたため，日米経済摩擦の狂想曲も若干の遅れをともなって鳴り止み，幸か不幸かジャパン・バッシングではなく，むしろ日本を軽視したり（ジャパン・パッシング），無視したり（ジャパン・ナッシング）するアメリカの態度が問題視されるようになった（第11章3参照）。言い換えれば日本人も，そしてアメリカ人も，より極端な国力認識から回復することができたのである。そのため，天谷の恐れた尖鋭な挑戦に日本政治が直面することは避けられた。

それにもかかわらず，日本の国力が世界的に見てきわめて巨大なものであることには変化はなかった。「新冷戦」の枠組みの中で日米の「役割分担」が語られたのが1980年代であったが，世界第一位の経済と第二位の経済の間では，冷戦があろうとなかろうと，適切な「役割分担」は不可避であった。たまたま1980年代は，新冷戦という構図が生まれたために，日米役割分担は新冷戦の構図の中ではっきりさせられたのであった。

　新しい役割分担に踏み出すことは，日本にとっては覚悟のいることであったが，冷戦下で日本が占めていた戦略的位置からすれば，その役割分担には自然な側面もあった。つまり，日本が日本とその周辺海・空域の防衛に全力を尽くすことが，アメリカの戦略的利益にも西側の戦略的利益にもなる，という構図があったからである。

　冷戦の終結過程は，このような「自然」な役割分担，日本にとってみると納得しやすい役割分担を消失させた。主要な脅威がはっきりしなくなる中で，日米の自然な役割分担は何であろうか。アメリカからの外圧に対応するだけでない日本としての外交はないのか。1980年代後半の日本にも，おぼろげながらこのような問題意識が登場してきた。

　1988（昭和63）年5月に竹下首相が打ち出した，「平和のための協力強化」「国際文化交流の強化」「政府開発援助の拡充強化」の三本柱からなる「国際協力構想」は，日本としての一つの答えであった。たとえば，冷戦の終結によって和平の進展が期待されるようになったカンボジアで，日本は外交的役割を果たすべく努力した。これは「平和のための協力強化」の事例であり，そのためにはアメリカよりも一歩先行して外交を進める，ということも試みられたのである。また，1989（平成元）年6月，中国で天安門事件が起きると，日本は，西側諸国と協調して中国の弾圧策に対して批判をしたが，中国を孤立させることの不利益を，ブッシュ政権とも協調しつつ，西側各国に説いた。

　冷戦が終結する中，経済問題で対決しつつも，ある程度独自の外交を行うという可能性を日本は見出し始めていた。ただし，日本の国内政治も日本の指導者たちも，日本周辺地域を大きく超える世界的舞台における安全保障面での日米協力を想定していたわけではない。この問題こそ，1990年代から21世紀にかけての日米関係の課題であった。

● 引用・参考文献 ●

天谷直弘・京極純一・高坂正堯，1984 年「シンポジウム・国会改革への提言——自民党政治の沈滞を誰が突き破るか〈特集〉」『中央公論』1984 年 7 月号。
安藤博，1991 年『日米情報摩擦』岩波新書。
五百旗頭真編，2006 年『戦後日本外交史〔新版〕』有斐閣アルマ。
上野千鶴子，1998 年「偏見報道を生む7つの要因」ジパング編『笑われる日本人——『ニューヨーク・タイムズ』が描く不可思議な日本』ジパング。
大河原良雄，2006 年『オーラルヒストリー 日米外交』ジャパン タイムズ。
大矢根聡，2002 年『日米韓半導体摩擦——通商交渉の政治経済学』有信堂高文社。
木村昌人・田所昌幸，1998 年『外国人特派員——こうして日本イメージは形成される』NHK ブックス。
後藤田正晴，1989 年『内閣官房長官』講談社。
世界平和研究所編，1995 年『中曽根内閣史 資料篇』世界平和研究所。
外岡秀俊・本田優・三浦俊章，2001 年『日米同盟半世紀——安保と密約』朝日新聞社。
田中明彦，1997 年『安全保障——戦後 50 年の模索』（20 世紀の日本 2）読売新聞社。
チンワース，マイケル，2004 年「東芝機械事件の再検討」『国際安全保障』第 32 巻第 2 号（2004 年 9 月）。
中曽根康弘，1996 年『天地有情——五十年の戦後政治を語る』文藝春秋。
長谷川和年，1995 年「中曽根外交」世界平和研究所編『中曽根内閣史——理念と政策』丸ノ内出版，175-226 頁。
藤本一美・浅野一弘，1994 年『日米首脳会談と政治過程——1951 年〜1983 年』龍溪書舎。
船橋洋一，1988 年『通貨烈烈』朝日新聞社。
細谷千博・有賀貞・石井修・佐々木卓也編，1999 年『日米関係資料集 1945-97』東京大学出版会。
ボルカー，ポール＝行天豊雄／江澤雄一監訳，1992 年『富の興亡——円とドルの歴史』東洋経済新報社。
Reagan, Ronald, 1990, *An American Life: The Autobiography*, Simon and Schuster.
Shultz, George P., 1993, *Turmoil and Triumph: My Years as Secretary of State*, Charles Scribner's Sons.
Simpson, Christopher, 1995, *National Security Directives of the Reagan and Bush Administrations: The Declassified History of U.S. Political and Military Policy, 1981-1991*, Westview Press.
Weinberger, Caspar, 1990, *Fighting for Peace: Seven Critical Years in the Pentagon*, Warner Books.

⬆自動車問題をめぐる日米閣僚級交渉を前に，橋本龍太郎通産相（右）と竹刀でたわむれるカンターUSTR代表（1995年6月26日，ジュネーヴ。写真提供：PANA）

第11章

冷戦後，9.11以後の日本とアメリカ 1990-2007年

　1980年代の日米関係は，新冷戦を背景にして両国の防衛協力が深まるとともに，日本経済の膨張を受けて貿易摩擦が深刻化した時代であった。しかし，両国の国内政治はその前後に比較すれば安定しており，防衛協力と貿易摩擦という二律背反を，中曽根康弘とレーガンという強い指導者を中心にして，両国の政策エリートが管理してきた。

　だが，中曽根内閣が幕を閉じた時には，新冷戦は終息しつつあった。さらに，アメリカでレーガン政権が終わり，日本で昭和が終わるころには，戦後の国際政治を規定してきた冷戦そのものが終焉を迎えていたのである。アメリカにとっては，安全保障上の考慮が後退するとともに，同盟への関心が大幅に低下す

るかもしれなかった。日本にとっても，対米自主外交をめざす動きが高まっても不思議ではなかった。しかし，両国ともそうはならなかった。これには，1980年代に日米同盟がそれなりに制度化されていたことの意義が大きい。しかも，相次ぐ地域紛争や危機への対応に，日米同盟を修正しながら維持・発展させることが，依然として必要かつ重要とみなされるようになったのである。

　とはいえ，その後の日米関係は決して平坦ではなかった。冷戦後の日米同盟は，新たな目標明確化までの漂流の危険から，1996年の安保「再定義」を経て，21世紀に入ると事実上の「再々定義」に向かう。この間，日本経済は頂点から奈落に転落して改革に苦悩するが，日本外交は中東と朝鮮半島でそれぞれ数次の危機に直面しながら学習を重ねる。他方，中国の急速な国力の増大を受けて日米両国の対中政策が揺れ動く中で，日米関係，さらには国際政治における中国要因がいっそう重要になっていった。そして，この日米中関係を急速なグローバリゼーションが包摂し，外交と内政のリンケージがいっそう強まっていく。

　21世紀初頭の日米関係は，日本経済にようやく回復の兆しが見えるものの，1980年代のそれとは異なり，深刻な経済摩擦を抱えてはいない。他方で，2001年の9.11テロ事件以後の国際的な混乱やアメリカ外交への国際的な反発，中国の急速な台頭，北朝鮮の挑発行動などを受けて，今日の日米関係は，テロ対策や中東問題などのグローバルな安全保障問題と，日米中関係や北朝鮮問題などの地域的な安全保障問題との間で，デリケートなバランスの維持を求められている。日米同盟の「再々定義」は，依然として完了していないのである。

1　湾岸戦争とソ連の崩壊

湾岸戦争

　1989年11月9日に，ベルリンの壁の取り壊しが始まった。年末にかけて，東ヨーロッパの共産主義体制も，堰を切ったように瓦解する。東側陣営の異変を前に，ジョージ・ブッシュ大統領は事態の激変を危惧し，12月にマルタ島でソ連のゴルバチョフ書記長と会見して，冷戦の終結を宣言した。戦後アメリカ外交の大転換である。

　こうした中で，冷戦構造が堅固だったころには想定できなかった地域紛争が，

米ソの意向と無関係に勃発した。1990年8月2日，イラクがクウェートに突如として侵攻し，これを併合したのである。湾岸危機である。地政学的には中東の石油資源の安定確保に対する，そして規範的には国家主権と国際法に対する，明白な挑戦であった。

これを許容しては，地政学的にも規範的にも，冷戦後を睨んだ新秩序の確立などありえない。G. ブッシュ大統領は，侵略の阻止，大国間協調，国連の枠組み重視を3大原則とする「新世界秩序」の構築を提唱していた。

アメリカは中東に大規模な兵力を展開するとともに，精力的な多国間外交を展開した。やがて，アメリカとともに28カ国が「多国籍軍」を形成した。同年11月末，翌1991年1月15日までにイラクがクウェートから撤兵しなければ，「あらゆる必要な手段」の行使を認めるという国連安全保障理事会決議第678号が採択された。アメリカ国内でも，民主党主導の連邦議会が，ブッシュ共和党政権に武力行使を容認した。

1991年1月17日未明，米軍を主力とする「多国籍軍」が「砂漠の嵐」作戦を開始した。圧倒的な兵力の優位と国内の支持，そして明確な戦争目的——「ヴェトナム戦争の教訓」は活かされていた。米軍はハイテク兵器を駆使して空爆を重ね，2月24日に地上軍が突入すると，わずか100時間で戦闘は終息した。国連安保理決議第687号による屈辱的な停戦合意を，イラクのサダム・フセイン大統領は受諾するしかなかった。アメリカは，まず外交で勝利し，軍事でも圧勝したわけである。

それでも，フセイン体制は残存した。まず，フセイン体制の打倒（レジーム・チェンジ）は，国連安保理決議の許容範囲を越えるものであった。また，惨敗で威信を失ったフセイン体制は早晩崩壊するという期待もあった。だが，その後この体制は12年も存続して17の国連決議を無視し，中東におけるアメリカの対抗勢力にとどまった。アメリカはイラクとイランに対する「二重の封じ込め」にしびれを切らし，前者との最終決着をはかるべく，2003年にイラク戦争を決断した。だが，今度はアメリカが国際法や国連を軽視したことは，歴史の皮肉である（ただし，アメリカ自身は国連安保理決議第687号の履行違反を，イラク攻撃の根拠にしている）。湾岸戦争時のアメリカの外交的勝利と軍事的勝利，そして国連の勝利という三重の勝利は，イラクのだれの目にも明らかな侵略行為とアメリカの多国間外交，そして国際社会の積極的協調によるものであり，

アメリカの軍事力だけではその再現は不可能であった。

日本の対応

　では，世界第二の経済大国にしてアメリカの主要同盟国たる日本はどうであったか。

　1989（平成元）年末には，東京証券市場の平均株価が史上最高値の3万8915円を記録する，バブル経済のピークにあった。アメリカ国内では，ソ連の軍事的脅威が低減するにつれて，今度は日本の経済力が一番の脅威であり，日米同盟に「ただ乗り」して経済的繁栄を手にした日本こそ「冷戦の勝者」だという，不安と怨嗟(えんさ)の声が噴出していた。たとえば，1990年7月10日付の『ニューヨーク・タイムズ』紙の世論調査によると，回答者の58％が日本の経済競争力をソ連の軍事力以上の脅威とみなしていた。日米関係は危険な状況にあったのである。

　だが，湾岸危機に対する日本の対応は鈍かった。それには，与党・自由民主党が1989年の参議院選挙で過半数を割っていたうえに，時の首相が海部俊樹という弱い指導者だったという内政上の要因が指摘できよう。イラクのクウェート侵攻から4週間も経って，日本政府はようやく「多国籍軍」に10億ドルの支援を約束した。中東に原油の7割を依存するこの経済大国の少額の財政支援に，アメリカ連邦議会からは対日批判の声が上がった。「ミスター・ガイアツ」ことアメリカのアマコスト駐日大使は，実力者の小沢一郎(おざわいちろう)自民党幹事長に直接働きかけた。その後，日本政府は30億ドル，90億ドルと追加支援を約束した。大蔵省主導のこの事態後追い的な増額で，日本の財政支援は総額130億ドルにも上ったが，「あまりに少なく，あまりに遅い」と，アメリカ側から評価されることはなかった。

　海部内閣は，自衛隊による後方支援など人的貢献を果たそうと，「国際連合平和協力法案」を提出する。これは小沢のリーダーシップによるところが大きい。だが，国会は紛糾し，1990年11月に同法案は廃案になった。湾岸戦争が終結した時，その巨額の財政支援にもかかわらず，日本は解放されたクウェートからも感謝されることがなかった。湾岸戦争後に，日本はペルシャ湾に海上自衛隊の掃海艇を派遣するのがやっとであった。こうして，「冷戦の勝者」と称せられた日本は，湾岸戦争での最たる外交的敗者に転落した。1980年代に

1 湾岸戦争とソ連の崩壊　　293

進んだ日米同盟の制度化がなければ，湾岸戦争がもたらした日米関係へのダメージはより重大であったろう。この経験は，その後の日本外交にとって深刻なトラウマ（心的外傷）となる。イラク戦争での小泉 純一郎(こいずみじゅんいちろう)首相の迅速な決断は，この失敗を教訓とするものであった。

ソ連邦崩壊と G. ブッシュ外交の混迷

　アメリカでは，戦時大統領たる G. ブッシュへの支持率は，一時は9割にも達した。この余勢を駆ってブッシュは，ゴルバチョフとともに1991年7月末に第一次戦略兵器削減条約（START-I）を締結し，核弾頭の総数を6000発に削減する合意に達した。この大胆な米ソ和解と核軍縮は，ワルシャワ条約機構の解体をもたらし，事態の急展開に反発するソ連共産党保守派による反ゴルバチョフ・クーデタとその失敗，そして1991年末のソ連邦崩壊と，両国首脳の意図をはるかに超えて進展していった。もはや冷戦の終焉は，議論の余地ない現実となったのである。

　他方，ユーゴスラヴィア連邦の解体とボスニア内戦に対して，ブッシュ政権の対応は遅れた。地上軍投入が話題になると，軍部は20万人の兵力を要求した。ブッシュ政権は民族問題が錯綜(さくそう)するバルカン半島に，それだけの兵力を投入することをよしとしなかった。ヨーロッパ共同体（EC）統合を進める西ヨーロッパ諸国も，これらの地域紛争では当事者意識に欠けた。しかも，湾岸戦争と続くソ連邦解体への対応で，ブッシュ政権は疲れていた。他方，冷戦の終焉を受けて，議会も外交問題で大統領の権限により挑戦的になっていた。こうして，湾岸戦争は冷戦後の地域紛争解決のモデル・ケースではなく，例外的な成功だったことが早くも明らかになる。湾岸戦争後のパレスチナ和平問題でも，ソ連軍撤退後のアフガニスタンの再建問題でも，ブッシュ政権の対応は鈍かった（両者は共に，21世紀のアメリカ外交を苦しめることになる）。

　こうした中でブッシュ大統領が「新世界秩序」を繰り返し強調したのは，安全保障環境の激変に対応できず，アメリカが孤立主義に回帰することを危惧したからであった。

　実際，湾岸戦争の勝利の陶酔が治まると，アメリカ世論の目は再び経済問題に向かった。高過ぎた大統領への支持率も急落した。1992年1月の訪日の際には，ブッシュ大統領は同年秋の大統領選挙を前に経済への関心をアピールし

ようと，アメリカの大手自動車会社の首脳陣を引き連れ，「仕事，仕事，仕事」と連呼せねばならなかった（**Column⑯**参照）。景気回復が感取されないまま，大統領選挙が迫っていたのである（皮肉なことに，実はアメリカの景気は浮上中で，クリントンが大統領選挙で勝利した時にはすでに景気拡大が明らかとなっていた）。「経済こそが問題なんだ，愚か者！」と呼号する民主党のクリントン候補に，外交重視・内政軽視を厳しく批判されて，現職のブッシュ候補はこの年の大統領選挙で一敗地にまみれた。

宮澤内閣の業績

この1992年の日本の動きはどうか。

前年11月に海部から政権を引き継いだ宮澤喜一は，自民党の国際派ベテラン政治家であり，保守本流の宏池会を代表する久々の本格政権の到来と期待された。だが，宮澤の党内基盤は，宇野や海部ら前任者ほど弱体ではなかったものの，竹下派に支えられている点で変わらなかった。また，宮澤はブッシュ同様に旧世代に属し，そのリーダーシップ・スタイルは慎重で，権力の行使にはきわめて抑制的であった。

それでも，宮澤内閣は前任者の残した外交課題を着実にこなしていった。まず，先述のように，海部内閣時には国連平和協力法が流産したが，1992年6月には，「国際連合平和維持活動等に対する協力に関する法律（国際平和協力法。通称，PKO協力法）」として，自民・公明・民社3党の賛成で成立をみた。ここに自衛隊の国連PKOへの参加が，ついに可能となった。戦後日本が国連に加盟して間もない1958年のレバノン危機（第7章3参照）のころからの外交的課題の達成であり，近年では，湾岸戦争での外交的挫折への間接的な回答でもあった。ただし，停戦監視や武装解除など，武力行使に巻き込まれる可能性のあるPKO本体業務への参加は，公明党の反対で凍結された。あらかじめ多くの禁止事項を設定するのが，日本の防衛政策の顕著な特徴である。

この法案成立の背景には，すでに湾岸戦争後に海上自衛隊の掃海艇をペルシャ湾に派遣して成功した経験や，外務省や自民党内での慎重な協議と根回し，そして，来るべきカンボジア和平後のPKOに参加したいという日本政府の強い意欲があった。カンボジア和平は日本外交の大きな成果であり（**Column⑰**参照），その実施のためのPKOに参加できなければ，日本は種蒔きはしても刈

Column⑰　カンボジア和平

　ヴェトナム戦争でアメリカに勝利し統一を達成したヴェトナムは，1978年12月にカンボジアに侵入し，ポル・ポト政権派を駆逐して，プノンペン政権を樹立した。ヴェトナムの侵略に憤るアメリカなど西側世界は，プノンペン政権に正統性を認めず，それと対峙する抗越3派（ポル・ポト派，シハヌーク派など）を支援し，カンボジアは終わりなき内戦に突入した。だが，内戦の外部環境であった米ソ冷戦が1989年に終焉すると，アメリカはカンボジアの主権を国連がいったん引き取り，その管理の下で抗越3派を軸とする国家再建をはかる和平を追求した。

　こうしたアメリカ主導の和平案に対し，日本はカンボジア現地事情を重視する方策を打ち出した。大量虐殺に手を染めたポル・ポトの支配をカンボジア国民は受け入れないという認識をもって，日本は，国民統合の象徴足りうるシハヌーク殿下と，比較的に統治能力のあるプノンペン政権の合体こそが，カンボジア再建の国内主体であると判断した。1990（平成2）年2月に日本は，担当官をカンボジアに派遣し，自らの構想に自信を深めた。同年6月にはタイの協力を得て，プノンペン政権と抗越3派の代表者を東京に招いて会議を開催した。ここで事実上，プノンペン政権を中軸として，諸派を包括した最高国民評議会の構成が決定された。そして翌月，ベーカー米国務長官がヴェトナム，プノンペン政権との対話開始を発表し，アメリカも結果的に日本の和平工作を追認したのである。1991年10月のパリ和平合意の内実は，このように日本外交がリードしたものであった。

　のみではない。1992年6月に宮澤喜一内閣は国際平和協力法を成立させ，同年9月には国連カンボジア暫定統治機構（UNTAC）に初めて自衛隊や文民警察，選挙監視要員を派遣したのである。それは，日本の外交努力に「信頼性と迫力」（池田，1996）を加えるものであった。だが，試練なしには済まなかった。現地事情の悪化によって日本人の国連ボランティアと文民警察官が相次いで犠牲になった。世論は撤収論に傾いた。しかし，宮澤首相は撤収論を斥け，カンボジア和平に最後まで参画する決断を下した。1993年5月の国際管理下の総選挙において，カンボジア国民の89％が投票に赴いて政府再建を開始した時，日本国民は初めてのPKO参加が間違いでなかったことを知った。

　戦後日本が約半世紀を経てようやく世界平和のために自衛隊を用い，冷戦後の国際安全保障に参加した瞬間であった。　　　　　　　　　　　　　　　【村上友章】

り入れは自分でできない国といった存在にならざるをえないであろう。PKO協力法の下で，1992年9月から翌1993年9月までの1年間に1200人もの自衛隊員がカンボジアPKO（UNTAC）に派遣され，比較的安全なタケオ地方で社会インフラづくりを中心とする活動を行った。この活動は，規律と現地の人々を温かく支える勤勉さによって好評を得た。

1993年4月にはカンボジアで日本の選挙監視員が、そして5月には文民警察官が殺害される事件が起こり、世論はPKO撤退に傾いたが、宮澤内閣は踏み止まった。「もしもう一、二人引き続いて人が死んだら、私自身の立場も保てたかどうか、実際はわからんな、というぐらいの世論の強さでしたね」と、宮澤は回想している（御厨・中村編，2005，302頁）。その後も、日本外交が安全保障上の役割を拡大しようとするたびに、政府と世論のこうした綱引きが繰り返される。

　PKO協力法の成立にあたって、社会党は冷戦時代さながらに全議員の辞表をとりまとめ牛歩戦術で反対したが、もはや大方の国民の支持と共感を得ることはできなかった。こうして、「国際貢献」という語彙が冷戦後の日本外交のキータームとなった。この年、日本政府は初めて国連安保理常任理事国入りの希望を表明した。アメリカはこれを原則的に支持しているものの、その実現方法については、今日にいたるまで日米両国の間で十分な調整を得られていない。一方で、冷戦後の日本外交が役割を拡大しながらも、それに相応しい地位を獲得しておらず、アメリカもその点での理解に欠けるという日本側の不満と、他方で、日本外交の役割拡大を評価しながら、それが日本の国力に比して必ずしも十分ではないというアメリカ側の評価は、その後も日米関係の潜在的争点となっていく。

　また、1992年10月には、日中国交正常化二十周年を記念して、天皇の中国訪問が実現した。天安門事件以来の国際的孤立に悩む中、日本外交が対中制裁を1年間で終了し、中国を国際社会に関与させるための国際的イニシアティブをとったことを受けて、中国政府が切望した案件である。これゆえに、中国政府はPKO協力法の成立に際して、「日本軍国主義復活のおそれ」といった批判を全面的に控えたのである。この天皇訪中には「天皇の政治的利用だ」といった批判も日本国内の一部にあったが、東アジアと世界の平和と繁栄のためには日中関係の安定が必要、という日本外交の意思表示になった。

　さらに、1993年8月には、外交政策の長期的かつ総合的な戦略の立案のために外務省の機構が改革されて、総合外交政策局が設置された。これは制度面で湾岸戦争の失敗に対応しようとしたものである。「国際関係が固定的で、法律や条約の解釈と国会答弁で外交ができた時代には条約局が機能したのですが、外交に能動的な役割が必要になってきた冷戦後はそれだけでは通用しなくなっ

たわけです」と，初代総合外交政策局長を務めた柳井俊二は回想している（五百旗頭・伊藤・薬師寺編，2007，117頁）。

このようにさまざまな外交業績をあげた宮澤内閣だが，すでにバブル経済は崩壊し，国内の不良債権への不安が漂い，政治改革に踏み切れない戦後システムへの閉塞感が漂っていた。自民党1党優位体制による政治経済の運営は限界に達しており，冷戦の終焉を受けて，「国内冷戦」と呼ばれた55年体制の崩壊が迫っていた。加えて，アメリカでは大統領選挙で余裕を失ったブッシュ政権，続く経済重視のクリントン政権が，在野の言論界とともに日本異質論に立つ「ジャパン・バッシング」に与したことから，「嫌米」という不思議な語彙も日本社会に追加された。しかも，これまで日米関係を担ってきた政策エリートの間にも，おそらく戦後初めて，こうした「嫌米」感情が顕著に広がっていった。

旧世代に属するブッシュ大統領は，冷戦の終焉と湾岸戦争の勝利を主導しながら，「新世界秩序」を描き切れないままに退場した。同じく宮澤首相も，日本外交の地平を拡大しながら，それを十分に定着させられないままに55年体制の幕引き役を演じることになる。

やがて，「ベビーブーマー世代」のクリントン大統領と，日本のさまざまな組み合わせの連立政権の下で，1990年代の日米関係は展開される。冷戦後の国際環境の不透明性に対処する政策エリートたちの能力と意欲の減退も手伝って，日米関係はますます両国の国内政治に翻弄されるようになるのである。

2 「同盟漂流」から「安保再定義」へ

クリントン外交の始動

1993年1月に，アメリカでクリントン政権が発足した。民主党政権は12年ぶりのことである。そのためもあって，日本政府はクリントン政権の中枢部に十分な人脈を持たなかった。さらに，クリントンは初の戦後生まれの大統領であり，初の本格的なポスト冷戦期の大統領であった。クリントンの世代にとっては，日本が経済大国であることは自明であり，冷戦後の「平和の配当」を求めてアメリカの国内経済を再建するうえで日本は，安全保障上の同盟国である以上に，経済的に手強いライバルと映った。また，クリントンは国政レベルの経験を持たず，前任者とは対照的に，当初は外交への関心が極端に低かった。

彼の最初の大統領就任演説は4200語に及ぶが，外交への言及はわずか141語，つまり全体の約3％にすぎなかった。

クリントンのアジア外交は，自由や民主主義，人権といった国内的価値を反映し，アメリカの通商上の利害を強く意識したものであった。クリントン政権は発足早々に，国家安全保障会議（NSC）を模して，国家経済会議（NEC）を立ち上げた。外交における価値と通商上の利害——日本は後者の，そして中国はその双方の対象であった。

クリントンはブッシュの対中軟弱外交を批判して，「バグダッドから北京にいたる独裁者たちを甘やかさない」と公言していた。対中貿易赤字と中国の人権状況に対する苛立ちからである。だが，アメリカの経済界は，ますます対中貿易の拡大を望むようになっていた。1993年5月には，クリントン政権は中国に最恵国待遇を更新した。11月にシアトルで開かれたAPECで，クリントンは中国の江沢民国家主席と初めて会見した。米中首脳会談は4年半ぶりのことであった。天安門事件以来の対中経済制裁はすでに緩和されていた。中国経済は急成長の波に乗り，米中両国政府間の交流と協議，そして両国の貿易は拡大していった。

こうした対中関与政策は，連邦議会の反共タカ派からも人権派からも批判を浴びた。その後も，クリントン政権の対中政策の振幅は大きかった。ロード国務次官補（東アジア太平洋担当）は，政権内から同盟国を重視した一貫性のあるアジア政策の再構築を訴えたが，大統領はそうした戦略的一貫性に関心を示さなかった。

一方でこのような振幅や一貫性の欠如から，アジア諸国はクリントン政権のアジア政策に不信と猜疑を募らせたが，他方でヨーロッパ諸国は，クリントン政権が時としてアジア情勢に関心を払い過ぎ，ヨーロッパの問題に十分関与していないと受け取った。クリントン外交は政権の内外，太平洋と大西洋の双方で疑念を招いたのである。

日米貿易摩擦

1990年代前半，日米貿易摩擦は最後の火花を散らしていた。

クリントン政権は，日本市場でのアメリカ製品のシェア（市場占有率）拡大を数値目標の設定で実現しようとしていた。当然，自由貿易の原則に反する。

1993（平成5）年4月に宮澤首相が訪米した際には，協議は物別れに終わった。7月には，サミットが日本で開催された。ところが，これに先立つ6月には，政治改革の行き詰まりから自民党は分裂し，宮澤内閣への不信任決議を衆議院が可決して解散総選挙となった。サミット後の総選挙で自民党が敗北して翌8月，宮澤内閣は総辞職し，55年体制は終焉する。こうした渦中でのサミットである。それでも宮澤首相は最後の粘りを示して，日米首脳会談で数値目標を退け，部門分野別の「客観的基準」を設けることで妥協した。さらに，環境・健康・エイズ・人口問題・テロ対策など，多面的な日米の協力構想（コモン・アジェンダ）を含む包括協議でも，日米両首脳は合意に達した。

　日米貿易交渉の破局は回避されたが，55年体制は終焉し，以後，日本政治は連立政権の時代を迎える。小沢一郎の手で1993年8月に日本新党の細川護煕を首相とする初の非自民連立政権が生み落とされた。この非自民連立政権の登場で自民党と官僚，業界の「鉄のトライアングル（三角形）」が弛緩することを期待して，1994年2月の日米首脳会談では，クリントンは再び具体的な数値目標の導入を迫った。だが，細川はこれを拒絶する。折からの「嫌米」ムードの中で，戦後初めて日本がアメリカにノーと言ったと，これを歓迎する向きも少なくなかった。細川内閣は政権基盤が脆弱で，高い内閣支持率が頼みの綱であったことから，こうした世論に迎合的な面もあった。

　その後も日本の政局は流動的であった。1994年4月には，非自民連立政権の首班が細川から羽田孜に代わったが，2カ月後には，自民党が社会党委員長の村山富市を首相に推すことによって，社会・さきがけ両党と連立を組み，政権復帰を果たした。

第一次北朝鮮核危機

　日本のバブル経済崩壊後に日米貿易摩擦が最後の火花を散らせ，日本の政局が混迷する中で，北東アジアでは深刻な安全保障問題が表面化していた。北朝鮮による核開発疑惑である。国際原子力機関（IAEA）は北朝鮮に疑惑解明のための特別査察を要求したが，北朝鮮はこれを拒否したうえ，1993年3月にNPTからの脱退を表明した。5月には，能登半島沖に向けて中距離弾道ミサイル「ノドン1号」の発射実験を行い，さらに翌1994年3月の南北朝鮮の実務レベル会談では，北朝鮮の代表が「もし戦争になればソウルは火の海になるだ

ろう」と恫喝（どうかつ）するにいたった。事態は緊迫した（第一次北朝鮮核危機）。

それまで，クリントン政権は，ボスニアやソマリアで地域紛争への対応に失敗してきた。だが，今回はNPT体制への深刻な挑戦である。クリントン政権は対北朝鮮経済制裁に進み，在韓米軍司令部は「作戦計画5027」にもとづいて大規模戦闘の準備に向かった。全面戦争になれば，最初の90日で米軍の死傷者は5万人を超え，韓国軍のそれは49万人にも上ると予想された。

危機の最中，1994年6月にカーター元大統領が特使として訪朝した。カーターは金日成（キムイルソン）北朝鮮国家主席と交渉し，北朝鮮に核開発の凍結を約束させた。「米朝枠組み合意」により，その代償として翌1995年3月には朝鮮半島エネルギー開発機構（KEDO）が発足し，北朝鮮にエネルギーを供給することになる。当面の危機は回避された。アメリカ側には，湾岸戦争後のフセイン体制についてと同様に，北朝鮮の体制は早晩崩壊するという期待や楽観論もあった。だが，その後も北朝鮮の体制は存続し，核開発を続行する。こうしたクリントン政権の対北朝鮮政策には，アメリカ国内でも保守派を中心に不満と批判が慢性化した。

北朝鮮の核開発問題が日米関係に与えた影響は重大であった。北東アジアでのこの深刻な危機に際して，アメリカの同盟国日本にはほとんど後方支援の準備のないことが明らかになったのである。1994年春に，アメリカ側は日本政府に1059項目の協力要請を打診したとされる。だが，「日米安全保障条約の運用について，実はそこまで詰めてないんです」「日頃から想定される事態には対応できるようなマニュアルを作っておくべきではないか」と，当時の内閣官房副長官・石原信雄（いしはらのぶお）は回想している（御厨・渡邉インタヴュー・構成，2002，163，168頁）。冷戦期の米ソの軍事対立を前提にした日米同盟の枠組みと運用のままでは，こうしたより小規模だが身近な危機には，有効に対応できなかったのである。

「同盟漂流」の危惧

北朝鮮核危機を受けて，日本の防衛政策にも進展が見られた。細川内閣時代の1994年2月に，首相の私的諮問機関として防衛問題懇談会（樋口廣太郎（ひぐちこうたろう）座長）が発足し，冷戦後の日本の防衛政策の見直しにあたった。細川首相の意図は，防衛費や装備，人員の削減にあった。だが，村山内閣下の同年8月に提出

された「樋口レポート」と呼ばれる報告書の内容は、多角的安全保障協力を推進しながら、日米安保関係の機能を充実させ、効率的な防衛力を保持するという積極的なものであった。また、与党となった社会党が日米安保堅持と自衛隊容認に踏み切ったのも、重要な変化であった。

だが、アメリカ政府内の日本専門家の中には、「樋口レポート」が多角的安保協力を重視して、日米同盟を軽視するものではないかという懸念があったという。1994年の中間選挙で民主党が敗退し、クリントン政権がさらに内向きになるというアメリカの国内情勢にも、彼ら知日派は危惧を強めていたのである。こうした専門家の危惧を、ジョセフ・ナイ国防次官補らが政権の中枢につなげ、1995年2月には「東アジア戦略報告（ナイ・レポート）」をまとめた。この報告は、東アジアに10万人規模の米軍を駐留させるとともに、日米安保関係の再定義を求めていた。日本側では、同年11月には19年ぶりに「防衛計画の大綱」が改定されたが、これは日本政府が先の「樋口レポート」をふまえて、アメリカの「東アジア戦略報告」に呼応したものである。

しかし、日本の安全保障をめぐる内外環境の変化は、防衛政策の見直し作業よりも、はるかに劇的かつ急速であった。まず、1995年7‒8月に起こった、中国による台湾沖でのミサイル演習である。中台危機は、翌年3月の台湾初の総統直接選挙時にも再発した。この時は、アメリカが2隻の空母を台湾海峡周辺に派遣して、事態を沈静化させた。急速な経済成長に支えられた中国の軍事近代化とナショナリズムが、この事件の背景に横たわっていた。

1995年9月には、沖縄で米海兵隊員による少女暴行事件が発生した。沖縄県には在日米軍基地専有面積の75％が集中していた。村山内閣の初期対応が鈍かったこともあって、県民の反米・反基地感情は沸騰した。日米同盟の中核たる在日米軍基地、とりわけ戦略的拠点である沖縄での米軍基地の安定的な使用が危殆に瀕した。ナイ国防次官補は、この事件を「タイフーン」のようだったと回想している。日米両国政府は「沖縄における施設及び区域に関する特別委員会（SACO）」を立ち上げ、基地問題の見直しに乗り出した。

戦後五十年にあたるこの年に、一方で、台湾海峡危機は冷戦の終焉後も北東アジアでは古典的なパワー・ゲームが厳存していることを、他方で、沖縄問題は冷戦期の前方展開戦略に限界が生じていることを、それぞれ示していた。こうして、1990年代の半ばまでに、冷戦後の日本外交は湾岸戦争というグロー

バル（世界的）な危機，北朝鮮問題や台湾海峡問題というリージョナル（地域的）な危機，そして，沖縄基地問題というローカル（地方的）な危機に，連鎖的に直面することになったのである。

　この1995年には，1月の阪神・淡路大震災や，3月のオウム教団による地下鉄サリン事件など，日本国内ではそれまで想定されていなかった危機が続発し，村山内閣は危機管理能力の欠如を露呈していた。日米関係でも，日米自動車部品摩擦の中でアメリカ政府が日本製の高級自動車に100％の報復関税をかけ，日本がこれを世界貿易機関（WTO）に提訴して緊張が高まった。この日米自動車交渉は，数値目標を主張し続けたクリントン政権がECはじめ国際的支持を得られず，これを断念する形で6月末に決着した。事実上，これが最後の日米貿易摩擦となった。

　こうした中で，日米の安全保障専門家の間では，「同盟漂流」が真剣に危惧されるようになってきた。とりわけ，ウィリアム・ペリー国防長官は，沖縄基地問題の早期解決に熱心であった。先に「東アジア戦略報告」をまとめたナイ次官補らがこれを支えた。当時，防衛庁防衛局長を務めた秋山昌廣は，日本でも「安全保障問題に関してはなお官僚が当事者能力を維持し，"silent leadership"〔静かなリーダーシップ〕を取っていると考えている。もっとも，この"silent leadership"を我々官僚が取ることができるのは，今回が最後となるかもしれない」と語っている。官僚たちがなお，日本の脆弱な政治的リーダーシップを補い，アメリカ側の働きかけに対応しようとしていたのである（秋山，2002，82頁）。

　日米首脳会談が急がれた。だが，1995年11月のAPEC大阪会議に出席予定だったクリントン大統領が，共和党主導の連邦議会と衝突して訪日を延期した。さらに，政権運営に疲れた村山首相が，1996年1月には辞任する。

「安保再定義」へ

　村山の後任には，自民党総裁の橋本龍太郎が就任した。久しぶりの自民党首班による内閣である。橋本は沖縄問題の解決に強い関心を持っていたし，橋本の党内基盤である経世会（旧竹下派）もこの問題に歴史的に関与してきた。日米両国の専門家の"silent leadership"を顕現化する好機でもあった。1996年4月，クリントン大統領が訪日し，橋本首相との間で，「二十一世紀に向け

ての同盟」という共同宣言を発出した。いわゆる「安保再定義」である。

両首脳は「両国の政策を方向づける深遠な共通の価値，即ち自由の維持，民主主義の追求，及び人権の尊重に対するコミットメントを再確認」したうえで，日米の安全保障協力が「アジア太平洋地域において安定的で繁栄した情勢を維持するための基礎」と再確認した。このため，アメリカはこの地域に10万人の前方展開兵力を維持し，1978（昭和53）年に策定された「日米防衛協力のための指針（ガイドライン）」（第9章3参照）も見直されることになった。ナイ・レポートの主張が確認されたのである。

他方，懸案の沖縄問題では，SACOプロセスを受けて「米軍の施設及び区域を整理し，統合し，縮小する」ことで合意した。特に，この首脳会談に先立って，普天間基地の返還と移設が決まったことは重要である。日本側には，普天間の返還を求めることは政治的リスクが高いという見方もあったが，橋本首相がリーダーシップを発揮し，モンデール駐日大使らの努力でアメリカ側もこれを受諾した。

宮澤内閣時のPKO協力法が湾岸戦争での挫折への間接的な回答だったとすれば，この「安保再定義」は，日米の安全保障協力をグローバルに拡大しながら，北朝鮮や台湾海峡の危機に示されたような地域の安全保障と日本国内の米軍基地負担の問題に，同時に答えようとする野心的な試みであった。往時の経済力が落ち込む中で，日本としては，それまで「禁じ手」であった防衛力をグローバルな外交と日米協力に有効活用する必要性が高まったわけでもある。そのため，米国防省の影響力拡大にも助けられて，防衛庁が日本外交と日米関係の主要なプレイヤーとして出現することにもなった。グローバリゼーションは，経済のみならず安全保障領域にも波及しつつあった。

だが，クリントン訪日の遅延から，この「安保再定義」は第二次台湾海峡危機の直後となり，中国は対中「封じ込め」への猜疑を強めた。実際，「安保再定義」の過程で，アメリカ側には「中国脅威論的な見方」に立つ者もあったという（秋山，2002，222頁）。台湾海峡をはじめとする安全保障問題，経済的相互依存と貿易摩擦，そして政治的価値観をめぐって，日米中3国の間で新たなダイナミズムが展開されようとしていた。

3　「ジャパン・パッシング」？

ガイドライン改定

　「安保再定義」で示されたガイドラインの改定作業は，その後日米の実務当局者のレベルで進められ，1997（平成9）年9月には，新ガイドラインの最終案がまとまった。ここでは，日米の防衛協力を，①平素の協力，②日本攻撃への対処，③周辺事態，に分類したうえで，特に③では，人道支援，非戦闘員退避，米軍施設使用，後方地域支援，自衛隊と米軍の運用協力など，広範な領域での協力が40項目にわたって確認された。旧ガイドラインの中心が②であったのに対して，新ガイドラインの核心は③にある。

　だが他方で，台湾問題を抱える中国の懸念や日本国内の安保「巻き込まれ」論に配慮して，「周辺事態の概念は，地理的なものではなく，事態の性質に着目したものである」と定義されたうえ，「周辺事態が発生することのないよう，外交上のものを含むあらゆる努力を払う」という表現が追加された。この時期の日中関係は比較的安定しており，中国の軍事近代化や外交攻勢への懸念はむしろアメリカ側に強く，日本の一般世論にまだ広く共有されたものではなかったのである。

　「安保再定義」はさらに，実務レベルで具体化されなければならなかった。しかし，1996年はアメリカの大統領選挙の年であったし，1997年に二期目のクリントン政権が発足すると，「安保再定義」の推進役だったペリー国防長官は政権を離れ，アメリカの対日政策の主導権は，バブルがはじけて病める日本経済への処方箋を語る，ルービン財務長官やサマーズ同副長官らの手に移った。クリントン第二期政権のアジア外交は，米中関係の改善を主要課題とするにいたった。クリントンの浩瀚な回顧録の中に，「日米安保再定義」に関する記述がいっさいないことは象徴的である。このように，日米同盟強化への気運は，いったん緩慢になった。

　橋本首相は対ロシア外交はじめ，フランスなどヨーロッパとの関係を活性化するなど外交の多元化をはかりながら，日米関係の維持強化に努め，行財政改革を推進していった。こうした橋本の努力が，21世紀に入ってから，彼の政敵・小泉純一郎内閣の下での日米同盟と官邸機能の大幅な強化に結実する。ま

た橋本内閣は安全保障問題に意欲的であり，PKO 協力法を一部改正して，小火器の使用について個人の判断ではなく現場の上官の命令によるものと定めた。カンボジア，インドネシア危機の際には，緊急時の在外邦人救出態勢の確立をはかるなど，安全保障政策の法的・制度的枠組み作りにも貢献している。

だが橋本内閣は，国内では財政再建のための増税によって景気回復の芽を摘み，対外的にはアジア通貨危機（1997 年）でアメリカとの調整を欠いた多国間の処方箋を打ち出して，アメリカに峻拒された。政策通の相次ぐ政策ミスであった。新ガイドラインの実効性を国内的に担保する法案を整備しながら，1998 年 7 月の参議院議員選挙に敗退して，橋本内閣は退陣する。

すでに 1995 年 1 月には GATT ウルグアイ・ラウンドで設立が決められた WTO が発足しており，経済のグローバリゼーションはいっそう明らかになってきた。日本の強い後押しもあって，1999 年には中国の WTO 加盟が決定し，2001 年 12 月に実現した。この中国の WTO 加盟は，アジア通貨危機の経験と並んで，その後のアジア地域の経済統合を加速化させる。

「ジャパン・パッシング」？

台湾海峡危機と日米安保再定義に傷ついた後，中国外交はしたたかに対米関係の改善に動いた。それは日本を標的とする意味合いを含むものであった。1997 年 10 月には江沢民国家主席が訪米し，ハワイで米中が第二次世界大戦での戦勝国であることを誇示したうえで，ワシントンでクリントン大統領との首脳会談に臨んだ。アイリス・チャンの『ザ・レイプ・オブ・南京』が全米でベストセラーになったのも，この年である。翌 1998 年 6 月には，クリントンが訪中して，台湾問題に関して「三つのノー」に言及したほか，江沢民と肩を並べて日本の経済政策を批判した。この訪中にあたって，クリントンは日本に立ち寄りもしなかった。橋本内閣退陣の直前のことである。

このころから，往時の強い日本経済に対する「ジャパン・バッシング」から，弱い日本経済に対する「ジャパン・パッシング（日本無視）」，さらには，「ジャパン・ナッシング（日本なし）」が語られるようになった。他方で，米中は今や「戦略的パートナー」と称せられていた。日本外交は，国際的なイメージとメディア戦略の中で一敗地にまみれつつあったのである。中国の外交攻勢に，日本国内では反中世論の台頭が著しくなった。

Column⑱　二つのアーミテージ報告の比較

　日米両国政府は，同盟関係に関する数多くの共同宣言や声明を作成しているが，この同盟についてのアメリカの戦略的思考を最も明確に示すものは，おそらく，アーミテージ元国防副長官とハーヴァード大学教授のジョセフ・ナイが共同議長を務めた二つの研究グループによる報告書である。第一次報告書は，大統領選挙直前の2000年10月に〔国防大学の〕国家安全保障研究所（INSS）から出版され，第二次報告書は，民主党と共和党の大統領予備選挙が始まったばかりの2007年2月に，戦略国際問題研究所（CSIS）から出された。この二つの報告書はどこが共通し，どのように異なるのか。両者の間の連続性と断絶性には，日本とアジアに関するワシントンの戦略専門家の内なる思考を示唆している面もある。

　まず，共通性と連続性から考えてみよう。二つの報告書は日本に関する記述に多くの紙面を割いているが，実際はアメリカの政策決定者に向けたものであった。アーミテージとナイが最初の報告書で考慮したことは，2000年の大統領選挙にだれが勝利するにしろ，日米同盟がアメリカのアジア戦略の中核であることを明確にすることであった。レーガン政権からジョージ・ブッシュ政権への移行期において，国際安全保障問題担当国防次官補として，アーミテージはヘルムズ上院議員のような旧来型の南部保守派と次期支援戦闘機（FSX）問題で争わなければならなかった（第10章3参照）。ビル・クリントン政権で同じ職に就いたナイは，1990年代にカンターと米通商代表部の保護主義的な衝動と戦わなければならなかった。野党共和党の一員としてアーミテージは1990年代にナイを在野で助け，ナイはハーヴァードの学窓からジョージ・ブッシュ政権下のアーミテージを支援した。さらに，報告書のメンバーの多くは，両政権で働いた者である。筆者自身も，ナイとキャンベル〔クリントン政権の国防次官補代理〕の下で国防省の上級顧問を務め，後にG.W.ブッシュ政権でNSCのアジア担当上級部長を務めた。サコダはナイの下で国防省の日本担当課長であったし，ブッシュ政権ではアーミテージの首席補佐官を務めた。シュライバーはナイの下で国防省の中国担当課長に任じられ，ブッシュ政権では中国担当の国防次官補代理となった。二つの報告書の目標は，日米同盟を中核に据えたアメリカのアジア戦略への，こうした超党派的支持を維持することにあった。

　第二の共通点は，二つの報告書が中国に関して，中道ないし中道右派の姿勢をとっていることである。アーミテージとナイや他のメンバーはすべて，アメリカは中国に関与しなければならないが，同盟関係を通じてアジアでの安定した勢力均衡をも維持しなければならない，と信じている。均衡を図ることから生じる摩擦を回避して関与のみを望む民主党やビジネス界とも，はるかに強く中国との均衡を図ろうとし，さらには封じ込めさえ意図する共和党の右派とも，この立場は対照的である。さらに，報告書の執筆者たちは，中国と均衡して中国の侵略を予防するだけでなく，アジアでの

ルールと規範がもっぱら民主主義諸国と「責任ある利害当事者たち」によって形成されることを明示して，中国の政策決定に影響を与えることがアジアでの同盟の役割だ，と信じている。

第二次報告での最大の相違点は，防衛問題に以前ほどの注目が払われていないことである。これは部分的には執筆者たちの経験を反映している。そのほとんどが第一次報告書以前に国防省での勤務経験を持っていたが，第二次報告書が書かれるまでには，国務省やNSCに経験を拡大していた。だが，同盟への総合的な吟味は，G.W.ブッシュ＝小泉時代を通じての協力の多様化をも反映している。イラク復興からODA，6者協議にいたるまで，日米両国は外交政策の総合的な協力を拡大・深化させてきた。第二次報告書ではまた，インド，オーストラリア，朝鮮半島，そしてもちろん中国にまで検討が及んでいる。この地域規模での焦点の当て方はおそらく，この地域での日本自体の外交政策の手段と協力の多様化に加えて，執筆者たちの外交政策でのより広い経験を反映しているのである。

第一次報告書との二つ目の相違は，集団的自衛権のような問題で，日本に対するアメリカの「外圧」がもはや無用になったことである。第一次報告書はおそらく，当時の日米両国での少数意見を代表していた。第二次報告書は同様に，両国での多数意見を代表している。集団的自衛権の承認や憲法改正への動きなど，安倍晋三首相（2007年5月，執筆時）の政治目標は明確である。その意味で，第一次報告書に比べて，第二次報告書はほとんど「当たり前」の内容になっている。

第二次報告書についていまだ明らかでないことは，第一次報告書がジョージ・ブッシュ政権にとってそうであったように，これが次期政権のアジア政策の青写真になるかどうかである。確かに，第二次報告書の執筆陣はすでに，マケイン上院議員やヒラリー・クリントン上院議員のような有力な候補者と行動を共にしつつあり，執筆陣の多くは次期大統領の戦略的思考に影響力を持つようになろう。だが，他の大統領候補者たちは，日本やアジアについてまだ「白紙状態」にある。オバマ上院議員はインドネシアで育ち，アジアの文化について豊富な理解を持っているが，彼の主要な助言者たちは，この地域での「均衡」戦略には批判的である。ジュリアーニ元ニューヨーク市長は，テロ対策については力強く語っているが，アジアに関する主要な外交政策の争点での彼の立場や，外交政策での彼の助言者たちについてさえ，不明なままである。

アメリカで大統領候補者たちが絞り込まれていくにつれ，彼らの多くはアジアについてよりもはるかに多くイラクについて語ることになろう。日米同盟とアジア戦略についての独自の超党派的構想を樹立するには，今が日本にとって好機かもしれない。

【マイケル・グリーン／村田晃嗣 訳】

1998年7月に橋本の後を襲った小渕恵三内閣にとっては，厳しい門出であった。しかも翌8月には，北朝鮮が日本列島越しに「テポドン」ミサイルを発射したのである。すでに「ノドン1号」の発射実験が1993年5月にあった（本章2参照）ものの，北朝鮮のミサイル技術の大幅な向上は，日本の世論に大きな衝撃を与えた。その後も，日本海への不審船の出没のように，北朝鮮による挑発行為は続いた。皮肉にも，北朝鮮の相次ぐ挑発行為は日本国内の安全保障コンセンサスを固めた。小渕首相が1999年3月，能登半島沖の不審船に対する射撃を命じた時，冷戦の時代と異なり，世論に反対はなかった。すでに，小渕は1999年1月に小沢率いる自由党と連立を組み，国内の権力基盤を安定させていた。こうした内外情勢の中で，5月には懸案のガイドライン関連法も成立をみた。これは，1994年の北朝鮮核危機の際の準備不足への回答でもあった。その後も北朝鮮の動向は，日本の安全保障政策の変化に多大の影響を与える。こうした中で，北朝鮮問題ではペリー前国防長官が政策調整官となり，1999年10月に米日韓3国との緊密な協力に則った「対話と抑止」の方針（「ペリー報告」）が打ち出された。

クリントン外交の末路

クリントン政権は，仲介外交とテロ対策，同盟再編，対中新外交，人道的介入と新たな課題に取り組みながら，「新世界秩序」構築というG. ブッシュ政権以来の課題を果たせないでいた。ブッシュ前政権にとって，ビジョンの欠如が外交上の問題だったとすれば，クリントン政権の一期目にとっては，経験不足と無関心が，そして，二期目には優先順位の欠如が，それぞれ外交上の問題であったといえよう。しかしながらクリントンは強運の人であり，グローバリゼーションと情報化時代を先駆けたアメリカ経済が回復し，国際的競争力を取り戻したことは，クリントン政権の大きな資産となった。

米中関係について見れば，中国は，クリントン政権の積極的な対外関与政策と経済のグローバリゼーションにアメリカの覇権主義を読み取って警戒し，1999年3月にユーゴ空爆で米軍機が中国大使館を誤爆した際には，感情的な反発を示した。米中の「戦略的パートナーシップ」が容易に進展せず，地域紛争が多発するとなれば，やはりアメリカにとって頼れるのは同盟国であった。

だが，日米同盟関係には沖縄の基地問題という棘が刺さったままになってい

た。普天間基地の移設問題は，地元の反対で膠着状態に陥っていたのである。この問題解決に執念を燃やす小渕首相は，2000年に日本で開催予定のサミットの開催地に，沖縄と九州を選んだ。沖縄の経済振興を支援するなど配慮をしつつ，基地負担に苦しむ沖縄の理解を得ること，そしてクリントン大統領に問題の深刻さを理解させるためである。

このサミットの開催を見ることなく，小渕首相は2000年5月に急逝する。自民党有力者の話し合いで，後任には党幹事長の森喜朗が選ばれた。7月のサミットで，クリントンは沖縄を訪問し，沖縄県民に謝意を表し理解と協力を求めた。けれども，退陣間近いクリントン政権には，この複雑な問題を解決する時間も力も残されてはいなかった。アメリカにとってはより重要なパレスチナ問題が再び悪化し，クリントンはその対処に限られた時間を費した。

歴史に外交上の成果を残したいクリントン大統領は，10月にオルブライト国務長官を北朝鮮に派遣して，米朝関係の大幅な改善をはかろうとした。「ペリー報告」の「対話と抑止」路線が，対話重視に大きく傾斜したのである。韓国でも2000年6月，金大中大統領が平壌を訪れて南北首脳会談を行い，北朝鮮に宥和的な「太陽政策」を推し進めていた。米韓のこうした動きによって，北朝鮮問題で日本だけが孤立する可能性が出てきた。しかし，後で述べるように，2000年の米大統領選挙で共和党のジョージ・W. ブッシュ候補が当選したことから，アメリカの対北朝鮮政策は大きな方向転換をとげることになる。

このように，クリントン時代の日米関係は，グローバリゼーションと不安定な日米中関係，相次ぐ地域紛争，そして両国の国内情勢に左右されながら，最後の貿易摩擦から「同盟漂流」「安保再定義」「ジャパン・パッシング」と蛇行した。それは，内政の混乱に悩まされる両国の政治指導者と，日米関係の安定をはかる外交専門家との間の綱引きであり，合作でもあった。この間に，中国の台頭や北朝鮮の軍事的脅威を受けて「安保再定義」に踏み込んだことが，21世紀の日米関係を強く規定することになる。軍事と経済の両面で，国際政治におけるアメリカへの力の集中，つまり単極構造が明確になっていったが，日本周辺の戦略環境は一層厳しさを増していたのである。

4 9.11の衝撃と小泉＝G.W. ブッシュ時代の日米関係

G.W. ブッシュ政権と小泉内閣の登場

　森内閣は政権獲得の正統性に疑義をもたれ，低い支持率に悩んだ。焦燥感にかられた首相は，メディアと良好な関係を築けず，些細な言動が批判の的になった。

　2000年11月のアメリカ大統領選挙では，フロリダ州の集票作業が大問題となり，共和党のジョージ・W. ブッシュ候補も，正統性に疑義をもたれたまま，翌2001年1月に大統領に就任した。しかし，ブッシュは長い選挙戦を戦い抜き，外交戦略のビジョンを明確にしていた。すでに選挙期間中にブッシュ陣営は安易な人道的介入を戒め，中国を「戦略的ライバル」（後には「戦略的競争相手」）と呼んでいた。いずれもクリントン外交への強い批判である。

　また，大統領就任演説では，「自由に敵対し，わが国に敵対する者は，次のことを忘れてはならない。アメリカは引き続き歴史と自らの選択によって世界に関与し，自由を促進する勢力均衡を形成していく。われわれは同盟国を守り，アメリカの国益を守る。傲慢にならず決意を示していく。アメリカは本来，思いやりのある国だ」と語った。ほどなく，そのアメリカとブッシュ政権が世界から「傲慢」とみなされるのは皮肉だが，「選択的対外関与」「勢力均衡」「同盟」「国益」と，ブッシュ外交のキーワードがすでにここに並んでいる。やがて3月には，ブッシュ政権は地球温暖化防止に関する京都議定書からの離脱を表明し，国際的な枠組みを軽視した単独主義という批判を国際社会から受ける。

　ブッシュ外交の同盟重視は，日米関係の蛇行に悩んできた日本にとっては奇貨であった。日米関係については，アーミテージ元国防次官補らが超党派の「アーミテージ・レポート」をとりまとめて，ブッシュ政権の日米同盟関係の再強化を準備していた（*Column* ⑱参照）。アーミテージはブッシュ新政権に国務副長官として迎えられ，自らの構想の実現にあたって日米関係に重きをなす。

　ブッシュ政権発足早々の2001（平成13）年2月，日米関係に衝撃が走った。ハワイで日本の水産高校の漁業実習船「えひめ丸」が米海軍の原子力潜水艦に衝突されて水没し，9人の高校生が亡くなったのである。この不幸な事件に，日米関係を重視するブッシュ政権は迅速に謝罪した。だが，森首相の初期対応

が遅く，これが支持率の低い森内閣には致命傷となった。

　森首相の退陣で自民党総裁選挙となり，「自民党をぶっ壊す」と過激に改革を語る小泉純一郎が当選し，4月には小泉内閣が成立した。ここに，日米ともに「強い指導者」が登場した。

　以後，小泉首相は強烈な個性とリーダーシップで，自民党や官僚機構の頭越しに世論に直接働きかけ，5年5カ月にわたる長期政権を運営する。特に，外交に関しては，①すでにブッシュ政権が対日重視の姿勢を明確にしていたこと，②中央省庁の再編で官邸機能が強化されたこと，③小選挙区制の導入で自民党の派閥や族議員の役割が大幅に後退したこと，そして，④相次ぐスキャンダルで外務省の威信と影響力が低下したことなどが，小泉首相の強いリーダーシップを可能にした。小泉首相は6月に訪米し，キャンプ・デーヴィッドに招かれる厚遇を受けて，ブッシュ大統領との個人的な信頼関係を樹立する。

9.11テロ事件の衝撃

　やがて，さらなる衝撃が日米関係のみならず国際関係全体を直撃する。9.11テロ事件である。2001年9月11日，ニューヨークとワシントンというアメリカ本土の中枢部が，ハイジャックされたジェット機で攻撃されて，一瞬にして約3000人の死者を出した。かねてアメリカは国際テログループのターゲットとなっていたが，アメリカ中枢部への大規模攻撃は，真珠湾奇襲攻撃（第6章1参照）どころか米英戦争（1812-14年）以来の経験であった。国際テロもまた，グローバリゼーションの副産物であった。

　ブッシュ大統領は「テロとの戦争」を宣言し「われわれの側につくのか，テロリストの側につくのか」と，世界に迫った。アメリカ国民はブッシュ大統領の下で結束した。小泉内閣は世界の多くの国々と同様に，明確な対米支持姿勢を示した。湾岸戦争時とは異なって，小泉政権は事件からわずか1週間ほどで，情報収集や米軍へ医療・輸送支援などのための自衛艦隊派遣を含めた「七項目の措置」を発表した。かつての省庁分立的な日本政府と異なり，この時点では権限と情報が官邸に集まり，官邸主導で統合的政策が迅速に決定されるように変わっていた。

　このテロ事件の首謀者は，オサマ・ビンラディン率いるアル・カーイダとされた。アル・カーイダをかくまうアフガニスタンのタリバン政権が，彼らの身

柄引き渡しを拒否したことから，10月に米英軍はアフガニスタンへの武力攻撃を開始し，2カ月後にはタリバン政権は予想外の早さで崩壊した。しかし，アル・カーイダは世界に霧散し，ビンラディンも捕縛を免れた。

国連決議第1368号を根拠に，アフガニスタンでのアメリカの軍事行動に後方支援を提供すべく，10月末には日本政府はテロ対策特別措置法を成立させた。テロとの戦いに従事するアメリカはじめ各国の艦船への給油のため，海上自衛隊がインド洋に派遣された。立法までにわずか27日間，審議時間は62時間という速さであった。「湾岸戦争の教訓」が「強い指導者」の下で，十全に開花したわけである。グローバル化する安全保障問題に，日米同盟は再び，かつ急速に対応しなければならなくなったのである。

イラク戦争

アフガニスタンでの軍事行動が終息すると，2002年1月の一般教書演説でブッシュ大統領は，イラク，イラン，北朝鮮を「悪の枢軸」と呼んで闘志を剝き出しにした。この3国はいずれも大量破壊兵器の取得をめざし，テロリストを支援して人権を抑圧する専制国家であると，ブッシュ政権は見ていた。とりわけ，湾岸戦争以来の宿敵イラクが標的であった。査察の進展が不十分であることや中東の気象状況をにらんだ軍事展開のタイミングなどから，「時はわれわれの味方ではない」（一般教書演説）と，ブッシュ大統領は訴えていた。

とはいえ，すでにブッシュ政権は前年12月に旧ソ連との弾道弾迎撃ミサイル（ABM）条約からも一方的な離脱を表明しており，国際社会の中では，テロの恐怖と並んで，軍事力に過信したアメリカの単独主義を危険視する声が高まっていた。9.11テロ直後のアメリカへの国際的な同情と共感も，急速に退潮していった。強引な手法に傾くブッシュ政権を前に，日米同盟と国際協調をいかに両立させるかという重い課題が，日本外交にも問われるようになってきた。

そもそも，自由や民主主義，人権といったアメリカの標榜する価値を実現するために，軍事力を用いても専制国家を打倒すべきだという意見は，アメリカには1980年代から根強かった。こうした見方は新保守主義（ネオ・コンサーバティズム）と呼ばれる。冷戦後のアメリカの圧倒的な軍事的・経済的優越という国際環境，宗教勢力の台頭という国内環境，そこに9.11テロの衝撃が加わって，ネオ・コンサーバティズム的な主張が，そもそも単独主義的傾向の強か

った政権の中枢にまで広がったのである。たとえば、ウォルフォウィッツ国防副長官らは、湾岸戦争以来フセイン体制の打倒を唱導してきた。こうした流れが9.11テロ以後、ブッシュ政権を動かすにいたった。

ブッシュ政権の中にも、アメリカ単独でもイラク攻撃を辞さずというチェイニー副大統領やラムズフェルド国防長官ら強硬派と、イラクを攻撃するなら新たな国連安保理決議を獲得して多国間の枠組みで臨むべきだとするパウエル国務長官ら慎重派との間で、深刻な意見の対立があった。ブレア首相下のイギリス政府など（日本政府を含む）の働きかけもあって、いったんは後者の勝利となり、ブッシュ政権は新たな国連安保理決議を求め、査察の継続に同意した。2002年11月に全会一致で採択された国連安保理決議第1441号は、イラクに無条件の査察受け入れを迫り、さもなければ「深刻な結果」を招くと警告した。

しかし、イラクは小出しの査察協力を繰り返し、米英がこれを不十分で非協力的とみなす一方、仏独などは査察が効果をあげつつあると主張した。英米とスペインは、対イラク攻撃を明確に容認するさらなる安保理決議を求めたが、フランスは拒否権発動も辞さない構えを示した。すでに中東には20万人もの米軍が展開しており、それゆえにイラクは一定の査察に応じたと思われるが、軍事的必要性がブッシュ外交を性急なものにした。他方、イラクにさまざまな利権をもつ仏独やロシアは、性急な軍事手段の行使は正当性と問題解決への賢慮にもとるとして、アメリカの単独主義を牽制し開戦に反対した。

こうした反対を退け、サダム・フセイン親子への48時間以内の国外退去という最後通牒の後、米英は2003年3月20日にイラク攻撃を開始した。「イラクの自由」作戦である。

小泉内閣の対応

小泉内閣は、米英によるイラク戦争支持の姿勢を、直ちに明確にした。「我が国は、我が国自身の国益を踏まえ、かつ国際社会の責任ある一員として、我が国の同盟国である米国をはじめとする国々によるこのたびのイラクに対する武力行使を支持します」と、小泉首相は明瞭に語った。ヨーロッパの同盟諸国の中でも反対が強い中、しかも、この戦争がややもすればキリスト教文明圏対イスラーム文明圏の「文明の衝突」とみなされる中で、非キリスト教でアジアの同盟国である日本の積極的な賛同は、ブッシュ政権にとって貴重であった。

アメリカの圧倒的な軍事力の前に，戦闘は再び短期間で終了し，やがてはフセインも捕縛された。だが，アメリカが開戦の重要な事由としてあげた大量破壊兵器の備蓄は発見されず，アメリカの占領政策の未熟もあって，イラクの治安は悪化の一途をたどる。

それでも小泉首相は対米協力姿勢を崩さず，2003年5月の日米首脳会談でイラク復興支援を約束し，7月にはイラク復興支援特別措置法を成立させた。10月には，イラクの復興支援を求める国連安保理決議も成立する。他方，アーミテージらブッシュ政権中枢部からは，目に見える形での日本の協力を求める働きかけがあった。日本外交にとって，イラク復興支援のための自衛隊派遣は，「国際協調」と「日米同盟」の信頼性を両立させる試金石となった。

自衛隊のイラク派遣をめぐって，日本の国論は分裂した。自国防衛と北東アジアの安定のための日米同盟の重要性は理解しながらも，まだ戦闘もさめやらぬイラクにまで自衛隊を派遣することには，アメリカの世界戦略への「巻き込まれ」が危惧されたからである。憲法との整合性についての疑義や，ブッシュ政権の強引な外交姿勢への反発，あるいはイラク戦争はまちがった戦争ではないかという疑義も，世論の中には根強かった。2003年6月の有事法制に民主党が賛成し，国会の圧倒的多数で同関連3法が成立した際とは好対照である。自国有事の対処に関する国民的コンセンサスのようには，国際安全保障へ関与する判断は容易ではなかったのである。

さらに11月には，日本人外交官2人がイラクで殺害されるという事件も発生した。それでも，同月の衆議院議員総選挙での勝利を経て，小泉首相は12月に自衛隊のイラク派遣を決定する。この首相は何よりも「危機の指導者」であった。国際的孤立を深めるブッシュ政権が，この決定を多としたことは言うまでもない。イラクに派遣された陸上自衛隊は延べ5500人に上り，当初大きなリスクが想定されたが，結局一人の犠牲者を出すこともなく2006年7月に帰還した。小泉外交最大の「成功物語」である。

こうして，日米同盟の政治的信頼性は格段に強化された。確かに，実態面ではイラクでの陸上自衛隊の活動は目に見えるものだったが「非戦闘地域」にとどまったし，航空自衛隊や海上自衛隊の活動も，効果的だがあくまで後方支援に限定されていた。にもかかわらず，自衛隊と米軍の統合運用には弾みがついた。極東の平和と安全（あるいは周辺事態）に主眼を置き，グローバルな安全保

障問題には PKO で対応するのが精一杯だった日本外交からすれば，後述の在日米軍再編の流れともからんで，同盟のさらなるグローバリゼーションに向かう，「安保再々定義」とも言うべき成果であった。国内的にも，2004 年 12 月に「防衛計画の大綱」が再び改定され，国際テロ対策や自衛隊の国際貢献活動の本来業務への格上げが盛り込まれた。他方で，限られた予算と人員の中で，自衛隊の使命と活動は多機能に拡散している。

さらなる課題

　近隣諸国の軍事動向，とりわけ北朝鮮の動向は深刻であった。2002 年 9 月には，小泉首相は電撃的に平壌を訪問し，金 正 日総書記との間で「日朝平壌宣言」を発表して，国交正常化への道筋を示した。ブッシュ政権の強硬姿勢を前に北朝鮮は，アメリカの同盟国たる日本との関係改善を欲した。小泉内閣にとっても，日本をとりまく北東アジアにおける最大の安全保障問題である北朝鮮との関係に展望を開き，拉致問題の解決にめどをつける意義は大きかった。ところが，アメリカの強硬姿勢に変化がないと見て取ると，北朝鮮は 2003 年 1 月にまたも NPT 脱退を宣言し，4 月には核兵器の保有を表明した。得意の瀬戸際外交である。しかし，アメリカがイラク戦争に圧勝すると，北朝鮮は再び交渉に積極的になった。8 月には，北京で南北朝鮮とアメリカ，中国，ロシア，日本の 6 者協議が開催された。ブッシュ政権は単独主義的と言われながらも，東アジアの問題については，力の行使に慎重であり，中国をホスト国として多国間アプローチを用いての対処を行っている。

　6 者協議にもかかわらず，イラク情勢に苦しむアメリカをにらみながら，北朝鮮は核開発計画を進行させていった。北朝鮮は，2006 年 7 月にはロシア沿岸部に 7 発のミサイル連射実験を行い，小泉首相退陣直後の 10 月には核実験を強行した。北朝鮮のミサイルと核は，日本の安全保障上の直接的な脅威である。日米両国政府は，ミサイル防衛（MD）システムの構築を急ぐことで，これに対処しようとしている。しかし，アメリカにとっては核拡散防止こそが最重要課題であり，北朝鮮の核問題をめぐって，日米関係には深刻な温度差が存在する。また，日本は拉致問題という独自の課題を抱えている。2004 年 5 月に小泉首相は 2 度目の訪朝を果たし，5 人の拉致被害者家族の帰国が実現した。だが，その後はこの拉致問題も進展せず，日朝関係は悪化の一途をたどってい

る。もはや拉致問題は，日本にとって，外交問題である以上に内政問題になっている。

　さらに注目すべきは，6者協議を通じて，中国の仲介外交の意義が増大したことである。アメリカも日本も，北朝鮮問題では中国に大きく依存せざるをえない。他方でこの6者協議は，北東アジアの安全保障をめぐる多国間枠組みに発展する可能性をも秘めている。

　この北朝鮮問題と並んで，小泉時代の日米関係にとって大きな問題は，在日米軍の再編問題である。対外的な脅威の変化（ソ連の消滅や中国の台頭など）とアメリカの軍事技術の革命（RMA）的な向上を受けて，ブッシュ政権下の国防省はグローバルな米軍の再編に取り組んできた。こうした新しいグローバルな流れと，旧来の沖縄の基地問題が合流したのである。

　小泉内閣末期の2006年5月の日米合意では，沖縄・普天間基地のキャンプ・シュワブ区域への移設や，在沖縄海兵隊員8000人とその司令部のグアム移転とともに，米陸軍第一軍団司令部のキャンプ座間への移転などが決まった。基地負担の軽減と統合運用の組み合わせである。だが，この合意をめぐっては，防衛庁（2007年1月に防衛省に昇格）と米国防省の間で熾烈な駆け引きがあったと伝えられる。しかも，普天間基地の移設問題では沖縄県と名護市の最終合意が得られておらず，海兵隊のグアム移転費用については，日本側の負担額は7000億円に上ると見られる。MD導入の経費と並んで，日本の防衛予算を圧迫することは必至である。さらに，米軍と自衛隊の統合運用が進む中で，自衛隊による独自の効果的な領土防衛能力を確保することが今後の課題となろう。

　北朝鮮問題や沖縄の米軍基地再編問題とともに，国連安保理の常任理事国入りも，1990年代以来の日本外交の課題であり，日米関係の潜在的な争点であった。2004年から2005年にかけて，国連改革の機運が世界的に高まり，日本はドイツ，インド，ブラジルとともにいわゆるG4（Group of Four）を形成し，安保理の常任理事国入りをめざした。だが，小泉首相の靖国神社参拝問題などで日中関係は険悪化しており，中国政府はこれに猛然と反対した。2005年4月には，北京や上海で大規模な反日デモも展開された。これに刺激されて，日本でも中国脅威論や反中感情が一層の高まりを見せた。日本がG4の協力を優先させたため，日米の政策調整も不十分であった。そもそも，イラク戦争をめぐって安保理に悩まされたブッシュ政権は，常任理事国の大幅な拡大は国連に

おける意思決定をいっそう困難にすると，効率性の観点から反対だったのである。

日米「黄金時代」の黄昏
　このように小泉首相は，政権の前期にはテロや戦争の危機の中で日米同盟の強化に成功したが，政権の後期には1990年代以来の日本外交と日米関係の諸課題に必ずしも有効に対処できなかった。この「危機の指導者」は迅速かつ大胆な決断を得意としたが，慎重かつ総合的な政策調整や説明責任を十全に果たすことはできなかったのである。

　また，日中関係の悪化には，アメリカの中でも懸念が生じるようになった。ブッシュ政権は中国の軍事力の近代化を警戒しつつも，中国を「責任ある利害当事者」の立場に誘おうとしていたからである。さらに，牛海綿状脳症（BSE）に感染のおそれのあるアメリカ産牛肉の輸入問題のような，内政上デリケートな問題でも，小泉首相は基本的に問題を農林水産省に一任し，輸入再開を求めるブッシュ政権と食の安全性確保に敏感な世論の双方を苛立たせた。小泉首相には，関心事への対応とそうでない事柄への対応に，大きな落差があったのである。

　それでも小泉時代の日米関係は，総じて安定していたし，そのことを巧みに演出してきた。直接的には，アメリカはイラク問題や対テロ政策で日本の協力を必要としたし，日本は北朝鮮問題や中国の台頭で日米同盟を必要としていた。より間接的には，1990年代の日米関係の蛇行に対する，双方の政策当事者の強い反省が働いていよう。また，小泉内閣の構造改革が，緩やかとはいえ功を奏して日本経済が活力をいくぶんか回復したことの意味も大きい。さらに，1990年代にグローバリゼーションとそれへの強い反発が生じ，民主化の「第三の波」（ハンティントン）が停滞すると，市場経済や自由民主主義という基本原理や価値をめぐって，日米両国が他の諸国に比してはるかに多くを共有していることが，あらためて確認されたのである。

　2004年の大統領選挙で再選を果たしたものの，イラク情勢は一層深刻となり，内政面では巨額の財政赤字を抱えて，ブッシュ大統領の政権運営は厳しくなっていた。他方，9.11テロ事件の4周年にあたる2005年9月11日，小泉首相は衆議院総選挙で与党が300議席以上を獲得する圧勝を手にした。こうし

た中で、同年11月にブッシュ大統領は京都を訪問し、小泉首相との日米首脳会談で、自衛隊のイラク駐留延長問題や在日米軍再編問題、BSE問題などの懸案について議論した。苦しい立場のブッシュ大統領は、総選挙圧勝後の小泉首相に、懸案解決に向けて強いリーダーシップを期待したのである。日中関係についても、ブッシュ大統領から小泉首相に懸念が表明されたという。他方、その後の政策演説では、ブッシュ大統領は自由や民主主義といった価値を繰り返し強調し、日本をその成功例として絶賛している。

　翌2006年6月に、小泉首相はワシントンで最後の日米首脳会談に臨み、ブッシュ大統領との間で「21世紀の新しい日米同盟」を宣言した。この宣言は、「日米関係が歴史上、最も成熟した二国間関係の一つ」であることを確認し、「共通の価値観と利益が、地域及び世界における日米協力の基盤を形成」しているとしたうえで、自由、人権、民主主義、市場経済、法の支配の推進を謳い、「強固な日米協力が中国の活力を生かし、北東アジアの平和と安寧を維持する」とした。日米同盟がグローバルな安全保障課題に対応するための「安保再々定義」の政治的確認作業であり、小泉＝ブッシュ時代の総仕上げであった。この間、在日米軍再編問題やBSE問題は一応の決着をみたし、延長を繰り返した陸上自衛隊のイラク駐留は、先に述べたように、7月には成功裏に完了した。

　こうして、小泉首相は「日米黄金時代」の評価を残して退陣した。しかし、実は「安保再々定義」は未完成であり、「日米黄金時代」にも早くも翳りが見え始めるのである。

◇　　　◇　　　◇

　2006年9月、小泉内閣の退陣を受けて、安倍晋三内閣が成立した。7割近い高い内閣支持率での出発であった。小泉時代に停滞したアジア外交を活性化させるべく、安倍首相は就任早々に中国と韓国を歴訪した。とりわけ、日中関係の混迷はアメリカでも危惧されており、安倍外交は安定的な日米中関係を模索する試みであった。

　だが、先に述べたように、この時期に北朝鮮は核実験を断行した。しかも、11月にはアメリカの中間選挙で与党・共和党が大敗を喫した。余裕を失ったブッシュ政権は北朝鮮に対する強硬姿勢を改め、外交交渉を加速させた。北朝鮮政策に関するかぎり、決然主義的だったブッシュ外交もクリントン外交とかわらぬ蛇行を示すようになってきた。ここに、北朝鮮問題という日本にとって

最大の安全保障上の懸念をめぐって，日米に政策手段や目標の乖離が生じる可能性が出てきたのである。ブッシュ政権の内向化と北朝鮮問題での交渉路線は，今後さらに進むであろう。

　日米の2国間関係でも，在日米軍再編実施の遅延は一種の時限爆弾になっている。しかも，陸上自衛隊のイラク撤収以後，アメリカが最大の関心を有する中東安定化で，日本の次の協力が求められている。日米関係で，日本は北朝鮮問題で「見捨てられ」に，中東問題で「巻き込まれ」に悩むことになるかもしれない。グローバルな安全保障と地域安全保障，そして日本の領土防衛を整合させなければ，日米同盟の「再々定義」は完結しない。また，その際に，日米2国間関係のみならず，日米中関係や6者協議，地球環境問題などに見られる多国間関係に，十分な配慮を払わなければならない。

　さらに，G. W. ブッシュ政権一期目に日米関係を支えた専門家のほとんどが，二期目には政権を去っている。アメリカ世論は総じて日本に好意的で，日本のポップ・カルチャーはアメリカを含めて世界的に人気が高いが，アメリカ議会やメディアの日本政治への関心は低い。こうした中で，従軍慰安婦問題のような歴史問題を議会の一部が政治化させると，これに有効に対処することが困難になっている。小泉＝ブッシュ時代には，日米関係の歴史の中でも例外的に，両首脳の強いリーダーシップで日米同盟が強化された。しかし，それを支える実務家の育成や世論への啓蒙は，外交が国内政治に強く規定される今日，一層重要になっていよう。

　2007年7月の参議院議員選挙は年金問題が最大の争点となり，与党が予想外の大敗を喫して，野党が参議院で多数を制する「ねじれ現象」をもたらした。それでも安倍首相は政権を続投したが，9月半ばに突如として辞意を表明した。「闘う政治家」の意外な蹉跌であった。

　これを受けて誕生した福田康夫内閣は，厳しい政権運営を迫られている。日米関係では，テロ対策特別措置法が野党の反対で，2007年11月1日にいったんは失効した。このため，海上自衛隊はインド洋での補給活動を中断せざるをえなくなった。2008年1月に新給油法が衆議院の3分の2以上で再可決されたことで，海上自衛隊は補給活動に限定して再開した。他方，アメリカでもブッシュ政権の支持率は低下の一途をたどり，6者協議進展のために北朝鮮に対するテロ支援国家の指定解除が議論されている。「黄金時代」と呼ばれたのも

束の間、日米両国政府はそれぞれに苦境を抱え、日米関係は視界不良に陥っている。

かつて、マンスフィールド元駐日米大使は、「日米関係は世界で最も重要な二国間関係である」と喝破した。しかし、もはやそれを当然視することはできないし、日米関係は2国間の視点で考えるには、あまりにも複雑になっているのである。

ブッシュ政権が自由や民主主義という価値を強調し、安倍内閣も価値観外交を掲げてこれに応えようとした。だが、日本の世論には、ブッシュ政権の姿勢を価値観の押し付けと忌避する向きも根強いし、歴史問題は日本の価値観外交の正当性を傷つけるおそれがある。自由や民主主義といった価値の表現形態の多様性に敏感になり、それらの実現のために不断の自己省察と努力を重ねる必要が、日米双方の政府と国民にあろう。

戦前の日米関係は軍事的衝突にいたり、戦後の日米関係は経済問題でしばしば深刻な摩擦を惹起してきた。今や日米関係が軍事的に衝突することはありえないし、1980年代のような慢性的な貿易摩擦に悩まされることもあるまい。今後の日米関係には、軍事と経済、価値観の間のバランスのとれた総合的な政策の調整と協力、そして、それを支える市民社会の一層の交流が必要なのである。

● 引用・参考文献 ●

秋山昌廣、2002年『日米の戦略対話が始まった――安保再定義の舞台裏』亜紀書房。
アマコスト、マイケル・H.／読売新聞社外報部訳、1996年『友か敵か』読売新聞社。
五百旗頭真・伊藤元重・薬師寺克行編、2007年『外交激変――元外務省事務次官 柳井俊二』(90年代の証言) 朝日新聞社。
池田維、1996年『カンボジア和平への道――証言 日本外交試練の5年間』都市出版。
ウッドワード、ボブ／伏見威蕃訳、2003年『ブッシュの戦争』日本経済新聞社。
ウッドワード、ボブ／伏見威蕃訳、2004年『攻撃計画――ブッシュのイラク戦争』日本経済新聞社。
ウッドワード、ボブ／伏見威蕃訳、2007年『ブッシュのホワイトハウス』上・下、日本経済新聞出版社。
オーバードーファー、ドン／菱木一美訳、2002年『二つのコリア――国際政治の中の朝鮮半島〔特別最新版〕』共同通信社。
クリントン、ビル／楡井浩一訳、2004年『マイライフ――クリントンの回想』上・下、朝日新聞社。
手嶋龍一、1996年『一九九一年 日本の敗北』新潮文庫。

船橋洋一，1997年『同盟漂流』岩波書店。

船橋洋一，2006年『ザ・ペニンシュラ・クエスチョン——朝鮮半島第二次核危機』朝日新聞社。

ブレジンスキー，ズビグニュー／峯村利哉訳，2007年『ブッシュが壊したアメリカ——2008年民主党大統領誕生でアメリカは巻き返す』徳間書店。

マン，ジェームズ／鈴木主税訳，1999年『米中奔流』共同通信社。

マン，ジェームズ／渡辺昭夫監訳，2004年『ウルカヌスの群像——ブッシュ政権とイラク戦争』共同通信社。

御厨貴・中村隆英編，2005年『聞き書 宮澤喜一回顧録』岩波書店。

御厨貴・渡邉昭夫インタヴュー・構成，2002年『首相官邸の決断——内閣官房副長官石原信雄の2600日』中公文庫。

Bush, George and Brent Scowcroft, 1998, *A World Transformed*, Knopf.

Daalder, Ivo H. and James M. Lindsay, 2003, *America Unbound: The Bush Revolution in Foreign Policy*, Brookings Institution.

Dumbrell, John, 1996, *American Foreign Policy: Carter to Clinton*, St. Martin's Press.

Patterson, James T., 2005, *Restless Giant: The United States from Watergate to Bush vs. Gore*, Oxford University Press.

まとめ 2

戦後期の日米関係

対抗と摩擦を超えて

太平洋をめぐる2極体制の崩壊

　日米関係を教育・社会事業・宗教など民間の文化交流にまで広げて言えば，政治状況に左右されながらも，ほぼ戦前・戦後を通じて良好な関係が存在した。民間交流については，概してアメリカがより多く与える側，日本が受ける側という傾斜のある協力関係であった。経済面についても，戦後の1960年代・70年代にいたるまで，アメリカの力量は圧倒的であった。国家間の政治外交的な関係も，当初は同様に傾斜が明らかであり，ペリーは優越を誇示しつつ日本に開国を迫り，ハリスは友情を示しつつ通商条約の締結を説得した。外務省顧問となったデニソンの役割に示されるように，アメリカ人は西洋が基準を設定する国際社会への新入生である日本のために，よき家庭教師を務めた。

　とはいえ，日本は単純にアメリカのよき生徒であったわけではなく，早い時期から米欧間の間隙を突いて，条約改正などをめぐり国家的な利益を引き出そうとするたくましさをも発揮した。そして，一方でアメリカが米西戦争（1898年）によってフィリピンを領有する太平洋帝国となり，他方で日本が清国，ロシアとの戦いでアジアの帝国となった後，つまり20世紀を迎えると，アジア・太平洋地域において日米両国が最も影響力のある2国となった。第一次世界大戦によってヨーロッパ列強がアジアから後退した後に生まれたワシントン体制は，日米両国を中軸とし，イギリスを加えた3カ国が運営する多国間秩序であった。4カ国，5カ国，9カ国条約から成るワシントン体制は，複雑な多元連立方程式であった。不幸にもこの体制は，国の数が増え，複雑化するにともなって，当事国としての責任感は減少し，結束を保つことが困難となるという一般法則を実証するケースとなった。

　1930（昭和5）年のロンドン海軍軍縮会議は，日米英3国の協調を守るよき試みであったが，翌年の満州事変という日本軍部内からの攻撃を日本政府が抑

制に失敗したことによって、ワシントン体制は崩壊の危機に瀕した。以後1930年代のアジア・太平洋は、日米の協調よりも対抗を基調とするゲームの場となった。シンガポールに基地を持ち、中国に経済的関心を持つイギリスが、極東の事態へ折々に関与を試みはしたが、アジアと太平洋世界は圧倒的に日米2極が応酬する舞台であった。この2極体制を根本的に破壊したことが、太平洋戦争の最大の帰結であった。

戦後の和解と協力

　レヴァイアサン（海の怪獣）とビヒモス（陸の怪獣）が死闘を繰り広げた後、勝者と敗者の和解は歴史上容易でない。ポエニ戦争（前264-前146年）のように、3度戦争を繰り返したうえ、勝者が敗者を地上から抹殺することをもって最終的決着とするケースは極端であるが、フランスとドイツも（プロイセン時代を含めて）3度戦ったうえでようやく和解にいたった。日米間にも、アメリカ人が「真珠湾」を忘れることができず、日本人が原爆投下を恨むという戦争の後遺症は存在した。けれども、大局的に見れば、日米間の和解は、きわめて迅速かつ全面的であった。講和条約を待つことなく、占領下の日本再建をめぐって、両国は実質的な協力関係を築くことができた。そのことは、戦後の日米関係を建設的なものとするうえで決定的に重要であった。

　和戦をめぐる国家関係については、政府指導者の役割が大きい。グルー元駐日大使は戦時のアメリカにあって、敵愾心に押し流されて対ドイツ報復的処断に走った第一次世界大戦時の失敗を繰り返してはならない、このたびは「英知の平和」を、と呼び掛けた。グルー個人にとどまらず、アメリカ政府全体が戦争の恐怖から自由な新世界を建設しようと、戦後計画に格別な力を注ぎ、国連体制とブレトンウッズの自由貿易体制を樹立したことは、第6章に見たとおりである。戦後計画の最高責任者であったF.D.ローズヴェルト大統領とハル国務長官には、ドイツや日本に対して処罰的平和を科す意向もあった。しかし、日本が降伏する1945年夏には両者はすでに去り、トルーマン大統領の下でスティムソン陸軍長官とグルー国務次官の推進したポツダム宣言という穏健な対日条件の下で、日本本土決戦前の終戦が可能となった。史上最も充実した第二次世界大戦期のアメリカは、勝者の影響力を戦後秩序の構築に注ぐことができた。対日占領政策は、その充実からしたたり落ちた一滴の露の如きものであり、

対ドイツ直接軍政と異なり，知日派の策案を容れ，賢明にも日本政府を用いての間接統治による占領にとどめたのであった。

日本占領の実施を担当したマッカーサーが，勝者と敗者の協力を理想主義的な理念において語りえたことも重要であった。天皇と日本政府は，これを敗戦という不幸の中の幸運と認識し，勝者への協力を通じて再生をはかる方途をとった。吉田茂の「よき敗者」や「まな板の上の鯉」の言葉に示されるように，対米抵抗の継続や報復戦争の可能性を切り捨て，協力関係に賭けた。死力を尽くした戦争を一度やったうえは，決定的に友好と協力の関係を築く英知を，両国の指導者は共有することができたのである。悲惨な戦争を十分すぎるほどに戦った両国民も，それを歓迎した。かくて日米間の鮮やかな，戦争から平和への転換，速やかな和解と協力がなしとげられた。

「よき敗者」になりきることで再生をはかるのが，吉田の基本戦略であったが，吉田は3度アメリカの懐に飛び込む挙に出たように思われる。1回目は，占領初期にマッカーサーに協力し，憲法改正をはじめとする占領改革を呑み込んだ時である。それは，戦後日本が国際的な共感を取り戻し，民主主義の社会を築く道を明らかにした。2回目は，ドッジ顧問が来日して，占領下の保護主義的な管理経済から市場経済にさらす均衡財政の荒療治を受け入れた時である。それは，自由主義経済体制下で戦後日本が復興するための土台づくりの意味を持った。3回目は，独立後における米軍の日本駐留を提案して，日米安全保障条約への道を開いた時であった。それは，戦後日本を決定的にアメリカに結び付け，その下で軽軍備の経済国家として発展する軌道を確かにする意味を持った。

アメリカの冷戦戦略と独立後の日本

第一次世界大戦後のアメリカは，ウィルソン大統領らが提案した国際連盟に参加せず，戦後処理もそこそこに「平常への復帰」に走った。第二次世界大戦期のアメリカ指導層は，その失敗を繰り返さない決意を固めていた。戦後の孤立主義への反動を回避し，国際関与を続けるシナリオたる戦後計画に力を注いだのは，その表れであった。

民間でもロックフェラー財団などが積極的な国際協力活動を展開し，日本との知的交流や六本木の国際文化会館の建設を支援した。フルブライト民主党上

院議員は、世界各国から留学生をアメリカに招く広範なプログラムをリードした。国際的な相互理解と交流の重要性が広く認識された。

だが、アメリカに新たな戦後の課題が課せられた。戦時の友であったソ連との関係が早々に悪化し、冷戦を招来したのである。この新たな敵対関係への対処にアメリカはとまどいつつも、二つの処方箋(しょほうせん)が順次浮上した。まずケナンの「封じ込め」政策であり、それはソ連との軍事的全面対決を回避しつつ、アメリカの自由民主主義と活力ある市場経済を利して、長期的にソ連共産主義の挑戦を克服せんとするものであった。しかし、冷戦の深刻化とともに、1949年ごろからソ連との全面軍事対決に真剣に備えるべきであるというニッツェの主張が発言権を強め、朝鮮戦争の勃発（1950年）とともに中心的立場を確立した。アメリカは第二次世界大戦後5年のうちに、ソ連共産勢力との地球的対決を自らの任務と意識するにいたったのである。

アジアにおいては、1949年に中国共産党が国民党との内戦に勝利して中華人民共和国が成立し、翌年、ソ連との同盟条約を結んだ。これによってアジアの大陸部は大部分が東側陣営となり、海洋を支配する西側陣営との境界領域である朝鮮半島やヴェトナムで戦争が勃発することになる。

アメリカの二つの冷戦戦略の対日政策への含意として、ケナンの戦略であれば、日本が健全な経済社会を育むことが基本であり、経済の再建を優先する吉田路線と親和的である。他方、ニッツェ的な反共軍事戦略下では、日本の再軍備が強く求められることになろう。

ダレス特使が吉田首相との講和交渉のために訪日した1951年1月は、米軍が朝鮮半島で中国義勇軍の参戦によって苦戦している最中であり、ダレスは、独立を迎える日本に再軍備を求めた。「日本自らの安全のために、さらには自由世界へ貢献するために」。アメリカが安全保障上の支援を与えるには、その国が適切な自助努力を行っていなければならないとするヴァンデンバーグ決議（1948年）が、ワシントンには存在した。

吉田は、日本本土の基地を提供して米軍による日本の対外安全を確保しつつ、日本自身の再軍備は最小限にとどめ、経済復興を優先する立場を堅持した。そのことは、国際政治的に日本を親米の西側陣営の国に位置づけ、共産化したアジア大陸から離れる、もう一つの「脱亜」を含意した。政治的には、占領改革を基本的に継承して自由民主主義の国となり、そして何よりも国際的な市場経

済に生きる戦後日本の選択を示すものであった。

　吉田以外のどの保守政治家がこの時点で首相であっても，アメリカの再軍備要求を勝者が敗者に科した再軍備禁止条項の解除として歓迎し，喜んで応じたであろう。吉田は軍事の意義を否定しなかったが，戦後日本が再出発するにあたって軍事に第一義的意義を与えることを頑固に拒否した。ダレスはこれに不満を覚えつつも，親米自由主義者の吉田首相を尊重せねばならなかった。

　これ以後，1950年代の安全保障をめぐる日米の立場には，再度の行き違いが認められる。アメリカは1953年10月に始まった池田・ロバートソン会談においても30万人余の陸上兵力を求めたが，日本は18万人を限度として抵抗した。ところが，1954年に吉田政権は崩壊し，50年代後半は，改憲再軍備派の鳩山一郎や岸信介の支配する時代となる。両国の波長が一致して，本格的再軍備に向かってよかったはずである。

　皮肉にも，この時点で逆にアメリカの対日政策が転換した。1953年の朝鮮戦争の休戦により，軍事的小康を得たのに加え，54年の日本の経済不況と第五福竜丸事件による反戦，反米世論の爆発などを受けて，アリソン駐日大使は1954年9月にワシントンに打電した。「自由世界が許容する多様性の中で強力にして独立した日本が生存すること」を基本的目標とすべきであり，日本に当面必要なのは「外からのではなく，内からの攻撃に対する防衛」であり，「政策の力点を防衛から経済と国内治安に移」すことを通して，「より強力な，おそらくはより協力的な日本が出現」することを促すべきである（第7章参照）。こうした冷静で洗練された対日認識を持って，アメリカ政府は吉田が去る時点において，吉田路線を採択するにいたったのである。

　吉田の後を襲った鳩山内閣がソ連との国交に没頭し，アジア・アフリカ諸国のバンドン会議（1955年）に心を寄せるのを見て，アメリカ政府は日本が対米自主を模索する中で，共産陣営ではなくとも，中立主義に引き寄せられるのではないかと警戒を隠さなかった。それだけに岸首相が反共・親米の保守指導者として登場した時，ワシントンは過去の戦争責任を問わず，ついに頼りになる友人を日本に見出したと歓迎した。といって，アメリカ政府は岸に改憲再軍備を行うよう励ましたのではなく，日米安全保障条約を対等化する改定に同意したのである。それは，吉田路線の否定ではなく補強であった。

60年安保の危機と日米関係の緊密化

　日露戦争のポーツマス講和をめぐる日比谷焼き打ち事件（1905年）が反米デモを伴ったことは、その後の日米関係に不気味な影を落とすエピソードであった。それに比して、1960年の日米安保条約改定に対して日本の主要都市を埋めたデモは、はるかに大規模にして持続的な反米運動であった。にもかかわらず、それは日米関係を悪化させる引き金とはならなかった。むしろ、1960年代の日米両政府は、その再発がもたらす恐るべき結果を意識し、それを避けることをテーマとして60年代の日米関係を運営したと言ってよい。

　より大きく見れば、そこには太平洋戦争の死闘が両国に対し、思いのほか共通に与えた教訓が生きているとも言えよう。自ら仕掛けて手厳しい返り討ちに遭い、国を滅ぼした日本人にとって、対米戦争は二度と繰り返してはならない自殺的な愚行であった。戦後、アメリカを訪れて大陸を横断した日本人の多くが、この巨大で充実した大陸国家を日本軍部はどうやって料理するつもりだったのか、信じられない思いにとらわれた。他方、アメリカにとって、真珠湾の緒戦がいかに衝撃的であろうと、最終的勝利を疑わない対日戦争であった。とはいえ、硫黄島や沖縄での苦戦が象徴するように、日本の軍事的抵抗を始末するのに3年9カ月を要し、しかも原爆を用い、ソ連に参戦を求め、かつポツダム宣言という条件書を与えて日本本土決戦を回避せねばならなかった。この国との戦いには、想定を上回る大きなコストを要した。つまり、日米両国とも、戦ってみて相手の力が思ったより大きく、日米戦争は繰り返してはならない誤りであることを思い知ったのである。

　この戦後日米関係に横たわる暗い過去の教訓を、60年安保の動乱は両国指導層に思い起こさせる効果を持ったであろう。破局への道を回避すべく、ケネディ大統領は代表的な知日派学者ライシャワーを駐日大使に選び、訪米した池田首相との間に「日米イコール・パートナーシップ」を演出した。毎年、主要閣僚に相互訪問させ、日米関係がこんなにも大事であることを可視的に示した。

　1962年のキューバ危機を越えて、すでに冷戦は、米ソ間の全面戦争を主要テーマとするものではなく、戦争があるとすればむしろ地域的な限定戦争であり、それ以上に、経済力を中心とする両体制の競争が冷戦のテーマと意識されるように変化していた。そうした中、高度成長を続ける経済国家日本は、それ自体としてアメリカにとって西側陣営の重要な戦力と認められる存在に高まっ

ていた。日本国内には，1960年代を通じて反米左翼の街頭デモが続いていたが，主戦場が経済にシフトした時代のアメリカの冷戦戦略にとって，日本を失うことは大きな傷手であった。そうした考慮が，アメリカの対日政策を配慮に富んだものとしたのである。

ジョンソン大統領の時代にアメリカはヴェトナム戦争の泥沼にはまって国運を暗転させるが，その苦境の中でも沖縄返還の歴史的偉業を確かなものとした。60年安保の陰影である，「70年安保闘争」を回避するためである。沖縄戦の勇士として多くの戦友を失ったマクノートン国防次官は，沖縄返還に支持を与えた。日米戦争，そして60年安保は，超えるべき過去だったのである。負の歴史的契機は，両国政府が現在と将来の日米関係を大切に育てる動機として機能した。

1964年の国務省文書が，日本の驚くべき経済成長を評価しつつ，「今後の10年間を展望すると，われわれは次第に強力で，自信に溢れ，ナショナリスティックな日本に対処することになろう」（第8章参照）と論じたことにも，蘇るとともに生ずる日本の反米化やアメリカからの離反の危険性に対処する意思が読み取れる。この時期のアメリカの対日戦略は，一方で日本の経済面を中心とする成功を称賛し，日本を温かく好意をもってくるみつつ，日本に対しアメリカの国際収支の改善に協力を求め，アジアの不安定な途上国に対する経済援助の増加を要請し，日本の防衛力の増強を促すものであった。他方で，アメリカは日本が核武装を含む完結した軍事力を持つ自立的パワーに突き進むことを回避せんとする。また，日本が中国との特殊関係に傾くことも厳に戒める方針を堅持した。危険なナショナリズムに突き動かされた日本の自立化は，太平洋戦争と60年安保との再来を容易にするであろう。それを避けるには，日本を英知をもって大きくくるむ必要がある。平和的な沖縄の領土返還が，こうしたパッケージを完成する偉業であったことは言うまでもない。

沖縄返還――戦後日米関係の転機

戦前におけるポーツマス講和会議，戦後における沖縄返還は，ともに日米間の初期友好関係の頂点であり，かつ限界であった。戦前・戦後とも，初期友好関係を背景に，両国は大いなる協力の事跡をもたらすことができた。しかし，よき学習者である日本の成長は急速であり，アメリカにとっては，パートナー

でありながらも，ライバルでもありうる日本に対さねばならなくなる。戦前の軍事帝国とは異なり，戦後の日本は，もっぱら経済面において力強い存在に成長した。政治外交と安全保障面において，日本は一貫してアメリカに協調的であったが，強大化した経済国家は，アメリカに脅威と映り始めた。

ポーツマス後の転機を，T. ローズヴェルト政権と桂太郎内閣が成熟したリアリズムをもって冷静に治めたのに対し，沖縄返還後の日米関係には荒々しい振幅があった。それには二つの理由があろう。一つは，大状況である。アメリカがヴェトナム戦争の泥沼に苦しみ，国力を急速に低下させたため，ニクソン政権は大胆にして根本的な対処を劇的に講ずる必要に迫られて行動した。内外の同意をとりつけて事を運ぶ常道を拒否した。ニクソン大統領は，同盟国や国務省すら欺いて，外交的奇襲攻撃とも言うべき再度のニクソン・ショックを敢行したのであった。

もう一つは，リーダーシップの問題である。ニクソン大統領が沖縄返還の見返りとして日本に繊維輸出の規制を要求したのは称賛すべきことではないが，それを密約した佐藤栄作首相が妥当な期間内に実施できなかったことは，信義違反であった。それに対して苛立つニクソン政権は，日本に対して頭越しの米中接近を行っただけでなく，国連の敵国条項に言及したり，大豆の対日輸出を差し止めたり，戦後の日米関係史において最も品位を欠く恫喝の言動を辞さなかった。こうした振る舞いは，沖縄返還が日米関係に与えうる輝かしい成果を半減し，必要以上にとげとげしい不信感を日米間に漂わせた。とはいえ，アメリカがヴェトナム戦争下の軍事的要請が強い中で，長期的な日米関係の重要性を考慮し，平和的に沖縄を返還した事実は重い。それは，「70年安保」の日米危機を未然に防止しただけでなく，その後も長く日本国民の間で，アメリカの日本に対する友情と配慮から生まれた偉業として記憶されている。日米間の信頼関係を支える資産として生き続けている，と言えよう。

1970年代のアジア・太平洋

1970年代のアジア・太平洋における最大の事件は，アメリカのヴェトナムにおける敗戦と，ニクソン・ドクトリンに予告された米陸上兵力のアジアからの撤退であった。それは，やり方によってはアメリカが第二次世界大戦後に構築した"ハブ・アンド・スポークス"の安全保障網の瓦解すら招きかねない激

変であった。しかし，ニクソン政権は米海空軍の戦略能力をアジア・太平洋に残したし，相手国が要求しないかぎり，同盟条約の廃止や修正を行わなかった。加えて，ニクソン＝キッシンジャーの外交的対処は，低下したアメリカの力を巧みに補った。米・ソ・中の三人ゲームを，「米 対 中・ソ」から「米・中 対 ソ」の組み合わせに変え，外交的に対ソ優位を再形成した。それでいて，ニクソン政権はソ連ともデタントを進行させた。70年代前半の日本にとって，東アジアに対中，対ソの二重デタントという国際環境が出現したのである。

アメリカが設定したこのような国際枠組みの下で，1970年代の日本外交はどう動いたか。先に見た60年代までのアメリカの対日政策は，保護と配慮を与えつつ，日本の中立化や東側陣容への迷走を予防せんとするものであった。つまり，恩恵的ではあっても日本の対米自立を厭うものであった。ところが，ニクソン政権は自立しない日本の甘えに苛立ちを隠さず，突き放すようなショックを連発した。

田中角栄政権は，これを受けて立ち，アメリカに対する従来よりも高い自由度を主張し，外交地平の拡大へと動いた。アメリカに先んじて対中国交正常化を行っただけでなく，石油危機が起こると，アメリカの制止を振り切って親アラブへの外交シフトを敢行し，さらに独自の資源外交をグローバルに試みた。ヴェトナムやモンゴルなど，アジアの共産諸国と外交関係を樹立し，経済協力すら開始しようとした。

三木武夫内閣は，1970年代の流動的な国際環境の下で経済大国となった日本が軍事大国化することを嫌い，日本の防衛費を対GNP比1％以下に抑え，武器輸出を全面的に禁止する措置をとった。三木内閣が日本の軍事力抑制政策を行ううえで不可欠の条件であったのが，日米安全保障関係の再確認もしくは強化であった。日本の軍事力と日米同盟の同時的弱体化は，日本の安全を危殆に陥れるであろう。坂田道太防衛庁長官とシュレジンジャー国防長官との間で日米安全保障協力の緊密化がはかられ，やがて「日米防衛協力のための指針（ガイドライン）」が生まれる。この時期，フォード大統領の対日関係重視路線にも恵まれて，懸案だった天皇訪米も実施され，ニクソン時代に傷ついた日米関係を癒す努力がなされた。

福田赳夫・大平正芳両首相の時代には，日米関係にとって注目すべき二つのアプローチが芽生えた。1970年代後半，対ソ・デタントが破綻し，「ソ連の脅

威」が深刻な問題となった。福田・大平両政権は，一方で国際的に苦境に立つカーター政権期のアメリカ政府に協力し，支援する姿勢を次第に鮮明にしていった。「西側の一員」アイデンティティを再確認し，80年代の「新冷戦」期における日米協力を準備することになった。他方で，もう一つ重要なことは，アメリカがアジア・太平洋から後退した後を，日本が経済的・外交的に埋め合わせるイニシアティブをとったことである。1977年の福田ドクトリンは，石油危機を克服して強くなった日本経済が，東南アジア地域全体の開発と安定を支援する意向を表明した。実際にそれ以後，日本政府が中国を含むアジア地域へのODAを倍々ゲームで増加することになる。それは，貿易と直接投資の拡大とあいまって，日本―NIEs―ASEAN―中国―ヴェトナムと連なる，東アジアの経済発展連鎖を80年代に生み出すことに資した。

さらに，大平首相が大来佐武郎外相を用いて，オーストラリアと提携しつつ環太平洋連帯構想の実現に動いたことも，太平洋共同体に向けての意義深い外交的イニシアティブであった。それが1980年代・90年代にPECC―APECへと発展することになるだけに，看過し難い意味を持つ。

つまり1970年代の日本は，アメリカのアジアでのプレゼンスが縮小したのを受けて，それを経済的・外交的に代替・補完する役割を果たしたと言えよう。それは，経済国家である戦後日本が，東アジアと太平洋地域を経済主義にある程度まで染めていく意味をも持った。ヴェトナム戦争以後，冷戦終結まで，この地ではほとんど戦火がなく，開発権威主義体制の国々を含めて経済発展を競う季節を迎えることになった。日本は，その時代のモデルであり，リーダーであった。70年代後半のアメリカは，なおヴェトナム戦争の後遺症に苦しみ，国際的にはソ連やイランなどの粗暴な挑戦を受けた。そうした中，日本が穏やかな非軍事的手法をもって東アジアや太平洋の世話役を務め，自由な市場経済の拡充と地域の安定に貢献したことは，評価されてよいであろう。

1980年代――安全保障協力と経済摩擦

1981年に登場したレーガン大統領は，アメリカの復活を象徴する存在であった。内に，規制緩和と減税によって自由市場下の民間活力を高める経済政策（レーガノミックス）をとり，外に，アフガニスタン侵攻を行ったソ連を「悪の帝国」と断じて，SDIに着手するなど，アメリカの技術力を利して対ソ軍事的

優位の再構築にとりかかった。レーガンの明るい強気のリーダーシップの下で，アメリカはヴェトナム戦争の傷を，まず心理的に克服し，ついで経済・社会的にも徐々に回復した。1970年代の荒廃した都会が，80年代には再開発され，安全と美しさを取り戻し始めた。国内さえ充実すれば，軍事技術的には群を抜く強大さを持つアメリカであった。自信と活力を取り戻した80年代のアメリカは，ヨーロッパや日本のG7サミットの国々とともに，ソ連陣営を圧倒し，冷戦の終結に向かうことになった。

日本にとって1980年代は何であったか。経済国家としての戦後日本が歴史的な頂点を迎えた時期であった。石油危機にともなう不況を，日本経済は70年代後半に技術革新によって克服した。品質のよい日本の家電製品や，エネルギー効率のよいエンジンを持つ小型自動車が，世界中で爆発的に売れた。工業製品の競争力によって80年代の日本は米欧に並び立つ繁栄を手にしたのである。中曽根康弘首相が主催した1986年の東京サミットは，日本が世界的に存在感を最も高めた瞬間であった。

1980年代の日米関係はどう推移したか。一言で言えば，激しい経済摩擦が打ち続く中で，外交・安全保障面での協力を見失わなかった日米関係の時代であった。

日本の輸出競争力が高まり，対米貿易黒字が急増した1978年ごろから，80年代を通して，アメリカが日本に対する経済的優位を回復した1993年の2年後にいたるまで，15年間にわたってアメリカは日本の貿易黒字を責め，政治的圧力を加えて，日本の輸出自主規制，直接投資とアメリカでの生産，日本の市場開放などを要求し続けた。第10章に十全に論じられたので繰り返さないが，「日本異質論」まで登場するアメリカの激しい対日批判は，しかし日米の安全保障関係を破壊することはなかったのである。

冷戦終結後の日米関係

冷戦が始まったころ，自由で統制のとれない西側民主主義陣営は，権威主義的な権力行使のできるソ連共産主義陣営に対して不利であり，長期の冷戦に耐えないのではないか，そういった議論がよくなされた。40年余を経て，逆の結果となった。アメリカは西欧と日本を伴って，自由民主主義と市場経済の活力を長期持続的に高め，堅い国家管理システムの共産陣営を圧倒した。その結

果，大砲を撃つことなく，ソ連・東欧の共産体制が瓦解する形で冷戦は終わった。核時代にあって，戦争なしに一つの時代を完了できたのは，幸いなことであった。

さて，冷戦終結は，日米関係にどう影響したであろうか。もともと日米安全保障条約は，共産ソ連の脅威に対するものであった。共通の敵の喪失は，かすがいの消滅を意味しないであろうか。たしかに，冷戦終結とともに日米同盟も歴史的任務を終えた，と論ずる人もいた。しかし，多数意見とはならなかった。日米両国政府は，行方定かならぬ冷戦後の流動的事態を見極める必要があると見ていた。

しかし，日米関係を運営する精神にいささかの変化が生じたことは否定し難かった。冷戦期にあって，どんなに経済摩擦が厳しくても，アメリカには日本を陣営内の仲間に留める戦略的配慮があった。ソ連崩壊後は，日本に要求や不満があれば，突き放して対峙する姿勢が顕著となった。アメリカは10年以上にわたって，強力な日本経済の挑戦に苦しんできた。ある世論調査が示したように，ソ連崩壊後のアメリカにとっての脅威は日本経済であるかもしれなかった。冷戦終結後に登場したクリントン政権は，日本に対し貿易不均衡を改善するための「数値目標」を遠慮なく迫った。冷戦の覆いとともに自由貿易原則の覆いをもひっぱがして，日本の譲歩を求めるアメリカ政府に対し，日本政府は抵抗した。日本の知米派であったエリート層のうちにも，アメリカを嫌う者が増えた。そうした事態が1995（平成7）年の日米経済摩擦の終了まで続いた。

冷戦終結直後に起こった湾岸危機は，日米間のパーセプション・ギャップを際立たせることになった。1990年8月のイラクによるクウェート侵攻に対し，G.ブッシュ大統領は力強いリーダーシップを発揮した。主要国と語らい，国連決議を得て，多国籍軍を組織し，91年1月に開戦してクウェートを解放した。アメリカは冷戦後の突発的な危機に際して，国際秩序を守る中心的役割を果たした。

他方，日本は憲法第9条下の戦後平和主義の考え方と，安全保障問題を基本的にアメリカへ任せ切る冷戦下の慣行に従って消極的対応を行い，アメリカから"too little, too late"の批判を浴びた。総額130億ドルという多額の資金協力を行っても，それだけでは不十分であり，国際安全保障への主体的な参画が必要であることを，日本は湾岸危機／戦争の苦い経験を通じて認識した。

1992年に宮澤喜一内閣がPKO協力法を成立させ，カンボジアPKO（UNTAC）に自衛隊を初めて派遣したのは，その結果である。こうして冷戦後の日本は，国連PKOを中心に国際平和協力活動への参加を常とすることとなった。

冷戦後の日米安全保障条約については，1993年以降の北朝鮮の核危機や95年以降の中国による台湾海峡ミサイル危機を経て，解消どころか，むしろ強化されることになった。北朝鮮の乱行に対しても，中国の軍事的台頭に対しても，日本，アメリカ単独での対処は不可能であり，日米同盟をもって対応する必要を両国政府は認めた。1996年4月の橋本龍太郎首相とクリントン大統領の共同宣言は，その方向を明らかにした。両国政府は，日本の防衛だけでなく，周辺事態やアジア・太平洋の安全について緊密に協議しつつ，方針を策定した。日米同盟は，冷戦後にむしろ実質化されたのである。

クリントン第一任期のW.ペリー国防長官やJ.ナイ国防次官補は，アジアと日本への深い理解をもって，東アジア安全保障政策を策定し，危機に対処した。クリントン大統領自身は，国内の経済状況と世論の動向を主たる関心とした。1993年ごろからアメリカ主導のIT革命が本格化し，グローバル化の波が起こす好景気に支えられ，同じ時期にバブル景気がはじけて長期不況に陥った日本に対する経済的優位を取り戻した。にもかかわらず，1995年まで日本に数値目標を手心を加えることなく強要したのは，不幸な振る舞いであった。

クリントン大統領は，1992年にシアトルでのAPEC会合を初めて首脳会談に高めたり，前述のように96年の日米安保共同宣言を東京で発したりしたが，対日関係に戦略的関心を有しているわけではなく，97年・98年には中国との関係強化に情熱を注いだ。それはよいが，江沢民主席と反日的言辞を共有し，"Japan passing"を演じてみせ，日本人に米中頭越し接近のニクソン・ショックの悪夢を想起させた。

1990年代後半の日本は不良債権の山に苦しみ，金融危機を招いたが，それでも97年の東アジア経済危機に際しては，タイ，インドネシア，韓国などに積極的に支援の手を差し伸べた。橋本龍太郎・小渕恵三両首相は活発な外交を展開し，重層的に首脳会談が行われる時代にほとんどの国々と良好な関係を維持して，アジア・太平洋地域の国際関係におけるコーディネーター的な役割を担った。

G. W. ブッシュと小泉の時代——9.11 以後の同盟強化

　21 世紀を迎える年に登場した G. W. ブッシュ政権は，クリントン前政権の中国へ傾斜したアジア外交を批判し，日米同盟を重視する立場を明らかにするとともに，アーミテージを国務副長官とするなど，知日派を要職に配し，かつてなく日本布陣の厚い政権をつくった。

　同じ時期に圧倒的な国民の支持を集めて登場した小泉純一郎首相は，ブッシュ大統領との間に，中曾根・レーガン時代以来の緊密な関係を築いた。その直後の 2001 年 9 月 11 日，ニューヨーク，ワシントンのアメリカの中枢部が国際テログループ，アル・カーイダの手による同時テロ攻撃を受けた。ブッシュ大統領は，「テロとの戦い」の完遂を力強く呼びかけて，危機に戦う国民的リーダーとなった。2 週間後に渡米した小泉首相は，「テロとの戦いにおいて，日本はアメリカとともにある」と宣言して，日米同盟は戦時同盟に似た雰囲気を醸し出した。10 月に米英軍がアル・カーイダをかくまうアフガニスタンのタリバン政権に対する攻撃を開始すると，小泉内閣はテロ対策特別措置法を制定して，海上自衛隊をインド洋へ派遣し，給油など後方支援活動に協力した。2003 年 3 月，ブッシュ政権がイギリス・スペインとともにイラク戦争を開始すると，小泉内閣はイラク復興支援特別措置法をつくり，12 月に陸上自衛隊を，イラクのサマーワ地方の生活再建のために約 3 年間派遣した。また，航空自衛隊を支援輸送のためにクウェートとイラクに派遣した。こうして湾岸危機／戦争の際，日米関係に深い傷を残したのとは逆に，小泉・ブッシュの両首脳は日米同盟のレベルを高めるリーダーシップを発揮した。

　憲法第 9 条が厳存する下で，日本政府は自衛隊を戦闘目的に海外派遣することを避けつつ，国連 PKO や災害救援，復興支援，そしてテロとの戦いの後方支援など，国際安全保障上の役割を果たすため幅広く用いるにいたっている。ブッシュ政権は，日本の従来よりも積極的な参画を歓迎した。日米同盟関係は，当初の日本の安全のための米軍駐留という段階から，冷戦後の 1990 年代におけるアジア・太平洋の安全装置としての役割への再定義を経て，2005 年のグローバルな多元的・立体的協力を両国政府の外交・防衛の長の会議（2+2）が合意する段階にいたっている。

↑訪米した池田勇人首相（左）とのヨット会談を楽しむケネディ米大統領（1961年6月。写真提供：PANA）

21世紀の日米関係

　21世紀初頭における世界史的変動を二つあげるとすれば，一つは9.11テロに示されるイスラーム文化圏の激烈な抗議であり，もう一つは中国の台頭である。双方とも1979年——前者はホメイニ革命，後者は鄧小平による中国文化大革命の収拾と「改革開放」路線による経済再建の開始——に起点を置くものである。前者がイスラーム原理主義に精神的拠点を見出して，自爆テロという刹那的行動を手法とするのに対し，後者は近代150年の屈辱に耐えた中華文明が，国際的な市場経済という普遍的枠組みを活用することによって，超大国として浮上せんとしている。

　イラク戦争の戦闘部分が米軍の圧勝に終わるのを，フランス・ドイツ・ロシアとは異なり，沈黙をもって見守った中国・胡錦濤政権は，ブッシュ政権の要請を容れて，北朝鮮に対する6者協議のホスト役を引き受けた。すでに四半世紀にわたり高度経済成長を続け，「世界の工場」とまで呼ばれるようになって

いた中国は、ここに政治外交面でも19世紀中葉のアヘン戦争以来150年の断弦をついで、アジアの中心大国への座に復帰したのである。

この時期、小泉首相が靖国神社参拝を毎年行ったことにより、中国・韓国との関係は冷却し、アジアにおける中国の中心化と日本の周辺化が憂慮された。幸いにもブッシュ政権は、これを利用して米中頭越し接近を試みるようなことをせず、日本・中国双方との関係を重視し、両国の関係改善を促した。

2006年9月に登場した安倍晋三首相は、電撃的に中韓両国を訪問して首脳会談を行い、関係を正常化した。2007年9月に登場した福田康夫内閣は、対米外交とアジア外交の共鳴を語って、アジアにおいて日本が積極的な役割を果たす外交に着手した。

戦前来の歴史が示すように、中国問題をめぐって日米両国が割れたことが日米関係破局への導火線であった。21世紀には、日米同盟を維持しつつ、台頭する中国を日米両国がこなし、協商関係を築きうるであろうか。21世紀のアジア・太平洋地域の秩序は、日米中関係の運営によって基本的に規定されるであろう。

本書に見てきたように、戦前の日米関係を大きく区分すれば、①ペリー来航からポーツマス講和会議までの初期友好関係、②ポーツマスから満州事変までの協調と対抗の交錯する普通の関係、③満州事変以降の破局への道、の3段階をもって進んだ。戦後の日米関係も、①東京湾のミズーリ号艦上から沖縄返還までの初期友好関係、②沖縄返還から世紀末までの、同盟関係の中でも摩擦が厳しかった両義的な関係まで、戦前と同じような歩みを示した。戦前と異なるのは第三段階である。破局ではなく成熟の可能性が、冷戦後の危機を超えて日米関係が強化されているところに見えてきたことが注目される。テロとの戦い、北朝鮮核危機、中国の超大国化などは、いずれも日米関係にとって、一つまちがえば同盟関係を空中分解させかねない大きな挑戦である。21世紀の日米関係は、これらの衝撃を吸収しつつ、協力関係を強化していく歴史を築くことができるだろうか。

●さらに読み進む人のために●

《全体に関するもの》

入江昭『日本の外交——明治維新から現代まで』中公新書，1966 年。
　＊戦前と戦後，とりわけ戦前の日本外交を貫く基本的思想を，透徹した視点から描いた日本外交史の考察。日本外交の基本的潮流を考えるうえで有益。
近代日本研究会編『年報・近代日本研究 7・日本外交の危機認識』山川出版社，1985 年。
　＊日米関係を含む危機を，幕末から 1970 年代まで 11 編の論文で綴る。
服部龍二『幣原喜重郎と二十世紀の日本——外交と民主主義』有斐閣，2006 年。
　＊日本を代表する外交指導者・幣原喜重郎に関する伝記的研究。
細谷千博編『日米関係通史』東京大学出版会，1995 年。
　＊戦前・戦後にわたる日米関係の展開を全般的に跡づけた共著。
細谷千博・本間長世編『日米関係史——摩擦と協調の 140 年〔新版〕』有斐閣選書，1991 年。
　＊代表的な学者たちが，戦前・戦後の日米関係をテーマ別に検証した概説書。
Neu, Charles E., *The Troubled Encounter: The United States and Japan*, Wiley and Sons, 1975.
　＊アメリカ史の大家による日米関係の考察。まず読みたい基本文献。
Neumann, William L., *America Encounters Japan: From Perry to MacArthur*, Johns Hopkins Press, 1963（本間長世・有賀貞・有賀夏紀・杉森長子訳『アメリカと日本——ペリーからマッカーサーまで』研究社出版，1986 年）．
　＊開国から占領期まで広く日米関係を考察する入門書。上記 Neu, 1975 と併せて読めば，アメリカの対日政策の基本コンセプトを把握できる。

《戦前期に関するもの》

開国百年記念文化事業会編（第 1 巻編纂委員　神川彦松）『日米文化交渉史　第 1 巻——総説・外交〔新装版〕』原書房，1980 年。
　＊1956 年に出版された原著の復刻版。全 8 巻の中の外交編で，幕末・明治期から大正期（ワシントン会議）までを扱い，重要事項を的確に叙述している。
外務省調査部編纂『日本外交史〔複製〕』（日本外交史料集 2）クレス出版，1992 年。
　＊1939 年に外務省内の一次史料を中心に編纂された概説。排日移民やワシントン会議など，アメリカの対日態度の変遷に注目する。
鹿島守之助『日米外交史』鹿島研究所，1958 年。
　＊『日本外交政策の史的考察』『日本外交史』などと並ぶ，鹿島氏による日本外交史研究の先駆的な力作。
高坂正堯『不思議の日米関係史』PHP 研究所，1996 年。
　＊日本を代表する国際政治学者が著した初期日米関係史の考察。
黒羽茂『日米外交の系譜——太平洋戦争への抗争史的展開』協同出版，1974 年。

＊太平洋をめぐる日米抗争の根源を問いつつ個々のテーマを検討する史論。
佐藤誠三郎『「死の跳躍」を越えて──西洋の衝撃と日本』都市出版，1992年。
　　　＊西洋の衝撃を受けた近代日本の対応を鋭く分析する論文集。
幣原喜重郎『外交五十年』中公文庫，1987年。
　　　＊1920年代に「幣原外交」と呼ばれる一時代を築いた外交指導者が，英米などにおける体験を通して外交の要諦を説く回顧録。
高木八尺／東京大学アメリカ研究センター編『高木八尺著作集 第3巻──アメリカ外交』東京大学出版会，1971年。
　　　＊日本におけるアメリカ研究として古典的な地位を占める高木の著作集。1926年発表の「太平洋及極東方面に於ける米国発展の段階」は，今日でも有益。
秦郁彦『太平洋国際関係史──日米および日露危機の系譜，1900-1935』福村出版，1972年。
　　　＊広汎な史料をもとに日米関係の展開を鋭く分析した研究書。

《戦後期に関するもの》

オーバードーファー，ドン／菱木一美・長賀一哉訳『マイク・マンスフィールド──米国の良心を守った政治家の生涯』上・下，共同通信社，2005年。
マンスフィールド，マイク／小孫茂編著『マンスフィールド 20世紀の証言』日本経済新聞社，1999年。
　　　＊前者は上院議員，駐日大使としてアメリカの東アジア政策に深く関与した人物の包括的な評伝，後者は駐日大使時代を中心とした当人の回顧録。
菅英輝『米ソ冷戦とアメリカのアジア政策』ミネルヴァ書房，1992年。
　　　＊冷戦初期のアメリカの対アジア封じ込め政策に焦点を当てた実証的研究。
高坂正堯『宰相吉田茂』中公叢書，1968年。
　　　＊「現実主義」の代表的論客が，戦後日本外交の基軸を定めた吉田茂のリーダーシップと国際政治観を評価した古典的作品。
シャラー，マイケル／市川洋一訳『「日米関係」とは何だったのか──占領期から冷戦終結後まで』草思社，2004年。
　　　＊アメリカのアジア冷戦史の専門家による著作の邦訳。
高木八尺編『日米関係の研究』上・下，東京大学出版会，1968年。
　　　＊戦後初期におけるアメリカ研究のよき水準を示す論文集。
添谷芳秀『日本の「ミドルパワー」外交──戦後日本の選択と構想』ちくま新書，2005年。
　　　＊戦後日本の外交戦略を，古典的な大国外交と異なる「ミドルパワー」のそれと再解釈した興味深い外交論。
田中明彦『日中関係 1945-1990』東京大学出版会 UP選書，1991年。
　　　＊戦後日中関係の展開を，国際関係や内政にも留意しつつ論じた通史。
田中明彦『安全保障──戦後50年の模索』（20世紀の日本 2）読売新聞社，1997年。
　　　＊第二次世界大戦以後，日本が自らの安全保障をどのようなものとしてとらえ，政策としていったかを，国際政治の変動の中で論じた通史。
田中明彦『アジアのなかの日本』（日本の〈現代〉2）NTT出版，2007年。

＊1970年代以降のアジア各国の変動と，日本外交の関与を分析。
細谷千博監修／A50日米戦後史編集委員会編『日本とアメリカ——パートナーシップの50年』ジャパンタイムズ，2001年。
　＊戦後日米関係史を政治，経済，外交，文化の各分野にわたり専門家が問題別に概観した，講和五十周年の記念出版。
李鍾元『東アジア冷戦と韓米日関係』東京大学出版会，1996年。
　＊アイゼンハワー政権の対韓政策を対日政策と関係づけて検討する重厚な実証研究。
Green, Michael J., *Japan's Reluctant Realism: Foreign Policy Challenges in an Era of Uncertain Power*, Palgrave, 2001.
　＊気鋭の日本研究者が，冷戦後の日本外交の変遷をリアリズムの観点から分析。

《第1章に関するもの》
Dennett, Tyler, *Americans in Eastern Asia: A Critical Study of United States' Policy in the Far East in the Nineteenth Century*, Barnes & Noble, 1963.
　＊アメリカの初期東アジア外交を解明した名著。著者はピューリッツァ賞も受賞した，アメリカ外交の巨匠である。
Griswold, A. Whitney, *The Far Eastern Policy of the United States*, Harcourt, Brace, 1938.
　＊アメリカ外交史の大家によるアメリカ極東政策史。アメリカの対日政策に焦点を当て，やがて破綻する日米関係のプロセスを検証した古典的名著。

《第2章に関するもの》
外務省編『小村外交史』原書房，1966年。
　＊小村寿太郎の外交活動を，公的史料にもとづいて叙述。明治後半期の日本外交を理解するうえでも基本的な文献。
寺本康俊『日露戦争以後の日本外交——パワー・ポリティクスの中の満韓問題』信山社，1999年。
　＊対露戦勝後の日本の大陸政策について，対満韓政策を中心に欧米列強との相互作用と関連づけて精密に論ずる研究書。
松村正義『日露戦争と金子堅太郎——広報外交の研究〔増補改訂版〕』新有堂，1987年。
　＊日露戦争の際，T. ローズヴェルト大統領やアメリカ世論に対する働きかけに大きな役割を果たした金子堅太郎に焦点を当てた「広報外交」の先駆的研究書。
Bailey, Thomas A., *Theodore Roosevelt and the Japanese American Crises: An Account of the International Complications Arising from the Race Problem on the Pacific Coast* [reprint], Peter Smith, 1964.
　＊日米危機へと発展した学童隔離事件とそれへのT. ローズヴェルト大統領の対処を検証した古典的な研究書。
Dennett, Tyler, *Roosevelt and the Russo-Japanese War: A Critical Study of American Policy in Eastern Asia in 1902-5, based primarily upon the private papers of Theodore Roosevelt* [reprint], Peter Smith, 1959.
　＊日露戦争におけるT. ローズヴェルト大統領を中心とするアメリカ側の動きを分析した，アメリカ外交史の大家による古典的名著。

Esthus, Raymond A., *Theodore Roosevelt and Japan*, University of Washington Press, 1966.
　＊T. ローズヴェルト大統領を軸にアメリカの対日政策を詳細に論じた研究書。
Okamoto, Shumpei, *The Japanese Oligarchy and the Russo-Japanese War*, Columbia University Press, 1970.
　＊日露戦争にいたるプロセスを日本側から分析した日本人による英語文献。当時の日本の指導者の政策決定過程を理解するうえで有用。

《第3章に関するもの》

高原秀介『ウィルソン外交と日本――理想と現実の間 1913-1921』創文社，2006年。
　＊20世紀アメリカ外交に理念的裏づけを与えたウィルソン政権の対日政策の展開を，詳細かつ実証的に論じた研究書。
奈良岡聰智『加藤高明と政党政治――二大政党制への道』山川出版社，2006年。
　＊外政家にして政党政治家であった加藤高明における内政と外交の連動に注意を払いつつ，かつてない精密さで加藤とその時代を論ずる大部の研究。
細谷千博『シベリア出兵の史的研究』岩波現代文庫，2005年（有斐閣，1955年）。
　＊ロシア革命の発生からシベリア出兵にいたる日本の政策決定過程を，アメリカ要因を重視しつつ分析し，二重外交の弊害を説く古典的研究。
三谷太一郎『増補 日本政党政治の形成――原敬の政治指導の展開』東京大学出版会，1995年。
　＊日露戦争後の日本の政治的変化と，アメリカの台頭という国際政治上の変化を結ぶ存在として政党指導者原敬を取り上げ，内政・外交にわたる政治指導を検討。
簑原俊洋『カリフォルニア州の排日運動と日米関係――移民問題をめぐる日米摩擦，1906～1921年』神戸法学双書，2006年。
　＊カリフォルニア州を中心とする排日運動の発生から，やがて戦前日米関係における宿痾となった日米移民問題の政治的構図を解明する研究。
村井良太『政党内閣制の成立 一九一八～二七年』有斐閣，2005年。
　＊戦前の日本にあって1924年から8年間続いた二大政党による政権交代制が，いかに成立・展開したかを分析する研究。
Curry, Roy Watson, *Woodrow Wilson and Far Eastern Policy, 1913-1921*, Octagon Books, 1968.
　＊ウィルソンの東アジア政策を，対中政策や対日政策にとどまらず，対フィリピン政策を含め包括的に検証した貴重な研究。
Elleman, Bruce A., *Wilson and China: A Revised History of the Shandong Question*, M. E. Sharpe, 2002.
　＊パリ講和会議での山東問題をめぐる日米中の対応を検証し再解釈を施した研究。
Knock, Thomas J., *To End All Wars: Woodrow Wilson and the Quest for a New World Order*, Oxford University Press, 1992.
　＊国際連盟の設立を中心としたウィルソンの新世界秩序構想の形成とその挫折のプロセスを，内政・外交の両側面から明らかにした研究。
Link, Arthur, *Woodrow Wilson: Revolution, War, and Peace*, Harlan Davidson,

1979.（初版1957の翻訳が，松延慶二・菅英輝訳『地球時代の先駆者——外政家ウィルソン』玉川大学出版部，1979年）
  *ウィルソン大統領の国際秩序構想に関する研究。東アジア，日本に関する議論は十分ではないが，ウィルソンの外交構想を把握するうえでは不可欠な研究。
Shimazu, Naoko, *Japan, Race, and Equality: The Racial Equality Proposal of 1919*, Routledge, 1998.
  *パリ講和会議での日本政府による人種平等案を詳しく考察する好著。

《第4章に関するもの》

麻田貞雄『両大戦間の日米関係——海軍と政策決定過程』東京大学出版会，1993年。
  *両大戦間の海軍をめぐる諸協定を軸に，日米関係の政策プロセスを精密に分析した名著。
服部龍二『東アジア国際環境の変動と日本外交 1918-1931』有斐閣，2001年。
  *1920年代の中国をめぐって欧米各国が繰り広げる相互作用の中での日本外交を検証する国際政治史的研究。
簑原俊洋『排日移民法と日米関係——「埴原書簡」の真相とその「重大なる結果」』岩波書店，2002年。
  *1924年の排日移民法の成立過程を日米関係および米国内政治の文脈から詳細に検証した研究。「重大なる結果」の一語にすべてを帰す通説を覆す。
Hirobe, Izumi, *Japanese Pride, American Prejudice: Modifying the Exclusion Clause of the 1924 Immigration Act*, Stanford University Press, 2001.
  *1924年の排日移民法成立後にも，日本政府が試みた修正を検討して，日米関係の文化的交錯に切り込んだ研究。
Iriye, Akira, *After Imperialism: The Search for a New Order in the Far East, 1921-1931*, Harvard University Press, 1965.
  *入江昭教授の初期代表作。ワシントン会議後の中国をめぐる国際政治史を包括的に論じ，現在も輝きを失っていない名著。

《第5章に関するもの》

伊藤隆『近衛新体制——大政翼賛会への道』中公新書，1983年。
  *1930年代後半の日本政治の焦点であった新体制運動を論じた基本書。
加藤陽子『模索する1930年代——日米関係と陸軍中堅層』山川出版社，1993年。
  *日本外交の外的要因として，アメリカの互恵通商法や中立法，内的要因としては，陸軍中堅層を重視する論文集。
須藤眞志『日米開戦外交の研究——日米交渉の発端からハル・ノートまで』慶應通信，1986年。
  *約1年間にわたる戦争回避の努力も果たせずついに日米戦争の前奏曲となった日米交渉について，情報伝達と認識ギャップに注目し日米双方から実証する。
ソーン，クリストファー／市川洋一訳『満州事変とは何だったのか——国際連盟と外交政策の限界』上・下，草思社，1994年。
  *西洋列強と国際連盟は満州事変にいかに対処したのか。構造的問題や協調の乱れ，国内的諸制約等，拘束要因をふまえつつ当時の国際関係を活写する。

戸部良一・寺本義也・鎌田伸一・杉之尾孝生・村井友秀・野中郁次郎『失敗の本質——日本軍の組織論的研究』ダイヤモンド社，1984年（中公文庫，1991年）．
 ＊戦史に社会科学的視点を導入し，ノモンハン事件から沖縄戦に及ぶ六つの戦闘事例から日本軍の組織的特性に起因する失敗の本質と教訓を導き出す共同研究．
日本国際政治学会太平洋戦争原因研究部編『太平洋戦争への道——開戦外交史〔新装版〕』全7巻，朝日新聞社，1987-1988年．
 ＊日本国際政治学会による共同研究の成果．満州事変前夜から日米開戦に至る政策決定と展開を広範な史料から実証的に解明した日本外交史研究の金字塔．
野村実『太平洋戦争と日本軍部』（近代日本研究双書）山川出版社，1983年．
 ＊日本海軍を中心に太平洋戦争への道を論じた基本書．
細谷千博・斎藤真・今井清一・蠟山道雄編『日米関係史——開戦に至る十年（1931-41年）〔新装版〕』全4巻，東京大学出版会，2000年．
 ＊1969年に日米の専門家が集い，「真珠湾への道」を討議した河口湖会議の成果．破局に至る10年間の日米関係を多角的に検証した力ある論文集．
森山優『日米開戦の政治過程』吉川弘文館，1998年．
 ＊海軍幕僚たちの記録を重視して太平洋戦争の勃発に至る政治過程を検証した研究．
Borg, Dorothy, *The United States and the Far Eastern Crisis of 1933-1938: From the Manchurian Incident through the Initial Stage of the Undeclared Sino-Japanese War*, Harvard University Press, 1964.
 ＊満州事変以降，日中戦争に至るアメリカの東アジア政策について分析した名著．
Crowley, James W., *Japan's Quest for Autonomy: National Security and Foreign Policy, 1930-1938*, Princeton University Press, 1966.
 ＊太平洋戦争に至る日本の軍事・外交戦略が，単に国際環境に強いられた結果ではなく，アジアにおける日本の自立性の追求にあったと論じた画期的研究．
Dallek, Robert, *Franklin D. Roosevelt and American Foreign Policy, 1932-1945*, Oxford University Press, 1979 (first edition), 1995 (second edition).
 ＊謎の部分が多いF.D.ローズヴェルト大統領の外交政策を，バランスよく全般的に説明した名著．
Heinrichs, Waldo H., *American Ambassador: Joseph C. Grew and the Development of the United States Diplomatic Tradition*, Little, Brown, 1966.（抄訳として，麻田貞雄訳『グルー大使と日米外交』グルー基金，2000年）
 ＊真珠湾攻撃まで10年にわたり駐日大使を務めたグルーに関する伝記の決定版．原著では，駐日大使以前のグルーについても述べられており，有用．
Kimball, Warren F., *The Juggler: Franklin Roosevelt as Wartime Statesman*, Princeton University Press, 1991.
 ＊戦争指導者としてのF.D.ローズヴェルト大統領の思想，政策，行動に関して，最も広範に史料を用いて書かれた名著．
Reynolds, David, *From Munich to Pearl Harbor: Roosevelt's America and the Origins of the Second World War*, Ivan R. Dee, 2001.
 ＊第二次世界大戦に至るローズヴェルト政権の対外政策について，英国外交史家が

欧州情勢の展開を考慮しつつ論じた包括的研究．
Sherwin, Martin J., *A World Destroyed: The Atomic Bomb and the Grand Alliance*, Knopf, 1975.（加藤幹雄訳『破滅への道程——原爆と第二次世界大戦』ティビーエス・ブリタニカ，1978年）．
　　＊米国による原爆投下について，米国側損失を極小化しての対日勝利を最大の要因としながらも，ソ連に対する牽制の意味が補足的に込められていたとする研究．
Utley, Jonathan G., *Going to War with Japan, 1937-1941*, University of Tennessee Press, 1985.（五味俊樹訳『アメリカの対日戦略』朝日出版社，1989年）．
　　＊日中戦争から「ハル・ノート」に至る米国側政策の変容過程を詳細に検証し，何が日米間の破局をもたらしたかを考察する好著．
Wohlstetter, Roberta, *Pearl Harbor: Warning and Decision*, Stanford University Press, 1962.（岩島久夫・斐子訳『パールハーバー——トップは情報洪水の中でいかに決断すべきか』読売新聞社，1987年）
　　＊アメリカが日本の真珠湾攻撃を察知できなかった理由を分析した名作．情報の過多（ノイズ）や度重なる警告の惰性化などにその原因を見出している．

《第6章に関するもの》

五百旗頭真『米国の日本占領政策——戦後日本の設計図』（叢書国際環境）上・下，中央公論社，1985年．
　　＊戦時のアメリカ政府内で対日占領政策が形成されるプロセスを，原文書に基づいて詳細に論じた実証研究．
五百旗頭真『占領期——首相たちの新日本』講談社学術文庫，2007年（〈20世紀の日本3〉読売新聞社，1997年）．
　　＊日本政府が敗戦，占領，講和という重大な局面にどのように対応したのかを，占領期の5人の首相に焦点を当てつつ明らかにした研究．
五十嵐武士『戦後日米関係の形成——講和・安保と冷戦後の視点に立って』講談社学術文庫，1995年（『対日講和と冷戦——戦後日米関係の形成』東京大学出版会，1986年）．
　　＊対日占領政策の転換と講和・安全保障をめぐる日米関係を論じた実証的研究．戦後日本の外交態勢が形成される様相が，米国側文書を通じて明らかにされる．
入江昭『日米戦争』（叢書国際環境）中央公論社，1978年．
　　＊太平洋戦争を戦う日米両国で形成されていた戦後構想や相互認識を明らかにし，それが戦後日米関係に持つ意味を考察する作品．
エルドリッヂ，ロバート・D.『沖縄問題の起源——戦後日米関係における沖縄 1945-1952』名古屋大学出版会，2003年．
　　＊沖縄の地位が，太平洋戦争，占領を通じて，戦後どのように確定したのかを，日米沖の原資料に基づいて明らかにした力作．
小此木政夫『朝鮮戦争——米国の介入過程』（叢書国際環境）中央公論社，1986年．
　　＊朝鮮戦争へのアメリカの介入過程を詳細に分析することで，この戦争が国際政治に与えた影響を考察した研究書．
児島襄『太平洋戦争』中公新書，1965-66年（中公文庫，1974年）．

＊太平洋戦争の決意を固めた1941年の参謀本部から1945年8月15日の最後の攻撃までを，広く渉猟された文書記録によって描く。

佐々木卓也『封じ込めの形成と変容――ケナン，アチソン，ニッツェとトルーマン政権の冷戦戦略』三嶺書房，1993年。
　　＊トルーマン政権の封じ込め政策が，ケナンの自制的な冷戦戦略から朝鮮戦争を経てアチソン＝ニッツェの全面対決戦略に転換した跡を検証。

袖井林二郎『マッカーサーの二千日』中公文庫，2004年（中央公論社，1974年）。
　　＊連合国最高司令官のマッカーサーを描きつつ，占領期の日本人を見つめた好著。

ソーン，クリストファー／市川洋一訳『太平洋戦争とは何だったのか――1941〜45年の国家，社会，そして極東戦争』草思社，1989年。
　　＊太平洋戦争下での対日戦遂行とアジアの植民地問題をめぐる米英の対立と確執を描いた研究。太平洋戦争の人種戦争的な側面を指摘。

ダワー，ジョン／三浦陽一・高杉忠明訳『敗北を抱きしめて――第二次大戦後の日本人〔増補版〕』上・下，岩波書店，2004年。
　　＊アメリカの日本研究者が占領時代の日本社会の多様な側面を一次史料に基づいて描く。下巻では新憲法制定の政治過程，東京裁判もとりあげる。

永井陽之助『冷戦の起源――戦後アジアの国際環境』（叢書国際環境）中央公論社，1978年。
　　＊日本を代表する国際政治学者が，魅力的な修辞をちりばめながら，独自の視点で冷戦の起源，封じ込めを議論する。

西村熊雄『サンフランシスコ平和条約・日米安保条約』（シリーズ戦後史の証言――占領と講和7）中公文庫，1999年。
　　＊外務省条約局長として，吉田首相の下で講和条約と日米安保条約の起案と交渉にあたった著者が，両条約成立の経緯を説き明かす。

長谷川毅『暗闘――スターリン，トルーマンと日本降伏』中央公論新社，2006年。
　　＊太平洋戦争の終結にいたるプロセスを，日米ソの原史料に基づいて論じている。日本降伏の決定要因をソ連参戦に求めており，大きな論争を呼んだ研究である。

秦郁彦『アメリカの対日占領政策――終戦から講和まで』（昭和財政史3）東洋経済新報社，1976年。
　　＊原文書の収集に基づく歴史研究の第一人者が，アメリカの対日占領政策の全体像を示した研究。占領政策の過不足ない記述と豊富なデータが特長。

フィン，リチャード・B.／内田健三監訳『マッカーサーと吉田茂』上・下，角川文庫，1995年。
　　＊対日占領行政にも携わった米国歴史家が，マッカーサーと吉田茂という2人の巨人に焦点を当てて占領期を叙述。

細谷千博『サンフランシスコ講和への道』（叢書国際環境）中央公論社，1984年。
　　＊サンフランシスコ講和条約の成立を日本，アメリカ，イギリスの観点の結節として描いた先駆的研究。

細谷千博・本間長世・入江昭・波多野澄雄編『太平洋戦争』東京大学出版会，1993年。
　　＊太平洋戦争の開戦・終結をめぐる国際会議の成果。日本はもちろん，米，英，中，

韓などの研究者がこれらの問題を多角的な視野で再検討する論文集。
ボートン，ヒュー／五味俊樹訳『戦後日本の設計者――ボートン回想録』朝日新聞社，1998年。
　＊米国国務省にあって対日占領政策の起草を通して戦後日本の設計図を描いた当人が，自身の日記や多くのメモ，手紙などに基づいて戦後日本誕生の内実を語る。
増田弘『公職追放――三大政治パージの研究』東京大学出版会，1996年。
　＊軍国主義者と超国家主義者への処断であるとともに，占領者の政治的手段でもあったパージにつき，丹念な実証により実像を解明した労作。
宮澤喜一『東京―ワシントンの密談』（シリーズ戦後史の証言――占領と講和1）中公文庫，1999年（実業之日本社，1956年）。
　＊池田勇人の秘書兼通訳であった著者が，占領終結と対米基軸のあり方をめぐる吉田内閣の外交を鮮やかに描く名著。
D. Clayton James, *The Years of MacArthur, Vol. III: Triumph and Disaster 1945-1964*, Houghton Mifflin Company, 1985.
　＊マッカーサー伝（全3巻）の最終巻。英語文献・資料による最も包括的で詳細な評伝。日本占領と朝鮮戦争におけるこの論争的な将軍の功績と失敗を評価する。
Gallicchio, Marc S., *The Cold War Begins in Asia: American East Asian Policy and the Fall of the Japanese Empire*, Columbia University Press, 1988.
　＊東アジアにおける冷戦の開始に焦点を当てた研究。終戦期のアメリカ側史料を中心に検討し，アジア冷戦論争にかかわるさまざまな問題点を提起。
Hellegers, Dale M., *We, the Japanese People: World War II and the Origins of the Japanese Constitution*, Stanford University Press, 2002.
　＊米軍関係史料と米軍将校へのインタビューを駆使し，日本国憲法ができあがるまでの過程を詳細に検討した名著。
Kennan, George F., *Memoirs 1925-1950* (reprint version), Pantheon, 1983（清水俊雄訳『ジョージ・F・ケナン回顧録――対ソ外交に生きて 1925-1950年』上，読売新聞社，1973年）。
　＊封じ込め政策の立案者自身による回顧録であり，冷戦初期のアメリカ対外政策を理解するうえで有益。
Spector, Ronald, *Eagle against the Sun: The American War with Japan*, Free Press, 1985.（毎日新聞外信グループ訳『鷲と太陽――太平洋戦争勝利と敗北の全貌』ティビーエス・ブリタニカ，1985年）。
　＊太平洋戦争における日米の軍事戦略とその展開を跡づけた研究。

《第7章に関するもの》
池田慎太郎『日米同盟の政治史――アリソン駐日大使と「1955年体制」の成立』（21世紀国際政治学術叢書3）国際書院，2004年。
　＊講和条約締結後の2代目大使アリソンに焦点を当て，彼の地味ながら重要な役割を強調する1950年代の日米政治史。
石井修『冷戦と日米関係――「パートナーシップの形成」』ジャパン タイムズ，1989年。

＊冷戦初期から1950年代半ばまでのアメリカの冷戦観，通商政策をふまえて，対日政策の展開を分析する．
エルドリッヂ，ロバート・D.『奄美返還と日米関係――戦後アメリカの奄美・沖縄占領とアジア戦略』南方新社，2003年．
　　　＊沖縄返還に比べ学問的関心を呼ぶことが少なかった奄美返還を十全に分析．小笠原，沖縄返還の前例として奄美返還の日米合意を重視する．
坂元一哉『日米同盟の絆――安保条約と相互性の模索』有斐閣，2000年．
　　　＊日米安保条約の改定交渉を軸に，1950年代日米関係史を分析し，学界で反響を呼んだ実証的名著．
佐々木卓也『アイゼンハワー政権の封じ込め政策――ソ連の脅威，ミサイル・ギャップ論争と東西交流』有斐閣，2008年．
　　　＊アイゼンハワー大統領とダレス国務長官に率いられた共和党政権の意外に広がりのある対ソ封じ込め政策を，米国公文書に基づいて検討した実証的研究．
陳肇斌『戦後日本の中国政策――1950年代東アジア国際政治の文脈』東京大学出版会，2000年．
　　　＊1950年代の日本の対中政策について実証的に分析し，中台双方に対する政策を両立させようと「二つの中国」政策を追求したとする．
東郷文彦『日米外交三十年――安保・沖縄とその後』中公文庫，1989年．
　　　＊安保改定，沖縄返還に重要な役割を果たした外交官の興味深い回顧録．
豊下楢彦『安保条約の成立――吉田外交と天皇外交』岩波新書，1996年．
　　　＊安保条約をめぐる吉田首相の対米外交の批判的再検討．交渉の焦点は再軍備ではなく，米軍駐留と日本の基地提供にあったとし，国益に反する外交と見る．
中北浩爾『1955年体制の成立』東京大学出版会，2002年．
　　　＊55年体制の成立について，保革の政党，その社会的支持勢力，政策争点，国際関係などの配置と変動を分析して包括的に説明する研究．
中島信吾『戦後日本の防衛政策――「吉田路線」をめぐる政治・外交・軍事』慶應義塾大学出版会，2006年．
　　　＊「吉田路線」によって戦後日本の防衛政策の原型が形成された後，1960年代までの日米関係の展開を跡づける実証的な研究．
原彬久編『岸信介証言録』毎日新聞社，2003年．
　　　＊元首相岸信介の膨大なインタビューの記録．同じ編者による岸の伝記『岸信介――権勢の政治家』（岩波新書，1995年）も興味深い．
増田弘『自衛隊の誕生――日本の再軍備とアメリカ』中公新書，2004年．
　　　＊陸上・海上・航空自衛隊の成立の経緯を日米で公開された一次史料を活用して解明する重要な研究書．とくにアメリカ政府・軍部の動向に詳しい．
Cohen, Warren I. and Akira Iriye, ed., *The Great Powers in East Asia, 1953-1960*, Columbia University Press, 1990.
　　　＊英米日中露の専門家が出席した国際会議の成果．1950年代の東アジアをめぐる大国の政策，大国間の関係を多角的に分析する．
Makoto Iokibe, Caroline Rose, Junko Tomaru, eds., *Japanese Deplomacy in the*

1950's: From Isolation to Integration, Routledge, 2008.
　　＊1950年代の日本外交についての3年にわたる日英共同研究の成果。日米関係とアジアという研究上の定型に，英国要因を組み入れたのが特色。
Shimizu, Sayuri, *Creating People of Plenty: The United States and Japan's Economic Alternatives, 1950-1960*, Kent State University Press, 2001.
　　＊アメリカの大学で教鞭をとる日本人研究者が，1950年代のアメリカの対日政策を特に経済・貿易に力点を置いて考察する。

《第8章に関するもの》

金斗昇『池田勇人政権の対外政策と日韓交渉――内政外交における「政治経済一体路線」』明石書店，2008年。
　　＊経済優先主義で知られる池田外交を再評価する研究書。池田の経済路線の政治的な意味合いを重視し，対韓正常化過程での指導力を評価する。
黒崎輝『核兵器と日米関係――アメリカの核不拡散外交と日本の選択 1960-1976』（フロンティア現代史）有志舎，2006年。
　　＊「核」を軸に戦後日米関係を再検討した注目の研究。中国の核開発，アメリカの核不拡散政策，日米宇宙協力，日本の非核三原則などをめぐる日米関係を検証。
河野康子『沖縄返還をめぐる政治と外交――日米関係史の文脈』東京大学出版会，1994年。
　　＊対日講和から1969年の日米首脳会談による沖縄返還決定まで，進展をもたらした日米の政治と外交を究明する研究。
ジョンソン, U. アレクシス／増田弘訳『ジョンソン米大使の日本回想――二・二六事件から沖縄返還・ニクソンショックまで』草思社，1989年。
　　＊ライシャワー大使の後任として，著者は沖縄返還の道筋をつけ，国務次官としてそれを完成する役回りを演じた。ヴェトナム戦争，繊維紛争にも卒直に言及。
波多野澄雄編著『池田・佐藤政権期の日本外交』ミネルヴァ書房，2004年。
　　＊1960年代の日本外交を外交資料を用いて検討する，若手を多く用いた論文集。
細谷千博・有賀貞編『国際環境の変容と日米関係』東京大学出版会，1987年。
　　＊1950-70年代の日米関係を国際環境の変容の中に位置づけ，政治，経済，社会的レベルで考察する，日米の専門家による国際会議の成果。
宮里政玄『日米関係と沖縄 1945-1972』岩波書店，2000年。
　　＊沖縄をめぐる戦後日米関係についての包括的かつ実証的な研究。アメリカの政策に重点が置かれているが，沖縄，日本の動向にも詳しい。
ライシャワー, エドウィン・O. ＝ハル・ライシャワー／入江昭監修『ライシャワー大使日録』講談社学術文庫，2003年（講談社，1995年）。
　　＊その日の備忘録に基づく駐日大使記録。本書の具体的記述を，概説的な『ライシャワー自伝』（徳岡孝夫訳，文藝春秋，1987年）と合わせて読むとよい。
若泉敬『他策ナカリシヲ信ゼムト欲ス』文藝春秋，1994年。
　　＊佐藤首相の密使として，ロストウ，キッシンジャーらと沖縄返還交渉を進めた学者の回顧録。「両三年」「糸と縄」「核抜き・本土並み」などを生々しく記述。

《第9章に関するもの》

石井明・朱建栄・添谷芳秀・林暁光編『記録と考証 日中国交正常化・日中平和友好条約締結交渉』岩波書店，2003年．
 ＊1970年代の日中関係について両国の最新公開文書を収録し，交渉に直接携わった当事者の回顧と専門家による考証で補足．日米関係研究にも有用な出版．

ヴォーゲル，エズラ・F．／広中和歌子・木本彰子訳『ジャパン アズ ナンバーワン——アメリカへの教訓』ティビーエス・ブリタニカ，1979年．
 ＊アメリカ随一の日本研究者が，主としてアメリカに自省を促すために，戦後日本社会の成功を積極的に評価した書物．日本で大きな話題を呼んだ．

緒方貞子／添谷芳秀訳『戦後日中・米中関係』東京大学出版会，1992年．
 ＊1970年代の米中和解と日中国交正常化，米中国交正常化と日中平和友好条約締結をそれぞれ比較考察し，日中関係を国際的脈絡の中に位置づけた学問的成果．

Sueo Sudo, *The Fukuda Doctrine and ASEAN: New Dimensions in Japanese Foreign Policy*, Institute of Southeast Asian Studies, 1992.
 ＊アメリカのヴェトナムからの撤退後，日本が軍事的にではなく，経済手段を中心に東南アジアに関与する方針を表明した福田ドクトリンの意義を論ずる研究．

チャ，ヴィクター・D．／船橋洋一監訳／倉田秀也訳『米日韓 反目を超えた提携』有斐閣，2003年．
 ＊国際関係の理論的視点から日韓関係を擬似同盟ととらえ，1970年代の日米韓関係を分析したユニークな研究書．

デスラー，I. M.・福井治弘・佐藤英夫／福井治弘訳『日米繊維紛争——"密約"はあったのか』日本経済新聞社，1980年．
 ＊沖縄返還交渉とも関係して極度に政治化した繊維紛争を，両国の政治家，議会，多様な利益集団の織り成す力学をふまえて分析した，この分野の古典的作品．

日本政治学会編『年報政治学1997 危機の日本外交——70年代』岩波書店，1997年．
 ＊専門家による共同研究の成果で，1970年代の日本外交に関する内政と対外政策を総合的にカバーした論文集．

ブレジンスキー，ズビグネフ／大朏人一訳『ひよわな花・日本——分析と警告』サイマル出版会，1972年．
 ＊気鋭の国際政治学者が，高度成長を続ける日本について安全保障と資源の脆弱性を指摘する鋭い洞察の書．出版後間もなく石油危機が起こった．

毛里和子・毛里興三郎訳『ニクソン訪中機密会談録』名古屋大学出版会，2001年．

毛里和子・増田弘訳『周恩来キッシンジャー機密会談録』岩波書店，2004年．
 ＊1972年の米中接近をもたらした両国首脳の生々しい機密会談録．米中首脳の国際政治観や国際情勢分析を理解する上で，第一級の資料である．

若月秀和『「全方位外交」の時代——冷戦変容期の日本とアジア 1971-80年』日本経済評論社，2006年．
 ＊1970年代の日本外交を，協調的な国際環境の形成と緊張緩和をめざした「全方位外交」と意義づける意欲的な研究．

《第10章に関するもの》
天谷直弘『日本町人国家論』PHP研究所，1989年．
　　＊アメリカに庇護されつつ経済的大国となった日本を「町人国家」と呼ぶ著者が，金儲けにしか真剣にならない国は，武士の名誉をあきらめる覚悟が必要だと論す．
大河原良雄『オーラルヒストリー 日米外交』ジャパンタイムズ，2006年．
　　＊1980年代に駐米大使を務めた著者のオーラル・ヒストリー．安全保障問題と経済外交の双方の側面が，現場感覚をもとに語られている．
大矢根聡『日米韓半導体摩擦――通商交渉の政治経済学』有信堂高文社，2002年．
　　＊日米貿易摩擦の詳細な実証研究．細かく資料を収集し，多数のインタビューを重ねて，日米交渉のさまざまな力学を描き出した研究．
中曽根康弘『天地有情――五十年の戦後政治を語る』文藝春秋，1996年．
　　＊5年間の首相時代を含めて戦後の経歴と観察を語ったもの．詳しくは，世界平和研究所編『中曽根内閣史』（全6巻，丸ノ内出版，1995-1998年）を参照．
ファローズ，ジェームズ／大前正臣訳『日本封じ込め――強い日本 vs. 巻き返すアメリカ』ティビーエス・ブリタニカ，1989年．
　　＊冷戦が終わった今，封じ込めるべきはソ連ではなく日本だと論じた書物．当時のアメリカでいかに誇張された日本論が有力だったかがよくわかる．
フクシマ，グレン・S．／渡辺敏訳『日米経済摩擦の政治学』朝日新聞社，1992年．
　　＊日米貿易交渉に携わった米通商代表部の日本課長が，利害とともに認識をめぐるゲームとして日米摩擦を振り返る．
船橋洋一『通貨烈烈』朝日文庫，1992年（朝日新聞社，1988年）
　　＊プラザ合意当時の通貨外交の現場を，関係者への豊富な取材に基づいて分析した，ジャーナリストならではの傑作．
フロスト，エレン・L．／天谷直弘監訳『日米新時代をどう切り開くか』ティビーエス・ブリタニカ，1988年．
　　＊日米関係が刺々しさを増す中で，両国の類似性や相互依存性を強調して建設的な関係を訴えた書．

《第11章に関するもの》
秋山昌廣『日米の戦略対話が始まった――安保再定義の舞台裏』亜紀書房，2002年．
　　＊1990年代半ばに日本の防衛行政の中枢にあった著者が，当時を回顧しながら日本の防衛政策を論じた貴重な記録．
アマコスト，マイケル・H．／讀賣新聞社外報部訳『友か敵か＝Friends or Rivals?』読売新聞社，1996年．
　　＊冷戦後の駐日米大使を務め，「ミスター・ガイアツ」の異名をとった知日派政治学者の回顧録．転換期の日米関係についての，貴重な証言である．
五百旗頭真・伊藤元重・薬師寺克行編『宮澤喜一――保守本流の軌跡』（90年代の証言）朝日新聞社，2006年．
　　＊長期にわたり戦後日米外交に立ち会い，保守本流を生きた宮澤の回想．御厨貴・中村隆英編『聞き書 宮澤喜一回顧録』（岩波書店，2005年）もある．
五百旗頭真・伊藤元重・薬師寺克行編『外交激変――元外務省事務次官 柳井俊二』（90

年代の証言）朝日新聞社，2007年。
　　＊条約局と北米局中心の外務省が冷戦終結とともに変わる。PKO本部，総合政策局などの初代を務め，冷戦後外交を前線で担った外交官の証言。
エモット，ビル／鈴木主税訳『日はまた沈む――ジャパン・パワーの限界』草思社，1990年。
エモット，ビル／吉田利子訳『日はまた昇る――日本のこれからの15年』草思社，2006年。
　　＊前者は日本経済のピーク時にその没落を予言した話題の書，後者は「失われた10年」から回復しつつあった日本経済に明るい展望を示した書である。
信田智人『冷戦後の日本外交――安全保障政策の国内政治過程』ミネルヴァ書房，2006年。
　　＊冷戦後の日本外交を内政との関連で論じ，理論と事例研究の双方から検討した研究書。
オーバードーファー，ドン／菱木一美訳『二つのコリア――国際政治の中の朝鮮半島〔特別最新版〕』共同通信社，2002年。
　　＊1970年代以降の南北朝鮮関係とアメリカの朝鮮半島政策を跡づけ，南北朝鮮をあたかも二人の人物を見るように描いたベテラン・ジャーナリストの力作。
手嶋龍一『一九九一年 日本の敗北』新潮文庫，1996年（新潮社，1993年）。
　　＊さまざまなインタビューを用いて，湾岸危機／戦争をめぐる日本の認識と外交の混乱を生々しく描いた作品。
船橋洋一『同盟漂流』上・下，岩波現代文庫，2006年（岩波書店，1997年）。
　　＊冷戦の終焉から1990年代半ばまでの日米同盟関係を，日米双方の当事者への豊富なインタビューをもとに活写した力作。
船橋洋一『ザ・ペニンシュラ・クエスチョン――朝鮮半島第二次核危機』朝日新聞社，2006年。
　　＊朝鮮半島をめぐる近年の危機を，日米中ロと南北朝鮮の国際関係の中で立体的に叙述した大作。
マン，ジェームズ／鈴木主税訳『米中奔流』共同通信社，1999年。
　　＊1970年代初めの米中接近後のアメリカ各政権が，結局は中国に深く関与するパターンを繰り返したことを，歴史的な視点から分析した秀作。
マン，ジェームズ／渡辺昭夫監訳『ウルカヌスの群像――ブッシュ政権とイラク戦争』共同通信社，2004年。
　　＊ネオコンの源流をヴェトナム戦争後や対ソ・デタント期に遡り，9.11テロ以後のブッシュ政権をイラク戦争へ突き動かした内実を描き出した秀作。
御厨貴・中村隆英編『聞き書 宮澤喜一回顧録』岩波書店，2005年。
　　＊自民党の保守本流を担ってきた長老政治家に，二人の政治学者が多面的にインタビューを試みたオーラル・ヒストリー。

●関係年表●

年月日	事　項
1825年 2月18日	幕府，無二念打払令（異国船打払令）公布。
1829年 3月 4日	第7代ジャクソン大統領（民主党）就任（〜33年3月4日）。
1833年 3月 4日	第7代ジャクソン大統領（民主党）第二期就任（〜37年3月4日）。
1837年 3月 4日	第8代ヴァン＝ビューレン大統領（民主党）就任（〜41年3月4日）。
6月28日	モリソン号事件起こる。
1840年 4月	アヘン戦争起こる（〜42年8月29日）。
1841年 3月 4日	第9代W. H.ハリソン大統領（ウィッグ党）就任（〜41年4月4日）。
4月 6日	副大統領タイラー，第10代大統領（ウィッグ党）に昇任（〜45年3月4日）。
1842年 7月24日	幕府，薪水給与令公布。
1845年 3月 1日	アメリカ，テキサスを併合。
4日	第11代ポーク大統領（民主党）就任（〜49年3月4日）。
7月	アメリカの雑誌に「マニフェスト・デスティニー」という語が登場。
1846年 5月13日	アメリカ＝メキシコ戦争起こる（〜48年2月2日）。
6月15日	アメリカ，イギリスとオレゴンを分割併合。
7月	アメリカ東インド艦隊司令官ビッドル，浦賀に来航し通商を求めるが幕府拒否。
1848年 1月24日	カリフォルニアで金鉱発見（ゴールド・ラッシュ起こる）。
2月 2日	アメリカ，メキシコとの講和条約でカリフォルニア，ネヴァダ，アリゾナ，ユタ，そしてニューメキシコ，コロラドにまたがる地域を獲得。
1849年 3月 4日	第12代テイラー大統領（ウィッグ党）就任（〜50年7月9日）。
1850年 7月10日	副大統領フィルモア，第13代大統領（ウィッグ党）に昇任（〜53年3月4日）。
1853年 3月 4日	第14代ピアス大統領（民主党）就任（〜57年3月4日）。
7月 8日	アメリカ東インド艦隊司令長官ペリー，遣日国使として浦賀に来航。
14日	幕府，久里浜でフィルモア米大統領の国書を受領。
10月 4日	クリミア戦争起こる（〜56年3月30日）。
1854年 2月13日	ペリー，再び神奈川沖に来泊。

	3月31日	日米和親条約（神奈川条約）締結。
1856年	8月21日	アメリカ駐日総領事ハリス，下田に来航。
	10月23日	アロー戦争（第二次アヘン戦争）起こる（〜60年10月25日）。
1857年	3月 4日	**第15代ブキャナン大統領（民主党）就任**（〜61年3月4日）。
	6月17日	幕府，ハリスと下田条約調印。
1858年	7月29日	日米修好通商条約，貿易章程に調印。
	10月13日	安政の大獄始まる。
1860年	2月 9日	遣米特使新見正興ら，品川を出発。
	3月24日	桜田門外の変起こる。
1861年	1月15日	アメリカ通訳官ヒュースケン，斬殺される。
	3月 4日	**第16代リンカーン大統領（共和党）就任**（〜65年3月4日）。
	4月12日	南北戦争起こる（〜65年4月9日）。
1863年	1月 1日	奴隷解放宣言発布。
	6月25日	下関事件起こる。
	8月15日	薩英戦争起こる。
1864年	9月 5日	四国艦隊下関砲撃事件起こる。
1865年	3月 4日	**第16代リンカーン大統領（共和党）第二期就任**（〜4月15日）。
	4月14日	リンカーン，銃撃され翌日死去。
	15日	副大統領A.ジョンソン，**第17代大統領（民主党）に昇任**（〜69年3月4日）。
1866年	6月25日	改税約書調印。
1867年	3月30日	アメリカ，ロシアからアラスカを買収。
	11月 9日	将軍慶喜，朝廷に大政を奉還。
1868年	1月 3日	朝廷，王政復古を宣言。
	27日	戊辰戦争起こる（〜69年6月27日）。
	5月 3日	江戸城無血開城。
	10月23日	明治と改元，一世一元の制を定める。
1869年	3月 4日	**第18代グラント大統領（共和党）就任**（〜73年3月4日）。
	5月10日	アメリカで最初の大陸横断鉄道完成。
	7月25日	版籍奉還。
1871年	8月29日	廃藩置県の詔書発布。
	11月20日	岩倉具視らを欧米各国へ派遣。
1873年	3月 4日	**第18代グラント大統領（共和党）第二期就任**（〜77年3月4日）。
	10月24日	明治6年政変。
1874年	4月 9日	台湾出兵（征台の役）。
1877年	2月15日	西南戦争始まる（〜9月24日）。
	3月 4日	**第19代ヘイズ大統領（共和党）就任**（〜81年3月4日）。
1878年	7月25日	吉田・エヴァーツ協定調印。
1881年	3月 4日	**第20代ガーフィールド大統領（共和党）就任**（〜9月19日）。
	7月 2日	ガーフィールド，狙撃され9月19日死去。

	9月20日	副大統領アーサー,第21代大統領（共和党）に昇任（～85年3月4日）。
1882年	1月25日	条約改正予備会議開催（～7月27日）。
1885年	3月4日	第22代クリーヴランド大統領（民主党）就任（～89年3月4日）。
	12月22日	内閣制度創設。 第一次伊藤博文内閣成立（～88年4月30日）。
1886年	5月1日	井上馨外相,条約改正会議開催（87年4月22日,合意）。
1888年	2月1日	大隈重信,外相就任。
	4月30日	黒田清隆内閣成立（～89年10月25日）。
1889年	2月11日	大日本帝国憲法（明治憲法）発布。
	3月4日	第23代B.ハリソン大統領（共和党）就任（～93年3月4日）。
	12月24日	第一次山県有朋内閣成立（～91年5月6日）。
1891年	5月6日	第一次松方正義内閣成立（～92年8月8日）。
1892年	8月8日	第二次伊藤博文内閣成立（～96年8月31日）。
1893年	3月4日	第24代クリーヴランド大統領（民主党）就任（～97年3月4日）。
1894年	7月16日	日英通商航海条約調印（領事裁判権廃止,関税率引き下げを実現）。
	25日	日本艦隊,豊島沖で清軍艦を攻撃（豊島沖海戦）。
	8月1日	清に宣戦布告（日清戦争）。
	9月17日	黄海海戦。
	11月22日	日米通商航海条約調印（95年3月24日公布,99年7月17日施行）。
1895年	4月17日	下関で日清講和条約調印。
	23日	ドイツ・フランス・ロシア,遼東半島の清国への返還を勧告（三国干渉）。
1896年	9月18日	第二次松方正義内閣成立（～98年1月12日）。
1897年	3月4日	第25代マッキンレー大統領（共和党）就任（～1901年3月4日）。
1898年	1月12日	第三次伊藤博文内閣成立（～6月30日）。
	4月18日	米西戦争起こる（～12月10日）。
	6月30日	第一次大隈重信内閣成立（～11月8日）。
	7月7日	アメリカ,ハワイを併合。
	11月8日	第二次山県有朋内閣成立（～1900年10月19日）。
	12月10日	アメリカ,パリ講和条約でフィリピンを獲得。
1899年	7月21日	武器・弾薬積載の汽船布引丸,寧波上海沖で沈没。
	9月6日	ヘイ国務長官,第一次門戸開放宣言。
1900年	6月20日	義和団事件（北清事変）起こる（～8月14日）。
	7月3日	ヘイ国務長官,第二次門戸開放宣言。
	10月16日	英独協商（揚子江協定）調印。

	19日	第四次伊藤博文内閣成立（〜01年5月10日）。
1901年	3月 4日	第25代マッキンレー大統領（共和党）第二期就任（〜9月14日）。
	6月 2日	第一次桂太郎内閣成立（〜06年1月7日）。
	9月 6日	マッキンレー，狙撃され14日死去。
	14日	副大統領T.ローズヴェルト，第26代大統領（共和党）に昇任（〜05年3月4日）。
1902年	1月30日	ロンドンで日英同盟協約調印。
1904年	2月10日	ロシアに宣戦布告（日露戦争）。
	12月 6日	ローズヴェルト，モンロー主義の系論を表明。
1905年	3月 1日	奉天会戦（〜16日）。
	4日	第26代T.ローズヴェルト大統領（共和党）第二期就任（〜09年3月4日）。
	5月27日	日本海海戦（〜28日）。
	7月29日	桂・タフト覚書成立。
	8月12日	ロンドンで第二回日英同盟協約調印。
	9月 5日	ポーツマスで日露講和条約に調印。日比谷焼き打ち事件起こる。
	10月12日	桂・ハリマン覚書交換（23日，中止）。
	12月22日	「満州に関する日清条約」調印。
1906年	1月 7日	第一次西園寺公望内閣成立（〜08年7月14日）。
	10月11日	サンフランシスコで日本人学童隔離事件起こる。
	11月26日	南満州鉄道株式会社（鉄）設立。
1907年	4月19日	帝国国防方針を決議。
	7月30日	第一次日露協約調印。
1908年	3月25日	日米紳士協定成立。
	7月14日	第二次桂太郎内閣成立（〜11年8月30日）。
	10月18日	東航中の米海軍主力艦隊（ホワイト・フリート），横浜に寄港。
	11月30日	高平・ルート協定調印。
1909年	3月 4日	第27代タフト大統領（共和党）就任（〜13年3月4日）。
	9月 4日	「満州五案件に関する日清条約」調印。
1910年	7月 4日	第二次日露協約調印。
	8月22日	韓国併合に関する日韓条約調印。
	11月10日	アメリカ，イギリス・フランス・ドイツとともに対清四国借款団を形成。
1911年	2月21日	日米新通商航海条約調印（関税自主権確立，7月17日実施）。
	8月30日	第二次西園寺公望内閣成立（〜12年12月21日）。
	10月10日	辛亥革命始まる。
1912年	1月 1日	孫文，中華民国成立を宣言。
	7月 8日	第三次日露協約調印。
	8月 5日	T.ローズヴェルト，革新党を結成（〜1916年）。
	11月 5日	米大統領選挙でウィルソンが当選。

	12月19日	第一次護憲運動起こり，大正政変に（〜13年2月11日）。
	21日	**第三次桂太郎内閣**成立（〜13年2月20日）。
1913年	2月20日	**第一次山本権兵衛内閣**成立（〜14年4月16日）。
	3月 4日	**第28代ウィルソン大統領（民主党）**就任（〜17年3月4日）。
	5月 2日	カリフォルニア州議会，第一次排日土地法可決。
1914年	1月23日	シーメンス事件表面化。
	4月16日	**第二次大隈重信内閣**成立（〜16年10月9日）。
	7月28日	第一次世界大戦始まる（〜1918年11月11日）。
	8月23日	日本，ドイツに宣戦布告（第一次世界大戦参戦）。
	11月 7日	日本軍，青島占領。
1915年	1月18日	対華二十一カ条要求提出。
	3月13日	第一次ブライアン・ノート発出。
	5月 7日	中国に最後通牒を交付（9日，中国，日本の要求を承認）。
	11日	第二次ブライアン・ノート発出。
1916年	7月 3日	第四次日露協約調印。
	10月 9日	**寺内正毅内閣**成立（〜18年9月29日）。
1917年	1月 9日	ドイツ，無制限潜水艦作戦を決定（31日，対米通告）。
	22日	ウィルソン，上院で「勝利なき平和」演説。
	3月 4日	**第28代ウィルソン大統領（民主党）第二期**就任（〜21年3月4日）。
	15日	ロシア2月革命起こる。
	4月 6日	アメリカ，ドイツに宣戦布告。
	11月 2日	石井・ランシング協定。
	7日	ロシア10月革命起こる。
1918年	1月 8日	ウィルソン，上院で「十四カ条の原則」発表。
	8月 2日	日本，シベリア出兵を宣言（〜1922年10月25日）。翌日，アメリカ政府も出兵を宣言。
	3日	米騒動起こる。
	9月29日	**原敬内閣**成立（〜21年11月4日）。
1919年	1月18日	パリ講和会議開催（〜6月28日）。
	3月 1日	京城・平壌などで三・一独立運動始まる。
	5月 4日	北京で五・四運動始まる。
	6月28日	ヴェルサイユ講和条約調印。
	11月19日	アメリカ上院，ヴェルサイユ条約批准案を否決。
1920年	1月10日	国際連盟発足。
	3月19日	アメリカ上院，ヴェルサイユ条約批准案を再度否決。
	9月	幣原・モーリス会談（〜21年1月）。
	10月	アメリカ，イギリス・日本・フランスとともに対中国新四国借款団を形成。
	11月 2日	カリフォルニアで第二次排日土地法成立。
1921年	3月 4日	**第29代ハーディング大統領（共和党）**就任（〜23年8月2日）。

	11月 4日	原首相，東京駅頭で中岡良一に刺殺される。
	12日	ワシントン会議開催（〜1922年2月6日）。
	13日	**高橋是清内閣**成立（〜22年6月12日）。
	19日	ルート4原則提出。
	12月13日	日本・イギリス・アメリカ・フランス，4ヵ国条約調印（日英同盟破棄）。
1922年	2月 6日	海軍軍縮に関する5ヵ国条約，中国に関する9ヵ国条約調印。
	3月12日	尼港事件起こる（〜5月24日）。
	6月12日	**加藤友三郎内閣**成立（〜23年8月25日）。
	9月21日	アメリカでフォードニー＝マッカンバー関税法成立。
1923年	8月 2日	ハーディング大統領，脳血栓で死去。
	3日	副大統領クーリッジ，第30代大統領（共和党）に昇任（〜25年3月4日）。
	9月 2日	**第二次山本権兵衛内閣**成立（〜24年1月7日）。
1924年	1月 7日	**清浦奎吾内閣**成立（〜6月11日）。
	10日	第二次護憲運動起こる。
	4月10日	排日移民法に関する「埴原書簡」，アメリカで問題化。
	5月26日	アメリカで排日移民法成立。
	6月11日	**第一次加藤高明内閣**成立（〜25年8月2日）。外相に幣原喜重郎。
1925年	3月 4日	第30代クーリッジ大統領（共和党）第二期就任（〜29年3月4日）。
	5月30日	上海の共同租界で五・三〇事件起こる。
	8月 2日	**第二次加藤高明内閣**成立（〜26年1月28日）。
1926年	1月30日	**第一次若槻礼次郎内閣**成立（〜27年4月20日）。
	7月 9日	蔣介石，北伐を開始。
1927年	3月15日	金融恐慌始まる。
	24日	南京事件起こる。
	4月20日	**田中義一内閣**成立（〜29年7月2日）。
	5月28日	第一次山東出兵。
	6月20日	ジュネーヴ海軍軍縮会議開催（〜8月4日。失敗に終わる）。
1928年	4月19日	第二次山東出兵。
	5月 3日	済南事件起こる。
	9日	第三次山東出兵。
	6月 4日	張作霖爆殺事件起こる（満洲某重大事件）。
	8月27日	パリで不戦条約（ケロッグ＝ブリアン条約）調印。
1929年	3月 4日	第31代フーヴァー大統領（共和党）就任（〜33年3月4日）。
	7月 2日	**浜口雄幸内閣**成立（〜31年4月14日）。外相に再び幣原喜重郎。
	10月24日	ニューヨーク株式市場大暴落（世界大恐慌始まる）。
	11月21日	大蔵省，金輸出解禁の省令公布（30年1月11日実施）。
1930年	1月21日	ロンドン海軍軍縮会議開催（〜4月22日）。
	4月22日	日本・アメリカ・イギリス・フランス・イタリア，ロンドン海軍

	軍縮条約調印。
25日	衆議院で政友会犬養毅・鳩山一郎，ロンドン条約を統帥権干犯と攻撃（統帥権干犯問題起こる）。
6月17日	アメリカでスムート＝ホーリー関税法成立。
11月14日	浜口首相，東京駅頭で佐郷屋留雄に狙撃され重傷。
1931年 4月14日	**第二次若槻礼次郎内閣**成立（〜12月13日）。
9月18日	柳条湖事件起こる（満州事変始まる）。
10月 8日	関東軍の飛行隊，錦州を爆撃。
12月13日	**犬養毅内閣**成立（〜32年5月16日）。
	高橋是清蔵相，初閣議で金輸出再禁止を決定。
1932年 1月 3日	関東軍，錦州を占領。
7日	スティムソン国務長官，「スティムソン・ドクトリン」発表。
28日	第一次上海事変起こる。
2月29日	国際連盟のリットン調査団来日。
3月 1日	満州国建国宣言。
5月15日	海軍青年将校らによる五・一五事件起こる。
26日	**斎藤実内閣**成立（〜34年7月8日）。
9月15日	日満議定書調印（満州国承認）。
1933年 2月24日	国際連盟総会から松岡洋右日本代表退場。3月27日，日本，国際脱退を正式通告。
3月 4日	**第32代F.D.ローズヴェルト大統領（民主党）就任**（〜37年1月20日）。
5月31日	塘沽停戦協定調印。
6月12日	ロンドン国際経済会議開催（〜7月27日。不成功）。
1934年 4月17日	天羽英二外務省情報部長，談話で英米らの対中国共同援助に反対（天羽声明）。
6月12日	アメリカで互恵通商法成立。
7月 8日	**岡田啓介内閣**成立（〜36年3月9日）。
12月29日	ワシントン海軍軍縮条約破棄をアメリカに通告。
1935年 6月10日	梅津・何応欽協定調印。
27日	土肥原・秦徳純協定調印。
8月31日	アメリカ議会，中立法を可決。
1936年 2月26日	陸軍皇道派青年将校による二・二六事件起こる。
3月 9日	**広田弘毅内閣**成立（〜37年2月2日）。
11月25日	日独防共協定調印。
12月12日	張学良，蒋介石を西安に監禁（西安事件）。
1937年 1月20日	**第32代F.D.ローズヴェルト大統領（民主党）第二期就任**（〜41年1月20日）。
2月 2日	**林銑十郎内閣**成立（〜6月4日）。
6月 4日	**第一次近衛文麿内閣**成立（〜39年1月5日）。
7月 7日	盧溝橋事件起こる（日中戦争始まる）。

	8月13日	第二次上海事変起こる。
	10月 5日	ローズヴェルト，シカゴで「隔離演説」。
	12月12日	パネー号事件起こる。
	13日	日本軍南京を占領，南京虐殺事件起こる。
1938年	1月16日	日本政府，「爾後国民政府を対手とせず」と中国に和平工作打ち切りを通告（第一次近衛声明）。
	9月29日	イギリス・フランス・ドイツ・イタリアによるミュンヘン会談（30日協定調印）。
	11月 3日	近衛首相，「東亜新秩序」建設を声明（第二次近衛声明）。
1939年	1月 5日	平沼騏一郎内閣成立（～8月30日）。
	5月12日	満蒙国境ノモンハンで日ソ両軍衝突（～9月15日）。
	7月15日	有田・クレーギー協定成立。
	26日	アメリカ，日米通商航海条約破棄を通告（40年1月26日，失効）。
	8月23日	モスクワで独ソ不可侵条約調印。
	30日	阿部信行内閣成立（～40年1月16日）。
	9月 3日	イギリス・フランス，対ドイツ宣戦布告（第二次世界大戦始まる。～45年8月15日）。
1940年	1月16日	米内光政内閣成立（～7月22日）。
	3月30日	汪兆銘，南京国民政府を樹立。
	7月22日	第二次近衛文麿内閣成立（～41年7月18日）。
	9月 3日	アメリカ，イギリスとの基地・駆逐艦交換協定調印。
	16日	アメリカ，初の平時選抜徴兵法制定。
	23日	日本軍，北部仏印に進駐。
	27日	ベルリンで日独伊三国同盟調印。
	12月29日	ローズヴェルト，炉辺談話で「民主主義の兵器廠」を言明。
1941年	1月 6日	ローズヴェルト，一般教書演説で「四つの自由」。
	20日	第32代F.D.ローズヴェルト大統領（民主党）第三期就任（～45年1月20日）。
	3月11日	アメリカで武器貸与法成立。
	4月13日	松岡洋右外相，モスクワで日ソ中立条約調印。
	16日	ハル米国務長官と野村吉三郎駐米大使，「日米諒解案」を基礎に交渉開始。
	6月22日	独ソ戦開始。
	7月 2日	御前会議，「情勢の推移に伴ふ帝国国策要綱」を決定。
	18日	第三次近衛文麿内閣成立（～41年10月18日）。
	25日	アメリカ，在米日本資産を凍結（26日にイギリス，27日にオランダも凍結）。
	28日	日本軍，南部仏印に進駐。
	8月 1日	アメリカ，対日石油輸出を全面停止。
	14日	ローズヴェルト米大統領とチャーチル英首相，大西洋憲章発表。

	28日	近衛首相,ローズヴェルト大統領に頂上会談を要望するも失敗。
9月	6日	御前会議,「帝国国策遂行要領」を決定。
10月	2日	アメリカ,4原則についての覚書を手交。
	18日	**東条英機内閣**成立(〜44年7月22日)。
11月	26日	ハル国務長官,野村大使らに新提案(ハル・ノート)を提示。
12月	1日	御前会議,対米英開戦を決定。
	8日	日本軍,マレー半島に上陸,ハワイ真珠湾を空襲(日本,対米英宣戦の詔書。アメリカ・イギリス,対日宣戦)。
	11日	ドイツ・イタリア,対米宣戦布告。
1942年 1月	1日	アメリカ,イギリスなど26カ国,連合国宣言に署名。
5月	29日	ローズヴェルト,モロトフ・ソ連外相との会談で「四人の警察官」構想を提示。
6月	5日	ミッドウェー海戦。
1943年 1月	14日	ローズヴェルト米大統領とチャーチル英首相,カサブランカ会談(〜25日)。
11月	3日	大東亜会議開催(6日,大東亜共同宣言発表)。
	22日	カイロ会談(〜26日)。
	27日	ローズヴェルト,チャーチル,蔣介石がカイロ宣言に署名(12月1日発表)。
	28日	テヘラン会談(〜12月1日)。
1944年 6月	15日	米軍,サイパン島に上陸(7月7日,日本守備隊全滅)。
	19日	マリアナ沖海戦。
7月	1日	ブレトンウッズで連合国経済会議開催(〜22日)。
	22日	**小磯国昭内閣**成立(〜45年4月7日)。
8月	21日	ダンバートン・オークス会議開催(10月9日,国際連合案を発表)。
1945年 1月	20日	**第32代F.D.ローズヴェルト大統領(民主党)第四期就任**(〜4月12日)。
2月	4日	ヤルタ会談(〜11日)。
3月	9日	B29約300機,東京を大空襲(〜10日)。
4月	1日	米軍,沖縄本島に上陸(6月23日,守備隊全滅)。
	5日	ソ連,日ソ中立条約不延長を通告。
	7日	**鈴木貫太郎内閣**成立(〜8月17日)。
	12日	F.D.ローズヴェルト大統領死去。副大統領トルーマン(民主党),**第33代大統領に昇任**(〜49年1月20日)。
	25日	サンフランシスコ会議開催(〜6月26日)。
5月	7日	ドイツ,無条件降伏。
6月	26日	国際連合憲章調印。
7月	16日	アメリカ,最初の原爆実験に成功。
	17日	ポツダム会談(〜8月2日)。26日,ポツダム宣言発表。
	28日	鈴木首相,ポツダム宣言「黙殺」と談話。

8月	6日	広島に原子爆弾投下。
	8日	ソ連,対日宣戦布告(9日未明,戦闘状態に入る)。
	9日	長崎に原子爆弾投下。
	14日	御前会議,ポツダム宣言受諾を決定。
	15日	正午,戦争終結の詔書を放送(第二次世界大戦終わる)。
	17日	**東久邇稔彦内閣**成立(〜10月9日)。
	30日	連合国最高司令官マッカーサー,厚木に到着。
9月	2日	全権重光葵・梅津美治郎,米艦ミズーリ号上で降伏文書に調印。GHQ,「三布告」を日本政府に通告。
	3日	重光葵外相,マッカーサーと会見。マッカーサー,「三布告」撤回に同意。
	6日	トルーマン大統領,「降伏後における米国の初期の対日方針」を承認,マッカーサーに指令(22日公表)。
	11日	GHQ,東条英機ら39人の戦争犯罪人の逮捕を命令。
	17日	GHQ,東京・日比谷の第一生命ビルに本部を移転。マッカーサー,日本進駐の成功を声明。重光外相辞任,後任に吉田茂。
	27日	天皇が米大使館を訪問,第一回天皇・マッカーサー会談。
10月	2日	GHQ,軍政局を廃し民政局(GS)を設置。
	4日	GHQ,「自由の指令」(政治的・民事的・宗教的自由の制限撤廃の覚書)。マッカーサー,近衛文麿に憲法改正を指導するよう示唆。
	9日	**幣原喜重郎内閣**成立(〜46年5月22日)。
	11日	幣原・マッカーサー会談。マッカーサー,五大改革を要求。
	13日	政府,松本烝治国務相を主務大臣に憲法改正の研究開始を決定。
	25日	GHQ,日本の全在外外交機関の財産・公文書の引き渡し,外交機能停止を指令(31日,外国における外交活動,全面的に停止)。憲法問題調査委員会(松本烝治委員長)発足。
11月	1日	GHQ,憲法改正についての近衛への信任を否定。
	6日	GHQ,持ち株会社の解体に関する覚書(財閥解体)。
	21日	外務省,「平和条約問題研究幹事会」を設置。
	22日	農地改革要綱を閣議決定。
12月	9日	GHQ,農地改革に関する覚書(農民解放令)。
	17日	婦人参政権等を盛り込んだ衆議院議員選挙法改正公布。
	22日	労働組合法公布(46年3月1日施行)。
	27日	米英ソ・モスクワ外相会議,極東委員会・対日理事会設置で合意。
	29日	農地調整法改正公布(第一次農地改革,実施延期)。
1946年1月	1日	天皇,神格化否定の詔書発表(人間宣言)。
	4日	GHQ,公職追放を指令。幣原内閣の危機(13日に内閣改造)。
	11日	アメリカ政府,憲法改正に関するワシントンの指針(SWNCC

		228）．
	24日	幣原・マッカーサー会談．天皇制存続と平和主義を合意．
	25日	マッカーサー，ワシントンへ「天皇を戦犯とすべき理由はない」と電信．
2月1日		『毎日新聞』，政府の憲法改正案をスクープ．
	3日	マッカーサー，民政局幹部に憲法草案作成を指示．
	13日	GHQ，日本政府にマッカーサー草案を手交．
	21日	幣原・マッカーサー会談．憲法改正について真意を確認．
	22日	閣議，マッカーサー草案の受け入れを決定．
3月5日		チャーチル，アメリカ・フルトンで「鉄のカーテン」演説．
	6日	政府，憲法改正草案要綱を発表．
4月10日		第22回衆議院議員総選挙（自由140，進歩94，社会93，協同14，共産5，諸派38，無所属80）．
	17日	政府，憲法改正草案正文（平仮名・口語体）を発表．
5月3日		極東国際軍事裁判所開廷（48年11月12日，戦犯25被告に有罪を判決）．
	4日	GHQ，鳩山一郎の公職追放を通達．
	21日	マッカーサー，「日本人は一人も餓死させない」と約束．
	22日	**第一次吉田茂内閣**成立（～47年5月24日）．
10月21日		農地調整法改正公布（11月22日施行），自作農創設特別措置法公布（12月29日施行）（第二次農地改革）．
11月3日		日本国憲法公布（47年5月3日施行）．
1947年3月12日		トルーマン大統領，「トルーマン・ドクトリン」を宣言．
	17日	マッカーサー，早期対日講和を提唱．
4月14日		独占禁止法公布（7月20日全面施行）．
	17日	地方自治法公布（5月3日施行）．
	25日	第23回衆議院議員総選挙（社会143，自由131，民主124，国民協同31，共産4，諸派17，無所属12）．
5月3日		日本国憲法施行．
	6日	第四回天皇・マッカーサー会談．
	24日	**片山哲内閣**成立（～48年3月10日）．
6月5日		アメリカ，ヨーロッパ復興援助計画（マーシャル・プラン）を発表（ソ連・東欧諸国は不参加）．
7月26日		芦田外相，アチソン外交局長と，28日ホイットニー民政局長と，8月11日ボール英連邦代表と会見．9月13日，アイケルバーガー第八軍司令官に安保協定提案の書簡（芦田イニシアティブ）．
8月5日		米国務省極東局が講和条約案を提出．12日，ケナン国務省政策企画室長らがこれを批判．
9月20日		寺崎英成，シーボルト外交局長に「天皇メッセージ」を伝える．
12月31日		内務省廃止．

1948年	1月 6日	ロイヤル米陸軍長官，対日占領政策転換を演説（非軍事化の見直し）。
	3月 1日	ケナン米国務省政策企画室長，来日。25日に帰国し，対日占領政策の転換を提案。
	10日	芦田均内閣成立（〜10月19日）。
	4月 1日	ソ連，ベルリンを封鎖。
	6月11日	アメリカ上院，集団的自衛の取り決めについて「ヴァンデンバーグ決議」案を可決。
	23日	昭和電工事件表面化。
	8月15日	大韓民国成立。
	9月 9日	朝鮮民主主義人民共和国成立。
	10月 9日	米国家安全保障会議，NSC13/2を承認（対日政策の転換）。
	14日	反吉田の山崎猛（民自党幹事長）首班工作失敗。
	19日	第二次吉田茂内閣成立（〜49年2月16日）。
	12月18日	GHQ，経済安定九原則を発表。
1949年	1月 1日	マッカーサー，「復興計画の重点は政治から経済に移行した」と年頭声明。
	20日	第33代トルーマン大統領（民主党）第二期就任（〜53年1月20日）。
	23日	第24回衆議院議員総選挙（民主自由264，民主69，社会48，共産35，国民協同14，労働者農民7，農民新党6，社会革新5，新自由2，日本農民1，諸派3，無所属12）。
	2月 1日	ロイヤル米陸軍長官，ドッジ公使（GHQ経済顧問）来日。
	16日	第三次吉田茂内閣成立（〜52年10月30日）。
	3月 7日	来日中のドッジ公使（GHQ経済顧問），記者会見で緊縮財政による日本経済再建の決意を要求（ドッジ・ライン）。
	22日	ドッジ，池田勇人蔵相に超均衡予算案を内示。
	4月 4日	北大西洋条約調印（8月24日発効）。
	23日	GHQ，1ドル＝360円の単一為替レートを設定（25日実施）。
	9月13日	アチソン米国務長官とベヴィン英外相，ソ連の参加なしでも対日講和推進で合意。
	25日	ソ連のタス通信，原爆保有を報道。
	10月 1日	中華人民共和国成立。
1950年	2月14日	中ソ友好同盟相互援助条約調印。
	4月 6日	トルーマン大統領，ダレスを国務長官顧問に任命。5月18日，正式に対日講和担当となる。
	25日	吉田首相，池田蔵相を米国に派遣（〜5月22日）。5月3日，ドッジと会談し，米軍駐留検討を持ち出す。
	6月21日	ダレス米国務長官顧問来日（〜27日）。22日，吉田首相らと会談。
	25日	朝鮮戦争始まる（〜53年7月27日）。
	7月 8日	マッカーサー，吉田首相に警察予備隊の創設と海上保安庁の拡充

		を指令。
	8月10日	警察予備隊令公布・施行。
	9月14日	トルーマン大統領, 対日講和交渉を進める条件を記した政策文書NSC60/1を承認。
	10月25日	中国人民義勇軍, 鴨緑江を越えて朝鮮戦線に出動。
	11月24日	米, 対日講和七原則を発表。
1951年	1月4日	国連軍, ソウルを撤退。
	25日	米講和特使ダレス来日（～2月11日）。
	4月11日	トルーマン大統領, マッカーサー最高司令官を解任（後任にリッジウェイ中将）。16日, マッカーサー離日。
	16日	ダレス特使来日。18日, リッジウェイ最高司令官・吉田首相と三者会談。
	9月4日	対日講和会議がサンフランシスコで開かれる（～8日）。
	8日	対日平和条約, 日米安全保障条約調印。
	12月24日	吉田首相, ダレスに台湾国府との講和を確約（「吉田書簡」）。
1952年	1月18日	韓国, 李承晩ラインを設定。
	2月15日	第一次日韓正式会談開始。4月26日, 事実上打ち切り。
	28日	日米行政協定調印（日米安保条約にもとづき米軍駐留の条件を規定）。
	4月28日	対日平和条約, 日米安全保障条約発効。
		日華平和条約調印（8月5日発効）。
	10月1日	第25回衆議院議員総選挙（自由240, 改進85, 右派社会57, 左派社会54, 労農4, 諸派4, 無所属19）。
	30日	**第四次吉田茂内閣**成立（～53年5月21日）。
1953年	1月20日	**第34代アイゼンハワー大統領（共和党）**就任（～57年1月20日）。21日, ダレスが国務長官に就任。
	4月19日	第26回衆議院議員総選挙（自由199, 改進76, 左派社会72, 右派社会66, 鳩山自由35, 労農5, 共産1, 諸派1, 無所属11）。
	5月21日	**第五次吉田茂内閣**成立（～54年12月10日）。
	10月2日	池田勇人自由党政調会長訪米, ワシントンで池田・ロバートソン会談（～30日）。
	6日	第三次日韓会談開始。21日, 久保田発言（15日）をめぐって決裂。
	12月24日	奄美群島返還の日米協定調印（25日発効）。
1954年	3月1日	第五福竜丸, ビキニの米水爆実験により被曝。
	8日	日米相互防衛援助協定（MSA協定）調印（5月1日発効）。
	6月9日	防衛庁設置法, 自衛隊法公布（7月1日施行）。
	7月21日	インドシナ休戦のジュネーヴ協定調印（20日付）。
	9月3日	中国軍, 金門・馬祖両島砲撃を開始。
	26日	吉田首相, 欧米7カ国歴訪に出発（～11月17日）。11月10日, 吉田・アイゼンハワー共同声明発表。

	11月 5日	ビルマとの平和条約，賠償・経済協力協定調印（55年4月16日発効）。
	12月10日	**第一次鳩山一郎内閣**成立（～55年3月19日）。
1955年	1月25日	ソ連，元ソ連代表部首席代理ドムニツキーを通じ，非公式に国交正常化交渉を打診。
	2月27日	第27回衆議院議員総選挙（民主185，自由112，左派社会89，右派社会67，労農4，諸派2，無所属6，共産2）。
	3月19日	**第二次鳩山一郎内閣**成立（～11月22日）。
	4月 9日	米国家安全保障会議，NSC5516/1を採択。
	18日	アジア・アフリカ会議開幕（～24日。バンドン）。
	5月 8日	立川基地拡張反対総決起大会開催（砂川闘争始まる）。
	10日	米軍，北富士演習場で実射訓練実施（基地反対闘争激化）。
	6月 1日	ロンドンで日ソ交渉開始（9月21日，一時休止に合意）。
	7日	日本，GATTに加盟（9月10日発効）。
	7月18日	ジュネーヴで米英仏ソ首脳会談開く（～23日）。
	8月29日	重光葵外相訪米，ダレス国務長官に安保条約改定を申し入れ，峻拒される（～31日）。31日，日米共同声明発表。
	10月13日	社会党統一大会（鈴木茂三郎委員長，浅沼稲次郎書記長）。
	11月15日	自由・日本民主両党合同，自由民主党を結成（保守合同）。
	22日	**第三次鳩山一郎内閣**成立（～56年12月23日）。
1956年	1月17日	ロンドンで日ソ交渉再開（3月20日，無期限休会）。
	4月29日	河野一郎農相，モスクワで日ソ漁業交渉開始。
	5月 9日	フィリピンと賠償協定（20年間で5億5000万ドル支払い）に調印（7月23日発効）。
	6月 9日	沖縄軍用地接収に関するプライス勧告伝達（全島で反対運動激化）。
	7月17日	経済企画庁，『経済白書』で「もはや戦後ではない」と強調。
	31日	重光外相，モスクワで日ソ国交回復交渉を再開。
	8月24日	重光外相，日ソ交渉などにつきロンドンでダレス米国務長官と会談。
	10月19日	鳩山首相，モスクワで日ソ共同宣言に調印（12月12日発効）。
	12月18日	国連総会，日本の国連加盟を全会一致で可決。
	23日	**石橋湛山内閣**成立（～57年2月25日）。
1957年	1月20日	第34代アイゼンハワー大統領（共和党）第二期就任（～61年1月20日）。
	30日	相馬ヶ原演習場で米兵が農婦を射殺（ジラード事件）。
	2月25日	**第一次岸信介内閣**成立（～58年6月12日）。
	5月20日	岸首相，東南アジア6カ国訪問に出発（～6月4日）。6月3日，台北で台湾政府の大陸回復に同感と語る。
	6月16日	岸首相訪米（～7月1日）。19日，アイゼンハワー大統領と会談開始。21日，共同声明で日米新時代を強調。

	8月 1日	米国防省,在日米地上軍の撤退を発表(58年2月8日,撤退完了)。
	9月28日	外務省,『わが外交の近況』(『外交青書』)を創刊。
	10月 4日	ソ連,世界初の人工衛星スプートニク打ち上げに成功。
	11月18日	岸首相,東南アジア9カ国訪問に出発(〜12月8日)。
1958年	1月12日	那覇市長選挙で民主主義擁護連絡協議会の兼次佐一当選。
	20日	インドネシアと平和条約,賠償協定(12年間で2億2300万ドル支払い)に調印。
	3月 5日	第四次日中民間貿易協定調印。14日,台湾政府が第四次民間協定に抗議,日本との通商交渉打ち切りを通告。4月1日,駐台湾大使,蔣介石総統に岸首相親書を手渡して釈明。
	5月 2日	長崎の中国品見本市で一青年が中国国旗を引きずり降ろす(長崎国旗事件)。11日,陳毅外交部長,日本との経済・文化交流断絶を言明。
	22日	第28回衆議院議員総選挙(自民287,社会166,共産1,諸派1,無所属12)。
	6月12日	**第二次岸信介内閣**成立(〜60年7月19日)。
	7月14日	イラクで軍部のクーデタが起こる。15日,米海兵隊レバノンに上陸開始。17日,英国ヨルダンに派兵。
	19日	日本,レバノンへの米軍派兵に関し,国連安保理の決議案提出。22日,ソ連の拒否権で否決。
	8月23日	中国,大規模な金門島砲撃を開始。24日,米第七艦隊,台湾海域で戦闘態勢に入る。
	10月 4日	東京で日米安保条約改定交渉開始。
	8日	政府,警察官職務執行法改正案を国会に提出(11月5日,反対闘争激化)。
1959年	3月 9日	浅沼稲次郎社会党訪中使節団団長,中国で「米帝国主義は日中両国人民共同の敵」と挨拶。
	5月13日	南ヴェトナムと賠償協定(5年間に3900万ドル),借款協定(3年間に750万ドル)調印(60年1月12日発効)。
	9月25日	キャンプ・デーヴィッドでアイゼンハワー=フルシチョフ会談。
1960年	1月19日	新日米安保条約・協定,ワシントンで調印。日米共同声明発表。
	5月 5日	ソ連,領空侵犯の米偵察機U2撃墜(1日)を発表。
	19日	新日米安保条約・協定を強行採決(以後,国会周辺に連日デモ)。
	6月10日	来日したハガチー米大統領新聞関係秘書,羽田空港で乗用車をデモ隊に取り囲まれ,米軍ヘリコプターで脱出。
	15日	全学連主流派,国会突入で警官隊と衝突,東大生樺美智子死亡。
	16日	臨時閣議,アイゼンハワー大統領の訪日延期要請を決定。
	19日	新日米安保条約・協定,午前零時をもって自然承認。
	22日	米上院,新日米安保条約批准を承認。
	23日	新日米安保条約批准書交換,発効。岸首相,退陣を表明。

	7月19日	第一次池田勇人内閣成立（〜12月8日）。
	11月20日	第29回衆議院議員総選挙（自民296, 社会145, 民社17, 共産3, 諸派1, 無所属5）。
	12月8日	第二次池田勇人内閣成立（〜63年12月9日）。
	27日	閣議, 国民所得倍増計画を決定。
1961年	1月20日	第35代ケネディ大統領（民主党）就任（〜63年11月22日）。
	2月21日	松平康東国連大使,「国連警察軍への派兵は国連協力の根本」と発言し問題化。
	4月19日	ライシャワー駐日米大使着任。
	6月19日	池田首相, アメリカ, カナダへ出発（30日帰国）。20日, ケネディ大統領と会談（〜22日）。
	8月13日	東ドイツ政府, 東西ベルリンの境界に壁を構築（ベルリンの壁）。
	11月16日	池田首相, 東南アジア4カ国を訪問（〜30日）。
1962年	9月19日	松村謙三自民党顧問, 北京で周恩来首相と会談, 積み上げ方式による日中関係正常化で合意。
	10月22日	ケネディ大統領, キューバ海上封鎖を声明（キューバ危機）。
	11月4日	池田首相, ヨーロッパ7カ国訪問（〜25日帰国）。
	9日	高碕達之助, 廖承志と日中総合貿易に関する覚書に調印（「LT貿易」始まる）。
	12日	大平正芳外相と金鍾泌韓国中央情報部長, 日本側の無償経済協力3億ドル, 円借款2億ドル供与で妥協。
	14日	日英通商航海条約調印。
1963年	2月20日	日本, GATT11条国に移行。
	8月5日	米英ソ, 部分的核実験禁止条約（PTBT）調印（10月10日発効）。
	9月23日	池田首相, フィリピン, インドネシア, オーストラリア, ニュージーランドへ出発（10月6日）。
	11月21日	第30回衆議院議員総選挙（自民283, 社会144, 民社23, 共産5, 無所属12）。
	22日	ケネディ大統領, テキサス州ダラスで暗殺される。副大統領L. B. ジョンソン（民主党）, 第36代大統領に昇任（〜65年1月20日）。
	12月9日	第三次池田勇人内閣成立（〜64年11月9日）。
1964年	3月23日	ジュネーヴで国連貿易開発会議（UNCTAD）開催（〜6月16日。121カ国, 1500人参加）。
	4月1日	日本, IMF8条国に移行。
	28日	日本, OECDに加盟。
	8月2日	米国防省, 北ヴェトナムの魚雷艇が米駆逐艦を攻撃と発表（トンキン湾事件）。
	10月1日	東海道新幹線開業。
	10日	オリンピック東京大会開催（〜24日）。
	16日	中国, 最初の原爆実験に成功。

	11月9日	第一次佐藤栄作内閣成立（〜67年2月17日）。
1965年	1月20日	第36代L.B.ジョンソン大統領（民主党）第二期就任（〜69年1月20日）。
	2月7日	米機，北ヴェトナムのドンホイを爆撃（北爆開始）。
	17日	椎名悦三郎外相，韓国訪問（〜20日）。20日，ソウルで日韓基本条約に仮調印。
	4月20日	青年海外協力隊発足。
	24日	ベ平連主催の初のデモ行進。
	6月22日	日韓基本条約調印（12月18日，ソウルで批准書交換，発効）。
	8月19日	佐藤首相，沖縄を訪問（首相として戦後初）。
1966年	5月16日	中国共産党中央，彭真らの「二月要綱」を取り消し，文化革命小組設置を通達（文化大革命始まる）。
	11月24日	アジア開発銀行設立（本店マニラ）。
1967年	1月29日	第31回衆議院議員総選挙（自民277，社会140，民社30，公明25，共産5，無所属9）。
	2月17日	第二次佐藤栄作内閣成立（〜70年1月14日）。
	5月15日	GATTケネディ・ラウンド妥結（6月30日調印）。
	6月6日	閣議，資本取引自由化基本方針を決定。30日，外資法にもとづく認可基準特別政令改正公布（7月1日施行）。
	7月1日	ECSC，EEC，EURATOMが閣僚理事会・委員会などを統合（EC発足）。
	8月8日	ASEAN結成。
	9月20日	佐藤首相，東南アジア訪問（30日帰国）。
	10月8日	佐藤首相，第二次東南アジア・オセアニア諸国訪問（21日帰国）。
	11月12日	佐藤首相訪米（〜20日）。15日，ワシントンで日米共同声明発表（小笠原返還，沖縄は「両三年内」に合意）。
1968年	1月27日	佐藤首相，施政方針演説で非核三原則を明言。30日，衆院本会議で核四政策を発表。
	7月1日	核不拡散条約（NPT）調印（日本は70年2月3日調印）。
	8月20日	ソ連・東欧軍，チェコに侵入（チェコ事件）。
	11月10日	琉球政府主席に野党統一候補屋良朝苗当選。
1969年	1月20日	第37代ニクソン大統領（共和党）就任（〜73年1月20日）。
	7月25日	ニクソン大統領，「グアム・ドクトリン」（後の「ニクソン・ドクトリン」）を発表。
	11月17日	佐藤首相，訪米（〜26日）。19日，ニクソン大統領と第一回会談。21日，共同声明発表（安保条約継続，韓国と台湾の安全重視，72年沖縄施政権返還）。
	12月27日	第32回衆議院議員総選挙（自民288，社会90，公明47，民社31，共産14，無所属16）。
1970年	1月14日	第三次佐藤栄作内閣成立（〜72年7月7日）。
	3月14日	日本万国博覧会EXPO'70，大阪で開会（〜9月13日）。

	6月23日	日米安全保障条約，自動延長。
	10月20日	政府，初の『日本の防衛』(『防衛白書』) を発表。
	29日	自民党大会，総裁に佐藤栄作を4選。
1971年	3月27日	在韓米地上軍第七歩兵師団 (2万人)，韓国撤退完了。
	6月17日	沖縄返還協定調印。
	7月15日	ニクソン大統領，翌年の中国訪問を発表 (ニクソン・ショック)。
	8月15日	ニクソン大統領，金とドルの一時的交換停止，10%の輸入課徴金などの新経済政策を発表 (ドル・ショック)。
	10月25日	国連総会で中華人民共和国の国連代表権承認。
	11月24日	衆議院，沖縄返還協定承認，非核三原則・沖縄基地縮小を決議。
	12月18日	10カ国蔵相会議，多角的通貨調整に合意。19日，1ドル＝308円に変更 (スミソニアン・レート)。
1972年	1月5日	佐藤首相・福田外相ら，訪米。6日，ニクソン大統領と会談。7日，共同声明発表。
	22日	イギリス，EC加盟条約に調印 (73年1月1日発効)。
	2月21日	ニクソン大統領，中国訪問。27日，米中共同声明 (上海コミュニケ) 発表。
	5月15日	沖縄の施政権返還，沖縄県発足。
	26日	米ソ，SALT-I協定に調印。
	6月17日	ウォーターゲート事件表面化。
	7月7日	**第一次田中角栄内閣**成立 (～12月22日)。
	9月25日	田中首相訪中。29日，日中共同声明調印 (国交正常化)。
	12月10日	第33回衆議院議員総選挙 (自民271，社会118，共産38，公明29，民社19，諸派2，無所属14)。
	22日	**第二次田中角栄内閣**成立 (～74年12月9日)。
1973年	1月20日	**第37代ニクソン大統領 (共和党) 第二期就任** (～74年8月9日)。
	27日	パリでヴェトナム和平協定調印 (28日発効)。
	2月1日	増原恵吉防衛庁長官，「平和時の防衛力の限界」を表明。
	14日	日本，変動相場制に移行。3月11日，EC蔵相会議，EC6カ国の共同変動相場制移行を決定 (19日実施)。
	8月8日	韓国の政治家金大中，東京で誘拐される (金大中事件)。
	9月14日	GATT東京ラウンド開始。
	21日	ヴェトナムと国交樹立，パリで交換公文に調印。
	10月6日	第四次中東戦争始まる。
	8日	田中首相訪ソ，日ソ首脳会談。10日，共同声明。
	17日	ペルシャ湾岸6カ国，石油価格21%引き上げを宣言。23日，エクソンとシェル，原油価格30%引き上げを通告 (第一次石油危機起こる)。
	11月5日	OAPEC，原油減産を発表。18日，オランダを除くEC諸国には12月から削減措置を適用しないと発表。

	14日	キッシンジャー国務長官来日，田中首相・大平外相と中東・石油問題で協議。
	12月10日	三木武夫副総理，石油危機打開のため中東8ヵ国へ出発。
	25日	OAPEC，日本を友好国とし石油必要量供給を宣言。
1974年	1月7日	田中首相，東南アジア5ヵ国訪問。9日，バンコクで学生反日デモ，15日，ジャカルタで反日暴動起こる。
	2月11日	ワシントンで石油消費国会議開催（～13日）。
	8月8日	ニクソン大統領，全米向けテレビ放送で辞任を表明。
	9日	副大統領フォード，**第38代大統領（共和党）**に昇任（～77年1月20日）。
	15日	朴正熙韓国大統領狙撃され，同夫人死亡（文世光事件）。
	10月10日	立花隆「田中角栄研究──その金脈と人脈」（『文藝春秋』11月号），田中退陣の口火となる。
	11月18日	フォード大統領来日（現職大統領として初）。
	26日	田中首相，辞任を表明。
	12月9日	**三木武夫内閣**成立（～76年12月24日）。
1975年	1月16日	宮澤喜一外相，モスクワでグロムイコ外相と会談。18日，日ソ共同声明発表。
	4月30日	サイゴン陥落，ヴェトナム戦争終結。
	7月30日	CSCE開催。8月1日，ヘルシンキ宣言調印。
	8月2日	三木首相訪米。5日，フォード大統領と会談。6日，新韓国条項などを含む共同声明発表。
	11月15日	フランス・ランブイエで第一回サミット（先進国首脳会議）開幕（～17日）。
1976年	1月9日	グロムイコ外相来日。
	2月23日	初のASEAN5ヵ国首脳会議開幕（～24日）。
	24日	三木首相，フォード大統領に，ロッキード事件に関する資料提供を要請。
	6月15日	フレーザー豪首相来日。16日，日豪友好協力基本条約調印。
	9月6日	函館空港にソ連のミグ25強行着陸，米国亡命を希望。
	10月29日	政府，「防衛計画の大綱」を決定。
	11月5日	政府，毎年度の防衛費を対GNP比1％以内と決定。
	12月5日	第34回衆議院議員総選挙（自民249，社会123，公明55，民社29，共産17，新自由クラブ17，無所属21）。
	24日	**福田赳夫内閣**成立（～78年12月7日）。
1977年	1月20日	**第39代カーター大統領（民主党）**就任（～81年1月20日）。
	5月7日	ロンドン・サミット開幕（～8日）。福田首相，77年度経済成長率7.7％を約束。
	7月10日	第11回参議院議員選挙（自民63，社会27，公明14，民社6，共産5，新自ク3，社市連1，革自連1，諸派1，無所属5）。
	8月6日	福田首相，東南アジア6ヵ国歴訪に出発。18日，マニラで東南

	アジア外交三原則（福田ドクトリン）を発表。
1978年4月12日	中国漁船108隻，尖閣列島で示威行動。
5月3日	福田首相訪米，カーター大統領と会談。
11日	金丸信防衛庁長官，在日米軍駐留経費の一部負担を表明（思いやり予算）。
7月16日	ボン・サミット開幕（〜17日）。福田首相，経常収支の黒字削減と経済成長率7％達成を公約。
8月12日	園田外相訪中，日中平和友好条約に調印。
10月22日	鄧小平副首相，黄華外相来日。23日，日中平和友好条約批准書交換式（同日公布・発効）。
23日	来日中の鄧副首相，「日米安保維持や自衛力増強は当然」と発言。
11月26日	自民党総裁予備選挙で大平正芳幹事長圧勝。27日，福田首相，本選挙立候補辞退を表明。
27日	「日米防衛協力のための指針（ガイドライン）」決定。
12月7日	**第一次大平正芳内閣**成立（〜79年11月9日）。
25日	ヴェトナム軍がカンボジアに侵攻。
1979年1月1日	米中，国交回復。
16日	イランのパーレビ国王，エジプトへ亡命。2月1日，ホメイニ師が帰国し，イラン革命達成される（第二次石油危機起こる）。
2月17日	中国軍，中越国境で大規模な対ヴェトナム作戦開始（〜3月16日，中越戦争）。
4月30日	大平首相訪米。5月2日，カーター大統領と会談。
6月18日	米ソ，SALT-II条約に調印。
28日	東京サミット開幕（〜29日）。国別石油輸入量の上限明示をめぐって緊迫。
7月27日	東京ラウンドのジュネーヴ議定書調印（80年1月1日発効）。
10月7日	第35回衆議院議員総選挙（自民248，社会107，公明57，共産39，民社35，新自ク4，社民連2，無所属19）。
11月4日	テヘランで米大使館占拠事件起こる。
9日	**第二次大平正芳内閣**成立（〜80年7月17日）。
12月5日	大平首相訪中，華国鋒首相と会談。6日，第二回会談（第一次円借款500億円を約束）。
27日	ソ連，アフガニスタンに侵攻（〜89年2月15日）。
1980年1月15日	大平首相，オーストラリア・ニュージーランド訪問。フレーザー豪首相と環太平洋連帯構想具体化で合意。
23日	カーター大統領，中東防衛に関する「カーター・ドクトリン」を発表。
2月26日	海上自衛隊，環太平洋合同演習（リムパック80）に初参加（〜3月18日）。
4月25日	政府，同年夏のモスクワ・オリンピック不参加を発表。
	アメリカ，米イラン大使館人質救出作戦を敢行，失敗。

	30日	大平首相，アメリカ・メキシコ・カナダ訪問。5月1日，カーター大統領と会談，「共存共苦」を表明。
5月16日		社会党提出の内閣不信任案，自民党非主流派の欠席で可決，成立。
6月12日		大平首相，心筋梗塞で死去。
	22日	第36回衆議院議員総選挙（自民284，社会107，公明33，民社32，共産29，新自ク12，社民連3，無所属11），第12回参議院議員選挙（自民69，社会22，公明12，共産7，民社6，諸派2，無所属8）。初の衆参同日選挙。
7月17日		**鈴木善幸内閣**成立（～82年11月27日）。
9月 1日		全斗煥，韓国大統領に就任。
	9日	イラン＝イラク戦争始まる（～88年8月20日）。
	15日	キャンベラで太平洋共同体セミナー開催（～19日。PECC創設）。
1981年 1月20日		**第40代レーガン大統領（共和党）**就任（～85年1月20日）。
5月 4日		鈴木首相訪米。7日，レーガン大統領と会談，8日，共同声明を発表。首相，記者会見でシーレーン1000カイリ防衛を表明，帰国後日米「同盟」をめぐり紛糾。
	16日	日米共同声明をめぐり，伊東正義外相辞任。
1982年 8月26日		宮澤喜一官房長官，「歴史教科書についての政府見解」を発表。
11月27日		**第一次中曾根康弘内閣**成立（～83年12月27日）。
1983年 1月11日		中曾根首相訪韓，全斗煥大統領と会談（対韓経済協力40億ドルで合意）。
	17日	中曾根首相訪米。18日，レーガン大統領と会談。
	19日	『ワシントン・ポスト』紙，中曾根首相の「日本列島不沈空母」発言を掲載。
3月23日		レーガン大統領，SDI構想を発表。
5月28日		ウィリアムズバーグ・サミット開幕（～30日）。
9月 1日		ソ連空軍機，サハリン沖で大韓航空機を撃墜。
11月 9日		レーガン大統領来日，西側の結束と日本の防衛努力強化を再確認。
	23日	胡耀邦・中国共産党総書記来日。24日，中曾根首相と会談，日中友好21世紀委員会の設置で合意。
12月18日		第37回衆議院議員総選挙（自民250，社会112，公明58，民社38，共産26，新自ク8，社民連3，無所属16）。
	27日	**第二次中曾根康弘内閣**成立（～86年7月22日）。
1984年 3月23日		中曾根首相訪中，趙紫陽首相と会談（第二次円借款4700億円供与で一致）。
6月25日		ヨーロッパ理事会，ドロールをEC委員長に選出。
9月 6日		全斗煥大統領来日。天皇，歓迎晩餐会で不幸な過去に「遺憾」を表明。
1985年 1月20日		**第40代レーガン大統領（共和党）第二期**就任（～89年1月20日）。
3月11日		ソ連，共産党書記長にゴルバチョフ政治局員を決定。

	8月15日	中曾根首相, 靖国神社を公式参拝。
	9月22日	G5, ドル高是正の経済政策協調で一致（プラザ合意）。
	10月15日	ゴルバチョフ・ソ連書記長, ペレストロイカ路線を発表。
1986年	4月7日	国際協調のための経済構造調整研究会,「前川レポート」を提出。
	5月4日	東京サミット開幕（～6日）。政策協調・相互監視強化。
	7月6日	第38回衆議院議員総選挙（自民300, 社会85, 公明56, 民社26, 共産26, 新自ク6, 社民連4, 無所属9），第14回参議院議員選挙（自民72, 社会20, 公明10, 共産9, 民社5, 新自ク1, 二院ク1, サラ新1, 税金1, 無所属6）。衆参同日選挙。
	22日	第三次中曽根康弘内閣成立（～87年11月6日）。
	12月30日	政府, 87年度予算案を決定。防衛費, 対GNP比1％枠を初めて突破。
1987年	1月24日	政府, 防衛費の対GNP比1％枠撤廃, 新基準を決定。
	2月22日	G7, 黒字国の内需拡大, 為替レートの現水準での安定化を確認（ルーヴル合意）。
	5月15日	東芝機械, COCOM規制違反で処分。
	6月8日	ヴェネチア・サミット開幕（～10日）。
	10月2日	日米防衛首脳会議, FSXの共同開発に合意。
	19日	ニューヨーク株式市場大暴落（ブラック・マンデー）。
	11月6日	竹下登内閣成立（～89年6月2日）。
	12月8日	米ソ, INF全廃条約に調印。
	16日	韓国大統領選挙, 民正党の盧泰愚当選。
1988年	6月19日	トロント・サミット開幕（～21日）。
	7月5日	リクルート事件表面化。
	8月25日	竹下首相訪中, 李鵬首相と会談（第三次円借款, 6年間で8100億円）。
1989年	1月7日	昭和天皇崩御。2月24日, 大喪の礼。
	20日	第41代G.ブッシュ大統領（共和党）就任（～93年1月20日）。
	4月28日	FSX共同開発をめぐる日米協議決着。
	6月2日	宇野宗佑内閣成立（～8月9日）。
	4日	中国政府, 天安門広場を占拠中の学生・市民を装甲車・戦車で制圧（天安門事件）。
	7月14日	アルシュ・サミット開幕（～16日）。
	23日	第15回参議院議員選挙（社会46, 自民36, 連合の会11, 公明10, 共産5, 民社3, 二院ク2, 税金2, スポーツ1, 無所属10）。
	8月9日	第一次海部俊樹内閣成立（～90年2月28日）。
	9月4日	日米構造問題協議開始（90年4月6日, 中間報告発表）。
	11月6日	第一回APEC閣僚理事会開幕（～7日。APEC創設）。
	9日	東ドイツ, 西ドイツとの国境を開放。10日, ベルリンの壁の取り壊し始まる。

	12月 2日	ブッシュ大統領とゴルバチョフ書記長，マルタ島で会談。3日，冷戦終結を表明。
1990年	2月18日	第39回衆議院議員総選挙（自民 275，社会 136，公明 45，共産 16，民社 14，社民連 4，進歩 1，無所属 21）。
	28日	**第二次海部俊樹内閣**成立（～91年11月5日）。
	7月 9日	ヒューストン・サミット開幕（～11日）。
	8月 2日	イラク軍がクウェートに侵攻，湾岸危機起こる。
	9月24日	金丸信を団長とする自社両党代表団が北朝鮮を訪問（～28日）。
	30日	ソ連と韓国が国交樹立。
	10月 3日	東西ドイツが国家統一。
	11月 8日	国際連合平和協力法案の廃案決定。
	21日	CSCEパリ首脳会議，「パリ憲章」調印。
1991年	1月17日	多国籍軍がイラクを爆撃，湾岸戦争始まる（～2月27日）。
	24日	政府，多国籍軍に90億ドルの追加支援を決定（総額130億ドル）。
	4月25日	ペルシャ湾岸の機雷除去のため，海上自衛隊掃海部隊が出発（10月30日帰国）。
	11月 5日	**宮澤喜一内閣**成立（～93年8月6日）。
	12月11日	EC首脳会議，マーストリヒト条約に合意（92年2月7日調印，93年11月1日発効）。
	26日	ソ連最高会議共和国会議，ソ連消滅を宣言。
1992年	3月15日	UNTAC発足。
	6月15日	国際平和協力法（PKO協力法）成立。
	7月 6日	ミュンヘン・サミット開幕（～8日）。
	9月17日	自衛隊のカンボジアPKO第一陣出発（10月13日，本隊出発）。
	30日	アメリカ，フィリピンにスビック米軍基地を返還。
1993年	1月 1日	EC統合市場発足。
	20日	**第42代クリントン大統領（民主党）**就任（～97年1月20日）。
	3月12日	北朝鮮，NPT脱退を決定（6月11日，脱退を保留）。
	4月16日	宮澤・クリントン会談，貿易不均衡是正をめぐって協議。
	5月23日	カンボジア憲法制定議会選挙（～28日）。
	6月21日	武村正義ら自民党離党組が新党さきがけを結成。23日，小沢一郎，羽田孜らが新生党結成。
	7月 6日	宮澤・クリントン会談，「数値目標」をめぐって対立，「包括協議」で合意。
	7日	東京サミット開幕（～9日）。
	18日	第40回衆議院議員総選挙（自民 223，社会 70，新生 55，公明 51，日本新 35，共産 15，民社 15，さきがけ 13，社民連 4，無所属 30）。
	8月 9日	**細川護熙非自民連立内閣**誕生（～94年4月25日），55年体制崩壊。
	11月20日	米議会，NAFTA可決（94年1月1日発効）。

	12月14日	政府，コメ市場の部分開放を決定。
	15日	GATT ウルグアイ・ラウンド，最終協議案を採択。
1994年	1月29日	政治改革4法成立。
	2月11日	細川・クリントン会談，包括協議5分野での合意できず決裂。
	23日	防衛問題懇談会（樋口廣太郎座長）発足。
	3月15日	IAEA，北朝鮮の核査察妨害により査察官引き揚げ。
	19日	南北実務協議決裂，北朝鮮側「ソウルは火の海」と退席。
	4月25日	**羽田孜内閣**成立（〜6月29日）。
	6月13日	北朝鮮，IAEA 脱退を表明。
	17日	カーター元大統領，金日成・北朝鮮主席と会談，核開発計画の現状凍結と IAEA 査察官残留で合意。
	29日	**村山富市**社会党委員長を首相とする**自社さ連立内閣**成立（〜96年1月11日）。
	7月 1日	村山首相，電話会談でクリントン大統領に日米安保体制堅持を表明。
	8日	ナポリ・サミット開幕（〜10日）。
		金日成北朝鮮主席死去。
	20日	村山首相，衆院で「自衛隊は憲法の認めるもの」「日米安保は必要」などと答弁。
	8月12日	防衛問題懇談会報告（樋口レポート）提出。
	9月 3日	社会党臨時大会，日米安保堅持と自衛隊容認を承認。
	10月 1日	日米包括協議，通信・医療機器と保険の2分野で合意，対日制裁を回避。自動車・同部品は物別れ。
	21日	アメリカと北朝鮮，核問題「枠組み合意」に調印。
	11月15日	APEC 首脳会議，「ボゴール宣言」を採択。
1995年	1月 1日	WTO 発足。
	17日	阪神・淡路大震災起こる。
	3月20日	オウム教団による地下鉄サリン事件起こる。
	5月11日	NPT 再検討・延長会議が NPT の無期限延長を採択。
	16日	アメリカ政府，日本製高級自動車への100％の報復関税を発表。17日，日本政府は協定に違反すると WTO に提訴。
	6月28日	日米自動車交渉決着。
	7月21日	中国，台湾沖でミサイル演習（〜26日。続いて8月15〜25日）。
	8月15日	「戦後50周年の終戦記念日にあたって」（村山首相談話）。
	9月 4日	沖縄米兵による少女暴行事件起こる。
	11月19日	APEC 大阪会議，「大阪行動指針」を採択（クリントン大統領は出席せず）。
	28日	「新防衛計画の大綱」閣議決定。
1996年	1月11日	**橋本龍太郎**を首相として**自民党内閣**が復活（〜11月7日）。
	2月23日	橋本首相，クリントン大統領との会談で普天間基地の返還に言及。4月12日，普天間基地返還を発表。

関係年表

	3月 1日	ASEM発足。
	8日	中国，台湾沖でミサイル演習（〜25日。台湾海峡危機）。
	23日	台湾初の総統直接選挙で，李登輝が当選。
	4月16日	クリントン大統領来日。17日，橋本・クリントン会談「日米安全保障共同宣言」に署名。
	9月10日	国連総会，CTBTを採択。
	10月20日	第41回衆議院議員総選挙（小選挙区比例代表並立制の下で行われ，自民239，新進156，民主52，共産26，社民15，さきがけ2，民改連1，無所属9）。
	11月 7日	**第二次橋本龍太郎内閣**成立（〜98年7月30日）。
1997年	1月20日	第42代クリントン大統領（民主党）第二期就任（〜2001年1月20日）。
	4月25日	橋本・クリントン会談，ガイドライン見直しで合意。
	6月20日	デンバー・サミット開幕（〜22日）。ロシアが正式参加し，G8サミットとなる。
	7月 2日	タイ・バーツ暴落，東南アジアに金融危機が起こる。
	9月23日	日米，新ガイドラインに合意。
	11月28日	財政構造改革法成立。
	12月18日	韓国大統領選挙で野党・国民会議の金大中が当選。
1998年	5月15日	バーミンガム・サミット開幕（〜17日）。
	29日	改正財政構造改革法成立。
	6月25日	クリントン大統領訪中。27日，江沢民主席と会談。
	7月12日	第18回参議院議員選挙（自民44，民主27，共産15，公明9，自由6，社民5，無所属20）。
	30日	**小渕恵三内閣**成立（〜2000年4月4日）。
	8月31日	北朝鮮，日本列島越しに「テポドン」を実験発射。
	10月 3日	宮澤喜一蔵相，300億ドルのアジア支援枠「宮澤構想」をG7で表明。
	7日	金大中大統領来日（〜10日）。8日，共同宣言において「未来志向的な関係を発展させる」と明言。
	11月13日	小渕首相訪ロ。国境画定委員会設置でエリツィン大統領と合意し，モスクワ宣言に署名。
	19日	クリントン大統領来日。
	25日	江沢民主席来日（〜30日），「中国にとって歴史と台湾の問題は日中関係の根幹」と提起。
	12月 6日	小渕首相，ハノイで「アジア再生」への協力を表明。
	11日	財政構造改革法の凍結法成立。
1999年	1月 1日	EUの単一通貨「ユーロ」導入される。
	3月19日	小渕首相訪韓（〜21日）。
	23日	日本海に不審船，停船命令に応じず逃走（〜24日）。
	24日	NATO軍，コソヴォ危機に際しユーゴ空爆を開始（〜6月10日）。

	4月29日	小渕首相訪米（～5月4日）。5月3日，クリントン大統領と会談。
	5月24日	ガイドライン関連法成立。
	6月18日	ケルン・サミット開幕（～20日）。コソヴォ問題に決着。
	7月8日	中央省庁改革関連法と地方分権一括法成立。
		小渕首相訪中（～10日）。9日，中国のWTO加盟をめぐり，外資規制緩和などに合意。
	8月30日	東ティモールの住民投票で独立派が78.5％を獲得。反発する残留派民兵がディリを制圧し，9月20日，多国籍軍が展開。
	11月28日	ASEAN 10＋3（日中韓）首脳会議，定例化を決定。
2000年	3月18日	台湾の総統選挙で，最大野党・民主進歩党の陳水扁・前台北市長が当選。
	4月2日	小渕首相が脳梗塞で緊急入院，4日，内閣総辞職（5月14日死去）。
	5日	**第一次森喜朗内閣**成立（～7月4日）。
	6月13日	金大中・韓国大統領，北朝鮮訪問。金正日総書記と史上初の南北首脳会談（～14日）。
	25日	第42回衆議院議員総選挙（自民233，民主127，公明31，自由22，共産20，社民19，保守7，無所属の会5，自由連合1，無所属15）。
	7月4日	**第二次森喜朗内閣**成立（～2001年4月26日）。
	21日	九州・沖縄サミット開幕（～23日）。
	25日	米キャンプ・デーヴィッドでのバラク・イスラエル首相，アラファトPLO議長，クリントン大統領による中東和平交渉が決裂。
	9月3日	プーチン大統領来日（～5日）。4日と5日，森首相と会談。
	10月11日	第一次アーミテージ報告発表。
	12日	朱鎔基首相来日（～14日）。13日，森首相と会談。
	11月7日	米大統領選挙でフロリダ州の票集計をめぐる訴訟合戦が続いた後，12月13日にG.W.ブッシュの当選が確定。
2001年	1月20日	**第43代G.W.ブッシュ大統領（共和党）**就任（～2005年1月20日）。
	2月9日	ハワイ・オアフ島沖で漁業実習船えひめ丸が米原子力潜水艦に衝突され，沈没。
	26日	EU諸国外相，ニース条約調印。
	3月28日	ブッシュ政権，地球温暖防止のための京都議定書からの離脱を表明。
	4月23日	自民党総裁予備選挙で小泉純一郎圧勝。
	26日	**第一次小泉純一郎内閣**成立（～2003年11月19日）。
	6月29日	小泉首相訪米（～7月1日）。30日，キャンプ・デーヴィッドでブッシュ大統領と会談。
	7月20日	ジェノヴァ・サミット開幕（～22日）。
	29日	第19回参議院議員選挙（自民64，民主26，公明13，自由6，共

関係年表　　　　　　　　　379

	産5，社民3，保守1，諸派・無所属3）。
8月13日	小泉首相，靖国神社参拝（以後，毎年1回参拝）。
9月11日	ニューヨークとワシントンで，航空機によるテロ事件起こる。
10月 7日	米英軍，アフガニスタンへの武力攻撃を開始。
8日	小泉首相訪中，江沢民主席，朱鎔基首相と会談。
15日	小泉首相訪韓，金大中大統領と会談。
29日	テロ対策特別措置法などテロ関連3法成立。
11月 9日	海上自衛隊の護衛艦3隻，米軍支援のためインド洋へ出航。
12月 7日	アフガニスタンのタリバン政権崩壊。
11日	中国，WTOに正式加盟。
22日	アフガニスタン暫定行政機構発足。
2002年 1月 1日	欧州12カ国でユーロ通貨流通開始。
21日	東京でアフガニスタン復興支援会議開催（～22日）。
29日	ブッシュ大統領，一般教書演説でイラク，イラン，北朝鮮を「悪の枢軸」と非難。
5月 8日	中国・瀋陽の日本総領事館に駆け込んだ北朝鮮の男女5人を中国武装警察官が拘束（政治問題化）。
28日	ロシア，NATOの準加盟国に。
31日	日本と韓国がサッカー・ワールドカップ共催（～6月30日）。
6月13日	ブッシュ政権，ABM制限条約から脱退，同条約消滅。
9月 9日	小泉首相訪米（～14日）。12日，ブッシュ大統領と会談，新たな国連決議を念頭に対イラク国際協調方針を確認。
17日	小泉首相，北朝鮮訪問。金正日総書記と会談し，日朝平壌宣言に署名。
20日	ブッシュ，自衛のためには先制攻撃も辞さずとのブッシュ・ドクトリン発表（「合衆国の国家安全保障戦略」）。
10月12日	インドネシア・バリ島で爆弾テロ起こる。
11月 8日	国連安保理，イラクに対し大量破壊兵器の査察決議を全会一致で採択。13日，イラク政府が決議受諾。
12月19日	韓国大統領選挙で与党・新千年民主党の盧武鉉が当選。
2003年 1月10日	北朝鮮，NPT脱退を宣言。
3月15日	中国人民代表大会，胡錦濤を国家主席に選出。
20日	米英軍，イラクを攻撃（イラク戦争開始）。
4月 9日	バグダッド陥落，フセイン政権崩壊。
30日	北朝鮮，核兵器保有を表明。
5月 1日	ブッシュ大統領，イラクでの戦闘終結を宣言。その後，自爆テロ攻撃が相次ぐ。
6月 1日	エビアン・サミット開幕（～3日），途上国代表として胡錦濤主席出席。
6日	武力攻撃事態対処法など有事法制関連3法成立。
7月13日	イラク統治評議会が発足。

26日	イラク復興支援特別措置法成立。
8月27日	北京で北朝鮮の核問題をめぐる6者協議開催（〜29日）。
10月16日	国連安保理，イラク復興と多国籍軍派遣に関する決議を採択。
11月9日	第43回衆議院議員総選挙（自民237，民主177，公明34，共産9，社民6，保守新4，無所属の会1，自由連合1，無所属11）。
19日	**第二次小泉純一郎内閣成立**（〜2005年9月21日）。
12月8日	小泉首相，自衛隊のイラク派遣を表明。
13日	イラク駐留米軍，フセイン元イラク大統領を拘束。
19日	リビア，大量破壊兵器の廃棄を表明。
24日	政府，BSE感染のおそれから米国産牛肉の輸入を停止。
2004年2月8日	陸上自衛隊がイラク南部サマーワに到着，3月下旬から支援活動を開始。
3月11日	スペイン・マドリードの3駅で列車爆破テロ起こる。
5月1日	EU，中東欧の10カ国が加盟し25カ国体制に拡大。
22日	小泉首相，2度目の北朝鮮訪問。金正日総書記と会談し，拉致被害者家族5人帰国。
6月18日	EU首脳会議，EU憲法を全会一致で採択。
28日	イラク暫定政府が発足。
7月11日	第20回参議院議員選挙（民主50，自民49，公明11，共産4，社民2，諸派・無所属5）。
10月6日	米調査団，イラク開戦時の大量破壊兵器の存在を否定する最終報告書を発表。
11月3日	米大統領選挙でG.W.ブッシュ大統領再選。
5日	ロシアが地球温暖化防止のための京都議定書を批准，05年2月の発効が決まる。
12月26日	インドネシア・スマトラ島沖地震で，インド洋沿岸諸国を津波が直撃。
2005年1月6日	インドネシアでスマトラ島沖地震支援国首脳会議開催。小泉首相，5億ドルの無償供与を表明。
20日	**第43代G.W.ブッシュ大統領（共和党）第二期就任**。
30日	イラクで国民議会選挙。
4月9日	北京で約1万人が反日デモ。16日，17日には上海などでも数万人が参加。
7月7日	ロンドンの地下鉄とバスで同時爆破テロ起こる。
8月8日	郵政民営化法案否決。小泉首相，衆議院を解散。
15日	閣議，村山首相談話を踏襲した戦後60年の首相談話。
22日	パレスチナ自治区ガザのユダヤ人入植地からのイスラエルの退去完了。
9月11日	第44回衆議院議員総選挙（自民296，民主113，公明31，共産9，社民7，国民新党4，新党日本1，諸派1，無所属18）。郵政民営化を掲げた小泉政権の圧勝。

	14日	創立60周年記念の国連総会特別首脳会議開催（〜16日），日本の安保理常任理事国入りを含む国連改革成らず。
	15日	米財務省，バンコ・デルタ・アジア（マカオ）の北朝鮮関連資金の凍結を発表。
	19日	6者協議で北朝鮮が核放棄を確約。
	21日	**第三次小泉純一郎内閣**成立（〜2006年9月26日）。
11月15日		ブッシュ大統領来日（〜16日）。16日，京都で小泉首相と会談。
12月 8日		閣議，イラクへの自衛隊派遣を06年12月14日まで再延長決定。
	12日	日本政府，アメリカ・カナダ産牛肉の輸入再開を決定。
	14日	第一回東アジアサミット開催（クアラルンプール）。
2006年 1月20日		日本政府，アメリカ産牛肉にBSEに関係する特定危険部位の混入があったとして再度輸入禁止。
3月16日		ブッシュ政権として2度目の「合衆国の国家安全保障戦略」を発表。
4月21日		日本政府，5月1日期限のテロ対策特措法にもとづく自衛隊のインド洋派遣を11月1日まで延期する基本計画変更を閣議決定。
5月 1日		日米安全保障協議委員会で，在日米軍の再編について最終合意（ワシントン）。
6月20日		小泉首相，陸上自衛隊のイラク撤収を表明（7月17日までに撤収完了）。
	29日	小泉首相訪米，首脳会談。共同文書「新世紀の日米同盟」を発表。
7月 5日		北朝鮮，「テポドン2号」などミサイル発射。
	15日	国連安保理，ミサイル発射を非難し，ミサイル物資の移転阻止に関する決議を全会一致で採択。
	27日	日本政府，アメリカ産牛肉の輸入再開決定。
8月27日		ラムズフェルド国防長官，有事における作戦統制権を09年に韓国に移管することを韓国側に提案。
9月26日		**安倍晋三内閣**成立（〜2007年9月26日）。
10月 6日		日本政府，11月1日期限のテロ対策特別措置法を1年延長する改正案を閣議決定。27日，参議院本会議で成立。
	8日	安倍首相，胡錦濤中国国家主席（北京），9日に盧武鉉韓国大統領（ソウル）と会談。
	9日	北朝鮮，地下核実験の成功を発表。
	14日	国連安保理，北朝鮮制裁決議を全会一致で採択。
12月18日		6者協議，ほぼ1年ぶりに再開（北京）。
	23日	国連安保理，イランにウラン濃縮の全面停止の義務づけ，イランへの核関連物資の移転禁止を盛り込んだ制裁決議最終案を全会一致で採択。
2007年 1月10日		ブッシュ大統領，米兵2万人以上のイラクへの一時増派を発表。
	15日	第二回東アジア首脳会議開催（フィリピン・セブ島）。
2月 8日		6者協議再開，北朝鮮の寧辺の核施設の活動停止・封印とIAEA

		の査察受け入れを条件に重油5万トン相当のエネルギー支援で合意。
	16日	第二次アーミテージ報告発表。
3月	19日	米財務省,バンコ・デルタ・アジアで凍結中の北朝鮮関連口座の資金の全額返還で合意したことを発表。
	24日	国連安保理,ウラン濃縮活動に関する新たな対イラン制裁決議を全会一致で採択。
4月	11日	温家宝中国首相来日,安倍首相と会談。
	27日	安倍首相訪米,日米首脳会談。
6月	21日	ヒル国務次官補,北朝鮮を初訪問し,核問題を協議。
7月	18日	6者協議(～20日)。
	29日	第21回参議院議員選挙(自民37,民主60,公明9,共産3,社民2,国民新2,日本1,諸派・無所属7)。与党大敗。
	30日	アメリカ下院本会議,慰安婦問題で日本政府に対する正式の謝罪を求める決議案を可決。
9月	26日	**福田康夫内閣**成立。
11月	1日	テロ対策特別措置法失効。インド洋の海上自衛隊による給油活動の終結。
	16日	福田首相訪米し,日米首脳会談。
	21日	第三回東アジア首脳会談開催(シンガポール)。
12月	28日	福田首相訪中し,胡錦濤国家主席らと会談(～30日)。
2008年 1月	11日	補給支援特別措置法,国会で可決・成立。インド洋での海上自衛隊による給油活動再開へ。
2月	25日	福田首相訪韓し,李明博大統領就任式に出席。李新大統領と会談。

●事項索引●

◆ア 行

悪の枢軸　312
朝海の悪夢　241
アジア開発銀行　220, 228
アジア協定　40
アジア経済開発　197
アジア主義　66, 67
アジア太平洋経済協力（APEC）　255, 298, 332, 335
アジア通貨危機　305, 335
芦田修正　167
アフガニスタン侵攻　252, 257, 259, 261, 332
アヘン戦争　4, 338
奄美群島返還協定　185
アーミテージ報告　306, 310
アメリカ人の対日意識　284
アメリカのヴェトナム撤退　238
アメリカの世紀　156
アメリカの対日政策・行動指針　213
アメリカの貿易赤字　273
アメリカのメディア　283, 284
アメリカ＝メキシコ戦争（1846-48年）　3
アラブ石油輸出国機構（OAPEC）　244
有田・クレーギー協定　125
アル・カーイダ　311
アロー戦争（第二次アヘン戦争）　11
暗号解読　134
アンゴラ解放人民運動　246
アンゴラ内戦　246, 250
安政五カ国条約　12
安保再定義　303, 304, 309
安保ただ乗り　238
池島事件　20
池田ミッション　172
イコール・パートナーシップ　218
石井・ランシング協定　70, 72, 85
一億総中流社会　223
糸と縄の取引　231
委任統治　76, 117
移民　21, 22, 30

イラク戦争　291, 293, 312, 314, 315, 336, 337
イラク復興支援特別措置法　314, 336
イラン革命　256, 257, 259
イラン米大使館人質事件　256, 262
岩倉使節団　16
インドシナ戦争　209
　　──休戦　188, 189
ウィルソン主義　78
ヴェトナム戦争　222, 224, 225, 228, 229, 231, 243, 262, 273, 329, 330, 332, 333
　　──からの撤退　235
ヴェトナム爆撃　227
ヴェトナム反戦運動　236
ヴェトナム民主共和国（北ヴェトナム）　242
ウォーターゲート事件　97, 233, 245
失われた十年　275
英独協商（揚子江協定）　34
エチオピア　250
えひめ丸事件　310
円高　277
王室外交　92, 93
王政復古　16
沖縄基地問題　302
沖縄（施政権）返還　222, 223, 226-228, 230, 239, 242, 252, 329, 330, 338
　　──交渉　225
沖縄と小笠原諸島の返還　199
沖縄における施設及び区域に関する特別委員会（SACO）　301
沖縄米海兵隊員少女暴行事件　301
オーストリア＝ハンガリー帝国　69
オリンピック作戦　159
オレンジ計画　42

◆カ 行

外圧　284, 286, 307
改革開放　257, 337
海軍情報部第八課（MI-8, 通称ブラック・チェンバー）　134
改憲再軍備　210, 327
外交一元化　64

外交三原則　201
改税約書　13
ガイドライン→日米防衛協力のための指針
　　──改定　304
　　──関連法　308
　　新──　304
外務省
　亜細亜局　78
　欧米局　78
　情報部　78, 90
　条約局　78, 296
　政務局　78
　総合外交政策局　296
　──革新運動　78
カイロ会談　153
カイロ宣言　154, 157
カウンター・カルチャー　230
輝ける60年代（Golden 60's）　210
革新倶楽部　99
革新党／革新派　59, 98
核抜き・本土並み　239
核燃料再処理施設稼動問題　252, 254
核の傘　264
核不拡散条約（NPT）　223, 224, 228, 252, 253, 300
核兵器持ち込み　204
隔離演説　121
カサブランカ会談　111, 152, 157
桂・タフト覚書　40, 42, 61
桂・ハリマン覚書　43, 45, 50
華北分離工作　123
カラーテレビ輸出　259
ガリオア（占領地行政救済援助）　189
ガリオア・エロア返済処理協定　216
韓国併合　46, 62
韓国保護条約　46
関税及び貿易に関する一般協定（GATT）
　　181, 184, 185, 187, 193, 221, 273
艦隊派　122
環太平洋連帯研究グループ　254-256
環太平洋連帯構想　235, 254-256, 258, 332
関東軍　103
カンボジア和平　294, 295
寛容と忍耐　211
官僚主義　284
規制緩和　271
北ヴェトナムとの外交関係樹立　242

北大西洋条約機構（NATO）　171
北朝鮮NPT脱退　315
北朝鮮核危機　308, 335, 338
　第一次──　299
北朝鮮核実験　315
北朝鮮ミサイル連射実験　315
北朝鮮問題　302
基地・駆逐艦交換協定　131
キッシンジャー極秘訪中　237
既得権　284
基盤的防衛力　249
基本的な国家安全保障政策　213
キャッチ・オール・パーティ（包括政党）
　　278
キャンプ・デーヴィッド　311
9.11テロ事件　129, 311, 317, 336, 337
9カ国条約　89, 92, 93, 115, 145, 323
義勇軍　131
旧ドイツ山東省権益　75
旧ドイツ領南洋諸島問題　76
牛肉・オレンジ輸入枠拡大　259
キューバ　246, 250
キューバ・ミサイル危機　219, 224, 328
行財政改革　304
共産党政権（中華人民共和国）　174
行政協定　175, 193, 204
共同声明　200
協力国　69
共和主義　117
共和党　88, 98, 142, 273
局外中立　14
極東国際軍事裁判（東京裁判）　166
極東の憲兵　34
極東有事　250
キリシタン弾圧　15
義和団事件（北清事変）　34
金解禁　87, 103
錦州爆撃　114
金本位制　115
金融恐慌　84, 103, 111
金輸出再禁止　115
グローバリゼーション　309, 311, 317
「黒船」　128
軍事技術の革命（RMA）　316
軍部大臣現役武官制　63
軍令部第二班第四課別室　135
桂園時代　62

経済科学局(ESS)　165
経済協力開発機構(OECD)　214, 221
経済ナショナリズム　119
経済摩擦　235, 333
警察官職務執行法(警職法)　203
警察予備軍　172
警職法→警察官職務執行法
ケネディ暗殺　217
ケネディ・池田首脳会談　215
ケレンスキー内閣　69
憲政会　99
嫌米感情　297
憲法改正　166, 325
元老　64, 70, 73
言論の自由　131
五・一五事件　99, 112, 116
公安調査庁　186
黄海海戦　22
皇室外交　92, 93
膠州湾租借地　64, 76
公職追放　166
皇道派　123
降伏後における米国の初期対日方針　156
神戸事件　14
広報外交(パブリック・ディプロマシー)　90
5カ国条約　89, 323
国際核燃料サイクル評価(INFCE)会議　253
国際協力構想　286
国際原子力機関(IAEA)　253, 299
国際貢献　296
国際交流基金　235, 258
国際通貨基金(IMF)　155, 185, 221
国際復興開発銀行(IBRD)　155
国際平和協力法(通称、PKO協力法)　294-296, 303, 335
国際貿易委員会(ITC)　272
国際連合　157
　安全保障理事会　269
　――決議第687号　291
　――決議第1441号　313
　――常任理事国入り　296, 316
国際連合平和維持活動(PKO)　214, 228, 315, 335, 336
国際連合平和協力法案　292
国際連盟　70, 75, 77, 84, 325
　――脱退(日本)　116, 146

国際連盟規約案　77
国体護持　161
国防の基本方針　200, 249
国民革命軍　102
国民政府　102
国民党政権(中華民国)　174
国務省　14, 15
　極東部　57
国務・陸軍・海軍三省調整委員会(SWNCC)　156, 226
国連改革　316
国連カンボジア暫定統治機構(UNTAC)　295, 335
互恵通商協定法　119, 185, 212
護憲運動
　第一次――　63
護憲三派(内閣)　85, 99
ココム(対共産圏輸出統制委員会)　186
五・三〇事件　99
五・四運動　88
55年体制の崩壊　297
国家安全保障会議(NSC)　170, 298, 306
国家安全保障決定指令(NSDD)
　――32(NSDD 32)　263
　――62(NSDD 62)　265
　――74(NSDD 74)　267
国家経済会議(NEC)　298
近衛上奏文　162
近衛声明　124
米騒動　85, 86
孤立主義　112, 120, 121, 132, 137, 145, 146, 156, 325
ゴールド・ラッシュ　4
ゴングスベルグ・トレーディング社　280

◆サ　行

在華紡　99
在韓米軍撤退　254, 257
再軍備　173, 326, 327
債権国　261
最高戦争指導会議　162
サイゴン陥落　245
済南事件　102, 103
在日米軍の再編　316, 319
在日米地上軍戦闘部隊　200
在米資産凍結　133, 148
サミット　259, 309, 333

ウィリアムズバーグ—— 268
東京—— 256, 278, 333
三国干渉 23, 30, 33, 36, 54
三国協商 45
3国借款団 57
三国同盟 126, 130, 136, 147
山東出兵 102, 108, 144
山東省における旧ドイツ利権 76
山東鉄道に関する交換公文 76
山東半島のドイツ租借地 65
山東問題 76, 93
三布告 164
サンフランシスコ会議 158
サンフランシスコ学童隔離事件 46, 59
サンフランシスコ講和会議／条約 174, 186, 194, 195, 324
参謀本部第三部通信課 135
自衛隊
　——のイラク撤収 314, 319
　——のイラク派遣 314
ジェームズタウン 1
重光訪米 193
資源外交 258, 331
4国借款団 57
自主外交 192
自主防衛 248
市場重視型分野別(MOSS)協議 273, 274
事前協議(制度) 175, 199, 204, 227
幣原・モーリス会談 95, 96
自動車摩擦 272
四洮鉄道 87
『死の商人』 120
シベリア出兵 70, 72, 85, 87
自民党1党優位体制 297
自民党総裁選挙 220
シーメンス事件 63
下田会議 252
下関事件 13, 16, 25
ジャパン・ナッシング 285, 305
ジャパン・バッシング 275, 282, 284, 285, 297, 305
ジャパン・パッシング 285, 305, 309, 335
ジャパン・マネー 277
上海事変
　第一次—— 115, 116
衆参同日選挙 234
集団安全保障 70

集団的自衛権 269, 307
柔軟反応戦略 212
周辺事態 304, 314, 335
自由貿易 273, 275
自由貿易主義 119
十四カ条 68, 69
主権線 43
主権範囲 43
ジュネーヴ海軍軍縮会議 105
ジュネーヴ首脳会談 191
攘夷運動 12
象徴天皇制 167
常備軍 117
松楓殿 38
条約改正 15, 16, 17, 18, 19, 20, 21, 25, 323
　——会議 20
　——予備会議 20
条約地域 202
条約派 122
「勝利なき平和」演説 68
初期友好 12, 18, 19, 25
所得倍増論 211
所要防衛力構想 249
ジラード事件 198
シーレーン防衛 264, 265
辛亥革命 54, 62, 63, 142
新外交 78
新経済政策 273
人権外交 250, 257
人権平等条項 75
新思考外交 278
新4国借款団 86, 87
新自由主義 262, 270
人種差別 283
　——撤廃問題 77
真珠湾奇襲攻撃 136, 147-149, 311, 324
薪水給与令 4
新世界秩序 291, 293, 297, 308
新太平洋ドクトリン 246
新通商政策 277
新日韓協約 46
新民屯・法庫門鉄道案件 45
新冷戦 261, 280, 286, 332
水素爆弾 191
スイング・ポジション 237, 238
数値目標 279, 334, 335
スターリングラード攻防戦 152

事項索引

スティムソン談話　114, 115
スティムソン・ドクトリン　115, 145
ストーンウォール号　14
スーパー301条　274, 275, 285
スポイルズ・システム　15
スミソニアン体制　239
スムート＝ホーリー関税法　119
政戦両略の一致　37
「聖断」　161
政党内閣　86, 112
　　――崩壊　116
政府開発援助（ODA）　332
政友会　99
政友本党　99
「勢力均衡」体系　70
世界銀行　185
世界大恐慌　84, 111, 112, 118, 145
世界貿易機関（WTO）　302, 305
　　中国の――加盟　305
赤軍　74
赤道以北のドイツ領南洋諸島　65, 75
石油危機　234, 244, 253, 258, 331-333
　　第一次――　273
　　第二次――　256
石油消費国会議　244
石油全面禁輸　133, 148
石油輸出国機構（OPEC）　244, 256
石油輸入税　21
繊維摩擦　231, 240, 330
戦後恐慌　87
戦後政治の総決算　266
潜在的主権　200
戦争脅威論　48
戦争放棄　167
選抜徴兵法　117, 130
戦犯の釈放問題　197
全米自動車労働組合（UAW）　272
全面講和　173
戦略援助　259
戦略的パートナーシップ　305, 308
戦略兵器削減条約
　　第一次――（START-I）　293
戦略防衛構想（SDI）　270, 332
掃海艇派遣　292
相互イメージ　282
総合安全保障　255, 265
総合安全保障関係閣僚会議　265

総合安全保障研究グループ　255
総合安全保障戦略　255, 258
総評→日本労働組合総評議会
ソ連ヴェトナム友好協力条約　251
ソ連邦崩壊　293

◆タ 行

第一次世界大戦　54, 63, 83, 141, 142, 176, 323-325
第一次満蒙独立運動　62
第一回太平洋共同体セミナー　255
対外宣伝　90
対華二十一カ条要求　64, 65, 70, 85, 91, 141, 144
　　――第五号　65
大韓航空機撃墜事件　269
大規模建艦計画　131
大規模小売店舗法　281
第五福竜丸事件　188, 327
大正政変　84
大正デモクラシー　85, 108
大西洋憲章　131, 177
対中円借款　259
大東亜共栄圏　126, 129
大東亜共同宣言　156
対等のパートナーシップ　215
第二次世界大戦　125, 130, 148, 176, 324-326
第二次臨時行政調査会（土光臨調）　271
第二戦線　152
対日ABCD包囲網　151
対日平和（講和）条約　174, 184
対日貿易赤字　273
対米宣伝　91
対米武器技術供与　266
太平洋共同体セミナー　256
太平洋経済協力会議（PECC）　255, 256
太平洋戦争　133, 328, 329
太平洋問題調査会（IPR）　100
大陸政策　33
大量報復戦略　184, 211
大連合（Grand Alliance）　152
第六回全国協議会（六全協）　194
台湾海峡危機　301, 335
　　第二次――　303
台湾出兵　17
高平・ルート協定　46, 49, 51, 57

多国籍軍　291
田中金脈問題　247
田中首相の東南アジア訪問　254
タフト＝ノックス路線　58
塘沽停戦協定　116, 122, 123, 146
弾道弾迎撃ミサイル（ABM）条約　312
単独講和　173
ダンバートン・オークス会議　158
ダンバートン・オークス提案　157
地域紛争　290
地位協定　204
小さな政府　262
チェコスロヴァキア軍団　73
地下鉄サリン事件　302
地球環境問題　319
地経学　278
知日派　284, 325
血のメーデー事件　186
チャイナカード　263
中華民国　62
中期業務見積もり　270
中期防衛力整備計画　270
中距離核戦力（INF）　263, 268
中国外債整理　113
中国関税条約　100
中国人移民排斥法（排華移民法）　48
中国の核保有　219, 220, 222, 223
中ソ国境紛争　237
中ソ対立　251
中ソ同盟　172
中東戦争　235, 244
中立主義　119
中立法　112, 120, 133, 145, 146
「調査」機関（The Inquiry）　69, 76
張作霖爆殺事件　103, 108, 144
朝鮮戦争　173, 187, 209, 243
朝鮮特需　187, 188, 197
朝鮮半島エネルギー開発機構（KEDO）　300
チンコム（中国委員会）　186
青島居留地　75, 76
珍田・ブライアン会談　61
通商拡大法　212
通商法第301号　277, 285
通信隊情報部（SIS）　134
通信諜報組織　135
強いドル　262
デタント　246

――政策　246
米ソ――　235, 237, 331
鉄鋼ダンピング問題　259
テヘラン会談　153
テポドン　308
テロ対策特別措置法　312, 319, 336
テロとの戦い　311, 336, 338
天安門事件　286
天皇　168
　――の中国訪問　296
　――崩御　285
　――訪米　247, 331
ドイツ，イタリアの対米宣戦布告　137
東亜新秩序　122, 124, 125, 126, 130
東欧革命　290
東京オリンピック　220
東支鉄道　104
東芝機械　280
東清鉄道　33
東清鉄道南部支線→南満州鉄道
統帥権干犯問題　106
統制派　123
東南アジア開発基金構想　201
東南アジア諸国歴訪　242
同盟関係　264, 270
同盟漂流　330, 302, 309
トップ会談　136
渡米実業団　38
ドミノ理論　222, 224
ドル外交（Dollar Diplomacy）　56, 80
ドル・ショック（第二次ニクソン・ショック）
　239, 242
ドル防衛　217

◆ナ 行

内閣制度　20
内需拡大　277
ナイ・レポート→東アジア戦略報告
長崎国旗事件　203, 218
ならず者国家　129
南京事件　102
南進政策　124, 127, 133
南満鉄道　87
南部仏印進駐　129, 133, 147
南北戦争　12, 20, 29
二階堂進官房長官談話　218
ニクソン＝キッシンジャー外交　233-235

ニクソン・ショック　234, 237, 248, 258,
　　273, 330, 335
ニクソン前大統領恩赦　245, 250
ニクソン・ドクトリン　234, 236, 249, 330
尼港事件　74
西側の一員　269, 332
西原借款　71
21世紀の新しい日米同盟　318
二重外交　62
日英同盟　35, 40, 45, 64, 70, 90
　　――協約　35
日独戦役講和準備委員会　74
日独防共協定　124
日仏協約　45
日米安全保障協議委員会　249
日米安全保障条約　173, 186, 190, 193, 198,
　　227, 264, 325
　　――改定　175, 197-199, 201, 226, 227,
　　327, 328, 334, 335
　　――改定交渉　201
　　新――　203-205
日米安保事務レベル協議　265
日米黄金時代　317, 318
日米欧3極委員会　250
『日米逆転』　279
日米経済委員会　273
日米経済摩擦　240, 259, 270, 334
日米構造問題協議 (SII)　274, 281
日米修好通商条約　11, 141, 323
日米首脳会談　229, 241, 318
日米紳士協定　46, 51, 98
日米新通商航海条約　58
日米繊維紛争　239
日米戦争論 (war scare)　54
日米船鉄交換契約　71
日米通商航海条約　125, 130, 147
　　1894年――　59
日米の役割分担　286
日米防衛協力　264
日米防衛協力のための指針 (ガイドライン)
　　248, 303, 331
日米貿易経済合同委員会
　　第一回――　216
　　第二回――　219
　　第八回――　240
日米貿易摩擦　298
日米友好通商航海条約　185

日米諒解案　127
日米和親条約 (神奈川条約)　9
日満議定書　116
日露協商　35
日露協約　45
　　第三次――　62
　　第四次――　70
日露戦争　30, 35, 36, 37, 40, 43, 44, 45, 50,
　　53, 141, 143, 328
　　――講和会議　37, 50
日韓会談　203
日韓関係正常化　216
日韓基本条約　220
日韓交渉　187, 203
日清戦争　22, 25, 33, 35, 141
　　――講和条約　23
日ソ国交回復に関する共同宣言　195
日ソ中立条約　127, 161
日中国交回復　241, 248, 331
日中戦争　101, 123, 146, 147
日中平和友好条約　251
日中貿易協定
　　第四次――　203
「日中両国人民共同の敵」　203
日朝平壌宣言　315
二・二六事件　123
日本異質論　278, 333
日本海海戦　37, 40
「日本からの危険」　279
日本協会　38
日本倶楽部　38
『日本／権力構造の謎』　279
日本国有鉄道　271
日本人移民　96
日本専売公社　271
日本電信電話公社　271
日本の核武装論　253
「日本の将来」　214
日本の対米認識　284
日本のマスメディア　282
「日本封じ込め」　279
日本問題　275
日本労働組合総評議会 (総評)　186
『ニューズウィーク』　282
ニューディール　112, 118
ニュールック　184, 190-192
布引丸事件　34

ネオ・コンサーバティブ(ネオコン)　246, 312
農産物市場　274
『「NO」と言える日本』　279, 282
ノドン1号　299, 308

◆ハ行

賠償交渉　187
排日移民運動　78, 141
排日移民法　97, 98, 100, 106, 143, 230
排日土地法
　　第一次──(1913年外国人土地法)　61, 68, 95
　　第二次──　95, 96
破壊活動防止法　186
白軍　74
覇権条項　251
パーシングⅡ　278
パーセント合意　158
バックファイアー爆撃機　265
パナマ運河開通　39
埴原書簡　98
パネー号事件　123
パブリック・ディプロマシー→広報外交
バブル経済　262, 278, 281
　　──崩壊　297, 335
パリ講和会議　53, 74, 94, 96, 142
パリ和平協定　237
ハル・ノート　136, 148
パールハーバーの衝撃／記憶　128, 129
ハル4原則　136
パーレビ政権　256
ハワイ合併　31
万国博覧会　60
阪神・淡路大震災　302
半導体摩擦　281
バンドン会議(アジア・アフリカ会議)　192, 327
反日デモ　242
反覇権外交　251
非核三原則　223, 227, 229, 268
比較中級国家論　248
東アジア戦略報告(ナイ・レポート)　301, 303
東アジアの奇跡　258
東インド艦隊　5
樋口レポート　301

非軍事化　165
非自民連立政権　299
ヒトラー主義　152
日比谷焼き打ち事件　37, 50, 328
ヒュースケン暗殺事件　12
封じ込め　279, 326
　　対ソ──　170
　　対中──　303
　　二重の──　291
プエブロ号事件　229
フォード大統領訪日　247
フォードニー＝マッカンバー関税法　118
武漢国民政府　102
武器貸与法　131, 132, 151
武器輸出三原則　266
武器輸出全面禁止　249, 331
福田ドクトリン　220, 235, 243, 254, 258, 332
不公正貿易国　285
不審船　308
不戦条約　104, 115
「双子の赤字」　262
二つの中国　196
浮沈空母　225, 267, 268
仏印進駐　136
普天間基地返還・移設問題　303, 309, 316
部分的核実験禁止条約(PTBT)　224
ブライアン・ノート
　　第一次──　66
　　第二次──　67
プラザ合意　274, 276-278
ブラックマンデー　277
ブレジンスキー訪中　251
ブレトンウッズ　50
　　──会議　154
　　──体制　177, 239, 324
ブロック経済　132
文化外交　235
文化交流　258
分担金　193
文明の衝突　313
米英戦争　311
米欧日3極主義　221
併合主義　76
平常への復帰　84, 88, 325
米西戦争　29, 30, 33, 53, 176, 323
米第七艦隊　264

米中(頭越し)接近　231, 241, 330
米中国交正常化　251
米中和解　235, 237
米朝枠組み合意　300
米鉄輸出解禁期成同盟会　71
ペイボー号事件　15
『平和条約の締結に関する調書』　174
平和の布告　69
平和問題研究会　269
北京関税特別会議　98, 100
北京条約(満州に関する日清条約)　45
北京政府　99
ベスト・アンド・ブライテスト　210
ヘボン講座　39
ペリー報告　308, 309
ベルリンの壁　261, 278, 285, 290
ペレストロイカ　278
変動相場制　239
保安庁　188
防衛関係費　266
防衛計画の大綱　248, 249
　　――改定　315
防衛省　316
防衛費対GNP比1%枠　249, 269, 270, 331
　　――撤廃　278
防衛分担金　193
防衛を考える会　248, 249
防衛力整備計画
　　第一次――(一次防)　200
　　第二次――(二次防)　218
貿易経済合同委員会　216
貿易収支不均衡　271
貿易摩擦　263, 272
包括経済協議　275
奉ソ戦争　104, 105
奉天会戦　37, 40
奉天政権　104
保革二大政党制　210
北進政策　127, 129
北爆　224
北伐　101, 102, 107
北部仏印(フランス領インドシナ)進駐　126, 147
保護関税　118
保護主義　21, 22, 273
保守派　98
戊辰戦争　13

ボスニア内戦　293
ポツダム宣言　160-162, 168, 324, 328
ポーツマス講和　29, 37, 43, 44, 328, 329, 338
ポーツマス条約　43, 46, 50
ボルシェヴィキ政権　69
ポル・ポト政権　252
ホワイト・フリート　46, 49, 51

◆マ 行

マジック　134
マーシャル・プラン　170
マスメディア　282
松岡外交　126
マヤゲス号拿捕事件　245
マリアナ沖海戦　157
マルタ会談　290
満韓問題　35
満州軍政　44, 50
満州五案件に関する日清条約　45
満州国　123, 124, 146
満州事変　85, 101, 104, 108, 113, 114, 115, 116, 122, 124, 143-146, 323, 338
満州撤兵条約　34
満州問題に関する協議会　44
満鉄→南満州鉄道株式会社
マンハッタン計画　160
ミサイル・ギャップ論争　201
ミサイル防衛(MD)　315
三沢基地　270
ミッドウェー海戦　152
南アフリカ戦争(ボーア戦争)　34
南イエメン　250
南満州鉄道(東清鉄道南部支線)　33, 37, 43, 45, 57
南満州鉄道株式会社(満鉄)　45, 102
南満州権益　40
ミュンヘン協定　128
民主化政策　166
民主化の第三の波　317
民主主義の兵器廠　132
民主党　88, 142, 273, 301
民本主義　73
無条件降伏　157
無制限潜水艦作戦　69, 70
明治6年政変　19
名誉ある撤退　237

メキシコ革命　73
メリット・システム　15
モスクワ・オリンピック・ボイコット
　　　252, 257
モリソン号事件　4
門戸開放　66
門戸開放原則　91, 145
門戸開放主義　72
門戸開放政策　32, 143
門戸開放宣言　34, 35, 93, 142
　　第一次——　34
　　第二次——　68
モンロー主義　42

◆ヤ　行

役割分担論　265
靖国神社参拝問題　316, 337
ヤルタ会談　158, 161
ヤルタ密約　158
宥和政策　92
ユーゴスラヴィア連邦解体　293
輸出自主規制　240
吉田・アチソン交換公文　173
吉田・エヴァーツ協定　19, 25
吉田書簡　184
吉田=ダレス会談　173
吉田ドクトリン　221
吉田路線　211, 327
四つの自由　131
四人の警察官　151
4カ国条約　89, 90, 323
四省連合研究会　134

◆ラ　行

拉致問題　315
利益線　43
利益範囲　43
陸軍第十八班　135
リクルート事件　279
利子平衡税　217
立憲同志会　63
リットン調査団　116
リットン報告書　116
柳条湖事件　113, 114
領事　18
遼東半島(旅順・大連)　33, 37
臨時外交調査委員会　73

ルート4原則　91, 92
冷戦　150, 333
　——の終焉　293, 334
レーガノミックス　261, 271, 273, 332
レバノン危機　294
レビジョニズム(修正主義)　282, 283
連合国　69
連合国最高司令官(SCAP)　165
連合国最高司令官総司令部(GHQ/SCAP)
　　　164, 165
　　参謀部　165
　　特別参謀部　165
　　民政局(GS)　165
ローカル・コンテンツ法　272
6者協議　315, 316, 319, 337
60年安保闘争　211, 328, 329
盧溝橋事件　121, 123
ロシア革命　54, 72
　2月革命　69
　10月革命　69
ロシアの南下政策　32
露清同盟密約　33
ローズヴェルト=ルート路線　58
6国借款団　63
露仏同盟　36
炉辺談話　132
ロンドン海軍軍縮会議　105, 122, 323
　　第二次——　122
ロンドン軍縮条約　106
ロンドン国際経済会議　118
ロン=ヤス関係　261, 267, 269, 278, 280

◆ワ　行

ワシントン会議　83, 85, 88, 89, 93, 105,
　　　143, 145
ワシントン海軍軍縮会議
ワシントン海軍軍縮条約　120
ワシントン体制　85, 86, 101, 107, 108, 112,
　　　122, 143, 323, 324
湾岸危機　291, 292, 334, 336
湾岸戦争　290, 293, 301, 303

◆A

APEC→アジア太平洋経済協力

◆F

FSX　243, 280, 306

◆G

G 4 (Group of Four)　316
GATT→関税及び貿易に関する一般協定
　　──11 条国　214
　　──第 35 条　193, 205
　　──ウルグアイ・ラウンド　274, 305
　　──ケネディ・ラウンド　212, 213, 273
　　──東京ラウンド　273

◆I

IAEA→国際原子力機関
　　──との保障措置協定　253
IMF→国際通貨基金
　　──IMF 8 条国　214
INF→中距離核戦力　268
　　──全廃条約　278
IPR→太平洋問題調査会

◆J

JET プログラム　284

◆K

KEDO→朝鮮半島エネルギー開発機構

◆M

MOSS 協議→市場重視型分野別協議
MSA 協定　185, 187, 188

◆N

NATO→北大西洋条約機構
NEC→国家経済会議
NPT→核不拡散条約

NSC→国家安全保障会議
NSC 13/2　170, 171
NSC 68　172, 182, 183
NSC 125/2　184, 185, 188
NSC 125/6　185, 190
NSC 135/1　183
NSC 162/2　184
NSC 5516/1　191, 192, 194, 195, 197, 198
NSC 6008/1　205, 213
NSDD→国家安全保障決定指令

◆O

ODA→政府開発援助
　　──倍増計画　259
OECD→経済協力開発機構
OP-20-G　134
OPEC→石油輸出国機構

◆P

PKO→国際連合平和維持活動
PKO 協力法→国際平和協力法
　　──改正　305

◆S

SACO→沖縄における施設及び区域に関する特別委員会
SACO プロセス　303
SS 20　278
S オペ (Sato Operation)　222

◆W

WTO→世界貿易機関

●人名索引●

◆ア 行

アイケルバーガー(Robert L. Eichelberger)　171
アイケンベリー(G. John Ikenberry)　177
アイゼンハワー(Dwight David Eisenhower)　181, 182, 184, 185, 194, 196, 200, 201, 204, 206, 210, 211
アインシュタイン(Albert Einstein)　159
青木周蔵　21, 34
アギナルド(Emilio Aguinaldo)　34
明仁天皇　296
秋山昌廣　302
朝海浩一郎　241
朝河貫一　38
浅沼稲次郎　203
芦田均　168, 171, 186, 187
安達謙蔵　115
アチソン(Dean Acheson)　159
阿南惟幾　162
安倍晋三　307, 318, 319
阿部信行　125
アマコスト(Michael Hayden Armacost)　253, 292
天谷直弘　285
アーミテージ(Richard Lee Armitage)　243, 306, 310, 314
新井領一郎　38
アリソン(John Moore Allison)　188-193, 196, 197
有田八郎　78, 125
池田勇人　170, 172, 188, 203, 206, 211, 213, 215, 216, 218, 220, 221, 234
石井菊次郎　37, 70, 71, 87
石橋湛山　143, 186, 189, 196, 198, 206, 211
石原慎太郎　282
石原信雄　300
石原莞爾　114, 124
板垣征四郎　114, 115
伊藤博文　35, 37, 44, 50
伊東正義　263, 265
伊東巳代治　73

犬養毅　73, 115, 116
井上馨　19-21, 43, 63
井上清直　10
井上準之助　39, 100, 102, 103, 105
猪木正道　255
岩倉具視　21
ヴァルケンバーグ(Robert B. Van Valkenburgh)　13-15
ヴァンス(Cyrus Vance)　250, 253
ウィリアムズ(Edward T. Williams)　57, 67
ウィルキー(Wendell L. Willkie)　156
ウィルソン(Thomas Woodrow Wilson)　53, 55, 59-61, 63-70, 72-78, 80, 84, 85, 87-89, 92, 95, 107, 152
ウィロビー(Charles A. Willoughby)　168
ウェブスター(Daniel Webster)　5, 6
ヴォーゲル(Ezra F. Vogel)　234
ウォルフォウィッツ(Paul Wolfowitz)　313
ウォルフレン(Karel van Wolferen)　279
牛場信彦　241
内田康哉　116
内村鑑三　38
宇野宗佑　279, 281, 294
梅棹忠夫　222
梅津美治郎　162
エヴァーツ(William M. Evarts)　19
エディソン(Thomas Alva Edison)　38
榎本武揚　15
袁世凱　62, 63, 65, 71
汪栄宝　104
王正廷　103
汪兆銘　102
大来佐武郎　254-256
大久保利通　19
大隈重信　19, 21, 63, 66, 71, 79
大野伴睦　189
大場智満　276
大平正芳　211, 215, 217, 234, 240, 241, 244, 249, 254-258, 263, 265
岡崎勝男　185
岡田啓介　161
尾崎行雄　71

人名索引

小沢一郎　292, 299, 308
オバマ (Barack Obama)　307
小渕恵三　308, 309
オリック (John H. Aulick)　5
オルブライト (Madeleine Korbel Albright)　309

◆カ行

海原治　218
海部俊樹　280, 292, 294
梶原仲治　87
カーター (James〈Jimmy〉Earl Carter, Jr.)　234, 249, 250, 252, 256, 257, 262, 263, 273, 300
片山哲　168, 171
桂太郎　35, 37, 45, 54, 62, 63
加藤高明　34, 61, 63-66, 68, 71, 73, 79, 91, 99, 102
加藤友三郎　86, 89
加藤寛治　89, 105, 106
カトラー (Robert Cutler)　198
金子堅太郎　36
カルブレイス (John K. Galbraith)　210
カンター (Mickey Kantor)　289, 306
樺美智子　204
岸信介　161, 181, 189, 193, 196, 198-204, 206, 210, 211
キッシンジャー (Henry Alfred Kissinger)　230, 236-238, 244, 246, 357
木戸幸一　161
金日成　300
金正日　315
金大中　309
キャッスル (William R. Castle, Jr.)　104, 106, 113, 114
キャンベル (Kurt Campbell)　306
京極純一　222
清浦奎吾　99
キング (Charles W. King)　3
楠田實　222
久保卓也　248
クラーク (William S. Clark)　2, 26
グラハム (Katharine Meyer Graham)　267
グラント (Ulysses Simpson Grant)　20
クリーヴランド (Stephen Grover Cleveland)　21, 23
グリスカム (Lloyd C. Griscom)　43

クーリッジ (Calvin Coolidge)　93, 97
栗野慎一郎　22
グリン (James Glynn)　5
クリントン, H. (Hillary Rodham Clinton)　307
クリントン, W. J. (William〈Bill〉Jefferson Clinton)　275, 281, 294, 297-306, 308-310, 318
グルー (Joseph C. Grew)　155, 159, 243
グレイ (Sir Edward Grey)　65
グレシャム (Walter Q. Gresham)　22, 23
クロフォード (Sir John Crowford)　255
ケーディス (Charles Kades)　168
ケナン (George F. Kennan)　170, 172, 210
ケネディ, J. F. (John Fitzgerald Kennedy)　88, 210-213, 215-217, 219, 221, 231, 273, 275
ケネディ, R. F. (Robert Francis Kennedy)　226
ケリー (James A. Kelly)　243
ケレンスキー (Alexander Kerensky)　69
ケロッグ (Frank Billings Kellogg)　99-101, 103, 113
小泉純一郎　293, 304, 307, 311-319
小泉信三　172
小磯国昭　161
高坂正堯　222, 269
江沢民　298, 305
河野一郎　186, 189, 193, 203
小坂善太郎　216
胡錦濤　337
伍朝枢　113
近衞文麿　78, 123, 124, 126, 128, 129, 133, 136, 162
小村寿太郎　29, 33, 35, 37, 40, 43-46, 50, 51, 54
ゴルバチョフ (Mikhail Sergejevich Gorbachev)　252, 261, 278, 279, 290, 293
コルビー (Bainbridge Colby)　87
コワレスキー (Jan Kowaleski)　135

◆サ行

西園寺公望　44, 45, 62, 63, 74, 77, 78, 87
西郷隆盛　19
斎藤鎮男　162
斎藤惣一　100
斎藤実　116

阪谷芳郎　100
坂田道太　248, 249
サコダ (Sak Sakoda)　306
サッチャー (Margaret Hilda Thatcher)　271
佐藤栄作　209, 220-225, 227-230, 234, 239, 241, 242, 258
佐藤鉄太郎　143
佐藤尚武　123, 162
サフォード (Laurance F. Safford)　134
佐分利貞男　94
サマーズ (Lawrence Henry Summers)　304
沢柳政太郎　100
重光葵　78, 113, 116, 156, 165, 186, 187, 192-197
施肇基　91
幣原喜重郎　74, 86, 87, 89, 90, 92-94, 96, 99-106, 108, 113-115, 166-168
シハヌーク (Norodom Sihanouk)　295
シフ (Jacob Henry Schiff)　41
渋沢栄一　38, 39, 43, 100
シーボルト (William Joseph Sebald)　189, 198
ジャクソン (Andrew Jackson)　2, 3
シャープ (Ulysses Simpson Grant Sharp)　225
周恩来　238, 241
シュライバー (Randy Schriver)　306
ジュリアーニ (Rudolph Guliani)　307
シュルツ (George Pratt Shultz)　265, 269
シュレシンジャー (James Schlesinger)　249
蒋介石　102, 123, 154
勝田主計　71
昭和天皇　92, 93, 108, 161-163, 165, 166, 247, 285
ジョージ3世 (George III)　117
ジョージ6世 (George VI)　92
ジョンソン, C. (Chalmers Johnson)　279
ジョンソン, H. (Hiram W. Johnson)　60, 61, 95
ジョンソン, L. B. (Lyndon Baines Johnson)　209, 213, 217, 219-225, 228, 229, 231, 242, 273
ジョンソン, N. (Nelson T. Johnson)　100, 103, 113
ジョンソン, U. A. (U. Alexis Johnson)　241, 242
ジョン万次郎 (中浜万次郎)　38
白洲次郎　168
スウィフト (John F. Swift)　21
末次信正　105
スカルノ (Sukarno)　221
鈴木貫太郎　161, 162
鈴木善幸　263, 267, 272
スターリン (Iosif Vissarionovich Stalin)　154, 158, 161, 163, 164, 191
スティーヴンズ (William D. Stephens)　96
スティムソン (Henry L. Stimson)　103-106, 108, 113-117, 119, 134, 159
ストレート (Willard Dickerman Straight)　57
スナイダー (Richard Sneider)　227, 230
スハルト (Suharto)　221
スマッツ (Jan C. Smuts)　76
スミス (Erasmus Peshine Smith)　17
宋子文　113
副島種臣　17, 19
園田直　265
孫文　62, 63

◆タ 行

大正天皇　93
タイラー (John Tyler)　3
高木八尺　100
高碕達之助　219
高田早苗　66
高橋是清　36, 39, 89, 115
高松宮宣仁　93, 161
高峰譲吉　38
高柳賢三　100
財部彪　105
竹下登　276, 279, 286
辰巳栄一　172
建野郷三　21
ターナー (Fredrick J. Turner)　31
田中角栄　220, 231, 234, 240, 241, 244, 247, 248, 258
田中義一　102, 103, 106, 108
田中隆吉　115
田中六助　272
谷千城　37
谷正之　195
ダビン (James C. Dobbin)　8

タフト，R.（Robert Alphonso Taft） 156
タフト，W.（William Howard Taft） 38, 55-60, 80
ダレス（John Foster Dulles） 23, 169, 172-176, 178, 182, 185, 188-190, 194, 195, 197-202
段祺瑞 71, 79
団琢磨 39
チェイニー（Richard B. Cheney） 246, 313
チェンバレン（Arthur Neville Chamberlain） 128
秩父宮雍仁 93
チャーチル（Sir Winston Leonard Spencer Churchill） 92, 111, 131, 132, 153
チャン（Iris Chang） 305
張学良 104, 114
張作霖 103
珍田捨巳 61, 68
ツィンメルマン（Arthur Zimmermann） 69
津田梅子 38
鶴見祐輔 100
テイラー（Maxwell D. Taylor） 224
ディロン（C. Douglas Dillon） 217
デニソン（Henry Willard Denison） 323
出淵勝次 87, 94, 104, 106, 113, 114, 135
寺内正毅 71, 73, 79, 86
寺島宗則 19, 21
デ・ロング（Charles E. De Long） 16-18
デンビー（Charles Harvey Denby） 23
東郷茂徳 136, 162
東条英機 136, 161, 166, 211
鄧小平 251, 257
ドゥーマン（Eugene H. Dooman） 94
トクヴィル（Alexis de Tocqueville） 2
徳川家定 10
ドゴール（Charles Andre Joseph Marie de Gaulle） 221
ドッジ（Joseph M. Dodge） 169, 170
ドブルイニン（Anatoly F. Dobrynin） 219
豊田副武 162
豊田貞次郎 133
トルドー（Pierre Elliot Trudeau） 268
トルーマン（Harry S Truman） 159, 163, 170-172, 183, 184
トロヤノフスキー（Aleksandr Antonovich Troyanovskii） 104

◆ナ 行

ナイ，G.（Gerald Prentice Nye） 120
ナイ，J.（Joseph S. Nye, Jr.） 301, 302, 306
永井松三 105
中島信吾 218
中曽根康弘 248, 261, 266-271, 278, 279, 283, 284
ニクソン（Richard Milhous Nixon） 185, 229-231, 233, 234, 236-239, 241, 245, 248, 257, 273
ニコライ2世（Nikolai II） 37
西原亀三 71
西村熊雄 174
ニッツェ（Paul Henry Nitze） 172
新渡戸稲造 38, 78, 100
ノックス（Philander Chase Knox） 56-58, 80
ノーマン（Edgerton Herbert Norman） 101
野村吉三郎 125

◆ハ 行

パウエル（Colin L. Powell） 313
ハウス（Edward M. House） 69
バーク（Arleigh Albert Burke） 243
橋本龍太郎 289, 302-305
ハースト（William R. Hearst） 47
長谷川和年 267, 268
ハーター（Christian Archibald Herter） 205
パターソン（Torkel L. Patterson） 243
羽田孜 299
ハッバード（Richard B. Hubbard） 20, 21
ハーディング，C.（Sir Charles Hardinge） 37
ハーディング，W.（Warren Gamaliel Harding） 85, 88, 89, 93, 96, 118
鳩山一郎 167, 168, 186, 192-196, 206, 210, 211
埴原正直 98, 99
馬場恒吾 172
ハバード（Thomas C. Hubbard） 242
浜口雄幸 103, 105, 106, 108
林銑十郎 114, 123
林大学頭復斎 9
林董 33, 45-47, 50

原敬　64, 73, 74, 78, 80, 86, 87, 89, 107, 108
ハリス(Townsend Harris)　1, 2, 9, 10-13, 15, 16, 20, 26
ハリソン(Benjamin Harrison VI)　21
ハリマン, E.(Edward H. Harriman)　43, 56
ハリマン, W.(William Averell Harriman)　218, 219
ハル(Cordell Hull)　119, 121, 130, 155
ハルペリン(Morton Halperin)　227, 230
パーレビ(Muhammad Reda shah Pahlevi)　256
バンクロフト(Edgar A. Bancroft)　99
バーンズ(James F. Byrnes)　159, 169
バンディ(McGeorge Bundy)　219
ハンティントン(Samuel P. Huntington)　317
ハンティントン=ウィルソン(Francis Huntington-Wilson)　57
ピアス(Franklin Pierce)　7, 8
日置益　65
東久邇宮稔彦　161, 165, 166, 168
樋口廣太郎　300
ビスマルク(Otto von Bismarck)　20
ビッソン(Thomas Arthur Bisson)　101
ビドル(James Biddle)　4
ヒトラー(Adolf Hitler)　93, 130
ヒューズ(Charles Evans Hughes)　85, 89-91, 93, 94, 98, 107
ヒュースケン(Henry C. J. Heusken)　10, 12, 13
平田東助　73
平沼騏一郎　125, 162
広田弘毅　123
ビンガム(John A. Bingham)　17-19, 21
ビンラディン(Osama bin-Laden)　311
ファローズ(James Fallows)　279
フィアリー(Robert A. Fearey)　155
フィッシュ(Hamilton Fish)　16, 17
フィリップス(William Phillips)　57
フィルモア(Millard Fillmore)　5, 7, 8
フーヴァー(Herbert Clark Hoover)　103, 104, 106, 112, 114, 118, 119, 156
フォスター(John W. Foster)　23
フォード(Gerald Ford)　234, 245, 247-250, 257, 273
フォーブス(William Cameron Forbes)　115
福沢諭吉　20
福田赳夫　220, 231, 234, 241, 249, 251, 254, 255, 258, 259
福田康夫　319
藤山愛一郎　202
フセイン(Saddam Hussein)　291, 300, 313
プチャーチン(Euphimy V. Putiatin)　8
ブッシュ, G.(George Herbert Walker Bush)　274, 275, 280, 286, 290, 291, 293, 294, 297, 306, 308, 311
ブッシュ, G. W.(George Walker Bush)　129, 243, 307, 309, 310-319
ブライアン(William J. Bryan)　61, 65, 66, 94
ブラウン(Harold Brown)　263
フリードマン(William F. Friedman)　134, 135
プリュイン(Robert H. Pruyn)　12, 13
フルシチョフ(Nikita Sergeevich Khrushchev)　219
フルブライト(James William Fulbright)　325
ブレア(Anthony〈Tony〉Blair)　313
ブレイクスリー(George H. Blakeslee)　155
フレーザー(Malcolm Fraser)　255, 256
ブレジンスキー(Zbigniew Brzezinski)　234, 250, 253
プレストウィッツ(Clyde Prestowitz)　279
ブロック(William Brock)　272
ヘイ(John Milton Hay)　32, 34, 43, 93
ヘイグ(Alexander Meigs Haig, Jr.)　263
ベーカー(James Baker III)　276, 295
ヘラー(Walter Heller)　212
ペリー, M.(Matthew C. Perry)　1, 2, 5-9, 13, 25
ペリー, W.(William J. Perry)　302, 304, 308
ベル(Edward Price Bell)　99
ヘルムズ(Jesse Helms)　306
ホイットニー(Courtney Whitney)　165
ポーク(James K. Polk)　3
ホジソン(James D. Hodgson)　246, 247
細川護熙　299, 300
細川隆元　268
ポートマン(A. L. C. Portman)　13, 15
ボートン(Hugh Borton)　155, 178

人名索引

ボール(George Ball)　216
ボールドウィン(Stanley Baldwin)　103
ポル・ポト(Pol Pot)　295
ホワイト(Theodore H. White)　279
ホーンベック(Stanley K. Hornbeck)　57, 104, 113, 114

◆マ 行

マイヤー(George von Lengerke Meyer)　37
牧野伸顕　73, 74, 77, 78
マクドナルド(Sir Claude MacDonald)　37, 105
マクナマラ(Robert Strange McNamara)　217, 226-228
マクノートン(John Theodore McNaughton)　227
マクマリー(John V. A. MacMurray)　93, 94, 99, 100, 103
マクレーシュ(Archibald MacLeish)　159
マケイン(John McCain)　307
マーシー(William L. Marcy)　7
マーシャル, G.(George Catlett Marshall)　170
マーシャル, H.(Humphrey Marshall)　6
松岡洋右　78, 126-128
マッカーサー(Douglas MacArthur)　149, 151, 163-166, 168-172, 175, 178, 198
マッカーサー, II(Douglas MacArthur II)　198-202, 205
マッカーシー(Joseph Raymond McCarthy)　101
松方正義　210
マッキンレー(William McKinley)　31, 32
マッコイ(Frank R. McCoy)　116
松平恒雄　99, 105
松本重治　210
マハン(Alfred T. Mahan)　31, 54
マルフォード(David Campbell Mulford)　276
マンスフィールド(Mike Mansfield)　250, 252, 253, 320
三木武夫　203, 234, 241, 242, 244, 247-249, 252, 258, 269
三木武吉　186, 189
ミッテラン(François M. Mitterrand)　268
南次郎　114, 115

宮澤喜一　211, 215, 220, 240, 275, 277, 294-299, 303
陸奥宗光　21, 22, 33
村井保固　38
村山富市　299, 300
本野一郎　73
モーリス(Roland S. Morris)　96
盛田昭夫　282
森喜朗　309, 310
モロトフ(Viacheslav M. Molotov)　151, 162
モンデール(Walter Frederick Mondale)　303

◆ヤ 行

矢次一夫　203
ヤードレー(Herbert O. Yardley)　134, 135
柳井俊二　297
山県有朋　35, 37, 43, 62, 64, 66, 72, 73, 99
山口光秀　266
山崎猛　169
山崎正和　222
山本五十六　148
山本権兵衛　62, 63, 79
山本条太郎　102
芳沢謙吉　115, 116
吉田伊三郎　116
吉田清成　19
吉田茂　78, 149, 162, 166, 167, 169, 170, 172-176, 178, 182, 183, 186-190, 192, 199, 206, 221, 243, 266
吉野作造　68, 73
吉野文六　226
米内光政　125

◆ラ 行

ライシャワー, E.(Edwin Oldfather Reischauer)　210, 215, 216, 221-223, 225, 226
ライシャワー, H.(Haru Reischauer)　210
ラインシュ(Paul S. Reinsch)　57, 66, 67, 88
ラクスマン(Adam K. Laxman)　3
ラスク(Dean Rusk)　175, 216, 217, 225, 226, 228
ラティモア(Owen Lattimore)　101
ラムズフェルド(Donald H. Rumsfeld)

246, 313
ラモント(Thomas William Lamont)　87, 102, 113
ランシング(Robert Lansing)　71, 72, 87, 88, 94
リーガン(Donald T. Regan)　276
李鴻章　23
リッジウェイ(Mathew B. Ridgeway)　175
リットン(Victor Alexander George Robert Lytton)　116
リップマン(Walter Lippmann)　69, 156
廖承志　219
リンカーン(Abraham Lincoln)　12, 18
ル・ジャンドル(Charles W. Le Gendre)　17
ルース(Henry R. Luce)　156
ルート(Elihu Root)　42, 49, 55, 57, 58, 93, 94, 107
ルービン(Robert E. Rubin)　304
レオンハート(William Leonhart)　190
レーガン(Ronald Wilson Reagan)　234, 239, 243, 261-263, 265, 267-277, 280, 289, 306
レーニン(Vladimir Lenin)　69

ロジャーズ(William Rogers)　241
ロストウ(Walt Whitman Rostow)　213
ローズヴェルト, F. D. (Franklin Delano Roosevelt)　92, 111, 112, 117-123, 128, 130-133, 136, 137, 145-149, 151, 152, 158, 159, 212
ローズヴェルト, T. (Theodore Roosevelt)　30-32, 36, 37, 41, 42, 47-51, 54-60, 75, 80, 92, 95
ロックフェラー(Nelson Aldrich Rockefeller)　239
ロッジ(Henry Cabot Lodge)　31, 98
ロード(Winston Lord)　298
ロバーツ(Edmund Roberts)　3
ロバートソン(Walter Robertson)　185, 188, 198
ロング(Breckinridge Long)　87

◆ワ 行

ワインバーガー(Casper Weinberger)　264, 265, 270
若泉敬　231
若槻礼次郎　94, 102, 105, 108, 114, 115, 161

●編者紹介

五百旗頭 真（いおきべ　まこと）

兵庫県立大学理事長，ひょうご震災記念21世紀研究機構理事長，神戸大学名誉教授（日本政治外交史専攻），法学博士

<small>にちべいかんけいし</small>
日米関係史　　　　　　　　　　　　　　　　　　有斐閣ブックス

A History of Japanese-American Relations: From Perry to the Present

2008年3月31日　初版第1刷発行
2023年2月15日　初版第13刷発行

編　者	五百旗頭　　真	
発行者	江　草　貞　治	
発行所	株式会社　有斐閣	

郵便番号 101-0051 東京都千代田区神田神保町2-17
http://www.yuhikaku.co.jp/
印　刷　大日本法令印刷㈱　製　本　大口製本印刷㈱

© 2008, Makoto Iokibe. Printed in Japan
落丁・乱丁本はお取替えいたします。
★定価はカバーに表示してあります。
ISBN978-4-641-18357-5

<small>[R]本書の全部または一部を無断で複写複製（コピー）することは，著作権法上での例外を除き，禁じられています。本書からの複写を希望される場合は，日本複製権センター（03-3401-2382）にご連絡ください。</small>